G. H. Bennett
R. Bennett

# *Hitlers Admirale*

G. H. Bennett
R. Bennett

# *Hitlers Admirale*
## *1939–1945*

Seit 1789

Verlag E.S. Mittler & Sohn
Hamburg · Berlin · Bonn

Ein Gesamtverzeichnis der lieferbaren Titel der Verlagsgruppe Koehler/Mittler
schicken wir Ihnen gerne zu.
Senden Sie bitte eine E-Mail mit Ihrer Adresse an: vertrieb@koehler-mittler.de.
Sie finden uns auch im Internet unter: www.koehler-mittler.de

**Bibliografische Information der Deutschen Nationalbibliothek**
Die Deutsche Nationalbibliothek verzeichnet diese Publikation
in der Deutschen Nationalbibliografie; detaillierte bibliografische
Daten sind im Internet über http://dnb.d-nb.de abrufbar.

ISBN 978-3-8132-0872-6

Titel der Originalausgabe: Hitler's admirals
Naval Institute Press
© 2004 by G. H. Bennett, R. Bennett

Aus dem Englischen übersetzt von Jürgen Rohweder

# Inhaltsverzeichnis

# *Vorwort*

Dieses Buch beruht auf Auszügen englischer Übersetzungen von Aufsätzen, die auf Wunsch des britischen Marinegeheimdienstes von neun deutschen Admiralen geschrieben wurden, die sich im Jahre 1945 als Kriegsgefangene in den Händen der Briten befanden. Die Aufsätze der Admirale wurden in neue thematische Kapitel gegliedert, die sich jeweils mit einem speziellen Aspekt des Seekrieges befassen. Weil die Informationen aus verschiedenen Stellen der von den Admiralen verfassten Aufsätze stammen und in eine neue Reihenfolge gebracht wurden, um daraus eine logische Geschichte zu machen, wurden Auslassungen nur gekennzeichnet, wenn sie innerhalb eines Satzes vorgenommen wurden.

Abgesehen davon bestanden die einzigen weiteren Eingriffe der Herausgeber darin, zur Verdeutlichung langer und komplizierter Satzstrukturen einige Interpunktionszeichen einzufügen. Einige Passagen wurden ausgelassen, weil sie Wiederholungen enthalten, kaum von Interesse, schwer verständlich oder in Bezug auf das Thema dieses Buches ohne Bedeutung sind.

Die Übersetzungen aus dem Jahre 1945 wurden wahrscheinlich ziemlich eilig vorgenommen, so dass sie wahrscheinlich etwas zu sehr an die deutschen Satzstrukturen angelehnt sind. Die Bedeutung vieler Sätze könnte durch eine neue Anordnung der Nebensätze klarer gemacht werden, doch wurde von solchen Versuchen hier Abstand genommen.

Verbindende Textpassagen sowie zusätzliche Informationen, die von den Herausgebern eingefügt wurden, sind fett gedruckt, so dass sie leicht von denjenigen Passagen unterschieden werden können, die von den Admiralen verfasst wurden.

Die Aktennummern des Britischen Nationalarchivs (Public Record Office) sowie die Daten, wann die englischen Übersetzungen von der Nachrichtenabteilung der Admiralität verbreitet wurden, sind im folgenden aufgeführt. Jeder Bericht wurde ergänzt durch eine kurze Zusammenfassung des Werdegangs des jeweiligen Admirals sowie einer Zusammenfassung der wichtigsten Punkte, die von E. G. N. Rushbrooke, dem Leiter des Nachrichtendienstes der Marine, erstellt worden waren.

> Großadmiral Karl Dönitz (PRO ADM 223/688, 24. September 1945)
> Generaladmiral Hermann Boehm (PRO ADM 223/692, 26. Oktober 1945)
> Admiral Theodor Krancke (PRO ADM 223/689, 2. Oktober 1945)
> Vizeadmiral Hellmuth Heye (PRO ADM 223/690, 15. Oktober 1945)
> Konteradmiral Hans Meyer (PRO ADM 223/691, 16. Oktober 1945)
> Vizeadmiral Eberhard Weichold (Teil 1, PRO ADM 223/ 797, 26. November 1945)
> (Teil 2, PRO ADM 223/695, 28. Dezember 1945)
> Konteradmiral Otto Schulz (PRO FO 371/47018, 1. November 1945)
> Generaladmiral Otto Schniewind und Admiral Schuster (PRO ADM 223/696,
> 10. November 1946)[1]

Wir danken dem Britischen Nationalarchiv (Public Record Office) sowie dem Leiter des Stationary Office Ihrer Majestät für die Erlaubnis, die Worte der Admirale abdrucken zu dürfen. Wenn auch die Geschichte von den Siegern geschrieben wird, so zeigen die Berichte doch, dass die Verlierer eine ebenso wichtige Rolle bei dieser Geschichtsschreibung spielen können. Sie relativieren viele Urteile über die Geschichte des Seekrieges, in der seit 1945 angloamerikanische Historiker tonangebend waren.

*Anmerkungen des Übersetzers:*
Die Übersetzung des vorliegenden Buches ist eine Rückübersetzung der englischen Übersetzung aus dem Jahr 1945, weil die deutschen Originale der Aufsätze, die die deutschen Admirale geschrieben haben, nicht auffindbar sind und so auch den Bennetts (Mitteilung von Dr. G.H. Bennet am 9. 6. 2009) nicht zur Verfügung standen.

# Einleitung

Kurz vor 08.00 Uhr am 1. Mai 1945 erhielt der Oberbefehlshaber der deutschen Kriegsmarine, Großadmiral Dönitz, in seinem Hauptquartier in Flensburg in Norddeutschland eine kryptische Nachricht aus dem Führerbunker in Berlin. Die Nachricht teilte ihm mit, dass Adolf Hitlers politisches Testament in Kraft getreten sei. Das Testament, das einige Stunden zuvor übermittelt worden war, ernannte Dönitz zu Hitlers Nachfolger. Die Nachricht am 1. Mai bedeutete, ohne dies jedoch offen zu sagen, dass der Führer tot und Dönitz nunmehr das neue Staatsoberhaupt war. Andere Rivalen wie Göring und Himmler hatten sich selbst für dieses Amt disqualifiziert, weil sie geplant hatten, Hitler zu stürzen. Dönitz' einzige Pflicht bestand darin, über die Kapitulation der deutschen Truppen zu verhandeln – der einzige Weg, der Deutschland noch übrigblieb. An allen Fronten brach der deutsche Widerstand in sich zusammen und Dönitz' einzige Hoffnung bestand darin, nutzloses Blutvergießen zu verhindern sowie so viel deutsches Territorium wie möglich vor der Besetzung durch die russische Armee zu retten. Die Stellung der deutschen Marine war ebenso prekär wie die der anderen Teilstreitkräfte. Wie man Hitler am 18. April auf der letzten Führerkonferenz zu Marinefragen mitgeteilt hatte, war die Handvoll der übriggebliebenen Überwasserstreitkräfte damit beschäftigt, Zivilisten und Militärpersonal vor der anrückenden Roten Armee aus dem Baltikum zu evakuieren. Die Besatzungen beschädigter und außer Dienst gestellter Schiffe wurden in die Landkämpfe geschickt.[2]

Die U-Bootkriegführung, mit der Dönitz seit den dreißiger Jahren eng verbunden gewesen war, hatte sich als kostspieliges Fiasko erwiesen. In den norddeutschen Häfen wie Kiel und Wilhelmshaven, dem wichtigsten Hafen der deutschen Marine, lagen die rostenden und schwarz gewordenen Rümpfe von Schlachtschiffen, Kreuzern, Zerstörern und U-Booten. In Kiel lag das Panzerschiff ADMIRAL SCHEER kieloben in einem der Docks. Nebenan, in einem anderen Dock, lag der schwere Kreuzer ADMIRAL HIPPER. Er war von alliierten Bombern schwer beschädigt worden. In weiterer Entfernung waren die Weltmeere von den Wracks übersät, die durch die Vernichtung der deutschen Marine zurückgelassen wurden. Das Schlachtschiff BISMARCK lag am Grunde des Atlantiks. Ihr gekentertes Schwesterschiff, die TIRPITZ, lag in einem norwegischen Fjord und das alte Schlachtschiff SCHLESWIG HOLSTEIN, das den Angriff auf Polen im September 1939 angeführt hatte, war bei Gdingen versenkt worden. Die Niederlage war unausweichlich, doch am Ende dieses Weltkrieges sollte die deutsche Kriegsmarine nicht so meutern, wie sie es am Ende des Ersten Weltkrieges getan hatte. Die Disziplin blieb gut und der Wehrwille war, bedenkt man die Umstände, außerordentlich gut. Bevor er zum letzten Führer des Deutschen Reiches ernannt wurde, trug sich Dönitz mit dem Plan, seine letzten verbliebenen Kräfte in den Atlantik hinaus zu einem letzten ruhmreichen Angriff zu führen. Ähnliche Pläne zu einem Ausfall hatten 1918 zur Meuterei der Hochseeflotte geführt, doch 1945 erwartete man keine Wiederholung dieses Vorfalls. Ironischerweise hatten die Marine und das Deutsche Reich in eben dem Moment die Niederlage anerkennen müssen, als sie Waffen in Dienst nahmen, die das Geschick noch einmal hätten abwenden können, wäre nur etwas mehr Zeit geblieben. Der letzte Angriff wäre zwar ruhmreich, zugleich aber nicht vollkommen selbstmörderisch gewesen. Gerade wurde eine neue Generation von U-Booten in Dienst gestellt, deren Leistungsfähigkeit weit über die der U-Boote vom Typ VII und IX hinausging, die wegen der schweren Verluste im Frühjahr 1943 aus dem Atlantik zeitweise abgezogen worden waren. Am 30. April ging der U-Bootkommandant Korvettenkapitän Adalbert Schnee mit U-2511 auf Jungfernfahrt.[3] U-2511 war ein hochseetaugliches 1.600-Tonnen-Elektro-U-Boot vom Typ XXI. Das Unterseeboot stellte einen Quantensprung in der Schiffsentwicklung dar. Der alte U-Boot-Typ VII mühte sich darum, von den französischen Häfen aus vor der nordamerikanischen Atlantikküste zu operieren, und wenn es im untergetauchten Zustand angriff, war es auf Elektromotoren angewiesen, deren Dauerleistung von 100 Meilen bei zwei Knoten wenig Begeisterung auslöste. Der neue Typ XXI besaß unter Wasser eine Angriffsgeschwindigkeit von 17 Knoten und konnte getaucht fast 300 Meilen bei 6 Knoten zurücklegen. Unter Wasser konnte es bei einem Angriff auf einen Konvoi die meisten Begleitschiffe überholen. Am 4. Mai erhielt Schnee gemeinsam mit allen anderen U-Bootkommandanten den Befehl, die Feindseligkeiten einzustellen. Der neue Führer hatte entschieden, dass seine Ernennung zum Staatsoberhaupt ihm nun einen etwas anderen Kurs abverlangte, als die deutsche Marine in eine Endschlacht zu führen. Obwohl er den Befehl erhalten hatte, konnte Schnee nicht widerstehen, einen Scheinangriff gegen einen Kreuzer mit Eskorte zu fahren, dem er in der Nähe der Färöer Inseln begegnete. Indem er sich den feindlichen Kriegsschiffen mit hoher Geschwindigkeit unter Wasser näherte, gelang es ihm, den Schutzschirm der Begleitschiffe zu durchdringen und sich in eine perfekte Position zu bringen, von der aus er den Kreuzer hätte torpedieren können. Dass er in der Lage war, diesen Scheinangriff durchzuführen und dann wieder zu entkommen, ohne dass er entdeckt worden war, wies darauf hin, dass die Kriegsmarine eben zum Zeitpunkt der Kapitulation endlich die Mittel erworben hatte, die nordamerikanische Nabelschnur zu kappen, welche die britische Kapitulation nach 1940 verhindert hatte und die nach dem Juni 1944 einen endlosen Nachschub an Menschen und Material zu den Schlachten an der Westfront transportierte.

Für viele Mitglieder der deutschen Marine, vor allem deren hochrangige Offiziere, war dies das zweite Mal in ihrem Berufsleben, dass Deutschland in einem größeren Krieg eine Niederlage erlitt. Am Ende des Ersten Weltkrieges hatten sie diese Auseinandersetzung sorgfältig analysiert, um daraus Schlüsse für die Zukunft zu ziehen. 1945 war klar, dass der Prozess des Nachdenkens noch einmal von vorne beginnen musste. Diesmal sollte aber die deutsche Seekriegsleitung beim Nachdenken nicht alleine gelassen werden. Voraustrupps der britischen Admiralität erreichten Flensburg am 21. Mai 1945 um 15.30 Uhr. Die Truppe der britischen Admiralität, die vorübergehend in Flensburg auf dem Linienschiff CARIBIA der Linie Hamburg-Amerika stationiert war, sollte schließlich 38 Leute umfassen, einschließlich 19 Marineoffizieren, die von Dolmetschern und Sekretärinnen unterstützt wurden. Sie hatte eine doppelte Aufgabe: »Hochrangige Offiziere der deutschen Seekriegsleitung zu befragen … [und] Details der technischen Entwicklung und Ausrüstung von den entsprechenden Abteilungen der Kriegsmarine zu erhalten.«[4] Es ging im Wesentlichen darum, so viele technische Geheimnisse des nationalsozialistischen Deutschlands wie möglich in die Hände zu bekommen und mit dem Versuch zu beginnen, das strategische Denken und die Entscheidungsprozesse hinter der deutschen Seekriegführung zu verstehen. Letzteres einerseits aus historischer Neugierde, andererseits aus dem Bestreben heraus zu erfahren, welche Lektionen für zukünftige Kriege man daraus würde ziehen können. Einige Fragen waren von besonderer Dringlichkeit: Gab es noch irgendwelche deutsche Kriegsmarineeinheiten, die den Kapitulationsbefehl entweder noch nicht erhalten hatten oder sich weigerten, ihm zu gehorchen? Admiral von Friedeburg, der zum Oberbefehlshaber der Kriegsmarine wurde, als Dönitz zum Führer ernannt wurde, erhielt Listen mit den sich ergebenden U-Booten, wobei schnell klar wurde, dass der Kapitulationsbefehl befolgt wurde; doch zogen es einige U-Bootkommandanten vor, ihre Schiffe zu versenken statt sie den Alliierten zu übergeben. Einige U-Bootkommandanten wie Peter Cremer, der sich in U-333 ausgezeichnet hatte, wurden über ihre Taktik beim Angriff auf Konvois befragt.

Teilweise war die Admiralität von dem Bestreben der Nachkriegszeit motiviert, eine ordentliche Buchführung für beide Seiten zu erstellen. Beamte der Admiralität und deutsche Kommandeure arbeiteten zusammen, um das Schicksal bestimmter U-Boote im Krieg aufzuklären, indem anscheinend wirkungslose Wasserbomben mit den letzten bekannten Positionen in Einklang gebracht wurden. Der Prozess lief in beiden Richtungen ab: U-Boot-Offiziere scheuten sich nicht, die Admiralität nach einer genauen Aufstellung ihrer Erfolge im Kampf gegen einen bestimmten Konvoi zu befragen. Einige dieser Fragen wurden 1945 in dem Zeitpunkt zu mehr als nur historischen Fragen, als sich der Westen langsam auf einen möglichen Krieg gegen die Sowjetunion vorzubereiten begann.

Die Nachforschungen der Admiralitätsmission gingen auch in Richtung Kriegs-
verbrechen. Während der Nürnberger Kriegsverbrecherprozesse von 1946 wurden
Großadmiral Raeder und Großadmiral Dönitz mit mehreren Anklagepunkten kon-
frontiert, darunter der Planung eines Angriffskrieges. Es sollten auch Untersuchungen angestellt werden hinsichtlich des weit verbreiteten Verdachts, dass deutsche
U-Boot-Mannschaften sich nicht gescheut hätten, die Überlebenden versenkter
Schiffe mit Maschinengewehren zu beschießen, während diese im Wasser um ihr
Überleben schwammen oder versuchten, auf Schlauchbooten oder Rettungsbooten zu
entkommen. Heinz Eck, der Kommandant von U-852, sollte nach dem Krieg für ein
Massaker an der Mannschaft des griechischen Dampfers PELEUS hingerichtet wer-
den, der am 13. März 1944 im Südatlantik sank. U-852 kreuzte in der Dunkelheit
umher und beschoss die Überlebenden mit Maschinengewehren. Drei Männer, die
das Massaker und weitere 25 Tage auf dem Meer treibend überlebten, konnten das
Massaker bezeugen. Nach der Einstellung der Feindseligkeiten durchkämmten mit
Kriegsverbrechen befasste Ermittlungsbeamte die Akten der deutschen Kriegsmarine,
von denen ein erheblicher Teil von amerikanischen Streitkräften in der Nähe von
Tambach erbeutet und dann nach London verbracht worden war, um herauszufinden,
ob Eck mit seinen Handlungen gegen die Überlebenden allein stand. Sie fanden heraus, dass dies in der Tat der Fall war, doch wurde Dönitz in Nürnberg für einen Befehl verantwortlich gemacht, den er am 17. September 1942 erlassen hatte und der
als Laconia-Befehl bekannt geworden ist. Der Befehl war erlassen worden, nachdem
sich die U-Boote U-156, U-506, U-507 und das italienische U-Boot COMANDANTE
CAPPELLINI selbst in Gefahr gebracht hatten, als sie eine große Zahl von Überlebenden des britischen Linienschiffes LACONIA aufnahmen, das von U-156 am 12. September 1942 versenkt worden war. Die Wortwahl des Befehls war zweideutig genug,
um unterschiedliche Interpretationen zuzulassen:

1. Jegliche Rettungsversuche von Angehörigen versenkter Schiffe, also auch das Auffischen
   von Schwimmenden und Anbordgabe auf Rettungsboote, Aufrichten gekenterter Rettungsboote, Abgabe von Nahrungsmitteln und Wasser, haben zu unterbleiben. Rettung
   widerspricht den primitivsten Forderungen der Kriegführung nach Vernichtung feindlicher Schiffe und deren Besatzungen.
2. Die Befehle über das Mitbringen von Kapitänen und Chefingenieuren bleiben bestehen.
3. Schiffbrüchige nur dann retten, wenn ihre Aussagen für das Boot von Wichtigkeit sind.
4. Bleibt hart. Denkt daran, dass der Feind bei seinen Bombenangriffen auf deutsche Städte
   keine Rücksicht auf Frauen und Kinder nimmt.[5]

Der Laconia-Befehl zielte darauf, dass U-Bootkommandanten aufgrund ihrer huma-
nitären Instinkte gegenüber schiffbrüchigen Seeleuten ihre eigenen Mannschaften
nicht in Gefahr bringen sollten; doch ließ sich der Befehl auch als Aufforderung zur
Ermordung alliierter Schiffsmannschaften deuten. Die Vernehmer Ecks versuchten
später, ihn dazu zu bringen zuzugeben, dass er den Anweisungen des Laconia-Befehls
gefolgt sei, als er die Mannschaft der PELEUS ermorden ließ. Eck wies jedoch stand-

haft die Aufforderung zurück, seinen früheren Kommandeur mit diesem Verbrechen im Austausch für eine lebenslange Freiheitsstrafe statt der Todesstrafe in Verbindung zu bringen. In Nürnberg wurde daraufhin darauf verzichtet, Dönitz anzuklagen, er habe seine Leute dazu ermächtigt, Greueltaten zu verüben. Im Jahre 1945 lag dies alles jedoch noch in der Zukunft, als alliierte Offiziere gegen Dönitz, Raeder und andere hochrangige Offiziere der deutschen Seekriegsleitung als potentielle Kriegsverbrecher ermittelten.

Die britische Admiralität hatte ernsthafte Probleme, Aussagen vom Oberkommando der deutschen Marine zu erhalten. Die Briten nahmen die meisten (jedoch nicht alle) überlebenden deutschen Offiziere der Kriegsmarine bei der bedingungslosen Kapitulation im Jahre 1945 fest. Großadmiral Raeder, der die deutsche Marine von 1933 bis 1943 geführt hatte, wurde von den Russen festgenommen und zusammen mit seiner Frau nach Moskau gebracht. Raeder, der den Aufbau der deutschen Marine vor dem Krieg geleitet hatte, war eine Schlüsselfigur. Seine Inhaftierung in Moskau bedeutete jedoch, dass er für den britischen Marinenachrichtendienst bis zum Beginn des Nürnberger Prozesses außer Reichweite war. Admiral von Friedeburg, der letzte Oberbefehlshaber der deutschen Marine während des Krieges, nachdem Dönitz zum Führer ernannt worden war, gehörte zu jenen, deren Hilfe und Kooperation die Admiralität suchte. Unmittelbar nach der Kapitulation erwies er sich gegenüber dem Marinenachrichtendienst als kooperativ und sogar hilfreich. Am 23. Mai wurde er von einer Abteilung des 1. Bataillons, des Cheshire-Regiments, aus einem Käfig für Kriegsgefangene in Flensburg abgeholt. Ihm wurde gestattet, nach Hause zurückzukehren, um einige persönliche Gegenstände mitzunehmen, bevor er zu weiteren Vernehmungen zum Hauptquartier der Brigade gebracht wurde. Während er zu Hause seine Sachen zusammenpackte, bat er darum, auf die Toilette gehen zu dürfen, was der ihn eskortierende Offizier unter der Bedingung gestattete, dass die Tür offenbleiben müsse. In seinem späteren Bericht stellt Hauptmann Davies vom Cheshire-Regiment die Ereignisse folgendermaßen dar:

> Ich folgte ihm zum Badezimmer, und er ging ziemlich langsam hinein, schloss dann plötzlich die Türe und drehte den Schlüssel herum. Ich rief die Eskorte und wir öffneten die Türe mit Gewalt. (…) Ich feuerte nicht auf das Schloss, da ich das Verhalten des Admirals unter den gegebenen Umständen natürlich fand und ihn nicht innen erschießen wollte. Als ich in den Raum trat, würgte er am Waschbecken, drehte sich halb herum und fiel rücklings in die Badewanne und schlug mit Kopf auf dem Boden auf. Zunächst dachte ich, es hätte sich um einen Herzanfall gehandelt. Ich befahl seinem Sohn, sofort einen Arzt zu rufen, dann hob ich ihn mit Hilfe der Eskorte und seinem Bediensteten aus dem Bad, wir lösten seine Kleidung und versuchten anfangs, ihn dazu zu bringen, das auszuspucken, was er verschluckt hatte. Dann versuchten wir erfolglos, ihn zum Trinken zu bringen.[6]

Trotz der hektischen Versuche sein Leben zu retten, starb Admiral Friedeburg an dem Gift, das er eingenommen hatte. Friedeburgs Selbstmord war nicht nur ein sinnloser Tod am Ende eines kostspieligen Krieges, sondern auch ein Verlust an potentiellen Informationen. Zugleich war er aber auch ein Indikator für die Schwierigkeiten, die mit der Vernehmung der überlebenden Führer einer besiegten Nation verbunden waren, die mit ihrer unmittelbaren Vergangenheit und ihrer möglichen Zukunft zu Rande kommen mussten. Das ganze Ausmaß des Schreckens der unmittelbaren Vergangenheit kam gerade erst ans Licht. Von Friedeburg war von den Fotos aus dem Konzentrationslager Buchenwald, die er Anfang Mai 1945 in einer amerikanischen Zeitung gesehen hatte, stark berührt worden. Die wahre Natur des Regimes, dem er gedient hatte, war weiterhin kurz darauf deutlich geworden, als ein Schiff mit im Osten befreiten KZ-Häftlingen in Flensburg angelegt hatte. Zu den Schrecken des Konzentrationslagers kam für Leute wie von Friedeburg die Tatsache hinzu, dass sie Tausende befehligt hatten, die im Kampf für eine vergebliche Sache ihren Tod im Atlantik gefunden hatten. Ihre Zukunft und die Zukunft ihres Landes waren unsicher. Würde Deutschland, das zwei Weltkriege entfesselt hatte, in der Nachkriegswelt eine Zukunft haben? Und würde das frühere Oberkommando der deutschen Kriegsmarine sich kollektiv oder einzeln für Kriegsverbrechen vor Gericht zu verantworten haben? Zweifellos erwogen viele frühere Admirale eine gleiche Handlungsweise wie von Friedeburg.

Die Mitglieder der Delegation der Admiralität trafen unterschiedliche Reaktionsweisen an, nachdem sie am 21. Mai eingetroffen waren. Anfangs war die Lage etwas unübersichtlich. Deutschland hatte kapituliert, doch hochrangige Offiziere der Kriegsmarine blieben in Freiheit und deutsche Soldaten fuhren fort, militärische Gebäude zu bewachen. Offiziere der Delegation der Admiralität konnten eine Reihe von Befragungen deutscher Marineoffiziere durchführen, bevor diese formell am 23. Mai von der britischen Armee als Kriegsgefangene festgesetzt wurden. Diese Festnahmen und der Tod von Friedeburgs am 23. Mai veränderten die Haltung einiger Offiziere der Kriegsmarine, die zuvor offen mit der Delegation der Admiralität geredet hatten. Vizeadmiral Hellmuth Heye sollte am 23. Mai befragt werden, wurde aber vor der Befragung festgenommen. Als der gefangene Admiral am folgenden Tag befragt wurde, zeigt er sich »völlig unkooperativ«.[7]

> Er begann mit der Feststellung, dass er festgenommen worden sei und in den letzten 36 Stunden wie ein Verbrecher behandelt worden sei, obwohl er zuvor alle gewünschten Informationen gegeben habe und diese sogar ungefragt angeboten habe. Er verlange eine Erklärung, bevor er sich auf irgendwelche weiteren Diskussionen einlasse. Er beklagte sich, dass keine Anschuldigungen gegen ihn erhoben worden seien, und wenn er schon verhaftet werden sollte, so hätte dies durch einen Offizier der Kriegsmarine geschehen müssen und nicht durch einen untergeordneten Militäroffizier. Auch beklagte er sich über die Bedingungen, unter denen er untergebracht worden sei.[8]

Heye, der zusammen mit Admiral Meisel, dem Chef des Stabes der Seekriegsleitung, und drei weiteren Stabsoffizieren befragt wurde, war so aufsässig, dass er unter Bewachung aus dem Befragungsraum entfernt wurde. Meisel und die anderen Offiziere erwiesen sich als kooperativer, nachdem Admiral Heye den Raum verlassen hatte.

Die meisten Offiziere, die im Mai 1945 befragt wurden, gaben nur zögerlich Informationen preis. Ihre Vernehmer schrieben dies einer durch die Verhaftung hervorgerufenen Depression zu, und dies, obwohl einige Mitglieder der Delegation der Admiralität den Versuch unternommen hatten, eine Beziehung zu denen aufzubauen, die sie befragen wollten. So hatte ein Delegationsmitglied, Hauptmann Gilbert Roberts, der Leiter der Anti-U-Boot-Schule, dafür gesorgt, dass Admiral Godt einige persönliche Gegenstände zurückerhielt, die ihm von britischen Soldaten weggenommen worden waren. Er sorgte auch dafür, dass das U-Boot-As Otto Kramer mit seiner Frau zusammengebracht wurde. Roberts hatte Kramer beim Spazieren durch die Kieler Werft angetroffen, nachdem er von der letzten Fahrt von U-333 zurückgekehrt war. Roberts freute sich, dass die Beziehung sich nicht als einseitig erwies, da sich Godt und Kramer ihm gegenüber aussagebereit zeigten. Auch entdeckte er im Kieler Operationszentrum ein vergrößertes Foto von sich mit der Aufschrift: »Dies ist euer Feind, Hauptmann Robert, Leiter der Anti-U-Boot-Taktik«.[9]

Während sich Godt, Kramer und andere als aussagewillig erwiesen, waren andere zögerlicher. Konteradmiral Meyer, der Stellvertretende Leiter der Kriegsmarineoperationen von 1945, redete freimütig, bewahrte aber eine Stimmung »verschleierter Feindseligkeit bei allem, was er sagte«. Er antworte auch nur »sehr vage« auf zentrale Fragen, wie etwa im Zusammenhang mit den deutschen Angriffsplänen auf England im Jahre 1940.[10] In unterschiedlicher Weise fuhren die vernommenen deutschen Admirale fort, dem Feind Widerstand zu leisten, von Heyes offener Aggression bis zu Meyers feindseliger Vergesslichkeit. Gleichzeitig zwang sie der Umstand, dass sie als Kriegsgefangene möglicherweise wegen Kriegsverbrechen angeklagt würden, zu einer gewissen Zusammenarbeit mit ihren Vernehmern.

Unterdessen kooperierte Admiral Weichold, der ehemalige Verbindungsoffizier der Kriegsmarine in Italien, vollständig mit den Vernehmern. In seiner Befragung redete er offen und detailfreudig über den Krieg im Mittelmeer. Er war dabei zweifellos durch den Umstand motiviert, dass der Krieg im Mittelmeer schon seit fast zwei Jahren beendet und er wenig mehr als ein Zuschauer der italienischen Marineoperationen gegen die Briten gewesen war. Er konnte über die Ereignisse von 1940 bis 1943 ohne große Sorgen sprechen, dass er in irgendeiner Weise sein Land oder seine Offizierskameraden in der Marine verraten würde. Er lieferte detaillierte und erhellende Informationen über die marinenachrichtendienstliche Arbeit der Achsenmächte in Bezug auf den Mittelmeerkrieg. Er äußerte sich auch mit ätzenden Worten über die italienische Kriegsmarine:

> Die Italiener hatten keine Taktik und konnten nicht auf See operieren. Sie hatten aus dem letzten Krieg nichts gelernt, weil sie keine Seegefechte durchgeführt hatten. Die Kommandeure größerer Einheiten waren unfähig, ihre Schiffe in Abwesenheit eines Admirals zu kontrollieren… Ich glaube nicht, dass die Italiener Angst hatten, aber es fehlte ihnen die Erfahrung. Einige der italienischen Admiräle sind gute Freunde von mir, und sie sind fähige Leute, aber sie haben das südliche Temperament. Die Italiener können mit Schiffen nicht umgehen.[11]

Trotz der Kooperationsbereitschaft von Leuten wie Weichold wurde die Mission der Admiralität als gescheitert angesehen. Man sammelte zwar nützliche technische Informationen, doch die mangelnde Kooperationsbereitschaft der meisten deutschen Admirale führte dazu, dass kaum etwas herauszubekommen war, das von strategischem Interesse oder Wert gewesen wäre. Es ist nicht überraschend, dass es der Mission der britischen Admiralität in der wirren und chaotischen Nachkriegszeit, auch aufgrund ihrer verschiedenen Rollen, nur unvollkommen gelang, die Zusammenarbeit jener Männer zu gewinnen, die Angst hatten, sie könnten den Russen ausgeliefert werden oder von den westlichen Alliierten vor Gericht gestellt werden.

Die Admiralität, und dabei vor allem die Geschichtsabteilung, die damit beauftragt war, die offiziellen Geschichtsdarstellungen des vergangenen Krieges zu verfassen, waren daher verständlicherweise mit den Ergebnissen der Mission sehr unzufrieden. Im Herbst 1945 begann daher der Nachrichtendienst der Kriegsmarine damit, Admirale wie Heye und Meyer nochmals zu befragen sowie andere Leute zu vernehmen, von denen man wusste, dass sie in der deutschen Marinepolitik seit 1933 eine Schlüsselrolle gespielt hatten. Dönitz und Raeder, die als Kriegsverbrecher angeklagt waren, wurden ständig zu Angelegenheiten der Kriegmarine und der Politik befragt. Die ersten Vernehmungen von Dönitz durch Briten und Amerikaner waren insgesamt systematischer und genauer als die Vernehmung Raeders durch die Russen. Diese gingen davon aus, dass Raeder so oder so hingerichtet würde, so dass es wenig Sinn hatte, zu viel Energie auf seine Vernehmung zu verschwenden. Ab dem 15. August wurden beide von amerikanischen Teams verhört, um die Nürnberger Prozesse vorzubereiten. Die Vernehmung von Offizieren mit niedrigerem Rang wurde von untergeordneten Offizieren durchgeführt, die durch die Kriegsgefangenenlager reisten. Im Auftrag des Nachrichtendienstes der Marine und der Geschichtsabteilung der Admiralität übermittelten sie den Admiralen eine Bitte: Ob sie nicht jeweils Aufsätze schreiben könnten, in denen sie die deutsche Marinepolitik seit 1933 schilderten? Die Perspektive jedes dieser Aufsätze würde von der Persönlichkeit und Stellung des jeweiligen Admirals abhängen. Die Aufsatzschreiber wurden daher im Hinblick auf die Befehlsstellung ausgewählt, die sie innegehabt hatten, sowie auf ihre Persönlichkeit und politische Einstellung.

Die Admirale dazu zu bringen, Aufsätze zu verfassen, beruhte auf der Vorstellung, dass man mehr Informationen erhalten würde, wenn man ihnen die Freiheit ließ, das zu diskutieren, was sie wollten. Eine Vernehmung ist der Natur der Sache nach eine konfrontative Auseinandersetzung mit militärischen und juristischen Obertönen. Eine Vernehmung legte eine defensive Haltung der Vernommenen nahe, selbst wenn es dabei auch gelang, Antworten zu erzwingen. So bemerkt Richard Overy über die Vernehmungen für die Nürnberger Prozesse: »Das Schweigen hätte sie vielleicht retten können, doch es scheint keinem in den Sinn gekommen zu sein, die Zusammenarbeit zu verweigern.«[12] Der Prozess des Aufsatzschreibens hatte dagegen mehr den Charakter eines historischen Verstehens – er erweckte den Eindruck, dass Gleiche auf nicht-konfrontative Weise ihre Sicht der Vergangenheit austauschten. Den Admiralen wurde versichert, dass nichts von dem, was sie aufschrieben, bei der Vorbereitung der Kriegsverbrecherprozesse Verwendung finden würde. Sie würden keinen Zugang zu den Akten der deutschen Seekriegsleitung bekommen, obschon einige Admirale wie Weichold auch in Gefangenschaft eine beträchtliche Menge privater Papiere bei sich führten. Das Schreiben von Aufsätzen statt weiterer Vernehmungen war auch in funktioneller Hinsicht effizienter. Eine ordentliche Vernehmung erforderte einen Vernehmer, einen Übersetzer sowie eine Sekretärin. Die Übersetzung und Analyse eines in deutscher Sprache geschriebenen Aufsatzes erforderte wesentlich weniger Zeit und war für das Personal auch weniger anstrengend. Es war selbst während der mit großer Aufmerksamkeit bedachten Nürnberger Prozesse schwierig, in ausreichendem Maße Übersetzer und Sekretärinnen zu finden.

Aufgrund der Umstände, unter denen viele der Admirale Ende 1945 und Anfang 1946 gefangen gehalten wurden, war es recht schwierig, diese Aufsätze von ihnen zu erhalten. Die Verantwortung für die Kriegsgefangenenlager lag in den Händen der amerikanischen und britischen Armee und nicht bei der Marine. Als die Offiziere des Marinenachrichtendienstes die verschiedenen Admirale, die man zum Schreiben der Aufsätze ausgesucht hatte, besuchten, machten sie sich Sorgen über die Bedingungen, unter denen sie gefangen gehalten wurden. Teilweise waren ihre Beweggründe humanitärer Natur. Teilweise identifizierten sie sich mit ihren Kameraden von der Kriegsmarine, obwohl diese einer besiegten Nation angehörten. Zwei Offiziere, die den Auftrag hatten, mit Admiral Schuster zu sprechen, der seit Oktober 1943 der Chef der Geschichtsabteilung der Seekriegsleitung gewesen war, zeigten sich kritisch über den Mangel an militärischer Haltung von Seiten der amerikanischen Wachen im Kriegsgefangenenlager Allendorf: »Die amerikanischen Offiziere in diesem Lager machten den Eindruck, sehr unwissend zu sein und sich wenig für ihre Verantwortlichkeiten zu interessieren; auch fehlte es den Wachen der US-Armee, vor allem den Ordonnanzen im Wachraum, selbst für eine amerikanische Einheit in hohem Maße an Disziplin. Die Leute saßen beim Kartenspiel und rauchten, während ihr Offizier sie dienstlich ansprach und es hatte den Anschein, als würden sie ihm einen Gefallen erweisen, wenn sie ihm auf seine Fragen antworteten.«[13]

Da die beiden Offiziere der Royal Navy von dem, was sie sahen, alarmiert waren, erkundigten sie sich nach der Ernährung, der Unterbringung und der medizinischen Versorgung der Insassen des Lagers. Man beruhigte sie in jedem Punkt, und doch waren sie weiterhin nicht glücklich über die Art und Weise, wie das Lager geführt wurde.

Besucher der Royal Navy in anderen Kriegsgefangenenlagern waren noch weniger zufrieden. Einer dieser Besuche im Lager 2226 in der Nähe von Ostende in Belgien führte zu einer gründlichen Untersuchung und einem Bericht an die Admiralität. In diesem Lager befanden sich 4.496 Offiziere inklusive 35 Admirale unter dem Befehl von Admiral Förste und seinem Stellvertreter Vizeadmiral Ruge. Zwar waren die Lebensbedingungen im Sommer angemessen, doch im Winter war das Lager extrem feucht. Sorgen um die Zukunft und das Schicksal der Familien und Freunde wurden dadurch verschärft, dass es unzureichende Erholungsmöglichkeiten gab. Förste berichtete, er habe »große Schwierigkeiten bei dem Versuch, die Moral einiger der älteren deutschen Offiziere aufrechtzuerhalten.« Vizeadmiral Ruge bestätigte, dass manche Offiziere »sich anscheinend einfach hinsetzten und verkümmerten«. Der Tod zweier Admirale im Lager im Dezember 1945 bestätigte Förstes und Ruges Ansichten. Die Ergebnisse des Untersuchungsteams wurden durch andere Zeugnisse bestätigt. Im Februar 1946 wandte sich ein Freund Admiral Heyes an die zuständigen Stellen der britischen Marine in Deutschland mit der Kopie eines Briefes, den er von Heye aus Belgien erhalten hatte. In diesem Brief berichtet Heye: »Das Lager ist ein Sumpf … die Unterbringung ist für Vieh angemessen: keine Betten, Blechdach, kein WC, keine Waschgelegenheiten in den Baracken: kalt und außerordentlich feucht, so dass viele Leute ständig krank sind …: 18 Admirale alle zusammen in einem Raum: keine Post von der Familie und so weiter.«[14] Heye erwähnte, dass Weichold unter den Kranken sei. Details des Briefes wurden sofort telefonisch an die Admiralität in London übermittelt. Die Ehefrauen der gefangenen Admirale, die von diesen etwa alle zwei Wochen Post bekamen, übermittelten ihre Sorgen ebenfalls an Offiziere der Royal Navy in Norddeutschland. In einigen Fällen bezogen sich diese Sorgen auch auf körperliche Misshandlung sowie schlechte Lebensbedingungen. Die Admiralität erfuhr insbesondere von in Norddeutschland zirkulierenden Gerüchten, Admiral Heye sei von alliierten Soldaten geschlagen worden, während er auf dem Weg in das Lager in Belgien war.

Die Sorgen der Admiralität verstärkten sich durch Informationen von entlassenen ehemaligen Insassen des belgischen Lagers. Kapitän zur See Löffler wurde im Frühjahr 1946 aus dem Lager 2226 entlassen und wurde sofort vom Nachrichtendienst der Marine befragt. Er bemerkte, dass »die Bedingungen sehr schlecht waren. Viele der Wachen schienen Juden zu sein, und es hatte den Anschein, als hätten die dort arbeitenden Deutschen gegen die Offiziere gerichtete Anweisungen erhalten. Hochrangige deutsche Offiziere (…) hatten den Eindruck, sie seien in ein Straflager geschickt worden.«[15] Fast jeder Lagerhäftling hatte eine erschreckende Geschichte zu erzählen, die nur dazu beitrug, den allgemeinen Eindruck zu unterstreichen. Kapitänleutnant Johann Heinrich Fehler sollte sich später erinnern: »Wir besaßen keine Kohle oder irgendein anderes Heizmittel, und unsere Ernährung bestand überwiegend aus Weißbrot und dünner Suppe. Jede unserer Beschwerden wurde mit dem moralischen Argument begegnet, wir seien mit unserer Not nicht allein; ganz Europa, so sagte man uns, leide Hunger.«[16] Fehler beobachtete auch, dass andere Dienstgrade besser als ihre Vorgesetzten ernährt wurden, konnte sich dies aber nicht erklären. Andere Aussagen, die der Admiralität bekannt wurden, legten nahe, dass die Lebensbedingungen in dem belgischen Lager keinesfalls aus dem Rahmen fielen. Ein Lagerinsasse, der in ein anderes Kriegsgefangenenlager bei Hamburg überstellt wurde, um in der Nähe seiner Familie sein zu können, verglich die Bedingungen im neuen Lager mit denen eines »Konzentrationslagers, dessen Schrecken unvergleichbar sind«. Die Ernährung, die Heizgelegenheiten und die Lebensbedingungen wurden als unzumutbar beschrieben. Förste wurde geraten, er solle nicht gestatten, dass weitere Marineangehörige in das Lager geschickt würden, und den Versuch unternehmen, die Rückkehr derjenigen zu erwirken, die bereits dorthin geschickt worden waren.[17] Angesichts dieser deutlichen Belege für die schlechten Haftbedingungen deutscher Marineoffiziere (obwohl sich diese Bedingungen seit Ende 1945 eindeutig verbessert hatten), fasste die Admiralität den Entschluss, die britische Rheinarmee zu einer Verbesserung zu drängen. Generalmajor A. A. B. Dowler, der sich von der Unterstellung getroffen fühlte, die deutschen Kriegsgefangenen würden unangemessen behandelt, antwortete im Namen des Hauptquartiers der britischen Rheinarmee, die Bedingungen besserten sich und sie seien immer so gut gewesen, wie es der Mangel verschiedenster Art zugelassen habe.[18] Da er mit dieser Antwort unzufrieden war, schrieb Vizeadmiral H. T. C. Walker am 4. April zurück. Er erkannte die durchgeführten Verbesserungen an, führte dann aber aus, dass die »Bedingungen in diesen Lagern immer noch so sind, dass sehr drastische und dringende Handlungen zur ihrer Verbesserung erforderlich sind, wenn wir uns nicht dem äußerst schweren Vorwurf aussetzen wollen, wir würden Gefangene unter Bedingungen halten, die denen von BUCHENWALD und BELSEN gleichen.«[19]

Die emotionale Sprache Walkers deutete auf das Ausmaß hin, in dem sich seit der Kapitulation Deutschlands eine Beziehung zwischen den britischen und deutschen Marineoffiziern entwickelt hatte. Diese Beziehung war von gegenseitigem Respekt und einem Gefühl gegenseitiger Abhängigkeit geprägt. Die Admiralität wünschte zusätzliche Informationen über ihre früheren Feinde zu gewinnen; die deutschen Admirale strebten nach einer Verbesserung ihrer Lage. Die Beziehung der beiden Gruppen wandelte sich von der zwischen Vernehmern und Verhörten im Mai 1945 zu der gemeinsam betriebenen Erforschung der Marinegeschichtsschreibung im weiteren Verlauf des Jahres. Im Mai 1945 wollte die Royal Navy die Kriegsmarine noch in eine Schlacht verwickeln. Im Februar 1946 dagegen freute sich die Royal Navy auf eine ganz andere Schlacht mit der Rheinarmee zugunsten der früheren Angehörigen der deutschen Admiralität. Deutsche und britische Seeleute identifizierten sich miteinander.

Unterdessen erwartete Dönitz seinen Prozess vor dem Internationalen Militärgerichtshof in Nürnberg, angeklagt wegen der Teilnahme an einer Verschwörung zur Führung eines Angriffskrieges sowie wegen besonderer Kriegsverbrechen einschließlich des Befehls, schiffbrüchige Seeleute zu töten. Seine Lage war völlig anders. Dönitz war ebenso wie Raeder und die übrigen überlebenden Führungsfiguren des Dritten Reiches von der Todesstrafe bedroht und wurde wiederholt zu seinen Taten befragt. Und trotz seines Status als Kriegsgefangener glaubte er immer noch, dass er seine Rolle als Führer Deutschlands und der Kriegsmarine zu spielen habe. In den Stunden vor seiner Verhaftung am 23. Mai verfasste er den Entwurf einer Ansprache an das Offizierskorps. Dieser Text zeigte ein scharfes politisches Bewusstsein der Lage Deutschlands sowie der Kriegsmarine und auch ein Verständnis dessen, was er und das Offizierskorps zu Deutschlands Zukunft beitragen könnten. Die Ansprache be-

legte einmal mehr, was seine Kriegsgegner schon seit 1939 wussten: Dönitz war außerordentlich listig.[20] Die erste Priorität bestand Dönitz' Ansprache zufolge darin,
mit den Westmächten zusammenzuarbeiten, um den Boden für eine Rehabilitierung
Deutschlands und die Rückforderung der damals unter russischer Besatzung befindlichen Teile Deutschlands zu bereiten: »Wir müssen mit den Westmächten zusam-
mengehen und in den westlich besetzten Gebieten mit ihnen zusammenarbeiten, nur
so können wir hoffen, unseren Boden von den Russen später zurückzuerhalten.«[21]

Die Ansprache gab also klar zu erkennen, dass eine solche Vorbereitung auch eine
korrekte Deutung der Geschichte des Dritten Reiches sicherstellen musste. Nach der
Niederlage im Ersten Weltkrieg hatte das deutsche Militär den Gedanken eines
»Dolchstoßes« gefördert, der ihn den Sieg gekostet habe. Der so ins Werk gesetzte
Mythos unterstellte, die deutsche Armee sei, obwohl im Felde unbesiegt, dazu gezwungen worden, dem Waffenstillstand zuzustimmen, weil in der Heimat eine Revolution ausgebrochen war, die von Kommunisten, Sozialisten, Juden und anderen
genährt worden war. Im Jahre 1945 war es notwendig, eine andere Geschichte zu erzählen. Teil dieser Geschichte war das Heldentum der deutschen Armee in einem langen und blutigen Kampf. Dönitz formulierte dies in seiner Ansprache an das
Offizierskorps folgendermaßen: »Unseren Kampf gegen die Briten und Amerikaner
kann man mit Stolz und Ruhm betrachten. Wir haben keinen Grund, uns zu schä-
men«.[22] Das Weglassen der Russen in diesem Satz erfolgte absichtlich, denn der zweite
Bestandteil der neuen Geschichte sollte die Betonung der Gefahr für die Zivilisation
sein, die vom Kommunismus ausging, um die Westmächte davon zu überzeugen,
dass Deutschland als Bollwerk gegen den Kommunismus wieder auf die Beine gebracht werden müsse. Das letzte Element der neuen Erzählung sollte darin bestehen,
die Alliierten davon zu überzeugen, dass die Konzentrationslager der überwiegenden
Mehrheit der Deutschen, die solche Greuel nicht geduldet hätten, unbekannt waren.
Dönitz sollte diese Auffassung seit seiner Verhaftung immer wieder entschieden vertreten. In seinen Memoiren argumentierte er klar in diese Richtung: »Jeder anständige
Deutsche schämt sich heute der im Dritten Reich geschehenen Verbrechen, die hinter dem Rücken der Nation begangen wurden. Dem Volk als Ganzem für die Taten
einer kleinen Minderheit die Kollektivschuld zuzusprechen, steht jeder Rechtsauffas-
sung entgegen. Menschen können nicht für Dinge schuldig erklärt werden, von denen
sie noch nicht einmal gewusst haben.«[23]

Als Dönitz' Memoiren 1958 veröffentlicht wurden, hatte sich die neue Erzählung
als durchschlagender Erfolg erwiesen. Deutschland war rehabilitiert worden und wieder in das Lager des Westens aufgenommen worden, und ein Kalter Krieg zwischen
Ost und West war in vollem Gange. Die Mehrheit der westlichen Historiker war zufrieden damit festzustellen, dass die gewöhnlichen Deutschen nur über minimale
Kenntnisse der Lager verfügten, dass Hitler in einzigartiger Weise für den Krieg und
seine Übel verantwortlich war und dass die deutsche Nation auf Abwege gebracht
worden war. Einige von denen, die während des Zweiten Weltkrieges in der deutschen Kriegsmarine als Admirale gedient hatten, waren in der Bundesrepublik zu Pro-

minenz gelangt und einige ihrer Schützlinge aus der Kriegszeit waren nunmehr Admirale in der neuen Bundesmarine. Dönitz war bereits wieder aus dem Gefängnis entlassen worden, nachdem er 1946 für Kriegsverbrechen und die Führung eines Angriffskrieges zu 10 Jahren Haft verurteilt worden war.

Dönitz war entschlossen, die neue Geschichte der Niederlage durchzusetzen, und zu diesem Zweck war er auch bereit, mit der britischen Admiralität zusammenzuarbeiten. Wenn diese von ihm einen Aufsatz haben wollte, so war er ohne weiteres bereit, einen solchen zu liefern. Seine Aufforderung zur Zusammenarbeit verhallte bei seinen Untergebenen, die man ebenfalls dazu aufgefordert hatte, Aufsätze zu verfassen, nicht ungehört. Selbst als er im Gefängnis einsaß, blieb Dönitz in engem Kontakt mit seinen früheren Admiralen und früheren U-Bootkommandanten. Die Admirale blieben untereinander über ihre Frauen und Mitarbeiter in Kontakt sowie mit Dönitz und Raeder über deren Anwälte. Unter Führung der Alliierten setzten die Minensuchboote der deutschen Kriegsmarine auch nach der Kapitulation ihre Arbeit fort, und ihre Offiziere halfen dabei, die Verbindungen zwischen den Mitgliedern des alten Offizierskorps nicht abreißen zu lassen. Im Jahre 1945 wurde ein Untergrundnetzwerk eingerichtet, das 1946 dabei half, Dokumente und Experten für die Verteidigung von Dönitz und Raeder zu organisieren; im Anschluss daran versuchte es, gegen die Haftstrafen für sie zu wirken. Beide Großadmirale forderten ihre unmittelbaren Untergebenen auf, eidesstattliche Erklärungen und Zeugenaussagen zu ihrer Verteidigung vorzubringen. So gaben z. B. Admiral Lohmann und Admiral Boehm eidesstattliche Erklärungen für Raeder ab und Admiral Wagner sagte für Dönitz aus. Es überrascht nicht, dass die britische Admiralität im Jahre 1946 mit Besorgnis reagierte, als sie feststellte, dass die Kriegsmarine immer noch als eine erkennbare und funktionierende Organisation existierte, vor allem wenn man bedenkt, dass die Verurteilung der beiden obersten Führer der Kriegsmarine im Krieg möglicherweise zu einer organisierten Reaktion führen könnte.

Dönitz, der die Möglichkeit voraussah, dass er verurteilt werden würde, schrieb einen Brief an Konteradmiral Kraus, den Leiter der Minenräumflotte, und instruierte ihn, alles zu tun, um eine solche Reaktion zu verhindern. Angesichts der Rolle, die die Minenräumflotte bei der Aufrechterhaltung der Verbindungen zwischen den alten Kameraden der Kriegsmarine spielte, ging Dönitz' Anweisung weit darüber hinaus, die Arbeitsfähigkeit der Minensucher sicherzustellen. Dönitz wusste dies, Kraus wusste dies, und die Briten wussten es auch. Dr. Kranzbühler, der Nürnberger Anwalt Dönitz', besuchte Vizeadmiral Walker, der die britischen Seestreitkräfte in Deutschland kommandierte, am 23. August 1946 mit der Kopie dieses Briefes und bat darum, die britische Admiralität solle sich hinter diesen stellen und ihn veröffentlichen. Kranzbühler führte aus, seine Warnungen hinsichtlich der Unruhe in den Rängen der früheren Kriegsmarine würden von »mehreren hochrangigen ehemaligen deutschen Marineoffizieren« bekräftigt.[24] Walker lehnte Kranzbühlers Ansinnen ab, weil »dies den Eindruck erwecken würde, Dönitz sei immer noch der Vorgesetzte seiner Leute und es gebe eine ›existierende Flotte‹«.[25] Ungeachtet dessen sah die Wirklichkeit jedoch so aus, dass die höheren Ränge der deutschen Kriegsmarine immer noch eine Flotte darstellten.

Angesicht der Tatsache, dass es ein Netzwerk gab, das den Kontakt zwischen den früheren deutschen Admiralen in den Kriegsgefangenenlagern in Westeuropa ermöglichte, lässt sich die Möglichkeit einer heimlichen Zusammenarbeit derjenigen, die vom Nachrichtendienst der Marine zur Abfassung von Aufsätzen aufgefordert worden waren, nicht ausschließen. Ebensowenig lässt sich die Möglichkeit ausschließen, dass ihre Aufsätze zumindest auf einer unterbewussten Ebene von dem Bedürfnis geprägt waren, jene neue Geschichte der Niederlage zu schaffen, von der Dönitz im Mai 1945 gesprochen hatte. Andere hochrangige Angehörige des NS-Regimes waren 1945 und 1946 ebenfalls damit beschäftigt, eine neue Form der Geschichtsschreibung vorzutragen. Hjalmar Schacht, der Reichswirtschaftsminister, bevor er 1937 wegen Unstimmigkeiten über die Höhe der Rüstungsausgaben in Ungnade fiel, äußerte sich in Befragungen ähnlich wie Dönitz. Er warnte die westlichen Alliierten: »In Versailles war die deutsche Nation, die damals mit sauberen Händen und ehrenhaft in einem Krieg eingetreten war, den sie nicht zu verantworten hatte, moralisch angeschwärzt und als verachtenswert behandelt worden. Hitler profitierte von dem Gefühl der Verzweiflung, das die deutsche Nation gefangen hielt. Ich bitte und rate eindringlich, diesen Fehler nicht zu wiederholen. Alle wirklich schuldigen Männer sollen bestraft werden. (…) Man mag die deutsche Nation kleinreden und für ihre politische Dummheit und Frivolität schelten, doch sollte man nicht die ganze Nation moralisch in Acht und Bann tun.«[26] Die Frage nach der Zukunft Deutschlands beschäftigte zweifellos eine ganze Reihe von Dönitz' Zeitgenossen in den Reihen der deutschen Kriegsmarine sowie unter dem früheren Führungspersonal des Dritten Reiches. Die individuelle, kollektive und nationale Zukunft wurde von vielen bedacht und diskutiert, die sich in Nürnberg oder in den Kriegsgefangenenlagern befanden. Die Schaffung einer neuen Geschichtserzählung von der Niederlage stellte eine der vielen Antworten auf Deutschlands Erniedrigung sowie auf die Fragen dar, die sich in Bezug auf die Zukunft stellten. Einige Militärs wie von Friedeburg und Göring wählten den Selbstmord. Von Ribbentrop, der Außenminister Hitlers, versuchte eine Abmachung zu erreichen, nach der einige führende Personen des nationalsozialistischen Deutschlands die Verantwortung für den Krieg und die Kriegsverbrechen übernehmen mussten, während das deutsche Volk insgesamt mit Milde behandelt werden sollte.[27]

Dönitz und seine ehemaligen Admirale mochten gehofft haben, dass sie durch ihre Aufsätze diese neue Geschichtsschreibung verbreiten konnten. Nach 1945 glaubten einige zweifellos, dass es weiterhin ihre Pflicht sei, »Missverständnisse aus dem Weg zu räumen«. Dönitz und Raeder veröffentlichten in den fünfziger Jahren ihre Memoiren. Rangniedrigere Admirale, darunter einige, die sich bereit erklärt hatten, Aufsätze für den Marinenachrichtendienst zu schreiben, veröffentlichen Memoiren und Geschichtsdarstellungen, wobei man sich darauf verlassen konnte, dass sie dabei helfen würden, die ersten Darstellungen des Seekrieges zu überprüfen und zu beeinflussen. Die Abschnitte über den Krieg im Mittelmeer in Anthony Martienssens Buch *Hitler and His Admirals* von 1948 stützte sich stark auf den Aufsatz Admiral Weicholds, den dieser für den Marinenachrichtendienst verfasst hatte.[28]

Die ehemaligen Admirale waren auch führend bei dem Versuch, den Weg der Bundesrepublik zu beeinflussen. Dreißig frühere Admirale und Generale versammelten sich im Juli 1951 in Bonn zu einer zweitägigen Konferenz über die Frage der deutschen Wiederbewaffnung. T. H. Tetens, der für die Vereinigten Staaten als Ermittler in Sachen Kriegsverbrechen tätig war und dazu neigte, in jedem hochrangigen Offizier des Dritten Reiches einen Nationalsozialisten zu sehen, schrieb später mit Abscheu: »Wenn man sich die politische Gesamtstruktur der Bonner Republik anschaut, gelangt man unweigerlich zu der Schlussfolgerung, dass die Nazis fast überall ein stilles Comeback feiern.«[29] Zweifellos war Admiral Heye, der 1953 als Abgeordneter der CDU für Wilhelmshaven in den Bundestag einzog, die Art von Person, die Tetens' Zorn heraufbeschwor. In der Nachkriegszeit wurde ein diskreter Schleier über einige Abschnitte der Geschichte gebreitet, während es gleichzeitig politisch opportun erschien, die Ritterlichkeit der deutschen Streitkräfte von 1939 bis 1945 herauszustreichen. Im Kalten Krieg wurden die alten Feinde zu neuen Freunden.

Die Veröffentlichung des Buches *Kampf und Untergang der Kriegsmarine. Ein Dokumentarbericht in Wort und Bild* von 1953 war ein wichtiger Schritt in der sich verändernden Geschichtsschreibung der Kriegsmarine. Das Buch wurde von dem ehemaligen Seemann der Kriegsmarine Cajus Bekker geschrieben, der dazu auf die volle Kooperation einer Reihe ehemaliger Admirale zurückgreifen konnte. Von besonderer Bedeutung war der Ton, in dem das Buch geschrieben war. Die deutsche Marine wurde durchgängig als stolz und professionell dargestellt, zugleich aber fand sich auch eine trotzige und entschlossene Haltung. Auf der letzten Seite des Buches erinnert Bekker an die Begegnung von Fregattenkapitän Günther Hessler, dem Schwiegersohn Dönitz', mit Vertretern der Delegation der britischen Admiralität im Mai 1945 in Flensburg. Als man ihn fragte, was er über die wahrscheinliche Leistungsfähigkeit des U-Boots vom Typ XXI dachte, antwortete Hessler: »Vielleicht darf ich mich den Worten Ihres Premierministers anschließen, Captain. Wir hatten ja Gelegenheit, den Rechenschaftsbericht zu lesen, den Herr Churchill vor einigen Tagen vor dem Unterhaus abgab. Wenn ich mich recht entsinne, hieß es darin: ›Wir wissen jetzt, dass die Deutschen kurz davor standen, den U-Bootkrieg mit ganz neuen Booten wieder aufzunehmen. Ich glaube, dass wir trotz unserer hervorragenden Abwehrmittel wieder einen sehr schweren Kampf vor uns gehabt hätten, der an Härte und Entbehrungen dem des Jahres 1942 gleichgekommen wäre.« Einer von Hesslers Vernehmern entgegnete ihm, Churchill habe seiner Meinung nach in seiner Analyse »nicht ganz recht gehabt«: »Dagegen wäre 1942 ein Kinderspiel gewesen««.[30] Bereits im Jahre 1953 war die Behauptung, dass die deutsche Kriegsmarine sehr wohl den deutschen Sieg hätte sicherstellen können, wenn die Wehrmacht nicht gescheitert wäre, zur neuen Erzählung von der Niederlage hinzugefügt worden.

Ebenso beachtenswert in jenem Buch war das Vorwort, in dem Bekker schrieb, sein »besonderer Dank« gelte »Herrn Admiral Theodor Krancke und Herrn Konteradmi-

ral Gerhard Wagner, die auf Grund ihrer umfassenden Kenntnis der beschriebenen
Vorkommnisse über die historische Treue der Berichte wachten«.[31] Krancke und Wag-
ner schrieben Empfehlungen, die die historische Genauigkeit des Buches unterstütz-
ten. Dieselben Admirale unterstützten, gemeinsam mit Generaladmiral Wilhelm
Marschall, Admiral Werner Fuchs, den Vizeadmiralen Wegener und Ruge sowie den
Konteradmiralen Godt und Meyer, das Buch Edward von der Portens, *The German
Navy in World War Two*, das 1969 veröffentlicht wurde.[32] Dönitz schrieb das Vorwort
und eine Empfehlung für das Buch. Die Empfehlungen von Leuten wie Dönitz und
Krancke wurden zu einer Zeit geschrieben, als die Befürwortung von Büchern durch
bekannte Persönlichkeiten in einem bestimmten Gebiet nicht so verbreitet war. Sie
waren auch bemüht, die Glaubwürdigkeit der Darstellung zu bezeugen – so als ob sie
einer bestimmten Geschichtsschreibung die Zustimmung geben wollten.

Die lenkende Hand der alten Admirale war sogar 1971 noch zu spüren, als das
Buch *Verdammte See. Ein Kriegstagebuch der deutschen Marine 1939–1945* erschien.
Mit diesem Buch hatte Cajus Bekker die erste populäre Geschichte der deutschen
Marine im Zweiten Weltkrieg geschrieben, nachdem die 1945 beschlagnahmten
Kriegstagebücher an Deutschland zurückgegeben worden waren. Dönitz' langes
Leben (er sollte bis Heiligabend 1980 leben) bedeutete, dass er mehr als 35 Jahre lang
nach dem Ende des Krieges einer der wichtigsten Einflüsse auf das Verständnis der
Weltkriegshistoriker war. Als Dönitz starb, hatte sich ein Konsens über die deutsche
Kriegsmarine im Zweiten Weltkrieg und die Rolle der Kriegsmarine in der Entwick-
lung und beim Niedergang des Dritten Reiches durchgesetzt. Dönitz und seine Admirale hatten in dieser Entwicklung eine wichtige Rolle gespielt – und das Ergebnis
dieser Entwicklung war für sie nicht ganz unvorteilhaft.

Die Admirale, die man gebeten hatte, Aufsätze zu verfassen, lassen sich grob in
zwei Gruppen einteilen, und zwar im Wesentlichen auf der Grundlage ihres politischen Schicksals in der deutschen Marine. Mit Ausnahme von Schulz (1916) waren
alle vor 1914 oder im Jahre 1914 in die Marine eingetreten und nahmen in unterschiedlichsten Funktionen an den Kämpfen des Ersten Weltkriegs teil.[33] Dönitz diente
im Mittelmeer an Bord des Kreuzers BRESLAU, bevor er 1916 zur U-Boot-Flotte ging.
Von 1917 bis 1918 kommandierte er den Minenleger UC-25 und im Anschluss
UB-68, bevor es am 23. Oktober gezwungen war aufzutauchen. Dönitz war bis zu seiner Entlassung im Jahre 1919 in Kriegsgefangenschaft. Heye und Schuster dienten
ebenfalls auf U-Booten und Krancke und Schniewind auf Torpedobooten. Ihre späteren Zeitgenossen wie Raeder und Canaris, der von 1935 bis 1944 Chef der Ab-
wehrabteilung im Kriegsministerium war, bis er wegen seiner Verwicklung in das
Bombenattentat auf Hitler abgelöst wurde, dienten auf Kreuzern.[34]

In den zwanziger Jahren stiegen sie langsam in den Rängen der stark reduzierten
Kriegsmarine auf, wobei Dönitz Überwasserschiffe kommandierte und Heye 1926
das Kommando über ein Torpedoboot erhielt. Nach 1933 wuchsen mit der Vergrößerung der deutschen Marine die Chancen auf eine Beförderung stark. Schniewind
wurde 1937 Konteradmiral, zwei Jahre nachdem Schuster denselben Rang erhalten

hatte. Dönitz erhielt 1935 das Kommando der ersten U-Bootflotte und wurde 1939 Konteradmiral. Als der Krieg ausbrach, wurden einige der jüngeren Offiziere wie Krancke befördert, der als Kapitän zur See die ADMIRAL SCHEER kommandierte. Heye sollte den gleichen Rang erreichen und die ADMIRAL HIPPER kommandieren. Während des Krieges stiegen sie die Karriereleiter weiter empor, doch wechselten sie schnell von Seekommandos zu Aufgaben an Land. Im Jahre 1941 wurde Krancke zum Konteradmiral befördert und übernahm eine Position bei der Nachschubabteilung der Seekriegsleitung. Er hatte einen gewissen Bekanntheitsgrad erreicht wegen der Erfolge als Handelsstörer, als 1940 die ADMIRAL SCHEER unter seinem Kommando stand. Im Jahre 1943 wurde er zum Admiral befördert und zum Oberbefehlshaber West ernannt. Er wurde auch zum Star der Wochenschau, als er die Verteidigungsanlagen der *Festung Europa* inspizierte und Besucher wie Dönitz empfing. Heye hatte unterdessen ein Landkommando am Schwarzen Meer inne, bevor er 1942 zum Admiral ernannt wurde. Nachdem Dönitz im Jahre 1943 das Kommando über die Kriegsmarine übernahm, folgte eine Welle der Pensionierungen und halber Pensionierungen, einschließlich derer Boehms, Schniewinds und Schusters.

Wenn die Admirale als Gruppe schon von Interesse sind, so sind sie als Individuen betrachtet sogar faszinierend. So hatte z. B. Heye, obwohl er in den 30er Jahren und während des Krieges die meiste Zeit einen vergleichsweise niedrigen Dienstgrad hatte, einen beachtenswerten Einfluss auf die deutsche Kriegsmarine. Im Jahre 1938 wurde Heye, der damals Kapitän zur See war, von Raeder aufgefordert, einen Plan für den Seekrieg gegen England zu entwickeln.[35] Es war ein Beweis für die beträchtlichen Fähigkeiten Heyes, dass man ihm als dem jüngsten Stabsoffizier diese Aufgabe übertrug. Heyes Denkschrift wurde von den älteren Admiralen konsterniert aufgenommen, da er vorschlug, die Kriegsmarine solle sich von der vorrangigen Konzentration auf große, mit Artillerie ausgefochtene Überwasserkämpfe wie bei den Schlachten im Skagerrak und auf der Doggerbank verabschieden. Statt dessen sollte sich die deutsche Marine auf den Handelskrieg konzentrieren, um die Briten zur Kapitulation zu zwingen. Heyes Plan führte zu heftigen Diskussionen im Planungsausschuss der deutschen Seekriegsleitung unter Führung von Vizeadmiral Guse. Der sich daraus ergebende Kompromiss wurde im Flottenbauprogramm niedergelegt, der als Plan Z bekannt wurde. Dieser Kompromiss sah einen Handelskrieg vor und die Entwicklung von 56.000 Tonnen-Schlachtschiffen, die in der Lage sein sollten, die durch den Handelskrieg über die Weltmeere verstreute britische Flotte zu stellen.[36] Heye gehörte zu denen, deren Stern in der deutschen Marine aufging, und er war einer der wichtigsten Theoretiker der Marine. Im Jahre 1938 blieb er jedoch skeptisch, was den Wert der U-Boote betraf, weil er glaubte, dass die gegen Ende des Ersten Weltkriegs entwickelten Gegenmaßnahmen ihren Wert als Waffen in dem ihm vorschwebenden Handelskrieg stark verringert hatten. Später sollte er seine Meinung jedoch deutlich ändern.

Von April 1939 bis September 1940 kommandierte Heye den Schweren Kreuzer ADMIRAL HIPPER. Er nahm am Norwegenfeldzug teil, einschließlich des Gefechts der ADMIRAL HIPPER mit dem Zerstörer HMS GLOWWORM. Die HIPPER wurde beschädigt, als der britische Zerstörer den wesentlich größeren deutschen Kreuzer rammte. Danach diente Heye als Stabschef des Marinegruppenkommando Nord. Im Februar 1943 drängte Dönitz seinen Personalchef, Konteradmiral Baltzer, Heyes Freistellung von seiner Position als Chef des Stabes des Flottenkommandos zu erwirken. Dönitz wollte Heye an die Spitze einer neuen Abteilung stellen, die für Angriffskommandos, Kampfschwimmer und Kleinst-U-Boote zuständig sein sollte. Baltzer weigert sich, Heyes Überstellung zuzustimmen. Baltzers Nachfolger, Admiral Weichold, konnte den Wechsel jedoch nicht verhindern, so dass Heye im April 1944 ein neues Kommando übernahm, und zwar das der Kleinkampfverbände. Unter dem Eindruck des erfolgreichen Angriffs britischer X-Craft Klein-U-Boote auf das Schlachtschiff TIRPITZ im September 1943 bestand Heyes Aufgabe darin, über die Entwicklung von Kleinst-U-Booten zu wachen, die im küstennahen Bereich gegen die vorherzusehende britische Invasion über den Ärmelkanal eingesetzt werden sollten. Diejenigen, die er für diese neue Organisation rekrutierte, sollten Initiative und Wagemut zeigen. Später erinnerte er sich folgendermaßen: »Die Kleinkampfverbände zielten auf Nelsons Idee einer ›band of brothers‹ – eine Vorstellung, die in der letzten Phase des Krieges nicht so leicht umzusetzen war, weil fähige Führer kaum zu finden waren und die Operationsbedingungen immer schwieriger wurden«.[37] Ein weiteres Mal sollte Heye der wichtigste Neuerer in der Kriegsmarine sein, weshalb Dönitz bereit war, ihm ungewöhnlich viel Macht einzuräumen. Seine Kleinkampfverbände wurden von der komplizierten Hierarchie befreit, in die sich andere Einheiten der Kriegsmarine eingliedern mussten. Mit Ausnahme der operativen Kontrolle erhielt Heye für seine Einheit in jeder Hinsicht ein beträchtliches Maß an Autonomie. Teilweise ergab sich dies aus der Einsicht, dass die Invasion unmittelbar bevorstand und dass die Kleinkampfverbände sich als das entscheidende Kampfmittel erweisen könnten, sollte es gelingen, sie rechtzeitig zu entwickeln. Heye hatte immer noch mit massiven Nachschub-, Entwicklungs- und Personalproblemen zu kämpfen. Er war der Aufgabe jedoch gewachsen. Mallmann Showell bemerkte dazu: »Das Erstaunliche an den Kleinkampfverbänden war, dass sie als Gruppe aufgeweckter unkonventioneller Männer ohne Waffen begannen, innerhalb weniger Monate organisiert waren und über verschiedene geniale Kampfmittel verfügten.«[38]

Insgesamt waren sieben verschiedene Angriffsfahrzeuge entwickelt worden, darunter sechs Typen von Kleinst-U-Booten, die mit ein bis drei Mann bemannt waren. Die Kleinkampfverbände entwickelten auch ein mit Sprengstoff beladenes funkgesteuertes Motorboot mit dem Decknamen »Linsen«. Der Bootsführer sollte das Boot bis in die Nähe des Zielobjektes bringen, über Bord springen und die Kontrolle über das Boot von einem Kommandoboot in der Nähe per Funk übernehmen lassen. Die »Linsen« wurden aus italienischen Sprengbooten entwickelt, die sich im Mittelmeer seit 1940 als wenig erfolgreich erwiesen hatten. Hitler war ein begeisterter Förderer der Kleinkampfverbände, von denen er sicher glaubte, dass sie der alliierten Invasionsflotte massiven Schaden zufügen würden. Doch die ersten Einheiten von Heyes Kommando sollten erst Ende Juni 1944 im Ärmelkanal eintreffen, um sich gegen eine bereits erfolgreiche Invasion zu wenden. Während sich der alliierte Brückenkopf in Frankreich erweiterte, wurden die Kleinkampfverbände gezwungen, immer weiter von der Normandie entfernt zu operieren. Die verbleibenden Teile der Kleinkampfverbände kämpften am Kriegsende im Mündungsgebiet der Schelde und an der niederländischen Küste. Angesichts von Heyes Ruf als technischer und strategischer Neuerer überrascht es nicht, dass die Royal Navy am Ende des Krieges sehr daran interessiert war, ihn zu vernehmen.

Wie der Verlauf der Karriere der deutschen Admirale, die vom Marinenachrichtendienst ausgewählt wurden, um ihre Essays zu schreiben, das besondere Interesse an ihnen erklärt, so erklärt er auch den literarischen Ansatz einiger der Admirale. Admiral Weichold diente als Leiter der Marine-Akademie und Erster Admiralstabsoffizier im Flottenstab. Ab 1940 diente er als Verbindungsoffizier zur italienischen Marine. Im Februar 1943 wurde er von seinem Kommando abgelöst; Dönitz ließ ihn durch Konteradmiral Meendsen-Bohlken ersetzen. Die Evakuierung der Achsenstreitkräfte aus Nordafrika erforderte praktische Fronterfahrung, die Weichold nicht besaß. Zurück in Deutschland, wurde Weichold auf Vorschlag von Konteradmiral Baltzer, dem Personalchef der Kriegsmarine, zum Leiter der Kleinkampfverbände der Marine ernannt. Dönitz ersetzte ihn nur etwas mehr als ein Jahr später, weil er den Eindruck hatte, dass Weichold der nötige Angriffsgeist fehlte. Dönitz bemerkte in seinen Memoiren ziemlich ätzend: »Vizeadmiral Weichold beschränkte sich bei seiner neuen Aufgabe, der Aufstellung von Kleinkampfverbänden, im Wesentlichen auf die Festlegung ihrer theoretischen Grundlagen.«[39] Weichold war durch Rivalitäten zwischen verschiedenen Organisationen behindert worden, doch hoffte Dönitz entschieden, dass sein Nachfolger Vizeadmiral Heye solche Probleme durch größere Führungsstärke überwinden würde. Weichold hatte einen Ruf als Denker, nicht so sehr als Mann der Tat, der während seiner Karriere lange nur allzu bereit war, diesen Eindruck zu erwecken. Aller Wahrscheinlichkeit nach fühlte er sich geschmeichelt, nach dem Ende des Krieges vom britischen Marinenachrichtendienst befragt zu werden, weshalb er wohl recht froh darüber war, einen Aufsatz über seine Gedanken zum Seekrieg zu schreiben.

Es ist unvermeidlich, dass diese Aufsätze Schwächen aufweisen. Die meisten wurden, wie Großadmiral Dönitz im Vorwort zu seinem Aufsatz schrieb, »aus dem Gedächtnis und ohne Hilfe durch Unterlagen geschrieben«.[40] Dönitz gelang es, Admiral Wagner, der während des ganzen Krieges bei der Abteilung Ia des Marinestabs gedient hatte, so viele Daten und Details wie möglich überprüfen zu lassen. Dennoch waren Ungenauigkeiten unvermeidlich. Vizeadmiral Heye beklagt sich im Vorwort zu seinem Aufsatz über die »kurze Zeit«, die ihm für die Abfassung des Aufsatzes zur Verfügung stand, wodurch die Breite der Themen, über die er sich äußern zu können glaubte, eingeschränkt wurde.[41] Vizeadmiral Weichold klagte in ähnlicher Weise über die Eile, einen Aufsatz »in der zugestandenen Zeit von zwei Wochen« zu verfassen.[42] Er entschied sich dafür, sich auf »bestimmte Bereich und Probleme« zu beschränken.

Als wissenschaftliche Geschichtsschreibung betrachtet, waren die Aufsätze offenkundig fehlerhaft; der Leser sollte sie deshalb als eine Form von *oral history* betrachten, mit all den damit verbundenen Fallgruben der Erinnerung, des Ausschmückens und der persönlichen Befangenheit.

Diese Befangenheit wird besonders deutlich in der Verschiedenheit der Meinungen zwischen 1933 und 1945 innerhalb der deutschen Seekriegsleitung in strategischen sowie gelegentlich auch taktischen Fragen. Entgegen der populären Vorstellungen war der nationalsozialistische Staat kein totalitärer Monolith unter der Führung eines allwissenden Einzelnen. Es handelte sich dabei eher um eine Anarchie des Wettstreits, in dem die Schicksale von Gruppen sich ständig veränderten. Ein Mann wie Albert Speer konnte bis zum Minister für Rüstung und Kriegsproduktion aufsteigen, obwohl er seiner Ausbildung nach Architekt war. In ähnlicher Weise konnte Hellmuth Heye schnell in höhere Ränge aufsteigen, weil er wie Speer seine Arbeit außerordentlich erfolgreich erledigte. Der Wettbewerb um Gunst und Einfluss war scharf, aber verdiente Einzelne konnten Karriere machen. Der Begriff »Büropolitik«, der die Interaktionen von Individuen am Arbeitsplatz beschreibt, mag zwar erst nach 1945 entstanden sein, aber er ist auch für die Welt der deutschen Admirale nach 1933 relevant. Ihr Arbeitsplatz erstreckte sich über eine Reihe von Kommandos, die über Europa und die Weltmeere verteilt waren, doch die politischen Kämpfe wurden innerhalb der deutschen Seekriegsleitung ausgefochten. Die Admirale waren keineswegs alle einer Meinung, was aus den Aufsätzen ebenso hervorgeht wie aus den wechselhaften Schicksalen der Schlüsselfiguren der deutschen Kriegsmarine. Hermann Boehm hatte eine gute Stellung, bis Raeder 1943 durch Dönitz ersetzt wurde. Da er gezwungen war, jüngeren Männern wie Krancke und Heye den Platz zu räumen, schloss er seinen Aufsatz mit den Ereignissen vom März 1943. Er bemerkte, dass er danach »keinen weiteren Einfluss im Kriege besessen hatte«.[43] Aus dieser Schlussfolgerung seines Aufsatzes geht klar der Schmerz hervor, den ein Berufsseemann erlebte, der mitten im Krieg kaltgestellt worden war. Er war nicht bereit, die Strategien seiner Nachfolger zu kommentieren.

Die Kriegsmarine war zudem der »hohen Politik« des nationalsozialistischen Regimes ausgesetzt. Hermann Göring, Oberbefehlshaber der Luftwaffe, war von Natur aus ein »Staatengründer«. Wie die Aufsätze zeigen, führte er einen langanhaltenden und höchst schädlichen Kampf gegen die Kriegsmarine in der Frage des Marineflugwesens. Der Plan Z forderte die Entwicklung von zwei Flugzeugträgern, doch Göring war entschieden dafür, dass die Luftwaffe sämtliche Flugzeuge unter ihrer Kontrolle behalten sollte. Die Flugzeuge für die vorgesehenen Flugzeugträger sollten daher an die vom Luftwaffenpersonal geflogenen Typen angepasst sein. Weitaus bedeutsamer war die übliche Unfähigkeit zur Zusammenarbeit zwischen Kriegsmarine und Luftwaffe bei Kriegsoperationen. Das Potential der Luftwaffe, U-Boote zu Konvois zu leiten, wurde wegen der operativen und technischen Schwierigkeiten niemals Wirklichkeit. In ähnlicher Weise war die Zusammenarbeit zwischen Luftwaffe und Kriegsmarine beim vollen Kampfeinsatz im Mittelmeer und gegen die nordrussischen

Konvois unbefriedigend. Raeder fürchtete die Ambitionen Görings. Sein letzter Akt als Oberbefehlshaber im Jahre 1943 war die Bitte an Hitler, seinen Nachfolger und die Kriegsmarine vor Görings Ambitionen in Schutz zu nehmen.

Göring stellte jedoch nicht die einzige Gefahr für die Kriegsmarine dar. Reinhard Heydrich, der in der SS die zweite Stelle nach Himmler einnahm, hasste die Kriegsmarine und vor allem Raeder besonders stark. 1922 war er in die Marine eingetreten, doch ging seine vielversprechende Karriere 1931 zu Ende, als Raeder ihn wegen »eines Offiziers und eines Ehrenmannes unwürdigen Verhaltens« zum Rücktritt zwang. Seine Träume, Admiral zu werden, waren an einer sexuellen Beziehung zur Tochter eines Kieler Werftdirektors und an seiner späteren Weigerung, sie zu heiraten, gescheitert. Noch im selben Jahr schloss er sich der SS an; sein Aufstieg war kometenhaft. In Regierungs- und Parteikreisen war Heydrich von 1933 bis zu seiner Ermordung im Jahre 1942 ein entschiedener Kritiker Raeders und der Kriegsmarine. Die Aufsätze fangen etwas vom Wesen der hohen Politik der nationalsozialistischen Diktatur ein.

Es überrascht nicht, dass die Aufsätze ein hohes Maß an autobiographischem Wert besitzen, da sie nicht nur die wechselhafte Karriere, sondern auch die Persönlichkeiten der Autoren preisgeben. Während Boehm verbittert ist, erscheint Weichold in seinen Meinungen als abgehobener Akademiker. Er scheint entschlossen zu sein, den Historikern dabei zu helfen, wie sie über den Krieg im Mittelmeer sowie seine Rolle darin schreiben sollten. Dönitz zeigt sein äußerst starkes Interesse an der U-Boot-kriegführung und Heye seine Fähigkeiten zur Improvisation. Die Aufsätze enthüllen ebenso viel über die Persönlichkeiten ihrer Autoren wie über ihr eigentliches Thema. In jeder Hinsicht bieten sie einzigartige Einsichten in die Seekriegführung und in das Denken einiger ihrer wichtigsten Architekten.

# Anmerkungen

1. Der Hauptautor dieses gemeinsam verfassten Berichts scheint Generaladmiral Schniewind zu sein, während Admiral Schuster die dort zum Ausdruck gebrachten Meinungen überprüfte und bestätigte. Manchmal gebraucht der Autor die Erste Person Singular, manchmal die Erste Person Plural, und ein- oder zweimal gewinnt man den Eindruck, dass Admiral Schuster der Hauptautor zu einem bestimmten Aspekt war. Aber wer was beitrug, lässt sich in den meisten Fällen heute nicht mehr feststellen.

2. Marinekonferenz des Führers, 18. April 1945, wiedergegeben in: J. P. Mallmann Showell, *Fuehrer Conferences on Naval Affairs, 1939–1945* (London: Greenhill, 1990).

3. L. Peillard, *Geschichte des U-Bootkrieges 1939–1945*, München: Wilhelm Heyne, 1970, S. 374.

4. Bericht über den Besuch des Marinevertreters bei der deutschen Admiralität in Flensburg, 21.–24. Mai 1945, TNA; PRO ADM 1/18222.

5. *Der Prozess gegen die Hauptkriegsverbrecher vor dem Internationalen Militärgerichtshof*, Bd. 8 (Nürnberg 1948), 309.

6. Bericht über den Tod Admiral Friedeburgs von Hauptmann H. Davies, 1st Battalion, Cheshire Regiment, TNA: PRO ADM 1/18362.

7. Bericht über den Besuch eines Repräsentanten der englischen Marine bei der deutschen Admiralität in Flensburg vom 21.–24. Mai 1945; TNA: PRO ADM 1/18222.

8. Interview mit Vizeadmiral Heye und seinem Stab, das in einem Bericht über den Besuch eines Repräsentanten der englischen Marine bei der deutschen Admiralität in Flensburg vom 21.–24. Mai 1945 enthalten ist (TNA: PRO ADM 1/18222).

9. M. Williams, *Captain Gilbert Roberts, R. N., and the Anti-U-Boat School* (London: Cassell, 1979), 144.

10. Interview mit Konteradmiral Meyer, das in einem Bericht über den Besuch eines Repräsentanten der englischen Marine bei der deutschen Admiralität in Flensburg vom 21.–24. Mai 1945 enthalten ist (TNA: PRO ADM 1/18222).

11. Interview mit Admiral Weichold, enthalten in einem Bericht über den Besuch eines Repräsentanten der englischen bei der deutschen Admiralität in Flensburg vom 21.–24. Mai 1945 (TNA: PRO ADM 1/18222).

12. R. Overy, *Interrogations: The Nazi Elite in Allied Hands, 1945* (London: Allen Lane, 2001), 86.

13. Besuch im Kriegsgefangenenlager bei Allendorf (nahe Marburg) am 20. März 1946, TNA: PRO ADM 228/67.

14. Auszüge eines Briefes von Vizeadmiral Heye, telefonisch der Admiralität übermittelt, 6. Februar 1946, TNA: PRO ADM 228/67.

15. Bericht über Aussagen von Kapitän zur See Löffler, Februar 1946, TNA: PRO ADM 228/67.

16. Zitiert in A. V. Sellwood, *The Warring Seas* (London: White Lion, 1956), 226.

17. Brief von Rudolf Stange, 14. Februar 1946, TNA: PRO ADM 228/67.

18. Generalmajor A. A. B. Dowler, Hauptquartier der britischen Rheinarmee an Vizeadmiral H. T. C. Walker, 31. März 1946, TNA: PRO ADM 228/67.

19. Vizeadmiral H. T. C. Walker, 31. März 1946, TNA: PRO ADM 228/67.

20. Eine interessante Einschätzung der Persönlichkeit Dönitz' findet sich bei Peter Kemp, »Grand Admiral Karl Doenitz«, in: *The War Lords. Military Commanders of the Twentieth Century*, hg. von Michael Carver (London: Weidefeld & Nicolson, 1976), 483–484.

21. Ansprache an das Offizierskorps, 22. Mai 1945, in: Peter Padfield, *Dönitz. Des Teufels Admiral*, Berlin: Ullstein, 1984, 503.

22. Ebenda, 504.

23. Karl Dönitz, *Zehn Jahre und zwanzig Tage* (Frankfurt/M.-Bonn: Athenäum, 1963), 468.

24. Vizeadmiral Walker an Commander in Chief British Zone of Occupation, 26. August 1946, TNA: PRO FO 1030/150.

25. Vizeadmiral Walker an Commander in Chief British Zone of Occupation, 26. August 1946, TNA: PRO FO 1030/150.

26. Bericht über die Befragung vom 7. September 1945, wiedergegeben bei R. Overy, *Interrogations*, 555. Schacht, der das Kriegsende in Dachau verbrachte, wurde schließlich in allen Punkten als nicht schuldig befunden.

27. R. Overy, *Interrogations*, 163.

28. A. Martienssen, *Hitler and His Admirals* (London: Morrison & Gibb, 1948).

29. T. H. Tetens, *The New Germany and the Old Nazis* (London: Secker & Warburg, 1961), 37.

30. C. Bekker, *Kampf und Untergang der Kriegsmarine. Ein Dokumentarbericht in Wort und Bild* (Hannover: Sponholtz, 1953), 278.

31. Ebenda, 6. Wagner unterstütze Bekker auch später noch. Siehe z. B. C. D. Bekker, *Verdammte See* (Berlin: Ullstein, 1971), 9.

32. Edward von der Porten, *The German Navy in World War Two* (London: Arthur Baker, 1970).

33. Siehe H. H. Hildebrand und E. Henriot, *Deutschlands Admirale*, 1849–1945, 3 Bände (Osnabrück: Biblio Verlag, 1988–1990).

34. A. Brissaud, *Canaris* (London: Weidenfeld & Nicolson, 1970).

35. Siehe C. Bekker, *The German Navy, 1939–1945* (London: Chancellor Press, 1997), 34–38.

36. Der Plan Z ging auf Hitlers Schlussfolgerung vom Sommer 1938 zurück, dass sich Deutschland, wenn auch widerstrebend, auf einen Krieg mit Großbritannien vorbereiten müsse. Er befahl daher Raeder, die nötigen Vorbereitungen zu treffen. Der Plan durchlief vom Sommer 1938 an verschiedene Stadien, doch im Februar 1939 hatte er seine endgültige Form

erhalten. Die deutsche Kriegsmarine sollte aus folgenden Schiffen bestehen: 6 Schlachtschiffe mit jeweils 56.000 Tonnen; 2 Schlachtschiffe (BISMARCK und TIRPITZ) mit jeweils 42.000 Tonnen; 2 Schlachtschiffe (SCHARNHORST und GNEISENAU) mit jeweils 31.000 Tonnen; 3 Schlachtkreuzer mit jeweils 31.000 Tonnen; 3 Westentaschenkreuzer; und 2 Flugzeugträger. Die Flotte sollte durch Kreuzer, Zerstörer und U-Boote unterstützt werden. Raeder wollte die großen Überwassereinheiten in drei Gruppen zusammenfassen: die Schlachtschiffe vom Typ BISMARCK und SCHARNHORST sollten in den Heimatgewässern verbleiben; die Schlachtkreuzer und die Westentaschenkreuzer sollten in den Atlantik geschickt werden, um den britischen Handel zu stören; die 56.000 Tonnen-Schlachtschiffe schließlich sollten als Jagd-Gruppe diejenigen Teile der britischen Flotte aufspüren, die die Handelsrouten schützen sollten. Der Plan Z stellte die stark von Heye beeinflusste Anerkennung der Tatsache dar, dass der Handelskrieg mehr zu einer britischen Niederlage beitragen würde als große Seeschlachten. Zugleich bedeutete der Plan auch die Einsicht in die Unzulänglichkeit der deutschen Schiffsbau-Infrastruktur. Große Schiffe erforderten ein hohes Maß an Know-how, technische Voraussetzungen und Spezialfertigkeiten. Jedes Schiff, das gebaut wurde, erweiterte die Infrastruktur so, dass wiederum größere Projekte unternommen werden konnten. Es konnte daher keinen direkten Sprung von Westentaschenkreuzern zu den 56.000-Tonnen-Schiffen geben, die der Plan Z vorsah. Entwicklungsschwierigkeiten sollten die Entwicklung der deutschen Flotte stark beeinträchtigen, vor allem im Hinblick auf die Entwicklung von Antrieben für große Überwasserschiffe. »Maschinenprobleme« schränkten die Effizienz einer Reihe von Schiffen, darunter die ADMIRAL SCHEER und die ADMIRAL HIPPER, stark ein.

37. H. Heye, Vorwort zu C. D. Bekker, *K-Men* (Maidstone: George Mann, 1968), 5. Dt. Ausgabe: *…und liebten doch das Leben. Die erregenden Abenteuer deutscher Torpedoreiter, Froschmänner und Sprengbootpiloten* (Hannover: Sponholtz, 1956).

38. J. P. Mallmann Showell, *German Navy Handbook, 1939–1945* (Stroud: Sutton Publishing, 1999), 164.

39. K. Dönitz, *Zehn Jahre und zwanzig Tage* (Frankfurt/M.-Bonn: Athenäum, 1963), 361.

40. Aufsatz von Großadmiral Karl Dönitz, 24. September 1945, TNA: PRO ADM 223/690.

41. Aufsatz von Vizeadmiral Heye, 15. Oktober 1945, TNA: PRO ADM 233/797.

42. Aufsatz von Vizeadmiral Weichold, 26. November 1945, TNA: PRO ADM 233/797.

43. Aufsatz von Generaladmiral Hermann Boehm, TNA: PRO ADM 223/692.

# 1

## Die Vorkriegszeit

Die deutschen Admirale, die als Kriegsgefangene im Jahre 1945 daran gingen, für ihre britischen Fänger Aufsätze zu verfassen, waren niedergeschlagen, weil sie auf der Verliererseite des Zweiten Weltkrieges standen. Als junge Offiziere hatten sie sich der mächtigen deutschen Marine angeschlossen, die von Admiral Tirpitz vor 1914 aufgebaut worden war, und ihre Erinnerungen gingen zurück bis zur Skagerrak-Schlacht, zu den beschämenden Meutereien von 1918, zur Flucht Kaiser Wilhelms II. sowie zur Versenkung der Flotte bei Scapa Flow am 21. Juni 1919, die in einer letzten Geste des Trotzes geschah. Vizeadmiral Heye fasst zusammen, was diese frühere Niederlage die Männer gelehrt hatte, die die deutsche Marine im Zweiten Weltkrieg führen sollten.

Admiral Raeder und alle kundigen Marineoffiziere waren der Auffassung, dass der Krieg von 1914–1918 wegen der angloamerikanischen Seemacht verloren wurde. Der Ausgang der Landschlachten sei nur das Resultat der angloamerikanischen Überlegenheit zur See gewesen.

**Vizeadmiral Weichold ist der Auffassung, dass diese Sicht ausserhalb der Marine nicht sehr weit verbreitet war.**

Deutschland verlor den Ersten Weltkrieg von 1914–1918, weil es die britische Seemacht nicht brechen konnte. Alle Erfolge der deutschen Armee auf dem Kontinent wurden durch den Verlauf des Seekrieges negiert. Alle Druckmittel der Alliierten, die zum Zusammenbruch der Mittelmächte im Jahre 1918 führten, [hingen von] der britischen Seemacht [ab]. Außerdem wurde die letzte Entscheidungsschlacht, die auf dem Kontinent ausgetragen wurde, nur durch die Anwendung von Seemacht möglich gemacht. Der Ausgang des Krieges von 1914–1918 lehrte daher, dass ein europäischer Krieg, an dem Großbritannien beteiligt war, im Wesentlichen ein Seekrieg sein musste und durch Stärke auf dem Wasser entschieden werden würde. Deutschland verstand wegen seiner geographischen Lage auf dem Kontinent diese Lektion nicht und machte statt dessen die Revolution von 1918 für die Niederlage verantwortlich.

Dementsprechend änderte sich die kontinentale Betrachtungsweise des deutschen Volkes in den zwanzig Jahren nach dem Ersten Weltkrieg kaum. Die deutsche Führung verfolgte eine Politik, die sich nicht um die Weltmächte oder um Seemacht kümmerte.

**Unter den erniedrigenden Bedingungen, die von den siegreichen Alliierten im Versailler Vertrag von 1919 oktroyiert wurden, befanden sich auch drastische Beschränkungen der Größe und Ausrüstung der deutschen Kriegsmarine nach dem Krieg. Heye erklärt die Schwierigkeiten, die mit der kleinen Streitkraft verbunden waren, welche der Weimarer Republik zugestanden worden war.**

Im Jahre 1919 bestand die kleine deutsche Kriegsmarine aus fünfzehntausend Mann [und] einigen veralteten Schiffen ohne all jene Spezialschiffe, die eine Flotte ausmachen. … Innere Unruhen, wiederholte Versuche, eine Revolution durchzuführen und der Mangel an modernem Material beeinträchtigten die Aufstellung der kleinen Kriegsmarine beträchtlich.

Als die Minenräumung abgeschlossen war, mussten die Ausbildung und die Entwicklung der einfachsten Taktik gewissermaßen von Grund auf neu begonnen werden. Desgleichen wurden neue Erziehungs- und Disziplinierungsmethoden eingeführt. Im Gefolge der Abrüstung von 1918 hatte die Kriegsmarine viele wertvolle Offiziere verloren und bot in den ersten Jahren nach 1919 das Bild einer Kriegsmarine in der Ausbildung. Damals war es nicht möglich, Vorbereitungen für einen schnellen Ausbau zu treffen. Es gab kein Geld für Material und keine Zustimmung der Regierung dazu. Die Stellung der Dienstgrade war anfangs sehr schwierig.

**Obwohl der Vertrag von Versailles Deutschland U-Boote ausdrücklich verbot, geben Generaladmiral Schniewind und Admiral Schuster in ihrem gemeinsam verfassten Aufsatz zu, dass die kleine Kriegsmarine weiterhin Interesse an diesem Kampfmittel hatte.**

Jene kleinen Seemächte, die aufgrund ihrer finanziellen Möglichkeiten oder ihrer internationalen Stellung nicht in der Lage waren, eine große Flotte aufzubauen, gaben das U-Boot als »Verteidigungswaffe für schwache Seemächte« nicht auf. Es war daher verständlich, wenn wiederholt in Studien, Kriegsspielen und Manövern die Auffassung vertreten wurde, dass selbst eine schwache U-Bootabteilung die bereits bedrohliche seestrategische Position des Reiches im Ostseeraum (Polen, Russland und Pläne für einen Durchbruch französischer Seestreitkräfte) verbessern würde. Marinestreitkräfte, die gegen einen Gegner operieren, von dessen Seite sie keinerlei U-Bootangriffe fürchten müssen, verfügen über Ressourcen und eine Handlungsfreiheit, die durch den bloßen Anblick eines Periskops oder einer U-Boot-Torpedobahn stark beeinträchtigt würden.

Dies – und nicht Fragen des Prestiges und/oder rechtlichen Gleichstellung – waren die Gründe dafür, dass die deutsche Kriegsmarine ihre Verbindung mit der Entwicklung des Baus und der Verwendung von U-Booten selbst dann nicht aufgab, als sie am stärksten in politischer, finanzieller und persönlicher Hinsicht eingeschränkt war.

**Heye zeigt, wie die Restriktionen von Versailles die deutsche Kriegsmarine dazu zwangen, Innovationen in der Bauweise der Überwasserschiffe zu entwickeln, um die bestmögliche Ausnutzung der erlaubten Tonnage zu erreichen. Er stellt auch den wichtigen Punkt heraus, dass die Kriegsmarine in der Lage war, Personal von hoher Qualität zu rekrutieren.**

Der Neubau von Schiffen, die der Vertrag von Versailles erlaubte, begann mit der EMDEN. Um wenigstens ein mehr oder weniger modernes Schiff zu besitzen, wurde sie nach Plänen von 1918 gebaut. Für weitere Schiffe wurden neue Pläne entworfen; da-raus ergaben sich die ersten großen Schwierigkeiten beim Schiffsbau. Es wurden Versuche unternommen, in den wenigen Schiffen, die gestattet waren, alle modernen Verbesserungen unterzubringen. Diese mussten gleichzeitig Schulschiffe, Versuchsschiffe und Kriegsschiffe sein. Infolgedessen entstanden sehr komplizierte und überfrachtete Typen, da statt des Baus weiterer Schiffe alle Reservematerialien in einem Schiff transportiert wurden. Die große Auswahl an Offizieren und Mannschaften, die durch die wachsende Arbeitslosigkeit unterstützt wurde, ermöglichte es, hochqualifiziertes Personal zu rekrutieren, das geeignet war, in diesen komplizierteren Schiffen Dienst zu leisten.

Der Aufbau der Kriegsmarine innerhalb der Grenzen des vom Friedensvertrag Erlaubten beruhte damals nur zum kleineren Teil auf praktischen Erfordernissen und festen operativen Absichten. Die Grundidee war, diese Schiffe mit der bestmöglichen Panzerung auszustatten, indem man die erlaubte Tonnage bis zum Äußersten ausnutzte und indem man z.B. durch Schweißen Gewicht einsparte. Neue Wege wurden bei der Konstruktion von Panzerschiffen erkundet, die im Wesentlichen durch die Verwendung von Motoren ermöglicht wurde. Die größere Lebensdauer, die man dadurch erzielte, spielte anfangs eine kleinere Rolle als die Panzerung und die Bewaffnung. Die Konstruktion der leichten Kreuzer führte dann zur Entwicklung einer neuen Taktik des Überraschungsangriffs mit sofortigem Rückzug. Es war jedoch klar, dass diese Taktik nur möglich gegenüber einem Feind war, dessen Übermacht nicht als allzu groß erschien. Diese Leichten Kreuzer wurden anfangs regelmäßig kritisiert, bis ihre Anfangsschwierigkeiten überwunden wurden.

**Die drei Leichten Kreuzer erhielten von den Briten den Spitznamen Westentaschenkreuzer (pocket battleships), doch mit einer Nominaltonnage von 10.000 Tonnen und 28 cm-Geschützen als hauptsächlicher Bewaffnung waren sie keine echten Schlachtschiffe jenes Typs, wie er in anderen Marinen zu finden war. Schniewind und Schuster behaupten, dass die Entscheidung für den Bau der Westentaschenkreuzer der Sieg derjenigen deutschen Marineoffiziere war, die die Hochseefähigkeit erhalten wollten, gegenüber jenen, die die erlaubte Tonnage lieber auf Schiffe verteilt hätten, die für begrenzte Einsätze in der Ostsee und der südöstlichen Nordsee geeignet waren.**

Das größte Schiff, das der Versailler Vertrag Deutschland gestattete, war ein Typ mit 10.000 Tonnen. In den deutschen Marinekreisen wurde lange diskutiert, was für ein Typ mit einer Verdrängung von 10.000 Tonnen gebaut werden sollte. Die Meinungen schwankten zwischen einem kleineren Schiffstyp, der grob der SCHLESWIG-HOLSTEIN ähnelte, und einem Typ, der den Panzerschiffen ähnelte. Man entschied sich für letztere, da man der Auffassung war, dass mit diesem Typ die Idee einer *seefahrenden* Marine am leichtesten zu erreichen wäre und vorangetrieben werden könnte; die Marine zu erhalten wurde damals als das wichtigste Idealziel angesehen. Dass diese Leichten Kreuzer eine vergleichsweise schwere Bewaffnung besaßen und ihre Antriebsmaschinen hohe Geschwindigkeit und großen Aktionsradius aufwiesen, war natürlich sehr willkommen. Diese Planungen verfolgten keine bestimmten strategischen, operativen oder taktischen Absichten. Diese kamen erst später, als man den Wert der Schiffe erkannte (Blockadekrieg, Gruppentaktik)… Die mir gegenüber häufig geäußerte Meinung, dass die Panzerschiffe offensichtlich von Anfang an gebaut worden waren, um einen Seeblockadekrieg – und zwar eindeutig gegen England – zu führen, ist falsch.

**Die andauernde Feindseligkeit Polens und Frankreichs zwang die Marine der Weimarer Republik zur Erstellung von Alternativplänen für einen Verteidigungskrieg, doch Admiral Boehm ist sehr darum bemüht zu erklären, dass die Deutschen davon ausgingen, Großbritannien werde nicht der Feind sein.**

Die Außenpolitik eines großen Staates drückt sich am klarsten in seiner Flottenpolitik und in seinem Flottenbau aus. Wenn man sich mit der Entwicklung der deutschen Kriegsmaschine befassen soll, muss man auch etwas zur deutschen Außenpolitik sowie (das gehört auch dazu) zur Flottenpolitik sagen.

Nach den ersten Jahren des Wiederaufbaus der Marine zeigt der Bau von Panzerkreuzern das erste Mal die Anzeichen einer Flottenpolitik, die aus der Bedrohung durch das damals sehr starke Polen resultierte (soweit es Landstreitkräfte im Vergleich zu Deutschland betraf), sowie im Hinblick auf Polens Allianz mit Frankreich. Die Marineleitung gab sich keinen Illusionen über die eingeschränkten militärischen Möglichkeiten hin, erkannte aber andererseits deutlich, dass militärische Einsätze notwendig werden könnten.

Das Oberkommando der Marine war sich jedoch vollkommen im klaren darüber, dass ein Konflikt mit Polen wahrscheinlich auch zu einem Krieg mit Frankreich führen würde und dass wir diesen nicht allein unternehmen konnten. Das Ziel unserer Anstrengungen war daher darauf gerichtet, … unsere schwachen Streitkräfte aufzurüsten und sie [so] effizient zu machen, dass [eine] Allianz in unserer Reichweite lag. Damals war daher die Grundidee des Oberkommandos der Marine, sich auf einen kurze Gegenschlag gegen eine polnische Aggression vorzubereiten und auch, durch die Sicherung des Nachschubs über das Meer, gegen Frankreich. In diesem Zusammenhang gab es von Anfang an die Annahme, dass die französischen Streitkräfte anderweitig gebunden sein würden und dass vor allem England uns gegenüber eine wohlwollende Neutralität zeigen würde. Solche Ideen mögen als utopisch bezeichnet worden sein, doch für uns schien es keine andere Möglichkeit zu geben. Wir waren nicht bereit, uns unserem Schicksal zu ergeben, sondern waren bereit, die wenigen Kräften, die wir hatten, einzusetzen. Wie auch immer, eine Sache ist sicher: in der Zeit bis 1933 gründete die Flottenpolitik vollkommen darauf, dass es zu einem Einverständnis mit England kommen würde, sowie auf den Anstrengungen der deutschen Regierung und des Auswärtigen Amtes, dieses Ziel zu erreichen. Darüber herrschte vollständige Einmütigkeit.

**Die deutsche Marine musste unter den wiederkehrenden finanziellen und politischen Krisen ihre Existenz fristen, die das kurze Leben der Weimarer Republik prägten. Heye mutmaßt, die meisten der erfahreneren Offiziere der deutschen Marine hätten dazu geneigt, sich aus den politischen Spannungen herauszuhalten, und dass die hochrangigen Offiziere damals keine überzeugten Unterstützer von Hitlers NSDAP gewesen seien, obwohl sie die Notwendigkeit einer stabilen Regierung anerkannten.**

Der innere Zusammenhalt der Marine, vor allem des Offizierskorps, war sehr gut. Wie bei vielen anderen Deutschen herrschte auch in der Marine die Auffassung, dass eine Konsolidierung der innenpolitischen Situation von größter Wichtigkeit sei. Ohne dies hätte kein Gedanke an eine Außenpolitik gewendet werden können. Die radikalen Parteien konnten unter der Mittelklasse und dem Offizierskorps als Ganzem nicht viele Anhänger finden, doch durch öffentliche Demonstrationen gewannen sie die Gunst der Jugend, der Arbeiter und der jüngeren Angehörigen des Offizierskorps. Mit dem Versagen der bürgerlichen Parteien sah die Jugend keine andere Alternative. Der Marinestab und vor allem Großadmiral Raeder setzten großen Hoffnungen auf die Regierung Brüning, bis die Ereignisse im Winter 1932–33 keine andere Lösung mehr erlaubten als die Bildung einer Allparteien-Regierung unter Hitler, unter Ausschluss der Kommunisten. Die Präsidentschaft Hindenburgs garantierte die Weiterentwicklung. Diese Entwicklungen betrafen die Kriegsmarine nicht im gleichen Ausmaß wie die Heimatfront.

**Großadmiral Dönitz stellt fest, dass die deutschen Streitkräfte zu Lande, zu Wasser und zu Luft zur Zeit der Machtergreifung Hitlers im Wesentlichen zur Machtlosigkeit verdammt waren.**

Als der Führer Adolf Hitler am 30. Januar 1933 die Macht ergriff, befand sich die deutsche Wehrmacht entsprechend der Bestimmungen des Versailler Vertrages in einer Position der Machtlosigkeit. Die Stärke der deutschen Armee betrug 100.000 Mann; es gab keine deutsche Luftwaffe. Die Marine hatte noch nicht einmal jene maßvolle Stärke erreicht, die im Versailler Vertrag gestattet worden war. Mit einer Gesamtstärke von insgesamt 15.000 Mann verfügte sie über sechs neue Leichte Kreuzer mit je 6.000 Tonnen, die Torpedoboote hatten die Anzahl der erlaubten 24 erreicht, nachdem zwölf neue Schiffe gebaut worden waren; von den Panzerschiffen der DEUTSCHLAND-Klasse war nur ein einziges Schiff – die DEUTSCHLAND – fertiggestellt worden, während zwei weitere, die SCHEER und die GRAF SPEE, sich im Bau befanden. Die drei anderen Panzerschiffe, die gemäß den Bestimmungen des Vertrages hätten gebaut werden können, waren noch nicht in Auftrag gegeben worden.

**Heye betrachtet die ersten Folgen von Hitlers Machtergreifung und beschreibt die von Großadmiral Raeder, dem Oberbefehlshaber der Marine seit 1928, praktizierte Technik in seinem Umgang mit dem neuen Reichskanzler.**

Die Aufrüstung wurde durch den Regierungsantritt Hitlers zuerst nicht in besonderem Maße beeinflusst. Die Streitkräfte erwarteten, dass die Autorität des Staates und damit auch das bewaffnete Potential des Staates, d.h. die Streitkräfte, gestärkt werden würden. Die Beseitigung der Arbeitslosigkeit, die von der neuen Regierung versprochen worden war, sowie einige weitere soziale Prinzipien waren in den Augen der meisten Deutschen geeignet, die Grundlage eines einheitlichen Denkens in Deutschland zu schaffen und die Klassenunterschiede zu beseitigen.

Adolf Hitler spielte anfangs beim inneren Aufbau der Streitkräfte und ihrer Organisation keine Rolle. Seine Auffassung war, dass diese Aufgabe am besten den professionellen Experten überlassen werden sollte. Befürchtungen in der Marine, dass ihre Interessen und die der See unter der neuen Regierung leiden würden, wurden bald zerstreut. Aus Hitlers früheren Aussagen musste man allerdings den Schluss ziehen, dass die Marine Nachteile würde hinnehmen müssen. Großadmiral Raeder versuchte von Anfang an, wie er es auch mit früheren Reichskanzlern tat, Verständnis für die Schifffahrt und die Marine zu wecken. Angesichts seines Alters und seiner Unparteilichkeit gelang ihm dies immer mehr, doch vermochte er es nicht, sein Ziel ganz zu erreichen. Er konnte das Vertrauen Adolf Hitlers sowie des [Kriegs-]Ministers Blomberg erwerben, indem er sich auf seine ureigene Aufgabe beschränkte. Seine Äußerungen waren immer gut belegt. Oft weigerte er sich, entgegen den Wünschen des Offizierskorps, seinen Einfluss bei Adolf Hitler in Fragen geltend zu machen, die nicht mit der Marine in Verbindung standen. Er versuchte nur dann, Besprechungen durchzuführen, wenn dies befohlen wurde, und wenn er Fragen beantwortete, dann beschränkte er sich auf jene, die direkt an ihn gerichtet waren. Nur in seltenen und entscheidenden Fällen ergriff er die Initiative und konnte erreichen, dass seine Vorschläge und Ideen übernommen wurden. Während dieser Zeit war seine Führung der Marine stark zentralisiert und geeinigt. Infolgedessen war die Marine bis ganz zum Ende kompakter als z. B. die Wehrmacht.

Nach der Pensionierung Blombergs – und auch später noch – bestand Admiral Raeders Ziel darin, die Marine erfolgreich zu einen und sie organisch zu einem Kriegsinstrument aufzubauen. Diesem Ziel opferte er Wünsche, die ihm als Oberbefehlshaber nicht erreichbar schienen. Er versuchte, die Marine aus allen politischen Schwierigkeiten herauszuhalten.

**Schniewind und Schuster legen die Gründe dar, warum Deutschland damals eine größere Flotte brauchte, doch betonen sie auch, dass sogar die Planung der Vergrößerung ihre Zeit brauchte.**

Vor allem nach 1933 war es die unvoreingenommene Meinung der gut informierten führenden Persönlichkeiten, dass [eine Flotte] angesichts des wachsenden Überseehandels und der von Deutschland in Übersee repräsentierten Interessen unverzichtbar sei, und man hoffte zudem, dass man innerhalb eines vernünftigen Zeitrahmens wieder Kolonien gewinnen würde – meines Wissens hatte es mehrere Gespräche mit England gegeben – und dies war gleichfalls kaum denkbar ohne eine Marine. Außerdem … konnten aus Deutschlands Stellung in Europa Spannungen entstehen, die zu einem Krieg führen könnten und damit die Heimatküste sowie die deutschen Seeverbindungen gefährden würden. [Diese Möglichkeit] war nicht vollkommen ausgeschlossen (Polen, Russland). Aus diesem Grund war die Existenz einer kampffähigen deutschen Marine wesentlich.

Eine Marine von der Stärke, wie sie im Versailler Vertrag niedergelegt worden war, schien gegen Polen und vielleicht auch gegen das baltische Russland auszureichen. Allerdings entsprach sie nicht mehr dem Prestige des Reiches zur See sowie den deutschen Interessen, Investitionen und Komplikationen in Übersee. Sie war auf keinen Fall stark genug für eine kriegerische Auseinandersetzung mit Frankreich, das bereits mit dem Bau der Schiffe DUNKERQUE und STRASBOURG auf den Bau von Panzerschiffen geantwortet hatte.

In seinen Reden nach der Machtergreifung (sowohl in offiziellen wie halboffiziellen Verlautbarungen) kündigte der Führer an, dass er vorhabe, an die Spitze seines Regierungsprogramms den Neuaufbau Deutschlands als einer angesehenen, unabhängigen Macht zu setzen, die von allen militärischen und territorialen Fesseln von [dem Vertrag von] Versailles befreit war und eine unabhängige und geschätzte Stellung in der Welt einnehmen solle; auch sollten die deutschsprachigen Bevölkerungen Mitteleuropas in engeren Kontakt mit dem Reich gebracht werden. Mit diesen Zielen erfüllte er die ernsten Wünsche und Bestrebungen aller ehrliebenden und sich selbst achtenden Völker, und er fühlte sich damit in vollständiger Übereinstimmung mit dem Recht der Selbstbestimmung der Völker, das seit 1918 proklamiert worden war.

Eine starke Armee, verbunden mit einer gesunden fortschrittlichen Innenpolitik und einem entsprechenden Wirtschaftsleben sollte die Grundlage für den Weg zur Selbstverwirklichung dieser Ziele sein.

Die Pläne zur Wiederaufrüstung und die vorbereitenden Maßnahmen dafür sollten daher sofort nach dem Umschwung zugunsten des Nationalsozialismus von 1933 durchgeführt werden, ohne dass sie auf kriegerischen Absichten beruhten. Aus den Erklärungen des Führers sowie aus seinem Buch *Mein Kampf* und auch aus Dingen, die er mir gegenüber persönlich äußerte, wurde insbesondere erkennbar, dass er versuchen würde, seine politischen Ziele zu verfolgen, ohne unter irgendwelchen Umständen einen kriegerischen Konflikt mit England herbeizuführen.

In den ersten Schritten nach der Machtergreifung (1933–1935) bestand der einzige wirkliche Fortschritt bei der Aufrüstung der Kriegsmarine auf der Planungs- und der theoretischen Ebene, weil die Bestimmungen des Versailler Vertrags in Bezug auf die Kriegsmarine besonders streng und eng waren, da Spannungen mit England am wahrscheinlichsten in Marineangelegenheiten auftreten würden und die Möglichkeit solcher Spannungen mittels einer Übereinkunft mit England (Flottenvertrag 1935) beseitigt werden sollten, bevor mit dem Wiederaufbau begonnen wurde.

Praktischen Ausdruck fand der Wiederaufbau der Marine vor 1935 nur in folgender Form:

Stärkung der Personalergänzung in allen Bereichen;
Intensivierung und Ausweitung der Aktivitäten der [Marineausbildungs-]Schulen;
Vorbereitung auf den Bau von U-Booten.

**Konteradmiral Schulz verweist auf das Problem des Mangels an Mannschaften.**

[Nach 1933] bestand die erste Sorge darin, den akuten Mangel an Personal in der Kriegsmarine zu mildern, da aufgrund der zahlenmäßigen Beschränkung auf 15.000 Mann und angesichts der vielfältigen Aufgaben einer modernen Kriegsmarine ein ernster Mangel an Personal überall offensichtlich war.

**Dönitz erklärt, warum Hitler die deutschen Streitkräfte vergrößern wollte, und er betont die Bedeutung, die man der Beibehaltung guter Beziehungen mit Großbritannien beimaß.**

Es war Bestandteil der Politik des Führers, für das deutsche Volk zusammen mit der Wiederherstellung seiner Ehre auch eine angemessene Wehrmacht zu schaffen, die in der Lage sein sollte, die Interessen des Reiches entsprechend zu vertreten. Die Mittellage Deutschlands im Herzen Europas zwang sie dazu, sich bei der Wiederaufrüstung zunächst auf die Landkriegswaffen zu konzentrieren, d.h. auf die Armee und die Luftwaffe, da nur diese in der Lage sein würden, die ausgedehnten und ungeschützten Landesgrenzen gegen eine große Zahl feindlicher Nachbarn auf dem Kontinent zu sichern, um damit die erste Voraussetzung für den Wiederaufbau im Innern zu schaffen. Infolgedessen musste die Marine notwendigerweise ihre Bewaffnungswünsche ändern.

Dies war um so mehr möglich, als der Führer nach einer politischen Übereinkunft mit England strebte, da er immer das bolschewistische Russland als den Erzfeind von Deutschland und Europa betrachtet hatte; keine der großen Seemächte galt daher als zukünftiger Gegner Deutschlands.

Diese Politik des Führers fand ihren Höhepunkt im Jahre 1935 mit dem Abschluss des Flottenabkommens mit England. [...] Dies zeigt eindeutig, dass Deutschland nicht mit einem Krieg gegen England rechnete, da es sich freiwillig bereit erklärte, nicht gegen die englische Seemacht aufzurüsten.

**Das englisch-deutsche Flottenabkommen von 1935 wird auch von Boehm als Beweis dafür zitiert, dass die deutsche Flottenpolitik selbst unter Hitler nicht auf einen Krieg mit Großbritannien zielte.**

Wie bekannt, verließ Deutschland die Abrüstungskonferenz ... und auch den Völkerbund, da die Diskriminierung des letzteren nicht tragbar war. Nachdem Deutschland seiner eigenen Auffassung nach frei von allen weiteren Einschränkungen war, hätte es mit dem Bau größerer und schwerer bewaffneter Schiffe beginnen können. Dies hätte jedoch unsere Beziehungen mit England schwer belastet und wurde, wie ich bereits erwähnt habe, in Übereinstimmung mit den Ansichten des Führers nicht vorangetrieben. Die deutsche Schiffsbaupolitik – z. B. der Bau der SCHARNHORST und der GNEISENAU – wurde so durch die Rücksichtnahme auf England beeinflusst.

Trotz aller Bemühungen [Hitlers], die Fesseln von Versailles zu lösen, wurde die englische Mentalität während des Aufbaus unsere Flotte berücksichtigt. Es war daher Hitlers eigener Entscheidung zu verdanken, dass die ersten Schlachtschiffe ... auf eine Verdrängung von 26.000 Tonnen und eine [hauptsächliche Bewaffnung] vom Kaliber 28 cm beschränkt worden waren. Dies war für die Kriegsmarine eine schwere Enttäuschung: Sie zweifelte an der späteren Wirkung seiner politischen Geste und die Schiffe würden immer unter dieser Schwäche leiden müssen.

Im März 1935 erklärte Deutschland seine Wehrhoheit; im Juni desselben Jahres kam der englisch-deutsche Flottenvertrag mit seinen freiwilligen Beschränkungen.

Der stärkste Ausdruck von Hitlers Einstellung zu England zeigt sich in dem Vertrag ..., dessen wichtigste Punkte sind:

> Anerkennung der Tatsache, dass Englands Existenz darauf beruht, dass sie die stärkste Seemacht besitzt;
>
> in Anbetracht dieser Tatsache die freiwillige Selbstbeschränkung Deutschlands auf ein Drittel der englischen Seestärke;
>
> Deutschlands Garantie für das britische Weltreich mit all seinen Streitkräften in der derzeitigen Stärke.

Dieser Vertrag wurde ohne Gegenforderungen Deutschlands geschlossen, allein um die Atmosphäre zu reinigen. Ich bin der Meinung, dass es niemals ein großzügigeres noch ein aufrichtigeres Angebot gegeben hat.

Gemäß der Lage von 1935 besaß England ungefähr eine Tonnage von insgesamt 1,2 Millionen Tonnen; Deutschland konnte also bis zu 400.000 Tonnen bauen, von denen 180.000 Tonnen für Schlachtschiffe zur Verfügung standen.

**Die Ansichten der großen Mehrheit der Offiziere der deutschen Kriegsmarine über das englisch-deutsche Flottenabkommen fasst Schulz zusammen.**

Der Abschluss des englisch-deutschen Flottenabkommens wurde damals sowohl von mir wie praktisch vom gesamten Offizierskorps der deutschen Marine herzlich begrüßt. Wenn Deutschland dadurch nur den Rang einer zweitklassigen Seemacht, wie Frankreich oder Italien, erreichen konnte, so wurde doch mehr oder weniger anerkannt, dass England aufgrund seiner imperialen Verpflichtungen vollkommen berechtigt war, eine bedeutend stärkere Marine zu besitzen, während Deutschland mit seiner Mittellage und den ungeschützten Grenzen seine Verteidigung im Wesentlichen auf die Armee und die Luftwaffe stützte, wodurch die Marine zu einer Nebenrolle abgedrängt wurde. Dies war insbesondere deshalb so, weil die Sicherheit der deutschen Verbindungslinien zur See viel besser durch ein politisches Abkommen mit England erreicht werden konnte, wie es durch das Flottenabkommen erreicht worden zu sein schien, was auch dem ständig zum Ausdruck gebrachten Wunsch der deutschen Staatsführer entsprach, als durch eine viel weitergehende Aufrüstung der Kriegsmarine.

**Das englisch-deutsche Flottenabkommen ließ die im Versailler Vertrag auferlegten Beschränkungen weit hinter sich und ermöglichte Deutschland, wieder mit dem Bau von U-Booten zu beginnen. Schniewind und Schuster erklären, wie dieses Verhandlungsergebnis erzielt wurde.**

In Übereinstimmung mit früheren Stellungnahmen des Führers wurde erneut die Bereitschaft Deutschlands vorgetragen, auf jeden U-Boot-Bau zu verzichten – selbstverständlich mit dem Vorbehalt *si omnes* [d.h. wenn jeder das Gleiche tun würde].

Der Leiter der deutschen Militärdelegation hatte diese Interpretation während der mündlichen Verhandlungen entschieden vertreten, als Großbritannien seinerseits Zweifel an jeder Notwendigkeit einer deutschen U-Boot-Flotte und an der Rechtfertigung (im Fall des Falles) für ein Überschreiten der 35 % (oder der 45 % für U-Boote alleine) über die britische Tonnage hinaus äußerte, worauf man sich ausdrücklich hinsichtlich der U-Boot-Tonnage anderer Mächte geeinigt hatte (im Unterschied zur Tonnage anderer Schiffe). Während dieser vertraulichen Diskussion der Fachleute wurde der Standpunkt des gleichen Rechts des Reiches nur von deutscher Seite angesprochen. Allerdings wurde die Tatsache betont, dass Deutschland angesichts der Möglichkeit eines Zweifrontenkrieges und eines Seekrieges (Russland mit seiner rapide zunehmenden Seestärke in der Ostsee, zusammen mit Frankreich in der Nordsee, das sich politisch immer enger an Russland anschloss) zügig einen Teil seiner embryonalen Marinerüstung oder wenigstens die U-Boot-Flotte aufstellen müsse.

Dies wäre am schnellsten durch eine große Zahl kleiner U-Boote mit relativ großer Gefechtsstärke zu erreichen (die für Angriffe auf die Ozeanrouten einer Seemacht wie England ungeeignet wären). Um das deutsche Ziel zu betonen und die öffentliche Meinung hinsichtlich der Rechtfertigung des Abkommens zu beruhigen, weil die britische Admiralität und das Parlament in Bezug auf die U-Boot-Flotten anderer Mächte seit dem Ersten Weltkrieg empfindlich waren, hatte die deutsche Delegation bereits in London zu Protokoll gegeben, dass Deutschland bereit war, einem Verzicht auf unbeschränkten U-Bootkrieg zuzustimmen.

**Unter den deutschen Marineoffizieren gab es scharfe Meinungsverschiedenheiten darüber, wie die Kriegsmarine innerhalb der Tonnagebegrenzung des englisch-deutschen Flottenabkommens aufgerüstet werden sollte. Konteradmiral Hans Meyer verweist auf Admiral Raeders entscheidenden Einfluss.**

In der Schlacht der Argumente über den Wert einer U-Boot-Flotte oder einer Überwasserflotte wurde in Übereinstimmung mit den Ansichten des Großadmirals Raeder eine Entscheidung für eine »gesunde Mischung« der gesamten Flotte getroffen, eine Auffassung, die nur von einigen wenigen Offizieren nicht geteilt wurde (darunter der spätere Großadmiral Dönitz).

Dönitz erwähnt dieselbe Entscheidung, ohne jedoch eine Meinung über ihre Richtigkeit zu äußern, obschon ein leichtes Bedauern darüber mitzuschwingen scheint, dass seine U-Boote nicht einen größeren Anteil der zur Verfügung stehenden Mittel erhielten.

Abgesehen davon, dass die Zusammensetzung der geplanten deutschen Flotte bereits in hohem Maße durch die Prozentzahlen des Abkommens festgelegt war, beruhte der Flottenbau auf der Konzeption, dass eine kleine, homogene, ausgewogenen Flotte geschaffen werden sollte, die in der Lage wäre, die Flotten der Nachbarn auf dem Kontinent [wie] Frankreich [oder] Russland erfolgreich abzuwehren, und die zudem das Potential Deutschlands, sich mit den großen Seemächten zu verbünden, erheblich verbessern würde. Dies war zugleich ein Grund, warum Deutschland auf der Basis der im Ersten Weltkrieg gewonnenen Erfahrungen, nicht sofort dazu schritt, eine große U-Boot-Flotte zu bauen, sondern im Gegenteil eine symmetrisch ausbalancierte Flotte aus allen Typen aufstellte, wobei nur ein kleiner Teil der Bewaffnung aus U-Booten bestand.

Einer derjenigen, die Zweifel an der Doktrin hatten, dass man eine ausgewogene Flotte bauen sollte, war Vizeadmiral Heye, der die Argumente für eine schwächere Seestärke darlegt, und sich von der orthodoxen und traditionellen Denkweise verabschiedet.

Die enormen Schwierigkeiten, tatsächlich eine Flotte aufzubauen, wurden sogar im Vorbereitungsstadium deutlich. Die Meinungen in der Marine gingen sogar über die Art und Weise auseinander, wie eine Flotte geschaffen werden sollte. Das Ziel war es jedenfalls, vollständige Entwürfe und klare Pläne bereit zu haben, falls es der Marine durch das Abkommen erlaubt würde, die Flotte zu verstärken, wie es auch tatsächlich im Ergebnis der Londoner Konferenzen geschah.

Fragen des richtigen Schiffbaus werden in allen Marinen immer zu Meinungsverschiedenheiten führen. Diese Meinungsverschiedenheiten werden in dem Maße zunehmen, wie der Einfluss von Innovationen und Erfindungen auf die Kriegführung und damit auf den Schiffbau zunimmt. Das Unterseeboot, die Mine und sogar in noch höherem Maße das Flugzeug mussten dazu führen, dass der Schiffbaupolitik größere Aufgaben gestellt waren als vor 1914. Da Deutschland vor 1933 praktisch keine Flotte besaß, bestand die Möglichkeit, eine moderne Flotte entsprechend einer völlig neuen Konzeption aufzubauen.

Persönlich vertrat ich mit anderen Offizieren die Auffassung, dass die Zusammensetzung einer Flotte und ihrer Schiffstypen von der geographischen Lage des Landes, von der möglichen Stärke seiner Flotte und von seiner Abhängigkeit von Seestraßen abhing. In der Definition der Typen in einer Flotte – wie sie auf der Konferenz von Washington niedergelegt wurden – erblickte ich einen der größten Nachteile, unter denen eine kleinere Kriegsmarine leiden musste. Im Zuge der Standardisierung der Flotten der Welt, musste ein Staat, der den Feind mit einer unterlegenen Zahl von Schiffen angriff, notwendigerweise unterliegen. Die Unterschiede der verschiedenen einzelnen Schiffstypen, die von den verschiedenen Nationen verwendet wurden, konnten angesichts desselben technischen Niveaus dieser Nationen niemals so groß sein, dass dadurch die zahlenmäßige Unterlegenheit ausgeglichen werden könnte. Ein Gefecht zwischen einem Schlachtschiff und drei feindlichen Schlachtschiffen muss normalerweise zur Vernichtung der unterlegenen Seite führen. Mit dem Verlust dieses Schiffes verliert sie 100 % ihrer Kräfte, während der Feind vielleicht 30 % oder höchstens 60 % verliert. Ich unterstützte daher die Idee, andere Wege auszuprobieren. Meiner Meinung nach wäre es richtig gewesen, nicht alle Washingtoner Typen zu übernehmen, sondern von Anfang an nach Typen zu suchen, die für eine andere Form der Kriegführung geeignet war. Da der Aufbau der deutschen Flotte viele Jahre in Anspruch nehmen musste, konnte eine kleine Flotte, die nur aus Typen wie den in Washington festgelegten zusammengesetzt war, meiner Meinung nach im Verteidigungsfalle kaum erfolgreich sein.

Es war ziemlich klar, dass wir die Idee einer Auseinandersetzung mit ganzen Flotten aufgeben und die Schwachpunkte des Feindes angreifen mussten. Dies hätte z. B. bedeutet, vor allem eine moderne U-Boot-Waffe aufzubauen. Zu diesem Zweck hätten wir die normalen Typen, wie sie in den Washingtoner Abkommen festgelegt wurden, aufgeben müssen und Spezialschiffe mit großer Lebensdauer bauen sollen, in Übereinstimmung mit dem Grundsatz, »schneller gegen den stärkeren Feind«, um gegen die Handelsschifffahrt Krieg führen zu können. Es war klar, dass wir mit einer solchen Flotte dem Feind Schaden zufügen könnten, zugleich aber unsere eigenen Seeverbindungen [schützen] könnten.

Deutschland musste daher seine Verteidigungsaktivitäten auf die Ostsee und die küstennahen Gebiete beschränken. Hier konnten wir mit Hilfe von Schnellbooten, der Luftwaffe und Minen unsere eigenen Seeverbindungen sogar gegen überlegene Feinde verteidigen. Solche Überlegungen setzten sich jedoch nicht durch, obwohl Admiral Raeder ihnen in gewissem Maße zustimmte. Es gab innerhalb der Kriegsmarine starke Fürsprecher des klassischen Schlachtschiffs.

Selbst Adolf Hitler schien sich immer mehr für den Schiffsbau zu interessieren. Auf alle Fälle war er für das größte und am schwersten bewaffnete Schiff. Eine bestimmte Anzahl moderner Schiffe waren zudem sehr schnell nötig. Es wäre damals möglich gewesen, die »Panzerschiff«-Typen [des Westentaschen-Typs] zu bauen, ohne wirkliche Änderungen in der Größe, [aber] mit höherer Geschwindigkeit und stärkeren Maschinen. Es gab auch Pläne für Kreuzer und Zerstörer mit großer Lebensdauer, höherer Geschwindigkeit und mehr als einer Antriebsart (Marschmotoren), die im Handelskrieg eingesetzt werden sollten. Statt dessen wurden die schweren 10.000 Tonnen-Kreuzer gebaut, die meiner Meinung nach in unserer geographischen Lage nur einen geringen Wert hatten. Als Ergebnis der Politik, größere Panzerschiffe zu bauen, wurden die SCHARNHORST und die GNEISENAU als [Übergangs-]Typ gebaut, und nur die BISMARCK und die TIRPITZ konnten als Anfang einer Flotte angesehen werden. Es war klar, dass nach den langen Jahren, in denen wir keinen Schiffbau hatten, zahlreiche andere Wasserfahrzeuge wie Schnellboote und so weiter hätten gebaut werden können statt dieser Typen, die zu Beginn des Krieges der deutschen Kriegsmarine nur in kleiner Zahl zur Verfügung standen.

**Er fährt damit fort, einige logistische Probleme zu erläutern, mit denen jedes Land zu ringen hat, das eine Politik der Wiederaufrüstung der Kriegsmarine verfolgt.**

Der Bau [neuer Kriegsschiffe], der anfangs angeordnet worden war, dann aber durch ständige Veränderungen und das Zögern im Hinblick auf die Typen behindert wurde, ließ die Schwierigkeiten bald offenkundig werden. Es war keine Frage des bloßen Schiffbaus. Der Ausbau der Kriegsmarine erforderte die Umwandlung von kommerziellen Werften für die Kriegsproduktion, neue Häfen, neue Werftanlagen, Schlepper, Ausbildungsschulen für das Personal, verstärkte Rekrutierung von Kadetten, Maaten und Matrosen usw. Eine großangelegte Produktion war unmöglich, weil die materiellen Voraussetzungen, z. B. an Stahl und anderen Rohstoffen, sogar einschließlich von Arbeitskräften, für diese komplexe Aufgabe nicht zur Verfügung standen. Diese mussten durch ständige Verhandlungen mit den anderen Teilstreitkräften und den zivilen Behörden, wie z. B. den für den Bau der Autobahnen verantwortlichen, herbeigeschafft werden. Ungeheuer viel wurde geplant und begonnen. Doch konnte in der Marine kein so schneller Fortschritt erzielt werden wie in den anderen Teilstreitkräften. Soweit ich mich erinnern kann, konnten wir nicht erwarten, eine Flotte, gemäß den Standards von Washington, von ungefähr acht Schlachtschiffen vor 1948 oder 1949 zu besitzen. Der Bau wurde durch die übereilte Einführung technischer Neuerungen erschwert, denen die langsame organische Entwicklung fehlte. Man entschied sich gegen Motoren und führte Hochdruckdampf ein; dies führte anfangs zu vielen Rückschlägen. Die Kriegsmarine war immer noch durch die Aufgabe der Küstensicherung gebunden. Die Beziehungen zwischen den See- und Land[kommandos] musste daher unbefriedigend bleiben. Admiral Raeder legte großen Wert auf eine gute Grundausbildung der Seeleute zu Lande, vor allem wegen der Erfahrungen mit der Revolution von 1918.

Es war klar, dass große Ausgaben für Personal und Material notwendig waren. Mit dem Schiffbau eng verbunden war der Bau von Schulen und Arsenalen, was schon für sich ein großes Programm darstellte. Abgesehen von den Schwierigkeiten des aktuellen Baus der Flotte sowie der Hilfsmittel, d. h. der Werften, Docks, Schulen, Arsenalen usw. bestand die große Schwierigkeit darin, ausgebildete Offiziere und Mannschaften in Bereitschaft zu halten. In dieser Frage vertrat Admiral Raeder die Auffassung, dass das Personal nur in dem Maße erweitert werden sollte, wie ihre Grundausbildung noch gesichert schien. Die Mobilisierung früherer aktiver Offiziere der Kriegs- und der Handelsmarine sowie die allmählich steigenden Zahlen von Offizierskadetten und Maats-Anwärtern reichten jedoch nicht aus. Meiner Meinung nach wurde dies vor allem und in entscheidender Weise während des Krieges deutlich. Der Mangel an gut ausgebildeten Offizieren der mittleren Dienstgrade konnte aufgrund der hohen U-Boot-Verluste nicht aufgeholt werden. Sogar die Qualität und das Dienstalter der U-Bootkommandanten und Offiziere in anderen wichtigen Verwendungen verschlechterten sich in erheblichem Maße. Dies alles bestätigte die wiederholt geäußerte Auffassung von Admiral Raeder, dass der Bau einer Flotte viele Jahre in Anspruch nehmen würde.

Die ganze Periode von 1933–1939 war daher von dem großen Druck geprägt, in kurzer Zeit die vielen Jahre der Untätigkeit beim Aufbau der Kriegsmarine aufzuholen. Nicht alle Abteilungen verstanden dies, und zwar weder die Oberkommandierenden noch die anderen Teilstreitkräfte. Es fehlte den Plänen der Kriegsmarine an gesicherten Voraussetzungen und an Zeit für Experimente. Es gab natürlich auch innere Spannungen, die nur durch eine strenge Führung und die Konzentration der Kriegsmarine auf reine Marineangelegenheiten überwunden werden konnten. Man erinnere sich z.B. an den Röhm-Putsch, die Entlassung von Generaloberst Fritsch und die Pensionierung von Blomberg.

**Dass der Ausbau der deutschen Kriegsmarine weit mehr als nur den Bau von mehr Schiffen bedeutete, wird auch von Dönitz ausgeführt.**

Die technische Entwicklung, die vor 1933 wegen des Mangels an Mitteln verzögert war, wurde nun ausgeweitet und energisch vorangetrieben. Die technischen Abteilungen der Kriegsmarine glaubten, sie hätten überlegene Waffen (mit erstklassiger Leistung) hergestellt, und zwar sowohl Minen als auch Torpedos, trotz der kurzen für die Entwicklung zur Verfügung stehenden Zeit. (…) Die Bedeutung der Kurzwellen zu Zwecken der Ortung [d.h., des Radars] wurde erkannt, ihre Untersuchung und Ausnutzung wurden vorangetrieben, doch gelang es uns nicht, wie die späte[re] Erfahrung zeigen sollte, in diesem Bereich den Entwicklungsstand unserer Feinde zu erreichen. (…) In allen anderen Bereichen der Seekriegstechnik gelang es uns tatsächlich einigermaßen, die verhängnisvollen Auswirkungen der Abrüstung und der militärischen Machtlosigkeit vor dem Ausbruch des Krieges gutzumachen. Wir waren davon überzeugt, dass insbesondere die deutschen U-Boottypen die besten ihrer Art in der Welt darstellten.

**Sowohl Krancke als auch Weichold glauben offensichtlich, dass die Marine eine Art Aschenputtel im Zusammenhang mit der Finanzierung der Wiederaufrüstung war, doch Krancke kann darin sogar einen möglichen Vorteil erkennen.**

**Krancke:** Als unser Budget zugeteilt wurde, war die Marine gegenüber den anderen Teilstreitkräften nur auf dem zweiten Platz, da man nur noch potentielle Konflikte mit den Nachbarstaaten als politisch denkbar ansah. Der langsame Aufbau der Flotte, der dadurch bedingt war, schuf die Möglichkeit zur Konsolidierung von Disziplin und Ausbildung.

**Weichold:** Nach dem Scheitern des Versailler Vertrages wurden große Schätzungen für den Aufbau einer Armee und einer Luftwaffe vorgenommen, doch die Marine blieb als letztes übrig. Die deutsche Politik rechnete mit Schwierigkeiten, die von den

Nachbarn auf dem Kontinent ausgehen würden. Für solche Auseinandersetzungen erschien die Schaffung einer Seestreitmacht nicht als notwendig.

**Es gibt bei den Admiralen einige Meinungsverschiedenheiten zum Thema des Einsatzes der deutschen Marine vor der spanischen Küste zur Unterstützung der nationalistischen Kräfte Francos während des Spanischen Bürgerkrieges.**

**Dönitz:** Die innere Reorganisation der Marine ging mit dem Neubau der Schiffe einher. Die Marine mit ihren 15.000 Mann sorgte für einen guten Nukleus an voll ausgebildeten Maaten und Seeleuten, die von großem Wert waren. Die bestehenden Schiffe wurden fast nur zu Ausbildungszwecken eingesetzt, um rechtzeitig Mannschaften für die neuen Schiffe bereit zu haben. Es gab keine größeren Schwierigkeiten. Gewisse Schwierigkeiten wurden bei der Ausbildung zu Hause jedoch dadurch hervorgerufen, dass in den Jahren 1935–1939 starke Einheiten der deutschen Flotte nach Spanien geschickt wurden, um die deutschen Interessen zu wahren, doch wurden diese Schwierigkeiten teilweise durch die Vorteile der Seeerfahrung aufgewogen, die sich große Teile der Mannschaften erwerben konnten und die in den heimischen Gewässern nicht in gleicher Weise gewonnen werden konnten.

**Boehm:** Die Ausbildung der beschränkten deutschen Streitkräfte wurde erheblich beeinträchtigt durch die Aussendung einzelner Einheiten in die spanischen Gewässer, um unsere Interessen während des Bürgerkriegs zu wahren; ich selbst war dort in drei verschiedenen Abschnitten eingesetzt. Gleichzeitig sahen wir, abgesehen von der politischen Notwendigkeit, einen gewissen Wert darin, weil unsere Männer dadurch einige Erfahrung fernab der Heimathäfen und bei ungewöhnlichen Aufgaben gewannen.

**Meyer:** Alle ausländischen Ausfahrten mit Ausnahme des Spanischen Bürgerkrieges und natürlich bestimmter Ausfahrten zu besonderen zeremoniellen Gelegenheiten wurden zu Ausbildungszwecken unternommen, obwohl man sich davon natürlich auch eine Vergrößerung des deutschen Prestiges im Ausland erhoffte.

Die Operationen der deutschen Marine während des Spanischen Bürgerkrieges wurden mit beschränkten Mitteln durchgeführt, da nichts anderes zur Verfügung stand. So verwendete man etwa Torpedoboote (der Klassen WOLF und MÖWE), weil es kaum effiziente Zerstörer gab. Es war durchaus ein Risiko, diese in den Atlantik ausfahren zu lassen. Einige Betriebsstörungen, die im Falle schlechten Wetters ernste Konsequenzen hätten nach sich ziehen können, zeigten dies sehr deutlich.

Die systematische Ausbildung in Friedenszeiten musste während des Spanischen Bürgerkrieges eingeschränkt werden, weil es nicht genügend Schiffe gab; dieselben Schiffe mussten ständig auf der Route nach Spanien Dienst tun. Deshalb ging die allgemeine Meinung dahin, dass die Kriegsmarine in keiner Weise für diese Aufgaben stark genug war.

**Schniewind und Schuster:** Der Spanische Bürgerkrieg hielt einen großen Teil der wachsenden deutschen Flotte jahrelang vor den spanischen Küsten gebunden und schloss sie von irgendeiner regelmäßigen Ausbildung der Einheiten und an den Waffen aus.

**Viele Admirale geben ihrer Frustration Ausdruck, weil das Flottenbauprogramm der deutschen Marine den wichtigen Beitrag der Luftwaffe für zukünftige Operationen zur See unzureichend berücksichtigte.**

**Dönitz:** Die vollständige Abschaffung der Luftwaffe unter dem Versailler Vertrag und die entsprechende Notwendigkeit, sie von Anfang an neu aufzubauen, hatte trotz der energischen Anstrengungen der Marine, eine eigene Marineluftwaffe aufzubauen, zur Entscheidung des Führers geführt, die für die Marine benötigten Fliegereinheiten im Rahmen der Luftwaffe aufzustellen. Auf diese Weise sollte eine stärkere Konzentration bei der Entwicklung der Flugzeugtypen sowie bei allen anderen luftfahrttechnischen Fragen erzielt werden.

**Schniewind und Schuster:** Nachdem die Bildung unserer eigenen Marineluftwaffe gegen die Stimme der Kriegsmarine abgelehnt worden war, mussten die Bedürfnisse der Marine nach Flugzeugen aus den allgemeinen Ressourcen der Luftwaffe zur Verfügung gestellt werden. Die Marine sah darin einen unbefriedigenden Zustand und selbst der Führer betrachtete dies später als »historischen Fehler«. Vielleicht war es zum Zeitpunkt des Aufbaus richtig; im Interesse der Konzentration der Kräfte und der Produktionskapazitäten und um eine Zersplitterung der Kräfte zu vermeiden, war eine Organisation wie die, welche die Kriegsmarine zu bekommen versuchte, ziemlich sinnlos. Aufgrund dieser Anordnungen konnten uns daher zu keiner Zeit während des Krieges genügend Flugzeuge zur Verfügung gestellt werden, um die Bedürfnisse der Marine zu befriedigen, sowohl was die Zahl der Einheiten und die Eignung der Flugzeugtypen betraf, als auch in Bezug auf die Ausbildung und die Erfahrung der Einheiten in der Seekriegführung. Vor allem die Waffengattung der Lufttorpedos war in Bezug auf Anzahl, Technik und Operationen nicht in ausreichendem Maße entwickelt und ausgebildet worden. Diese Unzulänglichkeit konnte wegen des zeitweise beträchtlichen Ausmaßes der Verlegung von Personal von der Marine zur Luftwaffe (vor allem Offizieren und Funkern) nicht ausgeglichen werden, auch wegen der intensiven Kooperation der Marine bei der Ausbildung von Offizieren mit dem Potential, bei der Luftwaffe eingesetzt zu werden. Auch muss man bedenken, dass die Zeit, die uns für die Erfüllung dieser Aufgaben zur Verfügung stand, sehr kurz [war]. Die Bedeutung einer guten Marineluftwaffe in der modernen Seekriegführung und die Schwierigkeiten der Luftkriegführung über dem Meer und in Zusammenarbeit mit den Seestreitkräften waren der Marine völlig klar und hohen Stellen dargelegt. Diese akzeptierten diese Auffassungen jedoch nicht.

**Meyer:** Die Frage der Zusammenarbeit von Marine und Luftwaffe zur See ist eine Geschichte für sich. Von Anfang an betrachtete die Marine eine Marineluftwaffe als einzig richtige und mögliche Lösung für die Führung des Seekrieges: die Marineluftwaffe sollte, falls nötig, von der Landluftwaffe unterstützt werden. Die Marine verlor den langen Kampf gegen das Oberkommando der Luftwaffe – Göring – und das einzige, was bei diesen Streitigkeiten herauskam, war eine »Seeluftwaffe«, die der Marine für rein taktische Seeoperationen unterstellt werden sollte. Alle anderen Fragen wie

Personal, Material, Ausbildung, Bodenorganisation usw. waren Sache der Luftwaffe. Kurz gesagt, die Seeluftwaffe war lediglich ein Teil der allgemeinen Landluftwaffe, die ihr gegenüber eine stiefmütterliche Einstellung einnahm. Wenn gespart werden musste oder irgendwelche Kürzungen durchgesetzt werden mussten, traf es die Seeluftwaffe als erstes. Im Verlaufe des Krieges verlor die Seeluftwaffe zunehmend an Bedeutung. Ihre Flugzeuge waren überaltert; das Personal war im Allgemeinen schlecht für den Seedienst ausgebildet. Immer wieder wurden Versuche unternommen, Seekriegsoperationen mit Personal durchzuführen, das von der Landluftwaffe ausgeliehen worden war. Es war hauptsächlich dieser allgemeinen Unzulänglichkeit geschuldet, vor allem der des Personals, dass abgesehen von einigen wenigen Teilerfolgen die ganze Sache zusammenbrach.

**Heye:** Besonders schwierig war das Problem der Flugzeugträger. Es gab Gründe für große Zweifel daran, ob dieser Schiffstyp für eine Nation in unserer Lage überhaupt notwendig war. Sicherlich brauchte man sie weder in der Ostsee noch in der Nordsee, doch in der Arktis war er äußerst notwendig. Doch der Flugzeugträger war immer von dem Schutz starker Marineeinheiten und Begleitschiffe abhängig, so dass es zunächst, jedenfalls meiner Meinung nach, nicht in Frage kam, unsere Flugzeugträger für den Krieg im Atlantik zu verwenden. Der Bau zweier Flugzeugträger wurde beschlossen. Die Konstruktionspläne verzögerten sich wegen des Mangels an Erfahrung und wegen der Schwierigkeit, die Frage der Befehlsgewalt zu klären.

Da Admiral Raeder trotz vieler Versuche keinen Erfolg dabei hatte, eine eigenständige Marineluftwaffe zu etablieren, interessierten sich zwei Teile der Streitkräfte für die Flugzeugträger. In der Kriegsmarine begrüßte man den Bau eines solchen Schiffstyps, und zwar vielleicht weniger aus operativen Gründen als vielmehr, weil sich dadurch die Möglichkeit ergab, Marineflugzeuge unabhängig von der eigentlichen Luftwaffe zu unterhalten. Entgegen der ursprünglichen Absicht plante man große Trägerschiffe.

**Das Aufbauprogramm der Marine nach 1935 muss für die Admirale und die zukünftigen Admirale eine aufregende Zeit gewesen sein. Statt der begrenzten Möglichkeiten, die die »symbolisch Marine« unter den Bedingungen des Versailler Vertrags erlaubte, waren die Offiziere der Marine nun mit einer »Wachstumsindustrie« betraut, die größere Möglichkeiten für Macht, Prestige und Beförderung bot. In ihren Aufsätzen aus der Nachkriegszeit bestehen sie darauf, dass das Hauptmotiv für die Wiederaufrüstung im Wesentlichen defensiver Natur war und dass mit Sicherheit keine Absicht bestand, einen Krieg gegen England zu führen.**

**Boehm:** Die Hauptidee in allen Schriften [des Führers] – ein Einverständnis mit England – sollte in die Tat umgesetzt werden.

**Krancke:** Meines Wissens betonte der Führer stets die Tatsache, dass ein Krieg mit England politisch außer Frage stand, da es keinen Grund für eine Konflikt gab, daher auch der Flottenvertrag, der aufgrund seines Gleichgewichts der Mächte eine solchen Konflikt verbot.

**Meyer:** Es steht für mich außer Frage, dass Hitler niemals Streit mit England wollte und dass alles, was er jemals in seinen Reden oder in seinem Buch *Mein Kampf* in Bezug darauf, mit England zu einem Einverständnis zu kommen, zum Ausdruck brachte, ernst gemeint war. (…) Meines Wissens hatte sich Hitler gegenüber Großadmiral Raeder in der Zeit von 1933 bis 1938 dahingehend geäußert, dass jeder Gedanke an einen Wettstreit zur See mit England völlig falsch sei. Selbst wenn wir es aus politischen Gründen für notwendig erachten würden, die Marine zu vergrößern, wären wir immer ein ganzes Stück hinter England, und zwar aus dem einfachen Grunde, dass wir wegen der notwendigen Ausdehnung unserer Land- und Luftstreitkräfte nicht die materielle Stärke hätten, mit der Marine ebenso zu verfahren. Zweifellos spielte die ungünstige geographische Lage Deutschlands im Vergleich zu England auch eine wichtige Rolle.

**Heye:** Das Oberkommando versuchte von Anfang an, unter allen Umständen eine Feindschaft mit England zu vermeiden. Meiner Meinung nach bestand diese Hoffnung bis zu jenem Tage, an dem England Deutschland den Krieg erklärte. Es gibt keinen besseren Beweis dafür als die Tatsache, dass es der Marine bis kurz vor Ausbruch des Krieges – ich glaube bis 1938 – verboten war, Studien und Pläne für den Fall eines Krieges mit England anzufertigen und zu entwickeln.

Admiral Raeder und die deutsche Marine waren nach 1933 der Auffassung, dass unsere Außenpolitik darauf gerichtet sein sollte, jede Möglichkeit eines Krieges mit einer größeren Seemacht und vor allem mit England zu verhindern.

**Schniewind und Schuster:** Die Möglichkeit, dass sich Ereignisse zu einem Krieg mit England entwickeln könnten, spielte in den politischen Überlegungen und Absichten der Reichsregierung keine Rolle.

**Schulz:** Die Unterstützung Englands für den [Washingtoner Marine-] Vertrag wurde von der deutschen Marine allgemein als englischer Vertrauensbruch gegenüber Deutschland betrachtet, da er eine beträchtliche Einschränkung unserer Rechte gemäß dem englisch-deutschen Flottenabkommen bedeutete.

Obwohl dies bei einigen Offizieren der deutschen Marine ein gewisses Misstrauen gegenüber England hervorrief, hatte dieser Vorfall keine weiteren Auswirkungen auf die allgemeine Einstellung des Offizierskorps der deutschen Marine.

Jedenfalls wurde England zu keinem Zeitpunkt, auch damals nicht, als möglicher Feind der deutschen Kriegsmarine angesehen, und außerdem machten die obersten politischen Führer des Reiches, so weit ich weiß, Großadmiral Raeder gegenüber immer wieder klar, dass eine Auseinandersetzung mit England um jeden Preis vermieden werden sollte.

**Die Admirale weisen in ihrem Versuch zu »beweisen«, dass sich die deutsche Wiederaufrüstung der Kriegsmarine nicht gegen Großbritannien richtete, auf verschiedene Beweisstücke hin. Ihr Verlangen, diesen Punkt zu klären, mag sehr wohl aus ihrer Sorge hervorgegangen sein, dass man sie wegen »Führung eines Angriffskrieges« als Kriegsverbrecher anklagen könnte.**

**Boehm:** Dem politischen Urteil der Staatsführer entsprach die geistige Vorbereitung der Marine. Meines Wissens wurde keine einzige Kriegsübung des Marinestabes auf der Grundlage eines Krieges mit England durchgeführt und es wurden auch keine Manöver auf dieser Grundlage durchgeführt.

**Dönitz:** Der Marinegeheimdienst richtete sich hauptsächlich gegen die europäischen Kontinentalmächte, während dem Sammeln von Informationen aus England weniger Bedeutung beigelegt wurde.

**Schniewind und Schuster:** Das Rüstungspotential Deutschlands wurde in diesen Jahren keineswegs in vollem Umfang ausgeschöpft. Beträchtliche Reserven, die man auf eine angemessene Wiederbewaffnung hätte verwenden können, wurden für den Bau der Reichsautobahnen und der [nationalsozialistischen] Parteigebäude eingesetzt.

**Meyer:** Fast bis zum Ausbruch des Krieges hatte die Marine nicht einmal an die Möglichkeit eines Seekrieges mit England gedacht. Angesichts der jeweiligen Stärke Englands und Deutschlands und ihrer geographischen Lage war der Gedanke absurd. Ein Beweis dafür ist die Tatsache, dass in den »Kampfrichtlinien«, die jedes Jahr vom Oberkommando herausgebracht wurden, kein Hinweis auf die Möglichkeit eines Krieges mit England enthalten war; Kriegsübungen wurden nie auf der Basis einer solchen Hypothese durchgeführt, und selbst bis zum Tag des Kriegsausbruchs waren keinerlei Befehle des Oberkommandos zu diesem Zweck erlassen worden. Die politischen Führer Deutschlands hatten nie mit einem solchen Krieg gerechnet und untersagten sogar jede Vorbereitung, so dass auch keine Gerüchte solcher Vorbereitungen würden durchsickern können, die zu dem potentiell gefährlichen Effekt der Entstehung einer Kriegspsychologie führen könnte.

Ein weiterer Umstand, der zeigt, dass der Krieg mit England undenkbar war, ist die Tatsache, dass bei der Schaffung eines Einsatzstabes für den Kriegsfall, d.h. jener, die für die einzelnen Kriegsabschnitte zuständig sein würden, keine Vorkehrungen für eine Gruppe West getroffen wurden. Es gab die Gruppe Ost – für die Ostsee –, die seit 1937 bestanden hatte, doch die Gruppe West, die mit Operationen Richtung Westen zu tun haben würde, wurde erst in den ersten Kriegstagen in Wilhelmshaven gebildet.

Während der Krise von 1938 wurden Einsätze in der Nordsee auf einige wenige Vorpostenstellungen beschränkt, die von U-Booten gehalten wurden, was ein sehr eindeutiger Hinweis auf die Absurdität eines Krieges mit England war. Die deutsche Marine war schlicht zu schwach.

**Schulz:** Aus Sicht der Marine war die relative Stärke der beiden Marinen für Deutschland hoffnungslos ungünstig. Daraus resultierte der Umstand, dass eine Schiffsbaupolitik, die auf einem Krieg mit England basierte, nie in Erwägung gezogen wurde, geschweige denn in die Praxis umgesetzt wurde. Dies ging so weit, dass ungefähr ein Jahr lang keinerlei U-Boot-Bestellungen aufgegeben wurden, da es Meinungsverschiedenheiten über die besten Typen gab und Deutschland die gemäß dem englisch-deutschen Flottenabkommen erlaubte U-Boot-Tonnage bestmöglich einsetzen wollte.

Hätte es diese Pause im Neubau nicht gegeben, wäre die Zahl der deutschen U-Boote in den ersten für die U-Bootkriegführung günstigeren Kriegsjahren entsprechend höher gewesen.

Gleichermaßen hätte man keinen so gewagten Schritt unternommen, bei allen neuen Zerstörern zum Hochdruckheißdampfantrieb überzuwechseln, wenn man die Möglichkeit eines Krieges in der [vorhersehbaren] Zukunft mit England in Erwägung gezogen und sich entsprechend vorbereitet hätte.

Der auffälligste Beweis dafür, dass die deutsche Marine sich in keiner Weise auf einen Krieg mit England vorbereitete, war die unbezweifelbare Tatsache, dass der Bau und sogar der Entwurf irgendwelcher Landungsboote völlig vernachlässigt wurden.

**Im Sommer 1938 wuchsen die internationalen Spannungen, als Deutschland die Tschechoslowakei unter Druck setzte, die von Volksdeutschen bewohnten Grenzgebiete des Sudetenlandes abzutreten. Ende September trafen sich die britischen, französischen, italienischen und deutschen Führer auf einer Konferenz in München und zwangen die Tschechen dazu, den deutschen Forderungen zuzustimmen. Trotz dieses scheinbaren Erfolges konnte sich die Kriegsmarine nach der Krise von München nicht mehr so sicher sein, dass England unbedingt als möglicher Gegner in einem zukünftigen Krieg auszuschließen sein werde. Verschiedene Admirale geben offen die bedeutsame Neueinschätzung zu, die zu jener Zeit vorgenommen wurde. Schniewind (als Stabschef der Seekriegsleitung) und Boehm (als Oberbefehlshaber der Flotte) hatten wahrscheinlich am ehesten Zugang zu den Planungen auf höchster Ebene.**

**Schulz:** Sogar die Sudetenkrise, von der die deutsche Marine vollkommen überrascht wurde und die zeitweise einen englisch-deutschen Konflikt möglich erscheinen ließ, hatte keine unmittelbare Auswirkung auf die Flottenbaupolitik oder die allgemeine Einstellung der deutschen Marine. Das Münchner Abkommen, die gegenseitige Nichtangriffs-Erklärung von Chamberlain und Hitler sowie das im Winter mit Frankreich getroffene Abkommen schien jede Gefahr eines europäischen Krieges zu beseitigen und darüber hinaus brachten die politischen Führer der Marine gegenüber so wie auch sonst ihren Wunsch zu einer Verständigung mit England zum Ausdruck.

Von März bis April 1939 an wurde es immer klarer, dass die Ereignisse sich auf einen Krieg hin bewegten und dass die Marine ernsthaft mit der Möglichkeit einer Kraftprobe mit England rechnen musste, obwohl die obersten politischen Führer die Marine weiter beruhigten, sowohl jetzt wie auch bis unmittelbar vor Ausbruch des Krieges, dass es keinen Krieg mit England geben würde.

**Krancke:** 1938 war die Marine während der Sudetenkrise plötzlich mit dem Problem eines möglichen Krieges mit England konfrontiert. Nach dem Münchner Abkommen und der folgenden Aufrüstung Englands erhielt auch die [deutsche] Marine mehr Mittel für die Wiederaufrüstung und begann mit der psychologischen Vorbereitung eines Krieges mit England. In der Großstrategie konnte es sich dabei, angesichts der uns zur Verfügung stehenden Mittel, nur um einen Verteidigungskrieg handeln, der durch eine Offensive mit Hilfe von Handelsstörern und Minen gegen die Handelsschifffahrt des Feindes ergänzt werden konnte. Der Einsatz von U-Booten, schweren Kreuzern und Hilfskreuzern gegen den feindlichen Handelsverkehr wurde ebenso geplant wie ein sehr aktiver Minenkrieg in der Nordsee.

Angesichts unserer überwältigenden numerischen Unterlegenheit konnten wir lediglich versuchen zu vermeiden, nutzlos im Hafen liegen zu bleiben. Im Unterschied zu 1914–1918 war die Strategie einer »fleet in being« bedeutungslos, weil die deutsche Flotte viel zu schwach war, um nennenswerte Teile der englischen Flotte zu binden. (Selbst die französische Flotte war für sich genommen weit überlegen.)

**Schniewind und Schuster:** [Nach den Ereignissen von 1938 und vom Frühjahr 1939] gelangte der Führer offenbar zu der Überzeugung, dass eine weitere Stärkung der politischen und wirtschaftlichen Stellung Deutschlands langfristig unter dem militärischen Aspekt betrachtet (…) auf den wachsenden Widerstand Englands stoßen würde. Um die daraus erwachsenden Gefahren zu bekämpfen, wollte er die deutsche Seemacht stärken.

Eine neue Lage entstand nach der Ankündigung [der Annullierung des englisch-deutschen Flottenabkommens von 1935 im April 1939, als die Tschechoslowakei bereits zerschlagen war und Deutschland ein »Protektorat« in den tschechischen Provinzen Böhmen und Mähren errichtet hatte]. Es war klar, dass es nicht möglich war, jegliche Spannungen zu vermeiden, und dass neue Pläne für den Aufbau der Flotte in Bezug auf Anzahl und Größe der Schiffe in Übereinstimmung mit dieser neuen Lage stehen mussten. Beim Kriegsausbruch befanden sich diese Pläne immer noch in der Erarbeitung und erwiesen sich als sehr schwierig, weil für die angesichts der neuen und größeren Aufgaben notwendige stärkere Flotte eine gewisse Absprache mit den anderen Teilstreitkräften in Bezug auf die Nutzung von Produktionsstätten, getroffen werden musste und weil wegen dieser Aufrüstung neue Produktionsmöglichkeiten geschaffen und die bestehenden ausgeweitet werden mussten.

Ich selbst war als Chef des Stabes der Seekriegsleitung (SKL) für diesen Teil der Planung verantwortlich. Der Bau eines starken Schlachtschifftyps und eines Schlachtkreuzertyps (zusammen mit schwereren Handelsstörern) mit 42 cm-Geschützen, von 10.000-Tonnen-Kreuzern mit 15 cm-Geschützen, schnellen kleinen Kreuzern mit großer Reichweite, kleinen Flugzeugträgern, schnelleren Versorgungsschiffen, eine beträchtliche Erhöhung der Zahl der U-Boote und Zerstörer wurden allesamt in diesen Konstruktionsplänen vorgesehen. Die letzte Entscheidung über die Stärke der Einheiten und die Bauzeit der Schiffe wurden beim Ausbruch des Krieges noch nicht festgelegt.

Gemeinsam mit diesen Plänen für den Aufbau der Flotte wurden Vorschläge für eine entsprechende Vergrößerung der Produktionskapazitäten durch die Vergrößerung der Werften und Häfen und deren Neueröffnung unterbreitet.

**Boehm:** Erst im Laufe des Jahres 1938 fing der Führer an, die Möglichkeit in Betracht zu ziehen, dass England in einem Krieg auf der Gegenseite eintreten könnte. Im April 1939 annullierte er das englisch-deutsche Flottenabkommen. Selbst wenn die neuen Konstruktionspläne für die Flotte einen deutlichen Anstieg gegenüber früheren Plänen bedeuteten und z.B. der Plan Z den Aufbau einer Flotte vorhersah, die an Größe und Stärke besser mit der Größe Deutschlands und seiner Lage als Hochseemacht vereinbar war, stellten diese doch keine Bedrohung Englands dar. Meines Wissens glaubte Hitler nicht, dass man vor 1948 mehr als zehn große Schlachtschiffe und Schlachtkreuzer haben werde, während England schon 14 dieser Art im Jahre 1939 hatte, wenn ich mich recht erinnere. Das Verhältnis von Kreuzern und Zerstörern war für uns noch ungünstiger.

**Meyer:** Das Ziel der neuesten deutschen Schiffbaupläne bestand nicht in der Vorbereitung eines Angriffs auf England, sondern in der Schaffung einer Risikoflotte im Sinne Tirpitz', d.h. ein Kampf gegen Deutschland sollte für England wenigstens ein gewisses Risiko darstellen und es davon abhalten, sich einzumischen bzw. wenigstens eine Intervention unwahrscheinlicher machen.

**Trotz der Neubewertung der Wahrscheinlichkeit, dass Großbritannien in die Feindseligkeiten gegen Deutschland hineingezogen werden könnte, scheint Hitler davon überzeugt gewesen zu sein, dass sich diese Entwicklung erst in einigen Jahren ergeben würde, was genügend Zeit für die Umsetzung der großen Pläne zum Ausbau der Marine ließe. Er glaubte offensichtlich nicht, dass dies das wahrscheinliche Resultat seiner Pläne zu einem Angriff auf Polen im Jahre 1939 sein würde. Die Admirale sind im Prinzip einer Meinung, wenn sie den Kriegsausbruch eher als Fehlkalkulation denn als bewusst von der deutschen Regierung Provoziertes ansehen, doch ist Krancke der einzige, der versucht, den Angriff auf Polen zu rechtfertigen. Schulz' Bemerkungen zum Zeitpunkt und zur Bedeutung des Russisch-Deutschen Pakts vom August 1939 sind interessant; obwohl er keinen besonderen Zusammenhang mit den englisch-deutschen Beziehungen herstellt, so sieht er doch deutlich, dass Ribbentrops Diplomatie Großbritannien faktisch die Blockadewaffe genommen hatte, die im Ersten Weltkrieg so wirkungsvoll gegen Deutschland eingesetzt worden war.**

**Schniewind und Schuster:** Als etwa gegen Ende des Jahres 1938 und zu Beginn des Jahres 1939 Großadmiral Raeder, der damals Oberbefehlshaber der Kriegsmarine war, den Eindruck gewann, dass die Entwicklung der politischen Lage ernst wurde, und die Frage auftauchte, ob ausreichend Zeit bleiben würde, eine homogene und moderne Flotte mit allen Schiffstypen aufzubauen oder ob es nicht angesichts der wachsenden Spannungen ratsamer sei, sich auf den Bau von U-Booten zu konzentrieren, verwies [Admiral Raeder] in einer Stellungnahme zu dieser Frage auf die Entscheidung des Führers. Diese lautete folgendermaßen: dass die Marine ausreichend Zeit für den Aufbau einer homogenen Flotte habe, dass die deutsche Außenpolitik in der Lage sein werde, eine ernste Entwicklung auf einen Krieg hin zu vermeiden und dass die Marine damit fortfahren könne, das Flottenbauprogramm systematisch und plangemäß umzusetzen, ohne einen besonderen Schwerpunkt auf die Waffengattung der U-Boote zu setzen.

**Boehm:** Es ist nicht möglich, innerhalb weniger Jahre eine starke Flotte aus dem Nichts aufzubauen; dies ist die Arbeit von Jahrzehnten. Am Anfang des Krieges befand sich die deutsche Marine auf den ersten Stufen ihrer Entwicklung und ihrer Expansion. Sie war in keiner Weise mit der britischen Flotte vergleichbar. Wir mussten in jeder Hinsicht, überall und in allem, was wir unternahmen, mit absolut überlegenen Kräften rechnen und waren in keiner Weise ausreichend gerüstet, um in eine Schlacht mit England oder den beiden größten Seemächten der Welt eintreten zu können.

Dies war den Führern der deutschen Politik gut bekannt. Da ich in Sorge über den kommenden Krieg war, in dem ich auf die Teilnahme Englands rechnete, fragte ich den Oberbefehlshaber [Raeder] im Sommer 1939 an Bord meines Flagschiffes, ob er dem Führer unsere Ansicht über unsere Lage zur See vollkommen klar gemacht habe und ob dieser sich ganz darüber klar war, was ein Seekrieg mit England bedeutete. Der Großadmiral bekräftigte, dass er dies getan habe und fügte hinzu, »Ich sagte dem Führer, dass die Kriegsmarine in einem solchen Falle nichts tun könnte als ehrenhaft zu sterben.« Da es trotzdem zum Krieg zwischen unseren zwei Ländern kam, glaube ich nicht, dass der Schlüssel zu dem Rätsel in der Tatsache zu finden ist, dass die Führer der deutschen Politik, vor allem der Führer selbst, die militärische Lage zur See in unzureichender Weise eingeschätzt hätten, sondern in dem Umstand, dass Hitler niemals einen Krieg mit England gewollt hatte und nicht glaubte, dass England in der Folge des Polen-Feldzuges in ihn eintreten würde, »weil England keinen Krieg will«.

Außerdem sagte mir ein Mitglied des Oberkommandos der Marine noch im August 1939, dass »man in Berlin keine Intervention Englands erwarte, falls es zum Krieg mit Polen käme«, obwohl im Verlaufe des letzten Jahres vor dem Krieg die Gefahr, dass England in den Krieg eintreten könnte, von Staatsmännern und vom Stab der Kriegsmarine angesprochen worden war. Als Oberbefehlshaber der Flotte war ich anderer Meinung, brachte diese zum Ausdruck und unternahm die notwendigen Schritte.

Ich führe diese Punkte an um zu zeigen, wie wenig die maßgebenden Kreise einen Krieg mit England wünschten und wie wenig sie danach strebten, einen Krieg zu verursachen, was im Widerspruch zu der Auffassung steht, sie hätten versucht, die Herrschaft über Europa zu erlangen.

Die Intensität, mit der Hitler an [der Idee, einen Krieg mit England zu vermeiden] festhielt, zeigt sich in seiner Rede kurz vor dem Polen-Feldzug. Diese Rede richtete sich an die Oberbefehlshaber und auch ich war anwesend. In dieser Rede, die mehrere Stunden dauerte, gibt es zwei Sätze, die mir im Gedächtnis geblieben sind, d.h. »England braucht keinen Krieg gegen uns führen« und »Ich kann mir nicht vorstellen, dass ein englischer Staatsmann in dieser Lage England in den Krieg führen würde.« Selbst wenn diese Worte Hitlers einen grundlegenden politischen Irrtum zum Ausdruck bringen, bleibt doch die historische Tatsache bestehen, dass der Führer Deutschlands und mit ihm das deutsche Volk, niemals einen Krieg mit England wollte, geschweige denn einen Weltkrieg. Im Gegenteil, bis zuletzt hoffte er, diesen zu vermeiden; er wollte allein die östlichen Grenzen bereinigen und nicht die Herrschaft über Europa erlangen. Dies war die grundlegende politische Einstellung Deutschlands gegenüber England.

**Meyer:** Als Hitler im Jahre 1939 in Polen eindrang, rechnete er damit, dass England (und daher auch Frankreich) keine ernsten Schritte unternehmen würden. Nur wenige Tage vor Kriegsausbruch sprach er zu den Oberbefehlshabern in Berchtesgaden ungefähr folgendermaßen: »Wenn es zum Krieg mit Polen kommt, werden England und Frankreich vielleicht mobilisieren und vielleicht werden sie Truppen gegen uns einsetzen – doch all das wäre nur eine Demonstration. Keiner der beiden wird es im Westen zum Krieg kommen lassen. Wenn ich glaubte, dass es zum Kriege käme, würde ich meine Haltung gegenüber Polen nicht aufrechterhalten, da diese Sache mit Polen keinen Weltkrieg wert ist. Doch werden wir auf jeden Fall Schritte unternehmen müssen, um uns selbst zu schützen.« (Quelle der Information: mein Vorgesetzter, Admiral Saalwächter, als er einige Tage nach der Rede von Berchtesgaden mit mir sprach.)

Aus Bemerkungen von Offizieren, die damals im Oberkommando Dienst taten, erfuhr ich, dass Großadmiral Raeder Hitler gegenüber seinen Zweifel über die Richtigkeit von Hitlers Ansichten in Bezug auf die wahrscheinliche Haltung Englands im Fall eines Krieges mit Polen ausgedrückt hatte. Die Marine oder wenigstens der größere Teil des Offizierskorps war in den Vorkriegsjahren einer Meinung über die Haltung gewesen, die England einnehmen würde. Ihr Urteil gründete auf dem kontinuierlichen Studium der großen Seemächte, auf ihrem praktischen Kontakt mit der Außenwelt und auf ihren Erfahrungen im Ersten Weltkrieg. Aus diesem Grund wurde die allgemeine Richtung der deutschen Politik gegenüber England bis 1938 von der Marine besonders begrüßt. Darüber hinaus schuf das große Schiffsbauprogramm von 1938, dem gemäß (bis 1945) 13 Schlachtschiffe (einschließlich der bereits gebauten), vier Flugzeugträger und eine entsprechende Flottille anderer Schiffe gebaut sein sollten, eine recht große Sorge im Offizierskorps.

**Heye:** Ich wusste aus [einer] zuverlässigen Quelle, dass Hitler noch am Tag vor der englischen Kriegserklärung davon überzeugt war, dass es nicht dazu kommen würde. Ich weiß außerdem vom Hörensagen, dass am Tag nach der englischen Kriegserklärung Großadmiral Raeder betonte, unsere Aufgaben zur See mit der 1939 zur Verfügung stehenden Flotte nicht erfüllt werden könnten. Ich bin davon überzeugt, dass er im Vertrauen auf [die] politische Führung selbst nicht mit der Möglichkeit eines Krieges mit England gerechnet hatte.

**Krancke:** Als sich der Konflikt mit Polen 1939 zuspitzte, glaubten unsere politischen Führer nicht, dass es zum Krieg mit den Westmächten kommen würde. Um jede sichtbare Provokation zu vermeiden, wurden im Nordseegebiet keine Mobilisierungsmaßnahmen ergriffen. Ich teilte diese Auffassung nicht, da aus den Radioansprachen englischer Staatsmänner hervorging, dass England beim Ausbruch der Feindseligkeiten mit Polen seine Sympathien unmissverständlich klar gemacht hatte.

Wie es möglich war, die politische Lage dermaßen falsch zu interpretieren, lässt sich nur damit erklären, dass der Führer über völlig falsche Informationen über die englische Mentalität verfügte. Außerdem wurde die Entscheidung des Oberkommandos von den Greueln beeinflusst, die vor Kriegsausbruch an den Deutschen in Polen verübt wurden (sie flohen zu Tausenden aus Polen über die deutsche Grenze) – das Oberkommando betrachtete dies als bewusste Provokation eines Krieges und war davon überzeugt, es könne einen Krieg mittels eines Pakts mit Sowjetrussland vermeiden.

Als Vorsichtsmaßnahme wurden jedoch zwei schwere Kreuzer und einige U-Boote aktionsbereit in See geschickt, jedoch angewiesen, nur nach Erhalt besonderer Befehle zu Angriffsoperationen zu starten. Die Nordsee wurde von noch unbewaffneten Patrouillenbooten patrouilliert, ansonsten wurden keine Kriegsvorbereitungen getroffen.

**Schulz:** Alle Offiziere der Marine, die ein Gefühl der Verantwortung hatten und über eine allgemeine Lagebeurteilung verfügten, betrachteten den Kriegsausbruch mit den größten Befürchtungen, da alles wieder auf eine überwältigende Weltkoalition gegen Deutschland hindeutete, der zur See von einer total unvorbereiteten deutschen Kriegsmarine unter Bedingungen einer hoffnungslosen Unterlegenheit begegnet werden musste.

Alle Behauptungen, die deutsche Marine oder ihr Offizierskorps hätten den Krieg gewollt, sind nicht nur unwahr, sondern angesichts der relativen Stärke so sinnlos, dass sie nicht ernst genommen werden könnten.

Der unerwartete Nichtangriffspakt, der Ende August [1939] mit Russland abgeschlossen wurde sowie der russisch-deutsche Grenz- und Freundschaftspakt, der im September folgte, wurden von der Marine mit erheblicher Erleichterung aufgenommen, obwohl rein vom Standpunkt der Marine aus die Lage für die Seekriegführung sich nicht so deutlich verbessert hatte wie dies im Bereich der Wehrmacht und der Luftwaffe zutraf. Andererseits wurde die Blockade, die im Ersten Weltkrieg so fatal für Deutschland gewesen war, von Anfang an durch diese Verträge sowie die gleichzeitigen Handelsabkommen wirksam durchbrochen, so dass deren Wirkung schließlich völlig ins Leere lief; außerdem konnte der ganze Wirtschaftsraum des Balkans ohne Störungen für die Versorgung Deutschlands genutzt werden.

**Schniewind und Schuster:** Ein Krieg mit solchen Ausmaßen – oder auch [nur] mit England – lag im Jahre 1939 jenseits der Vorbereitungen und der Absichten der Regierung. Doch die Politik der Regierung und ihre politischen Verhandlungen trafen keine Vorkehrungen für diesen Gedanken, wie sich im Weiteren zeigen sollte. Man war zu weit gegangen. Man hatte die Entschlossenheit zur Kriegserklärung jener, die später zu Feinden werden sollten, völlig falsch eingeschätzt, falls Deutschland weitere Handlungen durchführen würde, die der Besetzung Österreichs, des Sudetenlands oder der Tschechoslowakei ähnelten. Deutschland, seine Streitkräfte – und vor allem die Marine – wurden daher überrascht und mussten nur unzureichend gerüstet in den Krieg eintreten.

# 2

# *Das erste Kriegsjahr*

D ie Admirale präsentieren in ihren Aufsätzen im Jahre 1945, als ihr Denken zweifellos stark von der katastrophalen Niederlage ihres Landes beeinflusst war, das Gesamtbild einer deutschen Kriegsmarine, die sich am 3. September 1939 verfrüht in einem Krieg sah, den sie weder gewollt noch erwartet hatte, für den sie schlecht vorbereitet und schlecht ausgerüstet war und für den ihre Schiffe sowohl nach Anzahl als auch nach Bauart unzureichend waren. Nach der Befragung von Großadmiral Dönitz über seinen Aufsatz fasste der britische Marinenachrichten-dienst sein persönliches Urteil folgendermaßen zusammen:

Der Krieg war in einem bestimmten Sinne schon verloren bevor er angefangen hatte, weil (…) Deutschland nie auf einen Seekrieg mit England vorbereitet war. Die Mög-lichkeit, England als Gegner zu haben, wurde bis 1938 nicht in Erwägung gezogen, weil die Regierung politisch schlecht beraten war. Hitler war niemals im Ausland gewesen.

**Im Hauptteil seines Aufsatzes ist Dönitz auch nicht enthusiastischer in Bezug auf Deutschlands damalige Aussichten:**

Bei Kriegsausbruch befand sich die Marine in einer außerordentlich schlechten Lage (…) [und] war in keiner Weise geeignet, zahlenmäßig den Kampf mit Englands See-macht aufzunehmen, noch war die Beschaffenheit der Marineausrüstung für den Krieg mit England geeignet.

**Generaladmiral Schniewind, 1939 der Chef des Stabes der Seekriegsleitung, sowie Admiral Schuster behaupten ebenfalls, sie seien pessimistisch gewesen, und sie skizzieren die Argumente für ein Abweichen von den konventionellen Konzepten der Seestrategie.**

Der Ausbruch des Krieges im September 1939 konfrontierte die deutsche Marine an-gesichts der enormen Überlegenheit des Feindes mit Aufgaben, die als unüberwindlich angesehen werden mussten, wenn man die Erfolgsaussichten eines Seekrieges in der traditionellen und gewohnheitsmäßigen Weise erwog. Diese Schlussfolgerung wurde bei Kriegsausbruch vom Oberbefehlshaber der Marine in einer Stellungnahme gegenüber dem Führer zum Ausdruck gebracht. Er stellt darin fest, dass die deutsche Marine, die gerade mit ihrer Neuorganisation begonnen hatte, keine Erfolgsaussichten im Kampf um die Herrschaft über die Meere gegen die vereinte Kampfkraft der feindlichen Seestreitkräfte habe, wenn man das Problem vom konventionellen Gesichtspunkt und gemäß den traditionellen Prinzipien betrachtete. In diesem Kampf, so schicksalhaft und bedeutungsvoll für Deutschland, müsste sich die Kriegsmarine, wenn sie von ihrer latenten Kampfkraft überhaupt irgendeinen Gebrauch machen sollte, völlig von den Regeln und Prinzipien der Taktik und des Einsatzes befreien, die bisher in der Seekriegführung herrschten. Sie müsste versuchen, ihre Schwächen durch eine kühne Kriegführung auszugleichen und, falls notwendig, in der Lage sein, der Niederlage ins Auge zu sehen und ritterlich bis zum Ende weiterzukämpfen.

**Generaladmiral Boehm, der bei Kriegsausbruch Oberbefehlshaber der Flotte war und die schwere Verantwortung trug, der ranghöchste deutsche Admiral auf See zu sein, scheint damals nicht mit Zuversicht erfüllt gewesen zu sein.**

Die deutsche »Kriegsmaschine« zur See, die Flotte, die 1939 unter meinem Kommando stand, war alles andere als ein machtvolles Instrument von Stärke unter den Staaten, vor allem was England betraf. Sie bestand hauptsächlich aus zwei Schlachtschiffen mit ungenügendem Kaliber, drei Panzerschiffen, fünf leichten Kreuzern und zwei schweren Kreuzern (letztere immer noch unter Erprobungs- und Ausbildungsbedingungen). Dementsprechend besaß sie eine entsprechend kleine Zahl von Zerstörern, U-Booten und anderen Kleinschiffen (...) Am Anfang des Krieges befand sich die deutsche Marine auf der ersten Stufe ihrer Entwicklung und ihrer Expansion. Sie war in keiner Weise mit der britischen Flotte vergleichbar. Wir mussten in jeder Hinsicht, überall und in allem, was wir unternahmen, mit absolut überlegenen Mächten rechnen und waren in keiner Weise ausreichend gerüstet, um in eine Schlacht mit England oder den beiden größten Seemächten der Welt eintreten zu können.

### Andere Admirale äußerten sich ähnlich:

**Weichold:** Als England 1939 in den Krieg eintrat und dem Krieg auf dem Kontinent den Seekrieg hinzufügte, besaß Deutschland keine Seemacht. Es fehlte ihm an einer effizienten Marineluftwaffe, wie sie von anderen großen Kriegsmarinen als unverzichtbarer Bestandteil ihrer Flotten geschaffen worden war. Dementsprechend war die Seefähigkeit der [deutschen] Flotte im Zweiten Weltkrieg wesentlich schlechter als 1914.

**Krancke:** Die Marine trat daher in einen Krieg ein, der ihr gegen ihren Willen aufgezwungen wurde, ungenügend gerüstet und ohne echte Schlachtflotte, und das Oberkommando der Marine musste trotz unvollständiger Zahlen und Mannschaftsstärken die Offensive gegen die feindliche Handelsschifffahrt aufnehmen, und zwar mit allen ihr zur Verfügungen stehenden Mitteln und auf jede mögliche Art, unter bewusster Missachtung vieler bewährter Grundsätze der Strategie.

**Schniewind und Schuster:** Der Krieg (…) erwischte die Marine unerwartet in den sehr frühen Stadien des Flottenaufbaus, und so war es nur natürlich, dass sie sich beim Ausbruch des Krieges für die Aufgaben und Pflichten des Krieges völlig unvorbereitet fühlte, die man nun von ihr erwartete. Die Lage war Folgende: Die Flotte war nicht für bestimmte strategische Pläne aufgebaut worden, die das Oberkommando ihr übertragen hatte und der die Stärke der Flotte entsprochen hätte, sondern diese strategische Planung und die Einsatzplanung mussten notwendigerweise an die tatsächlich unbefriedigende Stärke der Flotte angepasst werden.

**Der britische Marine-Nachrichtendienst berichtete über die Ergebnisse seiner Befragung Dönitz', dass seiner Auffassung nach »eine realistische Politik Deutschland am Anfang des Krieges tausend U-Boote gegeben hätte«. Dies war zweifellos eine unrealistische und extrem übertriebene Aussage, die aus Verzweiflung über die Fragen seiner Vernehmer resultierte, doch spiegelt sie vielleicht seine Enttäuschung mit der von ihm aufgestellten Liste der Kriegsschiffe, die tatsächlich beim Ausbruch des Krieges für einen Einsatz zur Verfügung standen oder die damals im Bau waren:**

> die zwei Übergangsschlachtschiffe SCHARNHORST und GNEISENAU
> die Panzerkreuzer SCHEER und GRAF SPEE
> der schwere Kreuzer HIPPER
> 22 Zerstörer der Klassen 1934 und 1936
> einige Torpedoboote der Klasse 1935
> ungefähr 48 U-Boote der Typs II, VII und IX

Bei Kriegsausbruch befanden sich die folgenden Schiffe im Bau:

> die Schlachtschiffe BISMARCK und TIRPITZ
> die Flugzeugträger GRAF ZEPPELIN und B
> die schweren Kreuzer BLÜCHER, PRINZ EUGEN, LÜTZOW und SEYDLITZ
> acht Zerstörer
> einige Torpedoboote
> einige U-Boote

**Eine Flotte dieser Stärke war mehr als ausreichend, um die vollständige Kontrolle über die Ostsee zu gewinnen und in der Nordsee Minenfelder zur Verteidigung anzulegen.**

**Dönitz:** Der Polenfeldzug stellte an die Marine nur geringe Anforderungen. Die modernen polnischen Zerstörer waren vor Kriegsausbruch aus der Ostsee ausgebrochen und nach England gefahren. Wir waren nicht in der Lage, dies zu verhindern, da kein Kriegszustand existierte. Die anderen polnischen Überwasserstreitkräfte traten nicht in Erscheinung. Die polnischen U-Boote waren tatsächlich in See, konnten aber keinerlei Erfolge verbuchen und ließen sich später in neutralen Ländern internieren.

**Schniewind und Schuster:** Die Abriegelung Polens vom Meer, zusammen mit der Einnahme von Gotenhafen und der Halbinsel Hela fand kurz vor Ende September statt. Die Ostsee war ab diesem Zeitpunkt vor jeder Bedrohung durch einen Angriff von See geschützt. Bestimmte Verteidigungsmaßnahmen an den Zugängen zur Ostsee wurden aufrechterhalten, um einen Durchbruch der Alliierten zu verhindern, dessen Möglichkeit (wenn auch vielleicht nicht so sehr seine Wahrscheinlichkeit) bereits bei Kriegsausbruch in Rechnung gestellt worden war (defensive Maßnahmen wie See- und Luftpatrouillen, Minenfelder und Minenträger in ständiger Bereitschaft). Nach der polnischen Niederlage konnten in der Ostsee die Handelsschifffahrt und See-Übungen (U-Boote) fast unter Friedensbedingungen wieder aufgenommen und fortgeführt werden. (…) Ein wichtiger Teil der Pflichten der Marine wurden mit dem Fall Polens überflüssig. Die in der Ostsee eingesetzten Teile der Kriegsmarine konnten größtenteils in das Kampfgebiet der Nordsee verlegt werden.

In diesem Gebiet bestand die dringlichste Pflicht der Marine in der Verteidigung der territorialen Gewässer der Nordsee – grob begrenzt von der Länge von Terschelling [5.20 E] und der Breite von Horns Reff [55.35 N]. Der Schutz dieses Gebietes wurde durch eine Reihe von Minenfeldern erreicht, die im September 1939 entlang der westlichen Grenze des Gebietes von Kreuzern und Minenlegern angelegt wurden. Es wurden kontinuierliche Patrouillen der Luftaufklärung über der Nordsee, der Ostküste Englands, nördlich bis zu den Orkneys und bis zur norwegischen Küste durchgeführt, und gleichzeitig lagen leichte Seestreitkräfte in ständiger Aktionsbereitschaft.

**Heye, der zur Zeit des Kriegsausbruchs einen schweren Kreuzer kommandierte, schildert seine eigenen Erwartungen über die langfristige Entwicklung des Krieges.**

Es mag sein, dass in unserer Einschätzung der Kriegsaussichten nicht nur die Überzeugung, dass England sich nicht an diesem Krieg auf dem Kontinent beteiligen würde, sondern auch die Überschätzung der Luftwaffe eine Rolle spielte. Das Konzept des Blitzkrieges richtete meiner Meinung nach erheblichen Schaden an und resultierte aus einer falschen Einschätzung eines Krieges mit Seemächten.

In einem solchen Krieg lag der Zeitvorteil auf derjenigen Seite, die über die größte Zahl wehrfähiger Männer und über die größere Menge an Material verfügte, und zwar unabhängig davon, welcher Stand der Rüstung bei Kriegsbeginn existierte. Gut informierte Offiziere in der Marine waren von Anfang an davon überzeugt, dass Amerika eines Tages auf Seiten Großbritanniens in den Krieg eintreten würde. Jedenfalls musste die Unterstützung Englands durch die Industrie Amerikas langfristig eine enorme Wirkung zugunsten Englands entfalten, so wie dies auch im letzten Krieg der Fall war. Eine Reihe siegreicher Schlachten hat in einem Krieg wie diesem nicht dieselbe [Bedeutung] wie die Endschlacht.

Zu Beginn des Krieges war ich Kapitän des schweren Kreuzers [ADMIRAL] HIPPER. Er befand sich immer noch in der Erprobung. Ich war dennoch am Tag des Kriegsausbruchs davon überzeugt, dass in Bezug auf die Marine, so wie sie damals existierte, nur die U-Boote eine entscheidende Rolle in der offensiven Kriegführung spielen könnten. Ich war auch davon überzeugt, dass der Krieg lange dauern würde.

**Meyer wiederholt die von Heye zum Ausdruck gebrachten Ansichten sowohl in Bezug auf den Vorrang des U-Boot-Baus als auch seinen Mangel an Vertrauen in den wahrscheinlichen Beitrag der Luftwaffe zur Seekriegführung.**

Nach dem Kriegsausbruch (…) wurde das ganze Schiffsbauprogramm auf den Kopf gestellt und ein neuer Plan entwickelt, der lediglich den Bau einer riesigen U-Boot-Flotte vorsah. Es gab sicherlich eine Reihe von Leuten, die in diesem einseitigen Programm einen Fehler sahen, aber die Mehrheit des Offizierskorps war einverstanden, da es während eines Krieges unmöglich war, eine Überwasserflotte zu bauen, die auch nur annäherungsweise die Größe der britischen Flotte erreichte. Andererseits war es möglich, relativ schnell große Mengen von U-Booten zu produzieren und zum Einsatz zu bringen. Nur mit U-Booten hatte die Marine eine Chance gegen England, doch selbst der Bau von U-Booten würde ein enormes Rüstungspotential erfordern, und darüber hinaus wurden auch die enormen Schwierigkeiten nicht unterschätzt, die mit dem Problem der Bemannung und Ausbildung zu tun hatten. Im Rückblick muss die Entscheidung für die Konzentration auf die U-Boot-Produktion als richtig bewertet werden; eine U-Boot-Flotte konnte die Aufgabe erfüllen, eine Überwasserflotte hätte dafür niemals stark genug werden können.

Als Ende Juli 1939 die vorbereitenden Diskussionen in Bezug auf die Möglichkeit eines Krieges mit England stattfanden, waren wir mit einem praktisch unlösbaren Problem konfrontiert. Wie konnte die winzige deutsche Flotte überhaupt gegen die mächtige britische Flotte kämpfen? Es war uns klar, dass man nicht auf die Luftwaffe als Ersatz für den allgemeinen Mangel an Schiffen aller Art rechnen konnte.

Das Oberkommando entschied sich für eine massierte Operation aller U-Boote und zweier Panzerkreuzer im Atlantik. Diese Kräfte sollten direkt dem Befehlshaber der U-Boote unterstellt sein, der seine Instruktionen vom Oberkommando der Kriegsmarine erhalten würde.

**Schniewind und Schuster neigen wie so viele der Admirale dazu, sich verächtlich über den Beitrag der Luftwaffe zu äußern, doch sind sie unvoreingenommen genug, bestimmte mildernde Umstände zuzugestehen.**

Die Luftwaffe richtete ihr Augenmerk auf Aufgaben wie Minenlegen in den Seestraßen, Angriffe auf Entladehäfen, Inlandsverbindungen und die aktuelle Schifffahrt, soweit sie dazu in der Lage war, ohne auf Einheiten zu verzichten, die für andere wichtige Aufgaben benötigt wurden. Das Ausmaß dieser Zusammenarbeit mit der Luftwaffe in dieser höchst wichtigen Aufgabe im Krieg gegen England erreichte nicht das

Niveau, das die Marine erhofft hatte. (Es ist wahr, dass zu Beginn des Krieges in Bezug auf den Einsatz von Flugzeugminen ein beträchtlicher Materialmangel berücksichtigt werden muss.) Aber England war nicht der einzige Feind.

**Boehm fügt noch mehr Kritik an der deutschen Luftwaffe an und nennt Göring als Haupthindernis für die Zusammenarbeit der Teilstreitkräfte. Boehm hat offensichtlich das Gefühl, die Kriegsmarine sei im Nachteil gewesen, weil die meisten Führungspersönlichkeiten, die die deutschen Kriegsanstrengungen leiteten, ein unzureichendes Verständnis für das Wesen der Seemacht besaßen.**

Die Marine war in keiner Weise auf einen Krieg mit England vorbereitet, vor allem was das Material betraf, da sie sich erst in den Anfangsstadien ihres Aufbaus befand. Dementsprechend stand auch nicht die beste Aufbaustruktur der Schiffe – Überwasserschiffe oder U-Boote, offensive oder defensive – zur Verfügung; die Marine war auch nicht in der Lage, irgendwelche vorbereiteten und groß angelegten Pläne auszuführen. Natürlich war sich die Kriegsmarine völlig im Klaren über den grundlegenden Zweck eines Seekrieges, d.h. den Schutz der eigenen See[wege] und den Angriff auf die des Feindes. Es [konnte] wegen unserer geographischen Lage und unserer militärischen Situation gegenüber England keinen Streit darüber geben, dass es unmöglich war, unsere Seewege im Atlantik offenzuhalten oder dort Nachschubwege aufrecht zu erhalten.

Aus diesem Grund konzentrierte sich die Marine auf den Angriff auf die britischen Seewege mit allen ihr zur Verfügung stehenden Mitteln. (…) Obwohl die Marine gemäß dem Gesetz der Konzentration der Stärke alles Mögliche gegen England einsetzte, kann man dies von der deutschen Luftwaffe nicht behaupten. Es fehlte eine vollständige und tiefgreifende Zusammenarbeit der beiden Waffengattungen bei der Anstrengung, England in seiner Überseeversorgung auf das Härteste zu treffen. Meiner Meinung nach lag der Grund hierfür vor allem beim Oberbefehlshaber der Luftwaffe [Göring] sowie außerdem in der Tatsache, dass die Marine nicht über eine eigene Marineluftwaffe verfügte, die sie so oft gefordert hatte. Wie weit das Oberkommando auf einen durchschlagenden Erfolg hoffte, um so ein echtes Friedensangebot zu erreichen, oder wo sie sich irrten, ist mir nicht bekannt.

Die deutsche Marine war nicht so landorientiert, dass sie gewünscht hätte, erfolgreich gegen eine Seemacht wie England kämpfen zu können. Sie wusste recht gut, dass ein Weltkrieg im Wesentlichen ein Seekrieg ist und dass unabhängig davon, wie große Schlachten zu Lande ausgefochten wurden, die Seemacht der entscheidende Faktor ist. Ob die führenden deutschen Staatsmänner und Militärführer sich dessen ebenso bewusst waren, möchte ich eher bezweifeln: meine Ansicht geht eher dahin, um Tirpitz zu zitieren, dass »sie die See nicht verstanden«.

**Die deutsche Regierung scheint ein gewisses Maß an Optimismus gehegt zu haben, dass der lange Seekrieg, den die Admirale mit so großer Sorge betrachteten, nicht wirklich geführt werden müsste. Die Alternative hätte darin bestanden,**

dass Großbritannien und Frankreich die Teilung Polens als fait accompli akzeptierten; und auf dieser Grundlage unterbreitete Hitler im Oktober 1939 sein Angebot zu Friedensverhandlungen, auf die Boehm oben verwiesen hatte und die auch von anderen Admiralen erwähnt wurden.

**Krancke:** Als in der Schlussphase des Polen-Feldzuges unser Versuch, unsere Differenzen mit den Westmächten beizulegen, scheiterte, erhielten die Seestreitkräfte ihre Befehle zur Aufnahme von Feindseligkeiten.

**Heye:** Die kurz zuvor ergriffenen Maßnahmen für den Fall eines Krieges mit England waren im Großen und Ganzen defensiver Natur, was die Kriegsmarine anging. Nur die U-Boote hatten die Aufgabe, gegen den Handel und durch das Legen von Minen offensiv Krieg zu führen. In den ersten Wochen sollten die Panzerschiffe gegen den Handel eingesetzt werden, um die Kräfte des Feindes zu binden. Man glaubte, dass dieser Handelskrieg bald aufhören würde, sobald Verteidigungsmaßnahmen organisiert worden waren. Wertvolle Zeit wurde verloren, weil Angriffe auf den Handel, so weit ich weiß, erst nach Ablauf einiger Zeit erlaubt wurden, weil die [deutsche] Regierung eindeutig hoffte, zu einem Einverständnis mit England oder wenigstens mit Frankreich zu gelangen.

Heyes letzter Satz im obigen Abschnitt ist tatsächlich falsch. Das erste britische Handelsschiff, das Passagierschiff ATHENIA, wurde am Tag der Kriegserklärung von U-30 torpediert. Am Ende des ersten Monats hatten 25 andere britische Handelsschiffe dasselbe Schicksal erlitten, drei weitere waren Minen zum Opfer gefallen. Die deutsche Kriegsmarine war daher von den ersten Tagen an entschlossen, gegen den schwächsten Punkt der britischen Seemacht vorzugehen. Der Leiter der U-Boot-Operationen war Karl Dönitz, ein U-Bootkommandant aus dem Ersten Weltkrieg, der seit 1936 für die Ausbildung der neuen U-Boot-Besatzungen zuständig war. Bei Kriegsausbruch wurde er zum Konteradmiral befördert und erhielt den Titel Befehlshaber der U-Boote. Sein Aufsatz von 1945 ruft das Denken in Erinnerung, auf dem die deutsche Strategie beruhte.

England war in jeder Hinsicht von der Versorgung mit Nahrungsmitteln und dem Import von Rohstoffen über See abhängig sowie auch für [die] Entwicklung jeder Art von militärischer Stärke. Die einzige Aufgabe der [deutschen] Marine bestand daher darin, die Seeverbindungen zu unterbrechen oder abzuschneiden. Es war klar, dass dieses Ziel niemals durch den Bau einer Flotte erreicht werden konnte, mit der die englische Flotte bekämpft und so die Seewege gewonnen werden konnten. Die einzige Methode, die uns blieb, bestand darin, die Seeverbindungen schnell anzugreifen. Zu diesem Zweck konnten lediglich die U-Boote in Betracht gezogen werden, da man nur dadurch, trotz der englischen Seehoheit, über Wasser in die Hauptgebiete der englischen Seeverbindungen würde eindringen können.

Die Marine musste daher ihre Bewaffnung an diesen Gegner anpassen, als der Krieg mit England im September [eine Tatsache] wurde. So wurde das frühere Programm zum Bau einer homogenen Flotte geändert, und nur jene Schiffe, die kurz vor der Vollendung standen, wurden fertiggestellt. Statt dessen wurde ein beträchtlich vergrößertes U-Boot-Bauprogramm angeordnet. Während zuvor der monatliche Ausstoß nur ungefähr zwei bis vier U-Boote betrug, sollte das im September 1939 angeordnete neue U-Boot-Bauprogramm in mehreren Schritten 20 bis 25 U-Boote pro Monat liefern.

**Dönitz beschreibt die U-Boottypen, die ihm, abgesehen von den kleinen Booten für die Küstengewässer, bei seinen Operationen gegen die britischen Nachschubwege über den Ozean zur Verfügung standen.**

Gebaut wurden vor allem die U-Boottypen VIIC und IXC. Der Typ VIIC war ein vergleichsweise kleines und daher sehr handliches Boot von 517 Tonnen mit einem für seine Größe großen Aktionsradius und einer vergleichsweise hohen Anzahl von Torpedos (12–14). Nach Meinung des Befehlshabers der U-Boote bot es die ideale Kombination aus taktischer Nützlichkeit beim Angriff – leicht und einfach zu bedienen, nachts schwer zu sehen, kleiner Wendekreis – und der notwendigen Gefechtsstärke, ausgedrückt in Aktionsradius und Bewaffnung. Als zweiter Bootstyp wurde der Typ IXC […] von ungefähr 740 Tonnen bestellt. Obwohl es weniger handlich und in der Bedienung komplizierter war, besaß es einen größeren Aktionsradius und mehr Torpedos. Beide Bootstypen waren bei der kleinen Waffengattung der U-Boote schon vorhanden und hatten sich bei Einsätzen in der Friedenszeit bewährt.

Da eine Bauzeit von ungefähr 21 Monaten für die im September 1939 bestellten U-Boote veranschlagt wurde, konnte man mit ihrer Einsatzbereitschaft nicht vor zwei Jahren rechnen. Es war daher klar, dass die Bewaffnung der Marine, mit der man erst am Anfang des Krieges mit England begann, sehr spät für einen erfolgreichen U-Bootkrieg kommen würde, wenn nicht zu spät.

Der Typ VIIC ermöglichte es, den Krieg an die Nordküste Spaniens, der Typ IXC, ihn nach Gibraltar zu tragen. Alle diese Entfernungen wurden mit Hin- und Rückfahrt um den Norden Englands herum berechnet. Diese lange Fahrt nahm einen beträchtlichen Teil des Aktionsradius' des Bootes in Anspruch. Daher versuchte die U-Boot-Waffe im November 1939, U-Boote auf ihrem Weg in den Atlantik durch den Ärmelkanal zu schicken. Sie schafften es jedoch nicht. Die Verluste, wohl durch Minen in der Meerenge von Dover und Calais, waren zu hoch, so dass diese Route als zu kostspielig aufgegeben werden musste.

**Total frustriert in seinem Verlangen, den größtmöglichen Erfolg zu erzielen, bevor Großbritannien die Verteidigung seines Seehandels richtig organisieren konnte, legt Dönitz die Einschränkungen dar, unter denen seine U-Boote in jenen frühen Tagen operieren mussten.**

Die Befehle der Abteilung Ia der Seekriegsleitung waren für die Ausführung des U-Bootkrieges maßgebend. Handelsschiffe sollten nach diesen Befehlen nur in Übereinstimmung mit den Regeln des Völkerrechts angegriffen werden. Darüber hinaus verbot der Führer ausdrücklich und zusätzlich, Passagierschiffe [oder] Schiffe unter französischer Flagge anzugreifen oder aufzubringen. Der Grund dafür war offensichtlich. Der Führer hoffte trotz der Kriegserklärungen Englands und Frankreichs, den Krieg auf Polen begrenzen zu können, und wollte dadurch vor allem eine direkte Beteiligung Frankreichs am Krieg vermeiden.

Erst als England seine Schiffe außerhalb der Bestimmungen des Völkerrechts gemäß der Haager Konvention stellte, indem es Handelsschiffe bewaffnete und befahl, diese Waffen zur Verteidigung und zum Angriff auf U-Boote einzusetzen, wurde es der U-Boot-Waffe gestattet, jedes Handelsschiff anzugreifen, dessen Bewaffnung offiziell zugegeben wurde oder dessen Bewaffnung mit Sicherheit erkannt werden konnte. In gleicher Weise wurde der U-Boot-Flotte die Erlaubnis zum Nacht-Angriff auf verdunkelte Handelsschiffe gegeben, da die Erkennung dieser Schiffe als Handelsschiffe – und infolgedessen ihre entsprechende Behandlung – durch diese englische Vorsichtsmaßnahme unmöglich gemacht wurde. Die Erklärung einer Operationszone um England herum und die Freiheit zum Angriff auf alle britischen Handelsschiffe folgte dieser schrittweisen Änderung der Befehle, nachdem England öffentlich erklärt hatte, dass alle Handelsschiffe bewaffnet worden seien. Sehr bald nach dem Beginn des Krieges wurde das Geleitzugsystem von Seiten Englands in immer größerem Maßstab eingeführt. Dadurch verloren die Handelsschiffe den Schutz aller völkerrechtlichen Regeln, da [die Fahrt] unter dem Schutz ihrer eigenen Kriegsschiffe sie außerhalb der Prisenordnung gestellt hatte. Die U-Boote erhielten Angriffsfreiheit auf alle Handelsschiffe, die von feindlichen Kriegsschiffen geleitet wurden.

Wegen der sehr geringen Zahl an U-Booten, die zur Verfügung standen (…) war es der U-Boot-Waffe klar, dass man Englands Handel und Seekriegführung nur Nadelstiche versetzen konnte. Die Zahl der U-Boote in See in den Operationsgebieten überstieg im Winter 1939–1940 niemals zehn Stück und sank manchmal bis auf zwei herab. Es war dem Befehlshaber der U-Boote klar, dass man nur dadurch irgend etwas erreichen konnte, wenn man den Stier bei den Hörnern nahm und so weit wie möglich die Konzentrationspunkte des Verkehrs in oder nahe den Häfen angriff.

**Die U-Boote zeigten auch, dass sie eindrucksvolle Erfolge erzielen konnten, und zwar selbst gegen die stärksten Einheiten der britischen Überwasserflotte. Der Flugzeugträger HMS COURAGEOUS wurde am 17. September von U-29 versenkt; und am 14. Oktober drang U-47 in den Hauptstützpunkt der britischen Flotte bei Scapa Flow ein und versenkte das Schlachtschiff HMS ROYAL OAK. Dieser letztere Erfolg war ein schwerer Schlag gegen das britische Prestige zur See und leistete in Hitlers Augen einen großen Beitrag zur Erhöhung des Ansehens der U-Bootwaffe. Dennoch bringt Dönitz ein gewisses Gefühl der Enttäuschung zum Ausdruck. Er ist offenbar der Meinung, dass das Versagen von Waffen seine U-Boote eines noch größeren Triumphes beraubt hätten.**

Die Operation gegen Scapa Flow, die von Kapitänleutnant Prien ausgeführt wurde, erforderte vorher eine Luftaufklärung, so dass das U-Boot-Kommando die Möglichkeit des Eindringens bestimmen konnte. Das erfolgreiche Eindringen des Bootes erwies die Richtigkeit der Ansicht, dass die Sperre hier passiert werden konnte. Ich hatte sehr viel mehr von der Operation gegen Scapa Flow erwartet. Kapitänleutnant Prien konnte wegen Torpedoversagern keine weiteren Erfolge erzielen.

Die Operation gegen den Firth of Forth, die von Kapitänleutnant Frauenheim durchgeführt wurde, führte zur Beschädigung des Kreuzers BELFAST und die Operation gegen Loch Ewe zur Beschädigung des Schlachtschiffes NELSON. Ein Einsatz gegen den Clyde musste nach zwei fruchtlosen Versuchen aufgegeben werden.

Im Grunde wurden diese Einsätze mit einer gemischten Ausstattung an Minen und Torpedos durchgeführt. In dieser Hinsicht hatte sich die Magnetmine in den ersten Kriegsmonaten als effektive Waffe erwiesen, als sie tatsächlich in den Engen von Hafenkanälen ausgelegt wurde. Im Gegensatz dazu [waren] die Erfahrungen der U-Bootwaffe mit den Torpedos in diesen Monaten sowohl überraschend als auch unangenehm. Es zeigte sich, dass das magnetische Zünden der Torpedos noch nicht so beherrschbar war, wie man in Friedenszeiten gedacht hatte. Die Torpedos explodierten in der Regel, bevor sie das Zielobjekt erreicht hatten oder überhaupt nicht. Da man sich in Friedenszeiten auf die Magnetzünder der Torpedos verlassen hatte, war das Tiefehalten vernachlässigt und auch nicht vollkommen verstanden worden. Dasselbe traf sogar auf das Kontaktzünden zu. Diese Umstände hatten eine deutliche Auswirkung auf den Erfolg der U-Bootwaffe in den ersten Kriegsmonaten. [Als] z.B. im November 1939 ein deutsches U/-Boot westlich der Orkneys aus nächster Nähe auf das [britische Schlachtschiff] NELSON feuerte, trafen die Torpedos, explodierten aber nicht.

Die U-Boot-Verluste in dieser Zeit waren relativ hoch, obwohl die englische Verteidigung noch recht schwach war. Neben der allgemeinen Unerfahrenheit der Besatzungen unter Kriegsbedingungen lag der Grund dafür bei technischen Defekten, die sich erst im Kriege zeigen konnten, z. B. leckende Abgasventile in Booten des Typs VII, die bei langem Abtauchen oder falls sie verfolgt wurden achtern zur allmählichen Überflutung führte, so dass es schließlich zum Auftauchen gezwungen wurde, wo es dann vernichtet wurde.

**Obwohl man annehmen konnte, dass die U-Boote bei weitem die beste Chance hatten, sowohl der Royal Navy wie der britischen Handelsflotte ernsthafte Verluste zuzufügen, hatte die deutsche Seekriegsleitung nicht vor, ihre eigenen Überwasserschiffe lediglich zu schonen, indem sie diese in den sicheren Ostseehäfen liegen ließ. Man erwartete auch von diesen Schiffen einen Beitrag zum Handelskrieg, selbst wenn das bedeutete, ein erhebliches Risiko auf sich zu nehmen. Dönitz erklärt die Argumente, die zum Einsatz der deutschen Überwasserflotte führten.**

Die Planung des Einsatzes von Überwasserstreitkräften wurde von der Tatsache geleitet, dass sie sich nicht auf eine Schlacht um die Überlegenheit auf See einlassen konnten, weil sie an Zahl und Stärke im Vergleich zur übermächtigen Seemacht Englands unterlegen waren, die durch die französische Flotte verstärkt worden war, welche selbst [derjenigen Deutschlands] weit überlegen war. (…) Andererseits war ein direkter Angriff der feindlichen Flotten in den deutschen heimischen Gewässern nicht zu erwarten, wenn man die Luftlage und die an der Küste zur Verfügung stehenden Streitkräfte einbezieht. Alle Teile der deutschen Flotte waren [daher] für offensive Aktionen frei. Als sich der Schwerpunkt des Seekrieges auf die Schifffahrt verlegte, war es klar, dass sich die Überwasserstreitkräfte [ebenso wie die U-Boote] so weit wie möglich dieser Aufgabe widmen sollten. Nur hier bestand eine Chance für die Kriegsmarine, eine bedeutende und vielleicht sogar eine entscheidende Rolle in der Kriegführung im Allgemeinen zu spielen.

Die Schwäche unserer Überwasserstreitkräfte musste durch Kühnheit sowie die ständige Veränderung der Taktik ausgeglichen werden. Wo frühere Vorstellungen von Taktik einer solchen Operation im Wege standen, mussten sie aufgegeben und durch eine Überraschungstaktik ersetzt werden. Je größer unsere eigene Schwäche war, um so gewagter mussten unsere Operationen sein, um das Schicksal des Ersten Weltkrieges zu vermeiden, als die Flotte ohne entscheidende Verluste aber auch ohne jeden strategischen Wert in den deutschen Gewässern eingeschlossen blieb. Es war offensichtlich (und musste eingerechnet werden), dass man bei dieser Art von Operation manchmal große Risiken – und die schwersten Verluste – einkalkulieren musste, und der Übergang zum U-Boot-Bauprogramm bedeutete eine solche Verringerung anderer Bauprogramme, dass es völlig undenkbar war, Schlachtschiffe und Kreuzer im Falle ihres Verlustes zu ersetzen.

Die Arbeit an den fast fertiggestellten Schiffen BISMARCK, TIRPITZ und PRINZ EUGEN ging weiter (…), doch die anderen [größeren] neuen Bauten (…) wurden gestoppt. Ein neu geplantes Programm für Überwasserschiffe sah lediglich den Bau von Zerstörern, Torpedobooten, Minensuchbooten, Räumbooten und Schnellbooten vor und das auch nur in begrenzter Zahl.

**Einige der anderen Admirale fügen ihre eigenen Kommentare zum Einsatz der Überwasserschiffe hinzu.**

**Meyer:** Trotz der oder vielmehr wegen der begrenzten uns zur Verfügung stehenden Mittel erkannten wir in Deutschland, dass wir nur dann irgendeinen Erfolg gegen die britische Flotte erzielen würden, wenn wir alles in einen direkten Angriff werfen würden. Der Raum reicht nicht aus, die Details der ganzen verschiedenen Maßnahmen, die ergriffen wurden, darzulegen. Ich kann die U-Boot-Offensive erwähnen, die Operationen der Panzerschiffe im Atlantik, die drei Operationen der Schlachtschiffe SCHARNHORST und GNEISENAU in der Nordsee, die Zerstöreroperationen und der Einsatz von Spezialschiffen im Skagerrak und westlich davon gegen feindliche Handelsschiffe und ihre gelegentlichen Erfolge gegen Kriegsschiffe sowie schließlich die zahlreichen Verminungsoperationen von Zerstörern entlang der britischen Küsten.

**Schniewind und Schuster:** Das Problem offensiver Einsätze – der Angriff und/oder die Lahmlegung des feindlichen Schiffsverkehrs – war wesentlich schwerwiegender und bot beträchtliche Risiken. Bei dieser Aufgabe wurde das Ziel des Oberbefehls-habers der Marine – nämlich unsere unleugbare Unterlegenheit so weit wie möglich durch kühne und gewagte Unternehmungen auszugleichen – erreicht. Zu diesen kann man die Angriffe auf nach England fahrende Schiffe vor der norwegischen Küste und im Skagerrak durch Überwasserstreitkräfte zählen, die an der Handelskriegführung beteiligt waren, dann den Angriff von Schlachtschiffen in isländischen Gewässern [einschließlich der Versenkung des bewaffneten Handelskreuzers HMS RAWALPINDI am 23. November], die zahllosen Verminungsoperationen vor der Ostküste Groß-britanniens in den Monaten von Oktober 1939 bis Februar 1940, in deren Folge in jenem Gebiet die Seestraßen von Hoofden zum Tyne unsicher gemacht wurden und die höchst wichtigen Zugänge zur Themse, zum Wash, zum Humber und zum Tyne bedroht wurden. Diese Zerstöreroperationen wurden durch Verminungsoperationen und U-Boot-Angriffe ergänzt. (…) Zur gleichen Zeit, nach Kriegsausbruch, hatte die Handelsstörung mit Panzerschiffen (DEUTSCHLAND und GRAF SPEE) im nördlichen und südlichen Atlantik und mit U-Booten im Nordatlantik westlich von England und Spanien begonnen.

Wenn man die Erfolge der Panzerschiffe SPEE und DEUTSCHLAND einschätzen will, die vom Kriegsausbruch an im Atlantik operierten, muss man bedenken, dass sie einige Wochen lang zur Untätigkeit verdammt waren (in der irrigen Annahme des Oberkommandos, die westlichen Feinde seien nur halbherzig in den Krieg eingetre-ten und dass sie wahrscheinlich den Rückzug antreten würden, sobald Polen ge-schlagen war), dass ihre Operationen außerdem mitten in der ungünstigen Jahreszeit stattfanden, dass erst noch Informationen über die Methoden und die Leistungen der Feinde gewonnen werden mussten und dass schließlich die letzten Operationen der GRAF SPEE gegen das wichtige Seegebiet um den Rio de la Plata die Erwartun-gen der Seekriegsleitung bei weitem nicht erfüllte. Zwar ist richtig, dass es dort eine starke Konzentration des Schiffsverkehrs gab, zugleich war auch mit starken Vertei-digungskräften des Feindes zu rechnen.

**Krancke:** Der Krieg gegen die Handelsschifffahrt begann im Atlantik erfolgreich mit U-Booten, schweren Kreuzern und Hilfskreuzern. Der Verlust der GRAF SPEE im Dezember 1939 bedeutete keinen grundlegenden Unterschied, da dies nur den Tonnagekrieg betraf und die schweren Kreuzer besser als Handelsstörer denn als Ge-leitschiffe geeignet waren. (Die von der GRAF SPEE gemachten Fehler während der Schlacht waren dem Umstand geschuldet, dass der Kapitän am Kopfe verwundet wor-den war, was seine Sehschärfe und seine Entscheidungskraft beeinträchtigte.) Die GRAF SPEE versenkte die gleiche Tonnage wie die berühmte EMDEN im Jahre 1914.

**Der wohlwollende Verweis auf Kapitän Langsdorff der GRAF SPEE war zweifel-los von Krenckes eigener Erfahrung als Kommandant des Panzerschiffs ADMIRAL SCHEER auf einem erfolgreichen Handelskriegs-Unternehmen in den Jahren 1940–41 geprägt. Insgesamt versenkte das Panzerschiff GRAF SPEE im Südat-lantik und im Indischen Ozean neun britische Handelsschiffe, bevor sie am**

13. Dezember 1939 von den britischen Kreuzern EXETER, AJAX und ACHILLES in der Schlacht vom Rio de la Plata zum Kampf gestellt wurde. Nachdem das Schiff im neutralen Hafen von Montevideo Zuflucht genommen hatte, lief sie am 17. Dezember wieder aus und versenkte sich selbst auf Befehl aus Berlin im Mündungsgebiet des Rio de la Plata statt erneut mit den wartenden Kreuzern zu kämpfen. Das andere, im Jahre 1939 frei operierende Panzerschiff DEUTSCHLAND, versenkte lediglich ein britisches Handelsschiff im Nordatlantik, bevor es im November nach Deutschland zurückbeordert wurde. Ihre Fähigkeit, bei stärkeren Gegnern unverhältnismäßig große Besorgnis, Störungen und Ablenkungen zu bewirken, zeigt sich daran, dass Ende Oktober die britische und die französische Kriegsmarine bereits insgesamt vier Schlachtschiffe, drei Schlachtkreuzer, fünf Flugzeugträger und 16 Kreuzer einsetzten, um die Geleitzüge zu verstärken oder Spezialstreitkräfte zu bilden, die die Panzerschiffe zur Strecke bringen sollten. Bis Ende 1939 waren, über die 10 versenkten Schiffe hinaus, bereits insgesamt 51 britische Handelsschiffe von U-Booten versenkt worden, 30 von Minen und eines durch einen Luftangriff, während vier weitere Verluste feindlichen Angriffen zugeschrieben wurden, ohne dass die genaue Ursache ermittelt werden konnte. Verluste, die durch Minen verursacht wurden, konnten natürlich in Minenfeldern aufgetreten sein, die von Überwasserschiffen, U-Booten oder Flugzeugen gelegt worden waren. Zur gleichen Zeit verlor die deutsche Kriegsmarine die GRAF SPEE und neun U-Boote. In den ersten drei Monaten des Jahres 1940 verloren die Deutschen neun weitere U-Boote, während zusätzliche 58 Handelsschiffe versenkt wurden. Von diesen versenkte die Luftwaffe zehn; Minen forderten 28 Opfer; 6 sanken ohne bekannte Ursache. Kein Schiff ging durch Überwasser-Handelsstörer verloren und nur 14 durch Dönitz' U-Boote. Das unterschiedliche Muster der Verluste beruhte zweifellos auf verschiedenen Ursachen, wie schlechtem Wetter, Versagen der deutschen Torpedos, die Bewaffnung und Begleitung der britischen Handelsschiffe in Konvois, doch viele der verfügbaren U-Boote und alle Überwasserschiffe wurden für den kühnen Angriff auf ein neues Ziel vorbereitet. Dönitz erklärt die strategischen Überlegungen, die zu der Auswahl dieses Zieles führten.

Die Einstellung der Marine zur Politik gegenüber Norwegen beruhte auf der Überzeugung, dass Norwegens Neutralität die glücklichste Lösung wäre, doch nur dann, wenn die norwegischen Gewässer auch vom Feind respektiert würden. Der Grund dafür war, dass man es als fast unmöglich betrachtete, mit den begrenzten zur Verfügung stehenden Mitteln die Schifffahrt in den norwegischen Gewässern zu schützen, weil es für die englische Marine ein Leichtes wäre, von ihren nahegelegenen Basen aus diesen Schiffsverkehr an geeigneten Stellen und jederzeit zu stören. Andererseits müsse man alle verfügbaren Mittel einsetzen um zu verhindern, dass Norwegen englische Einflusssphäre werden würde, da dies auch zur Blockade der Nordsee führen und eine Bedrohung der Einfahrt in die Ostsee darstellen würde.

Der Angriff auf das deutsche Trossschiff ALTMARK im Frühjahr 1940 durch den britischen Zerstörer COSSACK in norwegischen Gewässern und unter Verletzung des Völkerrechts zeigte, dass England nicht bereit war, die norwegische Neutralität unter allen Umständen zu respektieren. Verschiedene Berichte aus Norwegen, dass England einen Angriff auf das Land plante, bestätigten diesen Eindruck. Es erschien daher ratsam, sorgfältige Vorbereitungen für die Besetzung Norwegens zu treffen. Diese wurden vom Führer auf Vorschlag Admiral Raeders befohlen und sofort in die Tat umgesetzt. Jede erdenkliche Maßnahme wurde durchgeführt, um die Geheimhaltung sicherzustellen, und diese waren insgesamt betrachtet offensichtlich erfolgreich.

Als sich Anfang April 1940 die Berichte von einer bevorstehenden englischen Invasion gegen Norwegen verdichteten, waren unsere eigenen Vorbereitungen abgeschlossen, so dass der 9. April als Beginn unserer Operation festgelegt werden konnte. Angesichts der Unterlegenheit der deutschen Flotte war dieses Unternehmen eines der kühnsten der Marinegeschichte. Jedes Risiko war jedoch gerechtfertigt durch die enorme strategische Bedeutung Norwegens als Eckpfeiler einer Blockade gegen Deutschland oder anders als Absprungbasis für deutsche Überwasserstreitkräfte [und] vor allem U-Boote. Die Entscheidung, die gesamte deutsche Kriegsmarine, die kampffähig war, bei dem Angriff einzusetzen, wurde im vollen Bewusstsein aller Auswirkungen getroffen.

**Andere deutsche Admirale erkennen die äußerst riskante Natur der Operation, halten die Risiken aber für vollauf gerechtfertigt.**

**Schniewind und Schuster:** Eine Besetzung [Norwegens] durch den Feind, die im März 1940 eine Möglichkeit darstellte, die ernsthaft in Erwägung gezogen werden musste, wäre ein entscheidender Rückschlag (weit ernster als in den Jahren 1914–18) für die deutschen Chancen gewesen, den Seekrieg weiterführen zu können. Dass Norwegen – und vielleicht auch Schweden – in den Krieg auf Seiten des Feindes eintreten könnten und so den Seekrieg in der Ostsee wieder eröffneten, schien damals nicht außerhalb des Möglichen zu liegen. Dies hätte eine sehr ernst Krise bedeutet, die den Kriegsausgang entschieden hätte. Wenn Deutschland die norwegische Küste besetzte, würde diese Gefahr abgewendet und gleichzeitig würde es die Reichweite von Operationen auf eine Weise erweitern, die für die Kriegführung höchst erwünscht war.

**Heye:** Die Vorbereitungen für das Unternehmen wurden streng geheimgehalten und von Hitler stark beeinflusst. Admiral Raeder war sich darüber im Klaren, dass ein Fehler bei diesem Unternehmen [den] unvermeidlichen Verlust all unserer schwimmenden Einheiten bedeutet hätte. In den Augen des Oberkommandos war die Besetzung Norwegens das Risiko wert.

**Meyer:** Während des Jahres 1940 sagte Großadmiral Raeder, dass er Hitler die Idee der Besetzung Norwegens übermittelt habe. Die Vorstellungen der Marine (…) in dieser Hinsicht wurden stark von einem Buch beeinflusst, das Vizeadmiral Wegener geschrieben hatte und in dem er die Marineoperationen während des Krieges 1914–18 kritisch untersuchte und zu der Schlussfolgerung gelangt war, dass Norwegen hätte besetzt werden müssen, um eine vom geographischen Standpunkt aus richtige Basis für einen Kampf mit Großbritannien zu schaffen. Während der ersten sechs Monate des [Zweiten Welt-]Krieges herrschte in der Marine große Sorge, dass Großbritannien Norwegen besetzen und damit jeden Zugang zu der offenen See verschließen würde.

**Krancke:** Die Gefahr, dass England wie 1918 die Zufahrtsstraßen zum Atlantik schließen würde und vielleicht Truppen in Norwegen stationieren würde, um dort Basen für die Luftwaffe einzurichten, führte zu unserer Entscheidung, dieser Maßnahme durch eine Besetzung Norwegens zuvorzukommen und so den Zugang zum Atlantik zu gewinnen.

**Der deutsche Plan sah vor, am 9. April an verschiedenen Stellen Norwegens Truppen anzulanden. Viele Truppen sollten von Kriegsschiffen aus an Land gehen, doch um alle Truppen, Waffen und Ausrüstungsgegenstände aufnehmen zu können, musste eine Reihe langsamerer Handelsschiffe den verschiedenen Spezialkräften der Kriegsmarine vorausgeschickt werden. Schniewind und Schuster zeigen die unvermeidlichen Nachteile auf, Handelsschiffe einzusetzen.**

Man nahm an, dass es keine ernsthafte Gegenwehr oder vorbereitete Verteidigung in Norwegen geben würde, und die Ereignisse sollten diese Annahme bestätigen. Alle Teile der Streitkräfte – sogar die Kriegsmarine – hätten es vorgezogen, wenn sie größere Kräfte für den ersten Angriff zur Verfügung gehabt hätten, vor allem leichte Geschütze, die man schnell aufstellen konnte, um zeitweise Artillerie zur Küstenverteidigung (vor allem Narvik) bereitzuhalten. Der Mangel an schnellen Transportschiffen machte dies unmöglich. Die Notwendigkeit der Geheimhaltung zwang zudem dazu, auf alles zu verzichten, was nicht unbedingt notwendig war. Langsame Handelsschiffe wurden eingesetzt, die mit Artillerieausrüstung, Treibstoff und anderen Nachschubgütern beladen waren, doch diese wurden zuerst in der Nacht von 8.–9. April von einer englischen Minenoperation aufgehalten und später, als sie versuchten, ihre Fahrt fortzusetzen, fielen einige den englischen Kräften (vor Narvik und Stavanger) zum Opfer. [Insbesondere Versorgungstanker schafften es nicht, wie geplant Narvik und Trondheim zu erreichen.]

**Dönitz führt die Schlachtordnung auf, die von der deutschen Kriegsmarine für die Operation verwendet wurde.**

Zur Ausführung des Unternehmens wurde die Flotte in verschiedene Kräfte aufgeteilt, die sich ungefähr folgendermaßen zusammensetzten:

Narvik – zehn Zerstörer, unter dem Kommando von Kommodore Bonte, [dem] hochrangigsten Offizier, Zerstörer

Trondheim – HIPPER, KÖNIGSBERG, das Schulschiff BRUMMER [und] Torpedoboote unter dem Kommando von Vizeadmiral Schmundt

Kristiansand – KARLSRUHE [und] Torpedoboote, unter dem Kommando des [Kapitäns] des Kreuzers

Oslo – BLÜCHER, SCHEER, EMDEN [und] Torpedoboote, unter dem Kommando von Konteradmiral Kummetz

Auf diesen Schiffen wurde die größtmögliche Zahl von Truppen eingeschifft. Zur Deckung des Unternehmens standen die beiden Schlachtschiffe SCHARNHORST und GNEISENAU unter dem Kommando von Konteradmiral Lütjens westlich des Westfjords in Bereitschaft.

Im März 1940 wurden die U-Boote aus den Operationsgebieten abgezogen (…), so dass sie zur Verfügung stehen würden, wenn die Besetzung Norwegens notwendig werden sollte. Sie nahmen als Verteidigungsmaßnahme gegen das Eindringen englischer Schiffe Positionen vor verschiedenen Fjorden ein.

Das Unternehmen war ein voller Erfolg, obgleich es an einigen Stellen anfangs Schwierigkeiten gab und schwere Verluste hingenommen werden mussten, einschließlich der BLÜCHER in der Meerenge von Drobak südlich von Oslo, der KARLSRUHE im Skagerrak sowie Schäden an [der] KÖNIGSBERG beim Einlaufen in Bergen.

**Heye, der persönlich beteiligt war, erinnert sich:**

Als Kommandant des schweren Kreuzers HIPPER hatte ich das Kommando der Gruppe aus der HIPPER und vier Zerstörern, die Trondheim besetzen sollten. Wir fuhren gemeinsam mit [der] SCHARNHORST und GNEISENAU und der Narvik-Gruppe aus und operierten dann unabhängig voneinander. Unterwegs kamen wir in schweres Unwetter, in dessen Folge die Torpedoboote Männer und Material verloren; die Bewahrung der Geheimhaltung wurde durch das Wetter jedoch erleichtert. Die HIPPER-Gruppe hatte ein Gefecht mit [HMS] GLOWWORM, die tapfer kämpfte, und danach besetzten [wir] nach einem kurzen Duell mit den Küstenbatterien erfolgreich Trondheim. Es gab an Land keinen Kampf außer um die Küstenbefestigungen, die eingenommen werden mussten, nachdem [die] HIPPER in den Hafen eingelaufen war. Die Ölschiffe waren nicht auf der vorgesehenen Position und einzelne U-Boote wurden als Nachhut vor die Zugänge in den Fjord gelegt. Angriffe der britischen Flotte und Luftwaffe sowie in bestimmten Fällen Anlandungen nördlich und südlich von Trondheim waren Dinge, mit denen man ständig rechnen musste. HIPPER erhielt zwei Tage später Befehl, nach Wilhelmshaven zurückzukehren, und ließ die Torpedoboote zurück. Sie schloss sich auf dem Weg den Schlachtschiffen an.

**Der äußerst kühne deutsche Plan war ein voller Erfolg. Alle Zielhäfen wurden besetzt. Widerstand von Seiten der im Wesentlichen veralteten Küstenverteidigungsschiffe der norwegischen Kriegsmarine wurde beiseite gefegt und die kleine norwegische Armee zum Rückzug gezwungen. Truppenverstärkungen wurden per Luftweg schnell nach Südnorwegen gebracht, und die deutsche Luftwaffe etablierte sich sofort auf den wichtigsten norwegischen Flugplätzen. Der einzige ernste Rückschlag ereignete sich bei Narvik – das am weitesten entfernt gelegene Ziel –, wo sich die Zerstörer von Kommodore Bonte in der Falle sahen, nachdem sie ihre Truppen an Land gesetzt hatten. Ein Angriff einer britischen Zerstörerflottille am 10. April führte zum Verlust von zwei Zerstörern auf beiden Seiten und drei Tage später führte ein weiterer Angriff des Schlachtschiffes HMS**

WARSPITE und britischer Zerstörer zur Vernichtung und Versenkung der übrigen acht deutschen Zerstörer sowie eines U-Bootes bei Narvik und in den benachbarten Fjorden. Dönitz und Schulz halten die Verluste für akzeptabel.

**Dönitz:** Der Angriff der englischen Marine auf Narvik kostete die deutsche Marine zehn ihrer neuesten Zerstörer, die nicht in der Lage waren, die überlegenen Kräfte der Angreifer zurückzuschlagen, vor allem weil ihre Kampfkraft durch den extremen Treibstoffmangel stark reduziert war. Andererseits bildeten die Besatzungen der Zerstörer eine willkommene Verstärkung der Landtruppen, und Generaloberst Dietl zufolge wäre es ohne sie unmöglich gewesen, die Gegend von Narvik so lange zu halten.

**Schulz:** Wäre die Narvikstellung einmal verloren gegangen, wäre es schwierig, wenn nicht unmöglich, gewesen, sie wieder einzunehmen, selbst nach den Rückschlägen der Alliierten an der Westfront. Narvik in der Hand der Alliierten hätten die deutsche Position in Norwegen so stark gefährdet – unter anderem wegen der ungestörten Kommunikation der Alliierten mit Schweden, die sich dann ergeben hätte –, dass, so schmerzlich der Verlust von ungefähr der Hälfte der Zerstörer der deutschen Kriegsmarine auch war, der Besitz Narviks vom Gesichtspunkt der allgemeinen Kriegführung aus betrachtet von größerer Wichtigkeit war.

Innerhalb von zwei Monaten nach den ersten Landungen hatten sich die Deutschen erfolgreich zu den Herren ganz Norwegens gemacht. Ein ehrgeiziger Plan, Trondheim durch einen direkten Marineangriff vom Fjord aus wiederzugewinnen, wurde niemals unternommen. Statt dessen endeten Landungen bei Namsos und Andalsnes mit unzureichenden und schlecht ausgerüsteten Truppen nach zwei, drei Wochen in erniedrigenden und teuren Evakuierungen angesichts des schnellen Aufmarsches der deutschen Wehrmacht und Luftwaffe in Südnorwegen. Eine britische und französische Expedition zur Rückeroberung Norwegens konnte nach einem anfänglich langsamen Fortschritt den Hafen Ende Mai kurz einnehmen, musste aber am 8. Juni wieder abgezogen werden. Die Unzulänglichkeit der britischen Reaktion war für die Deutschen sowohl überraschend als auch eine Erleichterung.

**Boehm:** Norwegen, das an der Arktis, am Atlantik und am Tor zum Baltikum liegt, war für uns von großer strategischer Bedeutung. Ich habe nie verstanden (und das war meine größte Sorge), warum die britische Flotte nicht mit starken Kräften wenigstens Trondheim und Bergen angegriffen hat, (…) und unsere wenigen leichten Kräfte und Versorgungsschiffe zerstört hat, um so unsere Truppen in Feindesland mit den schwerwiegendsten Folgen abzuschneiden. Norwegen wäre dann vielleicht nicht in unsere Hände gefallen, oder doch jedenfalls nur um einen viel höheren Preis an Männern und Zeit; weitere Operationen in Frankreich wären verzögert worden und das ganze Gesicht des Krieges hätte sich zu Englands Gunsten wenden können. Mein persönliches Urteil lautet, dass dies eine verschenkte große Gelegenheit seitens des britischen Oberkommandos war.

**Meyer:** Die allgemeine Meinung in der deutschen Marine war damals, dass es England, wenn es das gewollt und sich darauf konzentriert hätte, ein Leichtes gewesen wäre, die Deutschen zumindest aus Nord- und Mittelnorwegen hinauszuwerfen.

**Die deutschen Admirale neigten natürlich – und berechtigterweise – dazu, die Besetzung Norwegens als Triumph der Kriegsmarine zu werten, doch Schniewind und Schuster sind alles andere als großherzig in ihrer Bewertung des Beitrages der Luftwaffe.**

Die Aufklärungseinheiten der Marine-Luftwaffe leisteten einige gute Arbeit beim Norwegen-Feldzug. Sie waren auch ausreichend gut für den Seedienst ausgebildet, doch die Seekriegsleitung hatte keine ebenso gute Meinung von den Kampfeinheiten der Luftwaffe, die ihr für diesen Feldzug zugeordnet waren, obwohl deren Führung und Leistung beherzt war.

**Die deutsche Luftwaffe zerstörte vor der norwegischen Küste allerdings den britischen Luftabwehrkreuzer CURLEW, vier Zerstörer (zwei britische, einen französischen, einen polnischen), ein britisches Kanonenboot und zwei norwegische Torpedoboote. Diese Ergebnisse können mit den anderen Verlusten der Royal Navy verglichen werden: ein Kreuzer strandete durch einen Unfall und fünf weitere Zerstörer sowie ein Flugzeugträger gingen im Überwasserkampf mit deutschen Kriegsschiffen verloren. Der ernsteste Verlust war der des Flugzeugträgers GLORIOUS und der zwei ihn begleitenden Zerstörer während des schließlichen Rückzugs aus Narvik, als sie das Unglück hatten, mit der SCHARNHORST und der GNEISENAU zusammenzutreffen. Dönitz bringt seine große Enttäuschung zum Ausdruck, dass seine U-Boote während dieses Feldzuges wenig erreichten:**

Die Seekriegsleitung und der BdU hatten sich vom Einsatz der U-Boote große Ergebnisse erhofft. Wegen der eng begrenzten Gewässer und der wahrscheinlichen Gegenaktionen schien es wahrscheinlich, dass es regelmäßigen Feindkontakt geben würde, doch das Ergebnis der U-Boot-Aktivität war außerordentlich enttäuschend. Der Hauptgrund dafür war Torpedoversagen. Während in den ersten Kriegsmonaten ein Mangel an Torpedos offenkundig gewesen war, so zeigte sich nun auf verhängnisvolle Weise ihre Wirkungslosigkeit. Als Ergebnis der langen Zeiten, in denen man Feindberührung hatte, mussten die U-Boote sehr lange untergetaucht bleiben, was zu erhöhtem Druck in dem Boot führte, der in die Steuerungseinrichtung des Torpedos eindrang und die Tiefeneinstellung deutlich erhöhte. So war z.B. Leutnant Prien in der Lage, aus nächster Nähe auf den britischen Transportverkehr nahe Harstad zu feuern, doch der Torpedo lief wieder zu tief. Der Grund für die Zunahme der Torpedoversager wurde von der deutschen Marine erst sehr viel später erkannt, als die technischen Fehler des Torpedos mittels systematischer Tests festgestellt wurden. Es war gleichermaßen wahr, dass es trotz vieler Schussmöglichkeiten wenige (wenn überhaupt) Erfolge gab. Die Wirkung auf die Mannschaften war deutlich; sie verloren das Vertrauen in die Waffe und der persönliche Einfluss des Oberbefehlshabers der

U-Boote war notwendig, um ihre Moral wiederherzustellen. Gleichzeitig wurde alles nur Mögliche getan, um die Fehler der Torpedos zu überwinden.

**Die kleine deutsche Kriegsmarine zahlte einen hohen Preis für ihren Erfolg in Norwegen. Insgesamt verlor sie drei Kreuzer, zehn Zerstörer, einen Minenleger, drei Minensuchboote, ein Torpedoboot und zwei U-Boote. Diese Verluste hätten allerdings noch weit größer sein können. Die HIPPER war von der sinkenden HMS GLOWWORM gerammt und beschädigt worden. Die SCHARNHORST und die GNEISENAU mit ihren 28 cm-Geschützen hatten Glück, bei schlechtem Wetter am 9. April den 38 cm-Geschützen des britischen Schlachtkreuzers HMS RENOWN entkommen zu können; und am 8. Juni wurde die SCHARNHORST durch einen Torpedo der HMS ACASTA beschädigt, einem der Zerstörer, die die GLORIOUS begleiteten. Das Panzerschiff LÜTZOW (ehemals DEUTSCHLAND) wurde am 10. April von einem Torpedo des britischen U-Bootes SPEARFISH beschädigt. Schulz betrachtet die ganze Operation angesichts der Widrigkeiten mit einigem Recht dennoch als Triumph.**

Die Schwierigkeiten der Aufgabe, die der Marine aufgebürdet war, können nur von einem Marineoffizier gewürdigt werden, und jeder britische Offizier der Marine wird daher verstehen, dass die deutsche Marine stolz darauf ist, diese Aufgabe erfolgreich ausgeführt zu haben; auch betrachtet sie den Norwegen-Feldzug als eine ihrer größten Leistungen.

Daran ändern auch die schweren Verluste an Schiffen in keiner Weise etwas, da diese angesichts der Schwierigkeiten der Operation von vornherein einkalkuliert worden waren.

Durch die Besetzung Norwegens war Deutschland das erste Mal aus dem »nassen Dreieck« der inneren Nordsee ausgebrochen und hatte sich eine strategische Lage gesichert, die ihm einen größeren Operationsradius bot und es ihr ermöglichte, die schwachen ihr zur Verfügung stehenden Kräfte aufs äußerste auszunutzen.

**Mit der besseren nachträglichen Einsicht konnte Heye fünf Jahre später im Erfolg der polnischen und norwegischen Operationen die Keime eines Problems identifizieren, das schließlich zu Deutschlands Niederlagen führen sollte.**

Während der Vorbereitungen für den Norwegen-Feldzug war ich bei einer einzigen Rede Adolf Hitlers anwesend: Er betonte die Bedeutung der Besetzung Norwegens für die Kriegführung und sagte, er sei der einzige Mann, der die Verantwortung für eine derartige Operation gegen den Rat seiner Fachleute übernehmen könne. Im Verlauf des Krieges handelte er allerdings regelmäßig gegen den Rat der Truppe und in wenigen Fällen sogar mit Erfolg. Dies mag bei ihm und bestimmten Offizieren dazu geführt haben, sich nicht nur als Staatsmann zu betrachten, sondern auch als oberster Feldherr. Seine Eingriffe in die militärischen Operationen machten sich jedenfalls stärker bemerkbar. Es gab daher aufgrund von Befehlen, die er gegen den Rat seiner Truppenchefs anordnete, mehr Fehlschläge als Erfolge, z.B. in Polen und Norwegen, die er gegen deren Rat erzielte.

Im Jahre 1940 rollte Hitlers Kriegsmaschine jedoch noch ungehindert voran. Am 10. Mai, nur einen Monat nach dem Beginn der Invasion von Norwegen und Dänemark fielen deutsche Truppen in Holland, Belgien und Luxemburg ein. Innerhalb einer Woche drangen sie in Frankreich ein und am Ende des Monats musste Großbritannien verzweifelt versuchen, über den Seeweg die Hauptmasse der britischen Streitkräfte und einer großen Anzahl französischer Truppen aus dem Hafen von Dünkirchen sowie von den offenen Stränden im Osten zu evakuieren. Schniewind und Schuster zeigen, dass die deutsche Kriegsmarine keinen rechten Erfolg bei ihrem Versuch hatte, das volle Ausmaß der Absichten zu erfahren, die das Oberkommando des Heeres mit dem Beginn der Offensive im Westen verfolgte.

Lange vor der Eröffnung des Westfeldzuges richtete die Seekriegsleitung eine Verbindung mit dem Generalstab der Wehrmacht ein, so dass sie diesen auf dem Laufenden halten konnte in Bezug auf die Anstrengungen der Seekriegsleitung, Basen an den westlichen Zugangswegen zum Ärmelkanal oder, noch besser, an der Atlantikküste einzurichten. Diese Verbindung diente gleichzeitig dazu, das Oberkommando der Marine mit Informationen und Bestätigungen darüber zu versehen, wie bald und in welchem Ausmaß das Oberkommando einen Durchbruch an der französisch-belgischen Küste zu erzielen hoffte. Von diesen Informationen hing das Ausmaß und die Wahl des richtigen Zeitpunkts der Zusammenarbeit mit der Marine ab. Vorbereitungen für die Übernahme der Verteidigung der Küste, die Bereitmachung der Häfen für militärische und Nachschubzwecke sowie die Vorbereitung der Seestreitkräfte für diese Aufgaben würden davon abhängen.

Im April 1940 war das Oberkommando der Wehrmacht immer noch nicht in der Lage, irgendwelche bestimmten Zusagen oder Vorhersagen zu liefern (»Es ist ziemlich unmöglich zu sagen, ob ein Durchbruch zur Küste unternommen werden kann, wann die Küste erreicht werden wird und wie weit westlich die Angriffsspitze vorgeschoben werden kann. Es ist gleichermaßen möglich, dass der Angriff direkt bis zur Küste getragen wird oder dass er an der Sambre oder der Dyle zum Stillstand kommt.«). So brachte der Generalstab der Wehrmacht seine Auffassungen über die Aussichten des Westfeldzuges selbst einige wenige Wochen vor seinem Beginn mit der größten Zurückhaltung zum Ausdruck.

Die Vorbereitungen der Marine für diesen Feldzug im Westen waren entsprechend zögerlich, weil damals die Umstände angesichts der Schwächung der Heimatfront und der norwegischen Front sehr drastische Maßnahmen in Sachen Versorgung und Personal nötig machten. Als dann in der zweiten Maihälfte die großen Erfolge im Westen spürbar wurden, musste die Zusammenarbeit mit der Marine mit großer Schlagkräftigkeit und Eile anlaufen. Die Verwendung von Hochseeschiffen, von denen einige noch in Norwegen gebunden waren oder durch den Norwegen-Feldzug geschwächt waren, musste zunächst auf die Verwendung von U-Booten in Hoofden und vor der niederländisch-belgischen Küste sowie auf Schnellboote im gleichen Gebiet beschränkt werden. So weit sich der Autor erinnern kann, fanden sich in diesem Abschnitt des Westfeldzuges für diese Seestreitkräfte keine Ziele von großer Bedeutung.

**Dönitz gibt ebenfalls zu, dass die deutsche Marine nicht über die Ressourcen verfügte, die Evakuierung von Dünkirchen in signifikanter Weise zu stören.**

Die Marine spielte beim Westfeldzug nur eine kleine Rolle, da ihre Streitkräfte in Norwegen gebunden waren. Der Feldzug entfaltete sich mit einer dermaßen erstaunlichen Geschwindigkeit, dass es nicht möglich war, in ausreichendem Maße Streitkräfte für den Angriff auf die sich aus Dünkirchen zurückziehenden Engländer zur Verfügung zu stellen. Die wenigen Schnellboote, die daran teilnahmen, konnten keine großen Erfolge verzeichnen.

**Die Schnellboote versenkten drei Zerstörer (zwei französische und einen britischen), und ein U-Boot versenkte einen britischen Zerstörer. Angesichts der in einigen Aufsätzen deutscher Admirale an der Luftwaffe geübte Kritik war es nicht besonders großzügig, nicht anzuerkennen, dass die deutsche Luftwaffe zwischen Mai und Juni 1940 zwischen der Mündung der Schelde und dem Pas de Calais nicht weniger als zwölf äußerst wertvolle alliierte Zerstörer (sieben britische, vier französische und einen niederländischen) sowie kleinere Kriegsschiffe und viele Handelsschiffe zerstört hatte. Während ein Hafen nach dem anderen in die Hände der Wehrmacht fiel, war die Kriegsmarine mit der enormen – aber sehr willkommenen – Herausforderung konfrontiert, sicherzustellen, dass die wesentlichen Einrichtungen der Häfen unter deutscher Kontrolle bald wieder funktionierten.**

**Schulz:** Das große Ausmaß der neu erworbenen Küsten rief derartige Forderungen nach Personal hervor – für Patrouillen, Minensuchaktionen und Hafenverteidigungsflottillen, Hafenbesatzungen und vor allem Mannschaften für die Küstenbatterien – welche letztere in Deutschland allein von der Kriegsmarine bemannt wurden –, dass die zur Verfügung stehenden Personalreserven hoffnungslos unzureichend waren und der Mangel nur durch Neurekrutierungen mit kurzer Ausbildungszeit ausgeglichen werden konnte. Dies zeigt wiederum, wie wenig die 1939 begonnenen Kriegsvorbereitungen vorangeschritten waren.

Ich möchte in diesem Zusammenhang erwähnen, dass das Nordsee-Kommando starke motorisierte Kommando-Einheiten zur Verfügung stellte (jede ungefähr 200 Mann stark), deren Aufgabe im Westfeldzug darin bestand, unmittelbar hinter oder sogar direkt mit den vorgeschobenen Heeresformationen vorzurücken, um Schiffe der Kriegs- und der Handelsmarine, Hafeneinrichtungen und Werften mit im Bau befindlichen Kriegsschiffen in den wichtigsten der besetzten Häfen sicherzustellen. Diese Kommando-Einheiten erwiesen ihren Wert, obwohl z.B. in Holland trotz der Kürze der Zeit die meisten der neu gebauten und bereits schwimmenden Schiffe nach England abgeschleppt worden waren.

**Schniewind und Schuster:** Die Schritte, die zur Bewachung der Küstenlinie, zur Übernahme und Sicherung der Häfen sowie zu ihrer Wiederherstellung unternommen werden mussten, waren ziemlich umfassend und erlegten den Verwaltungs- und technischen Abteilungen der Kriegsmarine eine hohe Belastung auf, und es schien manchmal, als ob sie Verstärkungen herbeizaubern mussten. Durch eine weitgehende Entblößung der heimatlichen Küste (alle geeigneten leichten Geschützbatterien und die meisten der Flugabwehr-Batterien aus dem mittleren und östlichen Ostseegebiet wurden abgezogen) wurde in der kürzestmöglichen Zeit ein Verteidigungssystem der Küstenartillerie entlang der niederländischen, belgischen und französischen Küste geschaffen, und westlich der niederländisch-belgischen Grenze wurden Minenfelder gelegt, um die Seestraßen an der Küste zu schützen. Patrouillen-, Geleit- und Minenräumeinheiten mussten zuungunsten der Nordsee und Norwegens neu aufgestellt oder in die neu hinzugewonnenen Seegebiete überstellt werden. Häfen mussten gesichert und wiederhergestellt werden (Docks und Kaianlagen); Werften mussten wieder in Betrieb genommen werden, um als Reparaturbasen zu dienen oder am neuen Bauprogramm unter Führung der Organisation Todt teilzunehmen. Indem sie Schritt für Schritt dem Vormarsch der Wehrmacht nach Westen und später nach Süden folgte, setzte sich die Kriegsmarine überall an der Küste von Holland, Belgien und Frankreich bis hinunter zur spanischen Grenze fest und organisierte die Schifffahrt sowie den Betrieb der Häfen und Werften.

Gleichzeitig wurden geeignete Orte als Kriegsmarinebasen für leichte Einheiten eingerichtet und in Betrieb genommen; zu diesen gehörten Cherbourg, Brest, Saint-Nazaire und La Pallice. Es war auch geplant, Ymuiden, Rotterdam, Ostende, Boulogne und Cherbourg als Basen für Schnellboote und die Häfen von Brest, Lorient, Saint-Nazaire und später Bordeaux als U-Boot-Basen zu verwenden; und im Verlauf der folgenden Monate wurden sie zu Reparatur- und Ruhezwecken umgebaut (Bunker und Werftanlagen).

Sehr bald nach dem Abschluss des Westfeldzuges waren die meisten der Häfen an der neu hinzugewonnenen Küstenlinie in der Lage, zeitweise leichte Seestreitkräfte und U-Boote aufzunehmen. Die Arbeit an den Hafen- und Werftanlagen wurde während der ganzen Besatzungszeit fortgeführt, so dass sie effizienter wurden und ihre Auslastungskapazitäten erhöht wurden. Außerdem spielte die Bereitstellung und ständige Verbesserung eines angemessenen Systems der Luftschutzvorsichtsmaßnahmen (Luftschutzbunker und Luftabwehrbatterien) eine wichtige Rolle.

**Am 10. Juni trat Italien als deutscher Verbündeter in den Krieg ein. Ende Juni war Frankreich gezwungen, um einen Waffenstillstand zu bitten; die deutsche Armee schien Herr über Europa zu sein; und die Deutschen hatten damit begonnen, mit den Kanalinseln britisches Territorium an sich zu bringen. Großbritannien stand allein, geschützt von einer geschwächten Kriegsmarine und Luftwaffe – und von einer geschlagenen Armee, die die meisten ihrer Tanks, Geschütze und schweren Geräte beim Rückzug aus Dünkirchen verloren hatte. Der totale Sieg Deutschlands schien in Reichweite zu liegen.**

# 3

## *Unternehmen Seelöwe*

Die Offensive der deutschen Wehrmacht durch Holland, Belgien und Frankreich war weitaus erfolgreicher gewesen als die Generale erwartet hatten – und auch weit erfolgreicher als die Admirale geglaubt hatten.

**Krancke:** Ein freier Zugang zum Atlantik war erreicht worden. (…) Wir hatte nicht mit solch [einem] schnellen und vollständigen Sieg gerechnet.

**Meyer:** Das deutsche Oberkommando hatte weder mit solch einem schnellen und vollständigen Erfolg im Westen noch damit gerechnet, dass die deutsche Wehrmacht den Ärmelkanal und die Atlantikküste erreichen würde. Hitler war vielleicht der einzige, der an diese Möglichkeit glaubte, doch selbst er nutzte die Gelegenheit nicht aus.

Die Admirale erkennen an, dass sich dank der Wehrmacht die strategischen Möglichkeiten der Marine innerhalb der kurzen Zeitspanne von drei Monaten verändert hatten.

**Schulz:** Die Lage zur See hatte sich in der kurzen Zeit vom April bis Juni 1940 in einer bis dahin unvorstellbaren Weise zugunsten Deutschlands verändert.

**Dönitz:** Mit der Eroberung Hollands, Belgiens und Frankreichs erlangte Deutschland eine erstklassige strategische Position für den Seekrieg. Alle Kräfte wurden sofort darauf verwandt, diese Position aufzubauen und von ihr so bald wie möglich zu profitieren.

Wenn man von dem umständlichen Ausfahrten aus der Ostsee in den Skagerrak Anfang April 1940 absieht, mussten alle deutschen Seeoperationen gegen Großbritannien von einer Küstenfront von ungefähr 270 Kilometern ausgehen, von der Insel Sylt südwärts nach Cuxhaven an der Elbmündung und dann westwärts bis zur Insel Borkum an der niederländischen Grenze. Eine dermaßen kurze Front war verwundbar durch feindliche Minen, Luftaufklärung und U-Boot-Operationen. Ende Juni

1940 hatten deutsche Siege die Front um mehr als 2.400 Kilometer nach Kirkenes im hohen Norden Norwegens ausgeweitet und dann eine weitere Frontausdehnung von über 1.600 Kilometern erreicht, die die gesamte Südküste der Nordsee einschloss sowie die Südküste des Ärmelkanals westlich bis Brest und die französische Küste bis zur Biskaya im Süden an der spanischen Küste umfasste. Die Möglichkeiten waren groß genug, um jeden Seekriegsstrategen in Erregung zu versetzen, insbesondere wenn man in Rechnung stellt, dass Deutschlands neuer Verbündeter Italien eine ansehnliche Flotte in die »Achse« einbrachte, und zwar nicht nur die Küstenanlagen in Italien selbst, sondern auch auf Sardinien, den Dodekanes-Inseln und Libyen im Mittelmeer, Eritrea am Roten Meer sowie Somalia am Indischen Ozean. Im Sommer 1940 hätte ein neutraler Beobachter vier Möglichkeiten erkennen können, wie Deutschland den Krieg gewinnen könnte. Die zwei schnellsten Wege wären entweder, dass Großbritannien erkennen würde, wie hoffnungslos seine Lage war, und daher um Frieden bäte, oder dass Deutschland die geschwächten britischen Inseln mit der gleichen Leichtigkeit angreifen und erobern würde wie es seine Gegner auf dem europäischen Festland erobert hatte. Die beiden anderen – und langsameren – Möglichkeiten wären entweder Großbritannien durch eine immer rücksichtslosere und wirkungsvolle Blockade zur Aufgabe zu zwingen, indem die Nachschubwege Großbritanniens über den Atlantik abgeschnitten würden, oder durch den großangelegten Versuch, die Position des britischen Weltreiches dadurch zu zerstören, dass es aus dem Mittelmeer ausgeschlossen und aus dem Nahen Osten vertrieben würde. Selbst ein scheinbar unaufhaltsames Deutschland hatte nicht die Ressourcen, alle diese Möglichkeiten gleichzeitig zu verfolgen. Eine kurze Zeit lang bestand die Hoffnung, dass Großbritannien Frieden schließen würde, doch Winston Churchills Trotz überzeugte die deutschen Führer schnell, dass man wohl doch eine Invasion beginnen müsste, um die Briten zur Raison zu bringen.

**Schulz:** Nachdem das erneute Friedensangebot Deutschlands an England im Jahre 1940 abgelehnt worden war, konzentrierten sich alle Anstrengungen auf die Vorbereitungen zu einer Invasion Englands. (…) Die materiellen und personellen Schwierigkeiten waren enorm.

**Heye:** Das Oberkommando und viele Angehörige der Öffentlichkeit und der Streitkräfte setzten große Hoffnungen auf eine friedliche Einigung nach dem Ende der Feindseligkeiten. Durch eine angemessene Behandlung der Franzosen und eine Schonung ihrer Ehre hoffte man Frankreich zu befrieden. Insbesondere wurden der französischen Marine keinerlei erniedrigende Maßnahmen und Restriktionen auferlegt. Natürlich wurden jedoch gleichzeitig Vorbereitungen für eine Fortführung des Krieges getroffen; die einzige Möglichkeit war eine Invasion Englands von Frankreich aus. Zudem hatte die Kriegsmarine selbst mit den U-Booten nicht genügend Kräfte, um die britischen Inseln ohne Invasion einer Blockade zu unterwerfen. Theoretisch schien die Möglichkeit einer Invasion Englands über die kurze Strecke des Ärmelkanals nicht ungünstig zu sein. Die Streitkräfte in England waren damals zweifellos kleiner als die für eine Landung [zur Verfügung stehenden] Kräfte Deutschlands. Die RAF war der deutschen Luftwaffe wahrscheinlich zahlenmäßig ebenfalls unterlegen. Zugleich zeigten die großen Verluste der Luftwaffe bei ihren Angriffen auf London, wie schnell unsere eigene Luftstreitkraft aufgebraucht wurde.

**Dönitz:** Die Lage, die sich entwickelt hatte – die Zerstörung des englischen Expeditionskorps und die Schwäche der englischen Landverteidigung – brachte uns auf die Idee, den Krieg durch eine schnelle Invasion Englands zu unseren Gunsten zu entscheiden. Angesichts der Lage (…) vor dem Krieg und der – für uns – überraschend schnellen Entwicklung der Lage im Westen waren keinerlei Vorbereitungen getroffen worden. Weil eine Invasion nur Erfolg haben konnte, wenn sie schnell vor sich ging – auf alle Fälle vor dem Herbst – war es jetzt notwendig, als der Führer ihre Vorbereitung anordnete, den Versuch zur Schaffung der notwendigen Voraussetzungen sowohl in Bezug auf Material wie Ausbildung in größter Eile und mit Hilfe aller möglichen Behelfsmittel in Angriff zu nehmen.

**Boehm:** Die Deutschen waren sozusagen plötzlich an der Kanalküste angekommen, mussten alles für eine Invasion improvisieren und sie besaßen nur eine kleine Luftüberlegenheit, während sie zur See vollkommen unterlegen waren.

**Krancke:** Die offensichtliche Schwäche Englands zu Lande führte zu der Entscheidung, auf jeden Fall den Versuch zu einer Invasion zu unternehmen, um auf diese Weise den Krieg zu beenden. Doch die Vorbereitungen zur Invasion mussten in wenigen Monaten improvisiert werden.

**Boehm und Krancke benennen den entscheidenden Punkt. Die Invasion war der Weg zum Sieg, und es erscheint überraschend, dass Deutschland, jene für das sorgfältige Planen berühmte Nation, der Sache nicht viel Aufmerksamkeit geschenkt zu haben scheint und auf eilige Improvisationen zurückgeworfen wurde. Schniewind und Schuster zeigen, dass Schniewind als Chef des Stabes der Seekriegsleitung weitsichtig genug gewesen war, die Möglichkeit im Voraus in Erwägung zu ziehen.**

Das Hauptziel der deutschen Außenpolitik und der strategischen Planung und Industrieproduktion beinhaltete eine Invasion Englands nicht. In dieser Hinsicht wurden keinerlei Vorbereitungen oder Planungen unternommen.

Als nach dem Abschluss des Polenfeldzuges das Friedensangebot des Führers abgelehnt wurde und die Operationsplanungen für den Angriff im Westen begannen, fragte die Seekriegsleitung den Generalstab des Heeres, ob im Falle großer Erfolge zu Lande und in der Luft eine Invasion Englands folgen werde. Die Wehrmachtführer lehnten diese Vorstellung ab. Sie betrachteten die Aussichten auf einen Erfolg im Westen mit Zurückhaltung. (…) Weder der Führer noch der Generalstab waren sich in irgendeiner Weise sicher, dass die Offensive überhaupt nur den Besitz jener Häfen an der französischen Ärmelkanalküste (einschließlich Brest) für uns bringen würde, die für eine Offensive gegen die Seeverbindungen des Feindes von entscheidender Bedeutung waren. Noch viel weniger konnte der Führer damals die Aussichten einer Invasion abschätzen.

So weit wir uns erinnern können, hatte die Seekriegsleitung, die sich der Größe der Aufgabe bewusst war und ungefähr das Ausmaß und die für die Planung und praktische Vorbereitung notwendige Zeit voraussah, im Winter 1939–1940 die erste theoretische Arbeit an einem Entwurf für den eigenen Gebrauch erledigt.

Als Ende Mai 1940 der vernichtende Erfolg der deutschen Westoffensive deutlich geworden war, fragten die Seekriegsleitung (…) oder das Oberkommando der Marine selbst nochmals beim Oberkommando der Wehrmacht und/oder beim Führer an, ob man Vorbereitungen für eine Landung treffen solle. Man erhielt wiederum eine negative Antwort.

Nach dem vollständigen Zusammenbruch Frankreichs hofften die deutschen Feldherren, dass sie einen Verhandlungsfrieden schließen könnten, bevor sie die Entscheidung treffen mussten, den Befehl zur praktischen Vorbereitung der Invasion zu geben. Die theoretische Arbeit (Konstruktionspläne für Fahrzeuge, Einschiffungsstellen in den Häfen, Organisation, Entfaltung, Gezeitentabellen usw.) waren zu diesem Zeitpunkt jedoch bereits in Arbeit (Ende Juni 1940). Die Autoren können sich jetzt nicht mehr genau an die genauen Daten des Beginns der einzelnen Abschnitte der Vorbereitungen erinnern. Die Zusammenarbeit zwischen der Seekriegsleitung und dem Generalstab des Heeres begann Anfang Juli.

Die ersten Befehle müssen am Ende der ersten Juliwoche an die lokalen Kommandeure gegangen sein. Auf Anweisung des Führers war nur sehr wenig Zeit für den Abschluss der Vorbereitungen (ungefähr am 20. August). Er musste dies bald hinausschieben, weil die Einrichtung von Verschiffungsstellen, das Fertigstellen der Landungsfahrzeuge sowie ihre Überführung von den Bauwerften (am Rhein und im friesisch-niederländischen Küstengebiet) zu den Invasionshäfen nicht in wenigen Wochen abgeschlossen werden konnte.

**Schniewind und seine Kollegen scheinen auch ohne Anweisung des Führers einen Großteil der vorbereitenden Schreibarbeit erledigt zu haben, doch der Start einer groß angelegten Invasion erfordert weit mehr als das – und zuallererst bedarf es der richtigen Schiffe, um die Truppen und ihre Ausrüstung transportieren zu können. Es muss sehr frustrierend gewesen sein, das Gefühl zu haben, dass man eine Streitkraft besitzt, die eine hervorragende Gelegenheit haben würde, Großbritannien schnell zu überrennen, aber nicht die Mittel, diese Streitkraft an Land setzen zu können. Bei ihrem Vormarsch durch Europa hatten sie sich über zahlreiche große Flüsse vorgekämpft – doch die Gewässer des Ärmelkanals stellten ein ganz anderes Hindernis dar, obwohl sie nicht sehr breit waren.**

**Schulz:** Das auffallendste Beispiel der Tatsache, dass die deutsche Marine in keiner Weise einen Krieg mit England vorbereitete, war der unbestreitbare Umstand, dass nicht nur der Bau, sondern selbst die Entwicklung irgendwelcher Schiffe für die Invasionsstreitkraft vollkommen vernachlässigt wurde.

**Krancke:** Wir hatten keine Landungsboote. Wir sammelten alle unsere Lastkähne und ähnliche Schiffe und rüsteten sie vorläufig mit Landungsrampen aus. Wir besaßen keine Marinefährprähme oder ähnliche Spezialschiffe, die benötigt wurden. Diese langsamen und nicht seetüchtigen Flussschuten würden es nötig machen, auf eine ziemlich lange Periode ruhigen Wetters zu warten und außerdem würden wir die absolute Luftüberlegenheit benötigen, um unsere Versorgungsschiffe zu schützen. Die Mannschaften dieser Kähne, die aus allen Bereichen zusammengesammelt wurden, waren sowohl in militärischer wie seemännischer Hinsicht ungeschult. Selbst wenn der Frachtraum in diesen wenigen Wochen zur Verfügung hätte gestellt werden können und das Seemanns- und Militärpersonal ausreichend geschult worden wäre, war die Gefahr von Seiten der britischen Navy, deren ganze Macht im Falle einer versuchten Invasion in Rechnung gestellt werden musste, so groß, dass das Unternehmen Seelöwe unmöglich erschien, bis wir nicht eine absolute Luftüberlegenheit erlangt und ausreichende Küstenartillerie zur Deckung der landenden Flotte aufgebaut hatten.

**Dönitz:** Neue Landungsschiffe in großer Zahl und rechtzeitig anzufertigen war im Hinblick auf Material und Bauzeit nicht mehr möglich, obwohl zu dieser Zeit der Marinefährprahm entwickelt und in der ersten Serie fertiggestellt worden war. Es war daher notwendig, [im größtmöglichen Maße] auf verfügbare Schlepper und Prähme des küstennahen und Binnengewässertransportsystems zurückzugreifen. Diese wurden für die Zwecke der Landung umgebaut. Ihr größter Nachteil lag in ihrer sehr begrenzten Seetüchtigkeit (bis zu See 3), und da die meisten von ihnen nicht über einen eigenen Antrieb verfügten, mussten sie geschleppt werden. Man stellte Untersuchungen über die [Plätze der] Landungen, Strömungen und Wetterbedingungen im Ärmelkanal an. Die Schulung der für die Landung vorgesehenen Truppen wurde in dem Maße ausgeweitet, wie mehr notwendige Materialien zur Verfügung standen und alle möglichen Vorbereitungen taktischer Natur abgeschlossen waren.

**Schulz scheint nur wenig Vertrauen in die ganzen Invasionsvorbereitungen gehabt zu haben.**

Alle Schiffe, die in irgendeiner Weise für Landungszwecke geeignet waren, wurden aus ganz Deutschland und den besetzten Gebieten Westeuropas versammelt; und zu diesem Zweck musste man in beträchtlichem Maße auf reine Flussschiffe, Schlepper und Schuten zurückgreifen, die alle umgebaut werden mussten.

Alles verfügbare Personal, das in irgendeiner Weise für diese zahlreichen Schiffe geeignet war, wurden zusammengeführt und einer Notausbildung unterzogen. Zahlreiche Landungsübungen wurden durchgeführt.

Trotz fieberhafter Tätigkeit auf allen Werften Deutschlands und den besetzten Gebieten konnten diese Vorbereitungen nicht vor Anfang September abgeschlossen werden, so dass Mitte September der früheste Termin war, der in Frage kommen konnte.

Ein erfahrener Kriegsmarineoffizier konnte nicht anders als eine gewisse Unruhe angesichts all dieser Vorbereitungen zu verspüren, weil er abgesehen von den vielen Schwierigkeiten im Hinblick auf Material und Arbeitskräfte auch die seemännischen Schwierigkeiten würdigen konnte, von den Gegenmaßnahmen des Feindes ganz zu schweigen.

Die zahlreichen vorgeschlagenen Landungsbootflottillen mit ihren bis ins Detail geplanten Formationen sahen auf dem Papier tatsächlich großartig aus – im ersten Glied
immer ein Schlepper, der zwei Prähme zog, deren erster keinen Antrieb hatte, der
zweite einen Hilfsmotor; sechs oder acht weitere dieser Schleppzüge in relativ dichter Formation sollten eingesetzt werden, mit einer Reihe Motorboote und weiteren
Trawlern, die Kähne schleppen sollten und so weiter.

Wie diese Masse beladener Schiffe in der Praxis rechtzeitig am Abend aus den
Häfen abfahren sollten, ihre vorgeschriebene Position außerhalb des Hafens angesichts der vorherrschenden Kanalströmung und eingedenk der niedrigen Geschwindigkeit der im Schlepptau folgenden Boote einnehmen sollten und wie sie in dieser
komplizierten Formation die Kanalüberquerung bewerkstelligen sollten, bei Nacht,
quer zur Strömung, war für jeden Seemann ein Problem.

Wenn man dann die Gegenmaßnahmen des Feindes in Rechnung stellte – und es
war klar, dass die weit überlegene englische Flotte im denkbar weitestgehenden Maße
gegen unseren Begleitschutz eingesetzt werden würde, ganz abgesehen von der Reaktion der Royal Air Force, die zu diesem Zeitpunkt durchaus vorher von unserer überlegenen Luftwaffe ausgeschaltet worden sein konnte – kann man verstehen, dass
jedem höheren Offizier der Kriegsmarine ein Stein vom Herz fiel, als *Seelöwe* (Deck-
name für die Invasion) abgeblasen wurde.

**Schniewind und Schuster, mit all dem Insiderwissen von Schniewinds Dienst
als Stabschef der Seekriegsleitung, teilen die von Schulz zum Ausdruck gebrachten Sorgen hinsichtlich der Qualität der Landungsboote, der Navigationspro-
bleme und des seemännischen Geschicks sowie in Bezug auf die vermutete
Reaktion der Royal Navy.**

Von Anfang an musste man sich sehr mit der Eignung der Landungsboote befassen
(vor allem was die Seetüchtigkeit anging) und vor allem mit den Binnenschiffen
(Schuten), die mit Landerampen für den Transport von Panzerfahrzeugen gebaut worden waren. Diese und alle anderen Hilfstransporter (Schlepper, Fischerboote, Bar-
kassen, Jachten usw.) machten die Konvois besonders unbeweglich. Ihre Aussichten,
die Landeplätze richtig zu erreichen und sie schnell wieder zu verlassen, waren gering.

Die Vorbereitungen und der Start von *[Unternehmen] Seelöwe* mussten im besetzten Feindesland erfolgen, mit all den Nachteilen, die das mit sich brachte – Geheimhaltung, Sabotage, Transportwege und so weiter.

Die englische Flotte war vollkommen intakt; man musste mit ihrer Gegenwehr
mit allen zur Verfügung stehenden Kräften rechnen, entweder zu Beginn der Invasion oder doch danach. So weit sich die Autoren an die Ergebnisse der Luftaufklärung in diesen kritischen Tagen erinnern können, gelang es der deutschen Luftwaffe
nicht, die britischen Kreuzer- und Zerstörerformationen vollständig von den westlichen Ärmelkanalhäfen fernzuhalten, von denen die erste Bedrohung der Inva-
sionstruppen durch feindliche Einheiten der Kriegsmarine ausging. Die deutsche

Flotte war zu schwach (allein in Norwegen hatte sie zehn Zerstörer verloren), um die englische Flotte im Nahkampf direkt angreifen zu können und die Landungsoperationen zu tarnen. Sie konnte nur zur Ablenkung eingesetzt werden, was auch geplant wurde.

Das englische Volk und die englischen Streitkräfte hatten sich vom Schock von Dünkirchen vom September 1940 erholt. Die Verteidigungsanlagen an der Küste Südenglands waren bis Ende Juli und noch viel mehr bis September entscheidend verstärkt worden.

Unsere zweite Welle hätte mindestens acht Tage für das Übersetzen gebraucht. Die Transportschiffe der ersten Welle hätten von der feindlichen Küste in die Invasionshäfen zurückkehren müssen. Es war daher schwierig, den Anteil der dabei zu erwartenden Verluste zu schätzen; vor allem wäre die Sicherheit des Nachschubs von beträchtlicher Bedeutung gewesen, solange die englischen Seestreitkräfte nicht ferngehalten wurden.

**Da sie vielleicht nicht bereit waren, die Schuld für die Probleme bei der Durchführung einer dermaßen wichtigen Operation allein auf die Schultern der Marine zu nehmen, behaupten Schniewind und Schuster, dass ein Teil des Problems bei der Wehrmacht lag.**

Das Oberkommando des Heeres benötigte eine breiten Brückenkopf an der feindlichen Küste, um die Operation in Südengland beginnen und weiterführen zu können; so wurden die Grenzen des Gebietes, in dem die Invasion beginnen sollte, und das betreffende Seegebiet ausgeweitet, aus dem feindliche Einheiten der Kriegsmarine ferngehalten werden mussten. Das Ergebnis dieser Abweichungen der Erfordernisse der Wehrmacht von dem Ausmaß, in dem die Kriegsmarine diesen Erfordernissen entsprechen konnte, war ein Kompromiss mit offensichtlichen Nachteilen.

Die Wehrmacht konnte Übungen zum Einschiffen und Ausbooten weder im gewünschten Ausmaß noch im nötigen praktischen Umfang durchführen, weil die Aufstellung der Truppen und der Transportflotte Zeit brauchte.

**Die Admirale waren auch vollkommen bereit, einen Teil der Schuld der Luftwaffe zuzuschreiben, weil sie ihren Teil an den Invasionsplänen nicht auszuführen vermochte.**

**Meyer:** Es gab keine Vorbereitungen, Truppen nach England zu bringen. Es ist wahrscheinlich, dass die deutsche Kriegsmaschinerie in der kurzen zur Verfügung stehenden Zeit eine solche Operation ohnehin nicht hätte durchführen können. Es gab weder genügend Fallschirmspringer noch Luftlandetruppen; noch gab es genügend geeignete [Flugzeuge] oder Besatzungen für diesen Zweck. Wie bekannt, mussten wir auf motorgetriebene und geschleppte Prähme von Binnenwasserstraßen zurückgreifen. Die Vorbereitungen wurden dennoch trotz aller dieser Schwierigkeiten getroffen und sie wurden, so weit es die Kriegsmarine betrifft, fast bis zum Abschluss gebracht.

**Heye:** Nach Meinung vieler Marineoffiziere wäre eine Landung zu der Zeit, als sie das erste Mal möglich erschien, praktisch mehr als ein Risiko gewesen. Mit zahlreichen Luftlandetruppen wäre es vielleicht möglich gewesen, einen Brückenkopf zu errichten. Diese [Luftlandetruppen] waren jedoch nicht in ausreichender Zahl vorhanden.

**Schniewind und Schuster:** Eine Bedingung, die von Anfang an von der Seekriegsleitung gestellt und vom Führer als sine qua non voll anerkannt wurde, war die Luftüberlegenheit über dem Einsatzgebiet, doch diese war nicht erlangt worden.

**Krancke:** Nach Meinung des deutschen Oberkommandos wurde die Luftüberlegenheit nicht innerhalb der vorgeschriebenen Zeit erreicht. Meiner Meinung nach waren die Luftangriffe zu zerstreut; wir hätten nicht die Zerstörung der Londoner Werften anstreben sollen, sondern die Vernichtung der englischen Luftwaffe und der Verbindungslinien.

**Dönitz:** Von Anfang an war es den Verantwortlichen klar, dass die Invasion nur unter bestimmten besonderen Bedingungen Erfolg haben konnte. Die Kriegsmarine war sicher nicht in der Lage, die Landungstruppen gegen die englische Flotte zu sichern, mit deren vollem Gewicht man in einer solche Lage rechnen musste.

Diese Aufgabe hätte die Luftwaffe übernehmen müssen. Zu diesem Zweck war es notwendig, nicht nur die Royal Air Force vollständig auszuschalten, sondern zuvor die Häfen nahe des Landungsgebietes mit einer solchen Wirkung anzugreifen, dass die englischen Seestreitkräfte auf weiter entfernt liegende Basen zurückbeordert werden müssten; andernfalls wären sie in der Lage gewesen, die Landungstruppen nachts auf kurzen Anmarschwegen zu erreichen, ohne dass die Luftwaffe in der Lage wäre, dies zu verhindern.

Als im September 1940 die Vorbereitungen für die Invasion abgeschlossen waren, wurde es klar, dass es keineswegs gelungen war, eine vollständige Niederlage der englischen Luftwaffe herbeizuführen. Es fehlte daher an einer der wichtigsten Vorbedingungen einer Invasion.

**In einer Zusammenfassung der Befragung von Dönitz berichtet der britische Marine-Nachrichtendienst von seiner weiteren Kritik an der deutschen Luftwaffe, ohne deren Fehler die deutsche Kriegsmarine ihren Teil des Planes hätte ausführen können:**

Wenn sie es geschafft hätte, die RAF in der Schlacht um England zu besiegen, wäre [die deutsche Luftwaffe] immer noch nicht in der Lage gewesen, die Royal Navy von den über See anrückenden Landungstruppen fernzuhalten, weil sie nicht über die notwendigen Waffen verfügte; die verwendeten Bomben hatten ein viel zu kleines Kaliber, als dass sie die Haupttruppen daran hätten hindern können, mit den Landungstruppen fertig zu werden; die deutschen Haupttruppen [der Kriegsmarine] waren für diese Aufgabe völlig unzureichend. Gesetzt die deutsche Luftwaffe hätte ihre beiden Aufgaben erledigen können, dann hätte die deutsche Kriegsmarine keine Schwierigkeiten gehabt, die Landungstruppen in den damals zur Verfügung stehenden Schiffe zu transportieren.

Je länger die Deutschen mit dem Beginn der Invasion zögerten, desto problematischer wurden die Wetterverhältnisse, mit denen sie konfrontiert gewesen wären.

**Schniewind und Schuster:** In dieser Jahreszeit wurde mit dem Ablauf der Tage die Frage des Wetters entscheidend. Von Mitte September an konnte man nicht mit längeren ruhigen Perioden (nicht mehr als Windstärke 2 oder 3) rechnen.

**Krancke:** Mit Beginn der Herbststürme musste das Unternehmen sofort aufgegeben werden. Zu einem späteren Zeitpunkt war es nicht mehr möglich, nachdem England seine Verteidigungsmaßnahmen an den entsprechenden Küstengebieten in beträchtlichem Ausmaß konsolidiert hatte. (…) Wie hilflos England im Jahre 1940 war, wussten wir nicht.

**Dönitz:** Eine kurze Verschiebung kam nicht in Frage, denn als der Oktober – und der Beginn der Herbststürme – eingesetzt hatte, war eine längere Periode mit gutem Wetter, wie es für einen Erfolg benötigt wurde, nicht mehr zu erwarten. Eine Verschiebung auf den Frühling 1941 konnte nur dazu führen, dass die militärischen Bedingungen ungünstiger wurden.

Mit derart begrenzten Erfolgsaussichten konnte die Entschlossenheit, mit der Invasion Englands fortzufahren, nicht gerechtfertigt werden, es sei denn sie würde das einzige und endgültige Mittel darstellen, mit dem der Krieg gegen England erfolgreich beendet werden könnte. Dies war nicht der Fall; denn die deutsche Führung sah im Mittelmeer eine andere Möglichkeit, einen entscheidenden Schlag gegen England zu führen, ganz abgesehen vom Handelskrieg, der mit der steigenden Zahl der U-Boote und mit der (…) starken Beteiligung der Luftwaffe normalerweise irgendein Resultat bringen sollte.

Der Führer entschied daher, die Invasion aufzugeben, obwohl die scheinbare Bedrohung durch sie aufrechterhalten werden sollte.

**In ihrem Gesamturteil über die Machbarkeit des Unternehmens Seelöwe zeigen die Admirale recht übereinstimmende Auffassungen:**

**Weichold:** [Die] Möglichkeit, die britische Seeherrschaft zu brechen, indem man ihre Basen auf den britischen Inseln eroberte oder sie zerstörte, wurde geplant, aber bald als undurchführbar erkannt. Invasion und Luftoffensive erwiesen sich angesichts der harten Wirklichkeit als Trugbilder.

**Meyer:** Persönlich bin ich der Meinung, dass die Invasion im Herbst 1940 möglich gewesen wäre, wenn wir über ausreichend Landungsausrüstung moderner Art verfügt hätten; [doch] die Lage auf der See und in der Luft war so, dass der Erfolg mit den zur Verfügung stehenden Ressourcen unmöglich war. (…) Man hört jetzt viel über Deutschlands Versagen, 1940 eine Invasion durchzuführen, doch hatte es dafür nicht die nötigen Mittel.

**Krancke:** Eine vereinte Operation solcher Größenordnung kann kaum improvisiert werden, besonders wenn der Feind die Seeherrschaft innehat. Andererseits bot der

Besitz der französischen Küste die wertvollste Basis für den richtigen Seekrieg gegen die Handelsschifffahrt.

**Schulz:** Es ist meine feste Überzeugung, dass das Invasionsunternehmen von 1940 in seiner beabsichtigten Form zu einem vollständigen Scheitern geführt hätte, wenn nicht zu einer Katastrophe.

**Heye gesteht nicht einmal zu, dass eine erfolgreiche Invasion Deutschland den vollständigen Sieg gebracht und sie damit aufs Glänzendste gerechtfertigt hätte.**

Im Gegensatz zur Auffassung vieler Militärführer war in der Kriegsmarine die Meinung verbreitet, dass eine vollständige oder teilweise Besetzung Englands nicht das Ende des Krieges bedeutet hätte. Die Gefahr aus der Luft wäre für Deutschland zweifellos bedeutend verringert worden. Aber England, das auf die Zeit und in letzter Instanz auf Amerika und das Empire vertraute, würde wahrscheinlich den Krieg nach dem Verlust Großbritanniens weitergeführt haben.

**Schließlich hat Schulz als Seemann keine Schwierigkeiten, die entscheidende Waffe in Großbritanniens Arsenal zu bestimmen.**

Man muss sagen, dass unter den Umständen des Jahres 1940 die Anwesenheit einer starken britischen Marine eine Invasion verhinderte, da zu dieser Zeit weder die Royal Air Force, die britische Armee noch die Heimatwehr stark genug waren, sie abzuwehren. Selbst die Tatsache, dass die deutsche Luftwaffe 1940 nicht in der Lage war, die RAF entscheidend zu schlagen, hätte die Invasion nicht verhindern können, wenn nicht die britische Marine im Hintergrund gestanden hätte.

# 4

# Seekriegführung gegen die Handelsschifffahrt 1940–1941

Nachdem die Deutschen angesichts Großbritanniens hartnäckiger Entschlossenheit, allein weiter zu kämpfen, in ihren Hoffnungen enttäuscht worden waren, dass eine Invasion ihnen einen schnellen K.-o.-Schlag ermöglicht hätte, verlagerten sie ihre Anstrengungen schnell auf die Kriegführung gegen Großbritanniens lebenswichtige Seewege. Das war das verwundbare Ziel, das sie bei Kriegsbeginn gewählt hatten; das war das Ziel, das sich 1917 als so fruchtbar erwiesen hatte; das war das Ziel, das von den neuen Basen, die 1940 eingenommen wurden, erreichbar schien; und es war das, was viele Offiziere der Kriegsmarine wie Krancke als »richtigen Seekrieg« betrachteten. Dönitz war die ganze Zeit davon überzeugt gewesen, dass seine U-Boote das Potential besaßen, die britischen Handelsrouten langfristig in den Würgegriff zu nehmen. Er brannte darauf, mit dieser Aufgabe fortzufahren, beeilte sich, neue Vorposten an der Biskaya einzurichten und wartete ungeduldig darauf, die vielen zusätzlichen Boote in Dienst zu stellen, die am Anfang des Krieges bestellt worden waren. In knallharten Berechnungen über die Führung eines Zermürbungskrieges – des »Tonnage-Krieges« – gegen Großbritannien, mussten die durch die Siege der Wehrmacht gewonnenen neuen Stützpunkte an den Steigerungen der britischen Handelsschifffahrtstonnage durch den Zustrom vieler Schiffe aus den großen Handelsflotten eroberter Länder wie Norwegen und Holland gemessen werden. In seinem Aufsatz stellt Dönitz dar, wie sich der U-Bootkrieg im Jahre 1940 entwickelte.

Die Bedingungen für den U-Bootkrieg gegen die Schifffahrt im Atlantik, der nach dem Abschluss des Norwegenfeldzuges wieder aufgenommen wurde, waren besonders günstig. Der Besitz der Biskayahäfen machte die langen Fahrten hin und zurück überflüssig, die fast den ganzen Aktionsradius der U-Boote in Anspruch genommen hatten. Die Seestraßen lagen nun sozusagen vor der Haustür. Die U-Boot-Waffe unternahm bereits im Juli 1940 energische Schritte um sicherzustellen, dass die

U-Boote im Atlantik in der Lage waren, in die Biskayahäfen zur Reparatur und zur Überholung zurückzukehren, wenn ihre Kampfkraft erschöpft war. Der Vorteil, die lange Heimfahrt vermeiden zu können, zeigte sich unmittelbar in der Verdopplung der Anzahl der U-Boote, die im eigentlichen Operationsgebiet zur Verfügung standen.

Der Handelskrieg war bis Oktober 1940 vergleichsweise erfolgreich. Englische Zerstörer und Begleitschiffe wurden entweder infolge des Norwegenfeldzuges repariert oder waren wegen der Invasionsgefahr an der Südküste Englands gebunden. Der Schutz der Schiffsrouten war daher im Sommer 1940 sehr beschränkt. U-Boote, die von den Häfen an der Biskaya ausliefen, kamen schnell mit Schiffen in Kontakt, da sie in der Lage waren, in unmittelbarer Nähe zu den englischen Anfahrtskanälen, z.B. dem Nordkanal und dem Bristolkanal, zu operieren. Die U-Boot-Verluste waren außergewöhnlich gering; technische Schwierigkeiten wurden erkannt und überwunden. Man verwendete Torpedos, die nur mit Aufschlagzündern ausgestatten waren und eine größere Zuverlässigkeit besaßen. Die U-Boote operierten immer noch allein, da es bis dahin keine Schwierigkeiten gab, Schiffe in Küstennähe aufzuspüren.

Von Oktober 1940 an veränderte sich für die U-Bootwaffe das Bild westlich von England. Die Gefahr der Invasion war für England vorbei; die englischen Verteidigungsschiffe standen offensichtlich wieder für Bekämpfung von U-Booten zur Verfügung. Die Royal Air Force wurde in verstärktem Maß für den Schutz der Schiffsrouten und für die U-Boot-Abwehr eingesetzt. Das Geleitzugsystem wurde offensichtlich in großem Maßstab eingesetzt. Jedenfalls wurde es für die U-Boote schwieriger, in Küstennähe zu operieren, und die Geleitzüge wurden seltener ausgemacht. Die U-Boote waren oft längere Zeit in See, ohne irgendeinen Verkehr anzutreffen, und die großen Erfolge des Sommers hörten auf. Die U-Boot-Waffe entschied sich daher von Oktober 1940 an für den gezielten Einsatz der U-Boote in See gegen Geleitzüge, die durch systematische Suche ausgemacht wurden. Diese sogenannte Rudeltaktik wurde im vollen Wissen darüber entwickelt, dass das Erkennen [von Zielen] das Hauptproblem im U-Bootkrieg darstellen würde, weil durch die Konzentration der Schiffe in Geleitzügen die leeren Räume des Ozeans außerordentlich vergrößert wurden. Andererseits kam es darauf an, so viele U-Boote wie möglich zu einem Geleitzug zu schicken, wenn dieser einmal gefunden war, und so eine Konzentration von U-Booten gegen eine Konzentration von Schiffen einzusetzen.

Diese Taktik korrespondiert mit dem Prinzip, an dem jeder militärische Befehlshaber seit Tausenden von Jahren festgehalten hatte, nämlich so stark wie möglich am richtigen Ort zur richtigen Zeit zu sein. Die Organisation und die Führung der U-Boote wurden per Funk über Lang- und Kurzwellen vom Gefechtsstand in Paris aus durchgeführt bzw. nach November 1941 von Lorient.

Die ersten Geleitzugangriffe Ende Oktober 1940 verliefen mit sehr guten Ergebnissen erfolgreich. Dabei brauchten die U-Boote ihre Torpedos sehr schnell auf. Dies führte zu recht kurzen, aber erfolgreichen Operationen. Nach den Geleitzugkämpfen gab es keine U-Boote mehr im Operationsgebiet, da es wegen des ständigen Mangels an Booten keinen Ersatz gab, der sofort in See stechen konnte. Daher war das Operationsgebiet im November 1940 leer und wurde erst Anfang Dezember wieder aufgefüllt, was sofort zu einem weiteren erfolgreichen Geleitzugkampf führte. Taktisch wurde bereits mit diesen ersten Experimenten bewiesen, dass die »Rudel«-Taktik richtig entwickelt worden war; dass es notwendig war, die strikte Führung über die Boote aufrechtzuerhalten in Hinblick auf ihre Lage zum Kontakt mit dem Geleitzug, zur Aufrechterhaltung des Kontaktes, um andere Boote heranzulotsen sowie in Bezug auf das Erteilen des Angriffsbefehls; dass beim Angriff selbst die Boote jedoch völlige Freiheit haben müssen. Es handelte sich daher um eine Kontrolle im taktischen Sinne und nicht um eine des Angriffs selbst.

Es erwies sich außerdem, dass die Nacht der bei weitem erfolgreichste Angriffszeitpunkt war, weil die U-Boote viel schneller und häufiger in Schussweite kamen. (…) Daher wurde die Nacht im Wesentlichen für konzentrierte U-Boot-Angriffe genutzt und Angriffe am Tage [wurden] nur unter günstigen Bedingungen unternommen. Der vergleichsweise kleine und manövrierfähige Typ VIIC erwies sich als hervorragend für Nachtangriffe geeignet.

Die großen U-Boot-Asse der Zeit wie die Kapitänleutnants Prien, Kretschmer und Schepke waren alle »VIIC-Fahrer«. Sie schworen auf diesen Bootstyp und wollten keine neuen großen Boote übernehmen, wenn sie die Boote wechselten. Außerdem waren die Frontkämpfer wohl nie so von der Qualität ihres technischen Materials und ihres Bootstyps überzeugt wie die deutschen U-Boot-Mannschaften es in diesem Krieg [waren].

**Die deutsche Marine beabsichtigte jedoch nicht, dass die U-Boote die ganze Last der Seekriegsoffensive gegen die britischen Handelsrouten tragen sollten. Von den nahen Stützpunkten aus konnten ihre schnellen und aggressiven Schnellboote sehr wirkungsvoll in den britischen Gewässern operieren, wie es Schniewind und Schuster beschreiben:**

Ein sehr lebhafter und heftiger Krieg der »Kleinschiffe« entwickelte sich gemeinsam mit offensiven und defensiven Minenlegeoperationen im Herbst 1940 von den Stützpunkten an der niederländischen, belgischen und französischen Küsten aus. Das Gebiet um den Hoofden, die Downs und die englische Südküste sah zahlreiche Operationen von Schnellbooten, Torpedobooten und Zerstörern, die regelmäßig Feindberührung hatten. Dadurch wurden der Schifffahrt an der britischen Küste beträchtliche Schäden und Verwirrung zugefügt. Die Verluste an Schnellbooten blieben bis zur Einführung britischer Gegenmaßnahmen (MGBs [motorgetriebene Kanonenboote] und Kampfflieger) sehr gering. Die Torpedobootverluste waren schwerwiegender (feindliche Minen). Der Einsatz von U-Booten wurde in den englischen Küstengebieten ab Ende 1940 beendet, weil die Verteidigungsmaßnahmen zu wirkungsvoll waren und unsere Kenntnis der Minenfelder nicht ausreichend war. Die Seekriegsleitung hatte den Eindruck, dass die Handelsschifffahrt entlang der englischen Südküste (z.B. durch die Straße von Dover) wegen der deutschen Luft- und

Seekriegaktivitäten vollkommen aufgehört hatte und dass die Nutzung der Marine-stützpunkte dort stark reduziert worden war.

**Um die Offensive in die weiter entfernt liegenden Ozeane zu tragen, hatte die Seekriegsleitung einen gut durchdachten und gut ausgeführten Plan ersonnen, um den akuten Mangel an Überwasserschiffen durch den Einsatz von ehemaligen Handelsschiffen auszugleichen, die als Hilfskreuzer bewaffnet wurden, wie es Schniewind und Schuster beschreiben:**

Die Kriegführung gegen die Handelsschifffahrt durch Überwasserschiffe in Übersee, die beim Ausbruch des Krieges mit den Panzerschiffen GRAF SPEE und DEUTSCHLAND begann, wurde von April 1940 an mit Handelsschiffen fortgesetzt, die zu bewaffneten Handelskreuzern umgebaut worden waren. Diese Art von Handelskriegführung war Gegenstand umfassender und sorgfältiger Vorbereitung vor Kriegsausbruch, als Kommandanten ernannt, Mannschaften zusammengestellt und Dampfer ausgesucht wurden. Bei der Wahl der Dampfer musste man als erstes Folgendes im Kopf behalten:

hohe Geschwindigkeit (nach Möglichkeit nicht weniger als 14 Knoten);
leistungsfähige Maschinenraumeinrichtungen;
großer Aktionsradius; und (…)
unauffälliges Aussehen.

Sie wurden mit vier bis fünf 15 cm-Geschützen ausgestattet sowie mit Überwasser- und Unterwassertorpedorohren. Sie wurden manchmal mit Minen ausgestattet, manchmal als Flugzeugträger und manchmal transportierten sie Nachschub (Waffen und Material) für U-Boote. Nicht jeder Handelsstörer bestand die Prüfung hinsichtlich einer unauffälligen Erscheinung, Robustheit der Maschinenraumeinrichtungen und Lebensdauer. Die Bewaffnung und Schulung der Handelsstörer, die nach ursprünglicher Schätzung drei bis vier Monate dauern sollte, dauerte erheblich länger als erwartet. Die erste Gruppe war nicht vor Frühlingsanfang 1940 einsatzbereit.

Die Leitung der Handelsstöreroperationen im Handelskrieg in Übersee lag unmittelbar bei der Seekriegsleitung. Man erlaubte den Kommandanten jedoch angesichts ihrer Erfahrung ein hohes Maß an Freiheit beim Wechsel und manchmal sogar beim Rückzug aus den Einsatzgebieten. Für die Funkkommunikation mit der Heimat, auf die man nicht völlig verzichten konnte, wurden besondere Sicherheitsmaßnahmen ergriffen.

Die Operationen der Handelsstörer waren gegen Ende des Jahres 1941 weitaus glücklicher und erfolgreicher als von der Seekriegsleitung erwartet. Man erwartete, dass diese Art der Handelskriegführung im Laufe der Zeit scheitern würde und dass die Handelsstörer wahrscheinlich der feindlichen Verteidigung zum Opfer fallen würden. Der erfolgreiche Einsatz der Handelsstörer war praktisch auf die Jahre 1940–41 beschränkt. Spätere Versuche, diese Form der Seekriegführung fortzusetzen, waren weniger erfolgreich. (…) Die meisten Handelsstörer erzielten in den Jahren 1940–41 gute Ergebnisse (Walfänger, Minenlegen um Australien herum, den Kreuzer SYDNEY,

Kämpfe mit feindlichen Kreuzern) und brachten eine Reihe wertvoller Prisen nach Hause. Ein großer Teil kehrte erfolgreich nach Hause zurück.

**Man hätte erwarten sollen, dass bei diesem Großangriff auf die britische Handelsschifffahrt die deutsche Luftwaffe einen bedeutenden – oder möglicherweise entscheidenden – Beitrag leisten würde. Meyer kritisiert offen den Beitrag der Luftwaffe und zweifelt nicht am Schuldigen.**

Als die Invasion im Jahre 1940 nicht stattfand, bestand das Ziel der deutschen Seekriegführung darin, alle verfügbaren Kräfte in eine strategische Offensive gegen England zu werfen. Die Kriegsmarine versuchte ständig, die Luftwaffe zu überzeugen, ihr darin zu folgen, doch nur mit teilweisem Erfolg. Es war unmöglich, die Luftwaffe dazu zu bringen, angemessen gegen Handelshäfen und Werften vorzugehen, und auch die Anstrengungen mit Luftminen erreichten niemals ein befriedigendes Ausmaß. Dass es uns nicht gelang, England auszuhungern, lag an der Tatsache, dass die Luftwaffe so wenig von der Sache begriff. Die Kriegsmarine drängte ständig darauf, doch stießen wir immer auf den Widerstand des Oberkommandos der Luftwaffe, und selbst Hitler traf keine Entscheidung, weil nach Meinung der Kriegsmarine keiner der beiden die Bedeutung einer starken Seemacht und der Seeherrschaft erkannte. Man ist immer noch dieser Meinung, selbst wenn man bedenkt, dass die Luftwaffe beträchtliche Aufgaben zu Lande erfüllen musste, weil auch dann, als die Lage einfacher wurde, noch kein ausreichendes Verständnis dieser Dinge existierte.

**Andere Admirale sind ebenfalls alles andere als zufrieden mit der Unterstützung der Kriegsmarine durch die Luftwaffe.**

**Schniewind und Schuster:** Der Mangel an geeigneten, gut geschulten Aufklärungsflugzeugen mit großem Aktionsradius machte sich mehr und mehr bemerkbar. Gelegentlich gab es Unterstützung durch den Oberbefehlshaber der Luftwaffe aufgrund des Drängens des Befehlshabers der U-Boote und der Seekriegsleitung – doch dann war sie nicht ausreichend. Der Oberbefehlshabers der Luftwaffe hatte mangelndes Verständnis für die Erfordernisse des Seekrieges.

**Krancke:** Luftgeschwader, die für den Landkampf ausgebildet sind, können nicht ohne zusätzliche Schulung in der Seekriegführung eingesetzt werden, wie das Oberkommando der deutschen Luftwaffe glaubte. Sie mussten für diese Kriegsführung geschult werden und auch Anweisungen erhalten, wie sie ihre Angriffswaffen einsetzen sollten. Die dürftigen Erfolge der deutschen Luftwaffe gegen die englische Seemacht in der Zeit der deutschen Luftüberlegenheit sind diesem Stand der Dinge zuzuschreiben.

Der Vorteil einer unabhängigen Luftwaffe, deren Streitkräfte je nach den strategischen Erfordernissen an entscheidenden Punkten eingesetzt werden konnten, gleicht den Mangel an Erfahrung in der Seekriegführung nicht aus. Während dieser Zeit wurde der Versuch unternommen, die Luftwaffe sowohl wie die [traditionellen] Mittel der Seekriegführung gegen die Handelsschifffahrt einzusetzen.

Angriffe auf die großen Häfen und Werften dienten dem strategischen Ziel, England auszuhungern. Doch das Minenlegen durch die Luftwaffe, das theoretisch erfolgreich war, schien nicht den vorhergesehenen Erfolg zu haben, und zwar aufgrund der fehlenden Navigationskenntnisse.

Der Grund dafür, dass alle diese Operationen [keinen Erfolg erzielten, der] der damaligen Luftüberlegenheit der deutschen Luftwaffe [entsprach], ist mir unerfindlich. Vielleicht war die Vorbereitung und der Beginn des Ostfeldzuges im Frühjahr 1941, dem der größte Teil der deutschen Luftwaffe zugeteilt wurde, dabei der entscheidende Faktor.

**Mit seinem Fachwissen aus der langen Zeit, in der er als Oberbefehlshaber der U-Boote diente ist Dönitz in der Lage, die Probleme zu analysieren, mit denen die U-Boote zu kämpfen hatten, sowie warum Aufklärungsflugzeuge einen großen Unterschied für den Erfolg des U-Bootkrieges bedeutet hätten.**

Der Winter 1940–41 zeigt noch viel mehr, dass mit der weiteren Konzentration der englischen Schifffahrt auf Konvois und dem Umstand, dass die U-Boot-Aufstellung weiter in den offenen Atlantik hinausgezwungen wurde, die hauptsächliche Schwierigkeit des U-Bootkrieges in der Ortung der Geleitzüge bestand. Die weiter entfernte Aufstellung der U-Boote im Atlantik war aus zwei Gründen notwendig. Erstens war es wegen der stärker werdenden englischen Verteidigung in der Nähe des Landes nicht mehr möglich, das [U-Boot] einzusetzen, was sich zum größten Teil über Wasser abspielte. Zweitens brauchte ein erfolgreicher Angriff auf einen Geleitzug mit mehreren U-Booten Zeit, damit [sie] den Geleitzug von ihren verschiedenen Aufklärungspositionen aus erreichen konnten, die sich meistens in weit entfernten Gebieten befanden. Es war daher nicht mehr praktikabel, einen Geleitzug 24 Stunden vor seinem Eintreffen an der englischen Küste zu orten, weil die Zeit nicht ausreichte, um die anderen U-Boote zum Ziel zu führen und dann anzugreifen.

Das Problem der Ortung erforderte dringend eine bessere Aufklärung. Das U-Boot selbst mit seiner äußerst eingeschränkten Sichtweite war das schlechteste mögliche Aufklärungsmittel. Die entscheidendste und notwendige Ergänzung des U-Bootes, welches die Hauptwaffe im Kampf darstellte, war das Flugzeug. Hier zeigte sich der Fehler in der Seekriegführung mit schmerzlicher Klarheit. Im Grunde war es die Schuld der Führung der Streitkräfte, die in Friedenszeiten eine Marine-Luftwaffe geschaffen hatte, welche im Krieg in die Luftwaffe integriert wurde; aber die Struktur der Luftwaffe, die allein auf den Landkrieg ausgerichtet war, erfüllte nicht die Wünsche der Kriegsmarine. Dies führte dazu, dass die Marine ohne Luftunterstützung operieren musste. Der Druck der deutschen U-Boot-Waffe und die Vorstellungen des Chefs des deutschen Generalstabes sowie des Befehlshabers der U-Boote beim Führer im September 1940 führten zu einem Luftgeschwader mit dem weitesten Aktionsradius – [die] FW 200 – das zur Verfügung gestellt und [bei] Bordeaux stationiert wurde. Danach begannen sehr ausgedehnte Erprobungen in der Zusammenarbeit von Luft und See zwischen diesem Geschwader und der U-Bootwaffe, die anfangs jedoch völlig negative Ergebnisse brachte.

Der Mangel einer entsprechenden Zusammenarbeit, der aus der Friedenszeit herrührte, wurde schmerzlich offenbar. Die ersten grundlegenden Dinge, die erreicht werden mussten, waren eine gemeinsame Terminologie, ein gemeinsames Kommunikationsmittel und vor allem Flugerfahrung der Piloten über dem Meer, Navigation, Erkennung von Schiffstypen und deren klare und richtige Übermittlung, Beschatten, das Leiten von U-Booten durch Funkfeuer und anderes. Die ersten gemeinsamen Operationen erwiesen sich als Fehlschläge. Der Mangel an Erfolg wurde durch einen entscheidenden Faktor verursacht – die U-Boote sammelten sich wegen falscher Navigation auf einer falschen Position, wo es keine Schiffe gab, oder wurden in zwei Gruppen aufgeteilt, weil zwei Flugzeuge aufgrund einer fehlerhaften Positionsbestimmung zwei verschiedene Positionen (bis zu 120 Meilen auseinander liegend) für denselben Geleitzug angegeben hatten. Schrittweise wurden diese Anfangsschwierigkeiten überwunden und schließlich gab es eine nutzbringende Zusammenarbeit. Aufgrund der geringen Reichweite der Flugzeuge, war es nur praktikabel, auf den Geleitzugrouten England-Gibraltar zu operieren. Die Hauptschifffahrtsrouten im Nordatlantik mussten von den U-Booten allein aufgeklärt werden.

**Schniewind und Schuster sind der Meinung, dass die Leistungen und die Ausdauer der U-Boot-Mannschaften in den Jahren 1940–41 zu loben sind.**

Die Angriffskraft der U-Boote war in jenen Jahren aufgrund der kleinen Zahl der verfügbaren U-Boote im Durchschnitt sehr gering, doch im Vergleich dazu waren die Ergebnisse völlig zufriedenstellend. (Fehlschüsse der Torpedos waren bis Ende 1940 stark reduziert worden.) Der Autor ist aufgrund des Mangels an detaillierteren Informationen nicht in der Lage, die Anzahl der damals verfügbaren U-Boote zu nennen. Er schätzt, dass in jenen Jahren in den besten Zeiten zwölf bis fünfzehn U-Boote im Einsatz gegen den Feind standen, doch über Monate hinweg deutlich weniger. Der Durchschnitt dürfte bei acht bis zehn Booten liegen. In der ersten Jahreshälfte 1941 waren wochenlang nur vier oder fünf Boote im Einsatz. Dies erklärt sich daraus, dass ein beträchtlicher Teil der Kräfte aus der schon sehr beschränkten Zahl der U-Boote für die Schulungszentren in der Ostsee abgezogen werden musste, um Kommandanten und Mannschaften für die größere Zahl neuer Boote auszubilden, die 1942 bereitstehen sollten. Das Ergebnis war jedoch, wie bereits gesagt, sehr zufriedenstellend. Insbesondere die Taktik des Angriffs auf Geleitzüge mit U-Boot-Rudeln erwies sich als sowohl praktikabel als auch erfolgreich.

Die Verluste blieben im vertretbaren Rahmen, auch wenn sie beträchtlich waren, und lagen insgesamt weit unter den vom Feind gemeldeten Zahlen. Alle Bootstypen und Mannschaften bestanden die Prüfung gut. Die Länge der Operationen – vor allem bei der Erneuerung der Vorräte auf See durch ein Versorgungsschiff oder einen Hilfskreuzer – war bedeutend länger als man vor dem Krieg erwartet hatte. Zu jener Zeit hatte man gedacht, dass die physische Ausdauer einer U-Boot-Mannschaft nach ungefähr vier Wochen ununterbrochenen Einsatzes erschöpft sein würde. Doppelt so lange dauernde Einsätze waren bald keine Ausnahme mehr und im Verlauf des Krieges steigerte sich diese Leistung beträchtlich.

**Die Leistungen der U-Boote waren eindrucksvoll, doch immer noch weit davon entfernt, Großbritannien zur Aufgabe zu zwingen. Sollten sie jemals in der Lage sein, die Nachschublinien über den Atlantik abzuschneiden? Schniewind und Schuster geben folgende Antwort:**

In der U-Bootwaffe selbst glaubten die jungen Kommandeure und Mannschaften implizit an ihre Wirksamkeit, sogar gegen die britische Seemacht. Die Offiziere der deutschen Kriegsmarine in anderen Waffengattungen sahen die Aussichten etwas nüchterner. Der Befehlshaber der U-Boote (BdU) selbst hat dem Autor im Laufe einer vertraulichen Unterhaltung in Paris im Winter 1940–41 mitgeteilt, dass er wisse, dass der U-Bootkrieg allein den Krieg gegen die angelsächsischen Seemächte nicht beenden konnte; so weit der Autor weiß, ließ er (Dönitz) diese Zweifel niemals öffentlich werden. Im weiteren Verlauf des Krieges (…) äußerte er sich nie anders als hoffnungsvoll, angriffslustig und energiegeladen.

**Dönitz erinnert sich mit wenig Befriedigung an die Ergebnisse, die 1941 erreicht wurden, und bringt wieder einmal seine Frustration über den Mangel an Luftaufklärung zum Ausdruck.**

Das Jahr 1941 konfrontierte die U-Boote mit fast unlösbaren Aufgaben, was das Aufspüren von Handelsschiffen anging; die Anzahl der U-Boote war immer noch beschränkt; das Bauprogramm, das zu Beginn des Krieges angeordnet worden war, hatte bis dahin noch keine Auswirkung auf die Kampftruppe. Angriffe nahe der Küste kamen nicht länger in Frage; die Aufstellung der Streitkräfte musste auf der offenen See stattfinden. Doch die Anzahl der U-Boote war zu klein für eine vollständige Überwachung des offenen Meeres. Ihre Bereitschaft konnte nur durch Überraschung von Erfolg gekrönt werden.

Der Feind selbst hatte erkannt, dass der beste Schutz für seine Geleitzüge darin lag, die weiten Räume des Ozeans auszunutzen, indem er ständig die Routen änderte. So waren z. B. die U-Boot-Erfolge in den Monaten Juli und August 1941 klein, weil man die Geleitzüge im Nordatlantik nicht fand. Englische Langstreckenflugzeuge begannen bereits in gewissem Maße U-Boote zu orten und anzugreifen, so dass die U-Boot-Patrouillen so weit wie möglich vom Feind entdeckt und dann von den Geleitzügen vermieden werden konnten.

Nach einer erfolglosen Suche nach Geleitzügen im Juli und August entdeckte man schließlich Anfang September 1941 einen Geleitzug nahe der Küste Grönlands und griff mit gutem Erfolg an. Dies zeigt, wie sehr die offenen Räume des Ozeans dem Feind Vorteile verschafften, die Zerstreuung seiner Geleitzüge von Grönland und Island bis zu den Azoren und die daraus resultierende Schwierigkeit seitens der U-Boote, irgend etwas aufzuspüren. Wenn einmal ein Geleitzug angetroffen worden war, waren die Angriffe jedesmal erfolgreich. Die Schwierigkeit bestand in der Ortung, nicht im Angriff. Die begrenzten Versenkungszahlen über viele Monate hin resultierten aus dem Suchen und Warten, das wochenlang dauerte.

Mit einer eigenen extensiven Langstrecken-Luftaufklärung wäre das Ergebnis des U-Bootkrieges im Jahre 1941 ganz anders gewesen. Der Mangel einer umfangreichen Marine-Luftwaffe erwies sich als entscheidender Nachteil für die deutsche Seekriegführung.

Die U-Bootwaffe wusste, dass sie kämpfen konnte, dass ihr begrenzter Erfolg nur daran lag, dass es ihr nicht gelang, Feindberührung zu bekommen und dass sich diese Lage bessern würde, sobald eine größere Zahl von Booten für die Suche verfügbar war. Man betrachtete die zukünftige Entwicklung mit Zuversicht.

**Eine Möglichkeit, die Effektivität des Handelskrieges zu steigern hätte darin gelegen, vorgeschobene Stützpunkte dichter an den Geleitzugrouten einzurichten. Schniewind und Schuster erklären, warum die Seekriegsleitung nach einem Vorstudium die Entscheidung fällte, den Plan nicht weiterzuverfolgen.**

Um den Winter 1940–41 herum befasste sich die Seekriegsleitung sowohl aus eigenem Antrieb wie auf Anweisung des Oberkommandos mit dem möglichen Erfolg einer Invasion auf Island und den Azoren. Abgesehen von politischen Hemmnissen war die Besitznahme dieser Gebiete oder einzelner Stützpunkte vom militärischen Standpunkt aus sicher möglich; und die Errichtung von Marine- und Luftwaffenstützpunkten war höchst wünschenswert, da diese die Angelpunkte bilden würden, von denen aus der Krieg gegen die englische Handelsschifffahrt erfolgreich geführt werden konnte. Aber mit Rücksicht auf die begrenzte Stärke der Besatzungstruppen, die zunächst eingesetzt werden konnten und die Unmöglichkeit des regelmäßigen Nachschubs, war es indiskutabel, diese Stützpunkte längere Zeit zu halten.

**Am einflussreichsten unter den von Schniewind und Schuster erwähnten »politischen Hemmnissen« war die Sorge über die Reaktion der USA. Obwohl diese offiziell neutral waren, stellten sie in den Jahren 1940 und 1941 zunehmend Unterstützung für Großbritannien zur Verfügung. Am 3. September 1940 hatten sie im Austausch für die Pacht von Militärstützpunkten in Neufundland und in der Karibik fünfzig alte Zerstörer an Großbritannien übergeben. Am 11. März 1941 hatte Präsident Roosevelt das Lend-Lease-Gesetz unterzeichnet, mit dessen Hilfe die USA Großbritannien mit Nahrungsmitteln und Waffen versorgen sollten, obwohl Großbritannien sie nicht bezahlen konnte. Am 7. Juli 1941 übernahmen US-Truppen die Verteidigung Islands von Großbritannien. Von September 1941 an nahmen Schiffe der US-Marine an den britischen Geleitzügen im westlichen Atlantik teil; am 17. Oktober wurde eines dieser Begleitschiffe, die USS KEARNY, von einem U-Boot torpediert, aber nicht versenkt; und vierzehn Tage später versenkte U-526 den US-Zerstörer REUBEN JAMES. Was auch immer die Feinheiten des Völkerrechts anging, die Kriegsmarine und die U.S. Navy waren nun in offene Feindseligkeiten verstrickt. Während sich diese Situation schrittweise ergab, waren die Operationen der deutschen Kriegsmarine im Atlantik deutlich eingeschränkt worden.**

**Krancke:** Wir wussten, dass seit Kriegsbeginn immer größere Mengen von Kriegsgütern von den USA an Großbritannien geliefert wurden – und geliefert worden waren. Da--rüber hinaus konnte das Ausmaß der Unterstützung durch aufgefangene Funksprüche festgestellt werden. Z. B. Ende November 1940, als ich einen englischen Dampfer vor den Kleinen Antillen antraf und dieser eine kurze Funknachricht übermittelte, die jedoch nicht von irgendeiner englischen Station aufgefangen wurde, so dass dann die Nachricht von einem amerikanischen Schlachtschiff weitergegeben wurde.

Das folgende Beispiel zeigt das Ausmaß der Neutralitätsverletzung. Auf einem griechischen Dampfer, der angeblich Rotes-Kreuz-Material nach Griechenland transportierte, fand man, als er geentert wurde, Schlagbolzen und andere Waffenteile in den Rote-Kreuz-Kästen. Trotz dieser fortgesetzten Neutralitätsverletzungen wurden den deutschen Schiffen Kriegshandlungen streng verboten, selbst das Anrufen und Durchsuchen auf Schmuggelware von Schiffen unter amerikanischer Flagge. Dadurch sollte vermieden werden, Präsident Roosevelt – dessen Politik unserer Meinung nach voller Absicht auf ein Eintreten in den Krieg gegen Deutschland zielte – einen Vorwand für den Kriegseintritt zu bieten.

**Dönitz:** Die Haltung der Vereinigten Staaten von Amerika stellte ein weiteres Hindernis im U-Bootkrieg dar. Die Vereinigten Staaten hatten die westliche Hemisphäre zu ihrer Schutzzone erklärt, und obwohl sie neutral waren, hatten sie erklärt, dass sie jedes deutsche Kriegsschiff in diesem Gebiet angreifen würden. Deutsche U-Boote wurden denn auch tatsächlich von amerikanischen Kreuzern mit Wasserbomben angegriffen. Trotz dieser Verletzung des Völkerrechts hatte die deutsche U-Boot-Führung entschiedene Befehle von der politischen Führerung, unter allen Umständen einen Zwischenfall mit amerikanischen Kriegsschiffen und Handelsschiffen zu vermeiden. Das Ergebnis war, dass die U-Boot-Kommandanten in diesem westlichen Gebiet alle Angriffe auf englische Zerstörer unterlassen mussten, weil es nachts oder durch das Periskop durchaus möglich war, [sie] mit amerikanischen Zerstörern zu verwechseln.

Zusätzlich zu dieser für die Kommandanten höchst unglücklichen Lage untersagte die politische Führung den U-Booten, westlich von Neufundland zu operieren, weil sie jeden Zwischenfall in diesem Gebiet vermeiden wollten, um dem Krieg mit den Vereinigten Staaten aus dem Wege zu gehen. Die U-Boot-Kommandanten waren daher nicht in der Lage, die Geleitzüge nach England in der Nähe ihrer Abfahrtshäfen und in den Gebieten ihrer starken Konzentration (z.B. bei Halifax) zu suchen, sondern mussten in den offenen Räumen des Atlantiks bleiben, wo nach dem Passieren von Cape Race eine sehr große Streuung der Geleitzüge möglich war.

**Schniewind und Schuster:** Von Mitte 1941 an, als [Admiral Schniewind] den Posten des Flottenchefs übernahm, so erinnert [er] sich noch daran, war [die] Zone (300 Meilen) um die amerikanische Küste, die von den USA geschützt wurde, die Wirksamkeit der U-Boote sowie die Angriffe auf Handelsschiffe durch Überwasserschiffe stark einschränkte. Angriffe auf den Schiffsverkehr entlang der kanadischen Ostküste und Neufundlands (Halifax) wurden, obwohl so wünschenswert und ertragreich, verboten, weil es notwendig war, jede mögliche Spannung mit den USA zu vermeiden. Als die USA ihre Zurückhaltung im Jahre 1941 langsam aufgaben und die Politik des »Jede-Hilfe-außer-Krieg« zur Unterstützung der Westmächte bei den Geleitzügen und der Verteidigung südlich Islands eingeführt wurde, versuchte die Seekriegsleitung, die den Richtlinien der Politik des Oberkommandos folgte, Spannungen und Zwischenfälle so weit wie möglich zu vermeiden.

**Obwohl die U-Boote mit ihrer Fähigkeit zu heimlichen Operationen das wahrscheinlich wirkungsvollste Mittel im Angriff auf jeden Aspekt der britischen Seemacht darstellten, zögerte die deutsche Seekriegsleitung kaum, die wenigen verfügbaren großen Überwasserschlachtschiffe als Handelsstörer einzusetzen, doch gaben sie sich keinen Illusionen über die großen Risiken hin, denen ihre Schiffe ausgesetzt sein würden.**

**Schniewind und Schuster:** Es war die grundlegende Entscheidung der Seekriegsleitung, mit der das Oberkommando vollkommen übereinstimmte, dass alle geeigneten Überwasserschiffe für den Handelskrieg mit England eingesetzt werden und so den U-Bootkrieg unterstützen sollten. Dies bezog sich auch auf die BISMARCK. (…) Es wurde zudem vorhersehbar, dass die Überwasserkriegsführung auf hoher See schließlich den starken See- und Luftstreitkräften des Feindes [und] der zunehmenden Wirksamkeit der feindlichen Patrouillen auf See und in Meerengen würde nachgeben müssen.

**Dönitz:** Nach der Eroberung Norwegens und Westeuropas gab es für die Kampfverbände der Flotte keine weiteren Aufgaben in den Gewässern der Nordsee und des nördlichen Eismeeres. Die Idee, sie als »fleet in being« zu halten, wurde aufgegeben, denn angesichts ihrer Stärke wäre eine solche Flotte so gut wie nutzlos, und außerdem bestand die Gefahr, dass sie aufgrund der großen Reichweite moderner Waffen (Bomben, Luftminen) sinnlos aufgebraucht würde. Darüber hinaus erforderte die begrenzte Zahl der U-Boote im Jahre 1941, dass der Handelskrieg mit allen verfügbaren Mitteln geführt wurde. Die französischen Biskaya-Häfen, von denen nur Brest für Schlachtschiffe geeignet war, standen als Stützpunkte zur Verfügung.

Und so wurde die Entscheidung getroffen, die Schlachtschiffe und Schweren Kreuzer sowie die Panzerschiffe in den Atlantik zu schicken. Aufgrund ihrer geringen Reichweite war es nicht möglich, auch Zerstörer auf den Weg um die Nordspitze Englands herum zu schicken noch auch auf die späteren weitreichenden Angriffe von Westfrankreich aus, wo sie nach ihrer Fahrt durch den Ärmelkanal nur in der Gegend der Biskaya eingesetzt werden konnten. Dieser Mangel jeglichen Schutzes für die schweren Verbände wurde als großer Nachteil empfunden, konnte aber die getroffene Entscheidung nicht beeinflussen.

**Krancke, der das Panzerschiff ADMIRAL SCHEER auf einer sehr erfolgreichen Fahrt als Handelsstörer im Winter 1940–41 befehligte, erlebte die Freuden und Sorgen, die mit dem Kommando über ein großes Kriegsschiff fern des Heimathafens einhergingen.**

Der Seekrieg im Atlantik mit allen Mitteln, die der Marine zur Verfügung standen, wurde mit einem enormen Risiko geführt. Außer den U-Booten, die den größten Faktor in dieser Kriegführung darstellten und wofür die mit Luftabwehr ausgestatteten Stützpunkte geschaffen wurden, beorderte man Hilfskreuzer in jedes Meer der Welt. Infolge eines Angriffs auf einen Geleitzug im Nordatlantik durch den Kreuzer ADMIRAL SCHEER war der Feind gezwungen, seine Geleitzüge mit Schlachtschiffen zu sichern. Die Ankunft der ADMIRAL SCHEER im Atlantik und Indischen Ozean band große feindliche Kräfte und die Schlachtschiffe SCHARNHORST und GNEISENAU sowie der Kreuzer ADMIRAL HIPPER wurden in den Nordatlantik entsandt, um gegen die Handelsschifffahrt Krieg zu führen.

Der Winter 1940–41 ist bemerkenswert wegen des großen Umfangs, in dem die Überwasserstreitkräfte im Handelskrieg eingesetzt wurden, eine Form des Seekrieges, die als klassisch bezeichnet werden kann. Fast eine Million Tonnen feindlicher Schiffe wurden von Überwasserschiffen erbeutet oder versenkt. Zahlreiche Prisen wurden in die Häfen der Biskaya gebracht; höchst wertvolle Rohstoffe wurden aus Übersee eingebracht. Die englischen Gegenmaßnahmen waren meist nutzlos, da große Abschnitte der Ozeane nicht von ihren Flugzeugen überwacht wurden und elektrische Ortungsgeräte ihnen noch nicht zur Verfügung standen. Diese Zeit war die für die deutsche Seekriegführung erfolgreichste.

**Das Ende dieser Kriegführung kam mit dem Eintreffen des neuen Schlachtschiffes BISMARCK – dem mächtigsten deutschen Kriegsschiff – sowie des neuen Kreuzers PRINZ EUGEN im Atlantik im Mai 1941.**

**Schniewind und Schuster:** Als die HIPPER und die SCHEER ausbrachen und nach Hause rasten, war bereits klar geworden, dass die [feindliche] Überwachung der Dänemark-Straße wirksamer geworden war (?Radar). Die BISMARCK musste ihren Einsatz so lange aufschieben, während sie auf die TIRPITZ oder sogar einen Flugzeugträger wartete, dass die Chancen eines erfolgreichen Durchbruchs mit irgendeinem lohnenden Ergebnis trotz der Verstärkung ihrer Kampfkraft kleiner und kleiner wurden. Die Ausfahrt der BISMARCK und der PRINZ EUGEN fand schließlich zur Zeit der Kreta-Operation statt. Der Seekriegsleitung erschien es am wünschenswertesten, dass ein Täuschungsunternehmen zu dieser Operation im Atlantik stattfinden sollte, um die [britische] Force H aus Gibraltar abzuziehen. Ursprünglich sollten die SCHARNHORST und die GNEISENAU zu diesem Zweck zusammenarbeiten, doch aus diesem Plan wurde nichts, weil sie immer noch in Brest überholt wurden.

Dies waren die Hauptgründe, welche die Seekriegsleitung dazu zwangen, die BISMARCK-Operation zu riskieren. Das Täuschungsunternehmen war tatsächlich erfolgreich, doch trotz des Erfolges gegen die HOOD wurde dies teuer erkauft durch den Untergang der BISMARCK zusammen mit dem Großadmiral und dem Admiralstab. Der PRINZ EUGEN gelang es, die englischen Kreuzer abzuschütteln und mitten im Atlantik Kontakt mit dem Betankungsschiff aufzunehmen. Die PRINZ EUGEN sollte nie wieder allein im Handelskrieg operieren, weil ihre Maschinenraumeinrichtungen zu unzuverlässig waren (Anfangsschwierigkeiten des Hochdruckdampfsystems). So wurde auch dieses Schiff gezwungen, nach Brest zu fahren.

**Dönitz:** Die Schwierigkeit der Island-Passage verhinderte nicht, dass auch die BISMARCK und die PRINZ EUGEN nach der Vollendung ihres Ausbaus und entsprechend der bereits erwähnten strategischen Dispositionen im Mai 1941 in den Atlantik entsandt wurden. Nach der Versenkung des Schlachtkreuzers HOOD, der die herausragende Kampfkraft des neuen deutschen Schlachtschiffes bewies, gelang es dem Verband, die Engländer nochmals abzuschütteln, doch am nächsten Tag wurde er wieder von einem feindlichen Flugzeug entdeckt. In einem harten Kampf fiel die BISMARCK den englischen Schlachtschiffen und Flugformationen zum Opfer, die aus dem gesamten Nordatlantik zusammengezogen worden waren. Unsere eigenen Flugzeuge, die aus Westfrankreich ausgesandt worden waren, konnten ihr unglücklicherweise keine wirkungsvolle Hilfe leisten, weil die Entfernung zu groß war.

Die Versenkung der BISMARCK war für die Marine ein schwerer Verlust, obwohl die Führung, wie bereits erwähnt, bei ihren kühnen und unüblichen Methoden der Kriegführung mit solchen Rückschlägen gerechnet hatten. Bei dieser Operation scheint die Funkortung von Schiffen aus das erste Mal eine entscheidende Rolle gespielt zu haben. Danach wurde es immer klarer, dass der Feind uns in dieser Hinsicht eindeutig überlegen war. Diese Überlegenheit war einer der Gründe, dass die deutschen Flottenverbände und später auch die bewaffneten Handelskreuzer außerhalb der heimatlichen Gewässer unterlagen. Andererseits zeigte die heftige Reaktion der englischen Seestreitkräfte, dass das strategische Ziel erreicht worden war, d.h., außer dem direkten Erfolg bei der Versenkung vor allem, dass die englische Flotte beschäftigt blieb. Damals wurden die englischen Geleitzüge z. T. von einzelnen Schlachtschiffen bewacht, z. T. von Schlachtschiffgruppen gedeckt.

**Krancke:** Der Gedanke war, eine starke Gruppe im Atlantik zu bilden, die aus der BISMARCK und PRINZ EUGEN zusammen mit der SCHARNHORST und GNEISENAU bestehen sollte, die in der Lage sein würden, auch Geleitzüge anzugreifen, die von Schlachtschiffen begleitet wurden. Leider fehlte es an einem Flugzeugträger. Die Gruppe sollte nicht zerstreut werden, sondern als konzentrierte Macht [operieren]. Wir warteten nicht auf die TIRPITZ, die noch nicht kampfbereit war, um die Atlantik-Schlacht mit Überwasserstreitkräften wieder aufnehmen zu können.

Nach der Vernichtung der HOOD musste [die] BISMARCK den Kampf gegen die PRINCE OF WALES zu Ende bringen und dann ihre Rückreise antreten, da es unwahrscheinlich schien, dass sich die Gruppe nach der Begegnung mit dem Feind erfolgreich in Brest würde treffen können, ohne weiter gegen eine überlegene Streitmacht kämpfen zu müssen. Ein Angriff der gesamten englischen Trägerflugzeuge entschied das Schicksal des Schiffes durch einen unglücklichen Treffer des Ruders. Unsere eigene Ermangelung eines Flugzeugträgers und Trägerflugzeugen war in entscheidender Hinsicht klar.

**Schniewind und Schuster:** Im Verlauf der BISMARCK-Operation entstanden nach der Schlacht mit der HOOD Diskussionen in der Seekriegsleitung, ob man nicht bes-

ser die Rückkehr des Schlachtschiffes nach Norwegen anordnen solle. Dieser Durch-
bruch erschien praktikabler als die Fortsetzung der Operation oder die Fahrt nach
Brest. Dieselbe Diskussion wurde wieder aufgenommen, als die Seekriegsleitung
Nachricht von dem ersten Lufttorpedotreffer erhielt. Der Oberbefehlshaber der
Kriegsmarine [Großadmiral Raeder] weigerte sich, genaue Instruktionen an das
Schlachtschiff oder das die Operation leitende Gruppenkommando herauszugeben,
weil er nicht ausreichend über die Lage des Schlachtschiffes und seinen Aktionsradius
informiert war und die freien Entscheidungen des Befehlshabers der Flotte und des
Gruppenkommandos nicht einschränken wollte.

Der Einsatz der schweren Überwasserschiffe gegen die englischen Seewege im Atlantik kam mit der Versenkung des Schlachtschiffes BISMARCK zum Ende. Trotz vieler Erfolge hatten diese Einsätze die Hoffnungen der Seekriegsleitung wegen der
starken Verteidigungsmaßnahmen des Feindes nicht erfüllt. Der Plan, diese Art der
Kriegführung mit in Brest gesammelten Schiffen wieder aufzunehmen, wurde aufgegeben, weil sie aufgrund der ausgedehnten Reparaturarbeiten und der ständig neuen
Beschädigungen durch feindliche Luftangriffe bis Dezember 1941 nicht wieder zur
Verfügung standen. Die geplante Operation von Zerstörern von der Gironde aus, die
gegen die westlich der spanischen Küste (15 bis 20° W) liegenden Handelsrouten gerichtet war, wurde nicht ausgeführt, weil die Kräfte zu schwach waren, der Aktionsradius zu klein war und es keine in ausreichendem Maße zuverlässige Luftaufklärung
gab.

Die Nutzung der Atlantikküste für den Angriff von Überwasserstreitkräften auf
die Handelsschifffahrt, welche die Seekriegsleitung erstrebt [und] erreicht hatte, war
nur auf eine sehr unvollständige Weise möglich gewesen.

**Vom Kriegsausbruch an bis Ende 1941 waren mehr als 9 Millionen Brutto-
registertonnen britischer, alliierter und neutraler Handelsschiffe vernichtet worden, während die Werften des britischen Weltreiches und der Vereinigten Staaten
ungefähr ein Drittel davon mit neuer Tonnage ersetzt hatten. Die Deutschen
konnten mit dieser Verlustrate sehr gut zufrieden sein. U-Boote waren für mehr
als die Hälfte der versenkten Tonnage verantwortlich, während Luftangriffe für
mehr als 1,5 Millionen Tonnen verantwortlich waren und Handelsstörer aller
Art sowie Minen jeweils eine weitere Million verantworteten. Die Handelsstörung ging nach dem Verlust der BISMARCK eindeutig zurück: die Verluste durch
Handelsstörer, die in den ersten sechs Kriegsmonaten von 1941 mehr als 325.000
Tonnen ausmachten, fielen auf nur noch 80.000 Tonnen in der zweiten Jahreshälfte.**

# 5

# Der Krieg im Mittelmeer
# 1940–1941

Im November 1936 hatte Italien mit Deutschland die Achse Rom–Berlin gebildet. Ein Jahr später hatte sich Italien dem Deutsch-Japanischen Antikomintern-Pakt angeschlossen. Der italienische Diktator Benito Mussolini arbeitete mit Hitler zusammen, um General Francos nationalistische Kräfte im Spanischen Bürgerkrieg zu unterstützen, und er spielte auch eine Schlüsselrolle bei den Verhandlungen über das Münchner Abkommen im Jahr 1938. Gleichwohl hatte er gezögert, 1939 als Verbündeter Deutschlands in den Krieg einzutreten. Doch weil er darauf brannte, sich einen – wie es schien, sehr preiswerten – Platz bei der erwarteten Friedenskonferenz zu sichern, setzte er seine Streitkräfte schließlich am 10. Juni in einen Angriff auf Großbritannien und Frankreich ein. Nach Kriegsende bringen die deutschen Admirale in ihren Aufsätzen weder große Begeisterung noch Dankbarkeit für seine Intervention auf.

**Heye:** Der Eintritt der Italiener in den Krieg wurde in den Streitkräften nicht überall als richtig angesehen. Wir hörten, dass Italiens Entscheidung ohne Druck aus Deutschland erfolgt war, vielleicht nur deshalb, weil die Italiener dachten, der Krieg würde nur kurz dauern. Auch aus ökonomischen Gründen, z.B. in Bezug auf Kohle, musste die italienische Kriegsbeteiligung ein Hindernis darstellen. Ein neutrales deutschfreundliches Italien wäre für Deutschland nach Meinung vieler Militärkreise nützlicher gewesen als ein kriegführendes Italien.

**Schniewind und Schuster:** Die Seekriegsleitung betrachtete die italienische Neutralität als die für Deutschland beste Lösung. Man sah voraus, dass Italien im Falle einer aktiven Kriegsbeteiligung bald Hilfe brauchen würde. Für ein neutrales Italien wäre keine Hilfe nötig gewesen. Es würde von den Westmächten vorsichtig, politisch aber vage und drohend behandelt; und seinetwillen hätten sie eine bestimmte Anzahl Streitkräfte im Mittelmeer in Reserve halten müssen, obwohl es nicht aktiv am Krieg teilnahm. Der Weg zur ganzen Welt lag durch ein freundliches neutrales Land offen. Für die Verteidigung der Südgrenze des Reiches standen keine Streitkräfte bereit.

Der Verlauf des Krieges hat, so wie ich es heute beurteile, die Richtigkeit der Lagebestimmung durch die Seekriegsleitung erwiesen. Es ist nicht möglich, sich eine Meinung darüber zu bilden, wie weit und wie lange die Westmächte mit einer Deutschland gegenüber freundlichen Neutralität zufrieden gewesen wären. Dies hätte man aber beobachten können. Es wurde dann aber bald klar, dass die Seekriegsleitung Italien zu Hilfe kommen musste; zunächst nur durch die Versorgung mit Material (Waffen, Paks, Flakgeschütze und Treibstoff), später aber auch mit Truppen.

**Krancke:** Nachdem Italien 1939 entgegen seinen Verträgen neutral geblieben war, wirkte sein Kriegseintritt kurz vor dem Fall Frankreichs nur als politische Bürde. [...] Es zeigte sich, dass die italienischen Streitkräfte wenig Kampfwert besaßen. Zu Wasser, zu Land und in der Luft waren ihre Streitkräfte selbst angesichts eines schwächeren Gegners unterlegen; trotz scheinbarer numerischer Stärke. Deutschland musste überall mit beträchtlichen Truppen zu Hilfe kommen.

**Andere Admirale betonen, dass eine Strategie, die darauf gezielt hätte, die Stärke der Achsenmächte im Mittelmeer auszunutzen, bessere Aussichten für den Sieg über Großbritannien geboten hätte als der Handelskrieg im Atlantik, dem sich die Kriegsmarine verschrieben hatte. Konteradmiral Schulz legt die Argumente für eine Mittelmeerstrategie dar:**

Seit [...] Frankreich als Gegner aufgehört hatte, zu existieren, wodurch der ganze französische Teil Nordafrikas neutralisiert wurde, und außerdem Italien mit seiner numerisch beachtenswerten Flotte auf Seiten Deutschlands in den Kriegs eingetreten war, hatte sich die Situation zur See in der kurzen Zeit von April–Juli 1940 in einem bisher unvorstellbaren Maße zugunsten Deutschlands geändert.

Es bedurfte nur des Beitritts Spaniens, das uns wohlgesonnen war, um das Mittelmeer im Westen zu verschließen, und es so mit allen Vorteilen und Zwecken zum Meer der Achse zu machen.

Der Weg nach Ägypten und zu den Ölfeldern des Nahen Ostens wäre offen gewesen und England hätte den Kompromissfrieden annehmen müssen, den die deutsche politische Führung anstrebte.

Das Kommando der Kriegsmarine in Wilhelmshaven, in dessen Stab ich damals diente, war sich sicher, dass der Krieg sich in dieser Richtung weiterentwickeln würde und stellte daher die entsprechenden notwendigen Vorbereitungen an, einschließlich der Bereitstellung von Geschützmannschaften der Marineartillerie an der Straße von Gibraltar.

Warum die politische Führung des Reiches zu dieser Zeit nicht in der Lage war, sich Spaniens Teilnahme an der Achse zu sichern, weiß ich nicht.

Ich habe das Gefühl, dass die großen seekriegsstrategischen Möglichkeiten einer solchen Entwicklung von ihr nicht voll gewürdigt wurden und dass sie daher diese Lösung nicht mit der notwendigen Entschiedenheit verfolgte.

Wie mich Kollegen informiert haben, war der Einfluss der deutschen Admiralität auf die Erörterung wichtiger politisch-strategischer Verbindungen dieser Art sehr gering, da es keinen Kriegsrat gab, der aus Vertretern der verschiedenen Oberkommandos bestand, sondern die wichtigsten Entscheidungen wurden von Adolf Hitler selbst (mittels Intuition) getroffen, so dass dem Oberkommando tatsächlich nur die Umsetzung dieser Pläne in die Praxis übrig blieb.

Meiner Meinung nach wurde daher eine große Gelegenheit verpasst, den Krieg schnell auf eine für Deutschland vorteilhafte Weise zu beenden.

**Vizeadmiral Weichold, der als Verbindungsoffizier der deutschen Kriegsmarine bei der italienischen Kriegsmarine diente, bietet eine umfassendere Erklärung der Argumente für eine Mittelmeerstrategie.**

Der Kriegseintritt Italiens gab der militärischen Lage im englisch-deutschen Krieg ein völlig neues Gesicht. Nach der erfolgreichen Abwehr der deutschen Luftangriffe auf die britischen Inseln und als das deutsche Oberkommando seine Invasionspläne zurückgezogen hatte, weil es erkannt hatte, dass die See der einzige Ort war, an dem das britische Weltreich zur Schlacht gezwungen werden konnte, lag nun ein weiterer verwundbarer Punkt des britischen Weltreiches im Mittelmeerraum offen vor der Achse. Der Grund für die Verwundbarkeit lag in der Abhängigkeit selbst einer Seemacht von der geographischen Lage. Dies traf besonders auf das Mittelmeer zu, da die britische Seemacht nur auf wenigen Stützpunkten beruhte. Mit deren Fall musste das gesamte Gerüst der britischen Macht im Mittelmeerraum, vor allem aber im Nahen Osten, notwendigerweise zusammenbrechen. Die Besitzungen Englands im Mittelmeerraum waren jedoch vor allem von wirtschaftlichem Wert, der sich seit dem Ersten Weltkrieg erheblich gesteigert hatte. Wegen seiner Verpflichtungen gegenüber den Ländern im östlichen Mittelmeerraum war England nun zu Lande verwundbar geworden. Eine Bedrohung oder ein Kampf in diesen Gebieten gestattete es, das britische Weltreich in den Kampf zu Lande zu ziehen, was bisher nur auf See möglich gewesen war.

Die praktischen Erwägungen, die zur Ausschaltung der britischen Seemacht aus dem Mittelmeer und der Zerstörung ihrer imperialen Lebensader führen sollten, waren die Einnahme Maltas, die Blockade der Straße von Sizilien sowie die Durchführung von Operation gegen Ägypten von Libyen aus. Die Lage Italiens im Zentrum des Mittelmeers und der Besitz Tripolitaniens sicherte das französische Nordafrika als Basis für zukünftige Land- und Luftoperationen im größeren Maßstab gegen die Briten.

Es war ziemlich klar, dass Italiens Kriegseintritt wesentlich größere Möglichkeiten für die Kriegführung gegen Großbritannien eröffnete als sie bisher für Deutschland zur Verfügung standen. Um von diesen neuen Möglichkeiten profitieren zu können, war es für das Oberkommando der Achse entscheidend, alle geographischen und materiellen Vorteile auf nur ein Ziel zu konzentrieren. Diesem Plan entsprechend hätte es keinerlei Nordsee- oder Atlantikkommandos ohne auch ein deutsches Mittelmeerkommando auf der italienischen Seite geben dürfen.

Selbst wenn viele dieser Möglichkeiten nicht in die Praxis umgesetzt worden wären – wie es in Koalitionskriegen oft der Fall ist – und nicht zu positiven Erfolgen geführt hätten, so hätten sie doch wenigstens das Unglück abwenden können, das die Südflanke der Achse im Mittelmeer zerstörte und später den Süden Deutschlands gefährden sollte. Die einzige Voraussetzung für die Ausführung der Mittelmeeroperationen der Achse war die Anerkennung der Tatsache, dass die Möglichkeiten zu konzertierten Aktionen mit dem italienischen Verbündeten auf See und in den angrenzenden britischen Territorien lagen.

Das deutsche Oberkommando erkannte in der neuen strategischen Lage Deutschlands die Möglichkeiten eines erfolgreichen und entscheidenden Kampfes mit Großbritannien, nicht jedoch die Gefahrenquellen. Zudem war die deutsche Admiralität völlig mit dem U-Bootkrieg beschäftigt, um eine Entscheidung mit Großbritannien zu erzwingen. So wurde nach dem Kriegseintritt Italiens der Status quo in Sachen Kriegführung beibehalten. Der Angriff auf die britische Schifffahrt wurde wegen des Mangels an Überwasserschiffen vor allem von U-Booten durchgeführt, die wenigen verfügbaren Überwasserschiffe wurden diesem Ziel untergeordnet.

Aus verschiedenen Gründen hätten einige der Admirale sicherlich eine Verständigung – oder sogar eine Koalition – mit Frankreich anstatt mit Italien vorgezogen. Die Kollaborations-Regierung des Vichy-Frankreich unter Marschall Pétain hatte sehr wohl Anreize, eine anti-britische Politik zu verfolgen. Der übereilte Rückzug der britischen Armee über Dünkirchen und die Weigerung, die Luftverteidigung Großbritanniens zu beeinträchtigen, anstatt mehr Jagdfliegerstaffeln für die Verteidigung Frankreichs einzusetzen, konnte leicht als Verrat an der Entente Cordiale interpretiert werden. Am ernstesten aber war der Umstand, dass aus Furcht, Deutschland könne seine Seemacht stärken, indem es sich der französischen Flotte bemächtigte, Großbritannien Anfang Juli 1940 französische Schiffe in britischen Häfen beschlagnahmte, das französische Geschwader in Alexandria internierte und den französischen Marinestützpunkt von Mers el Kebir in der Nähe von Oran in Algerien bombardierte. Wie stark die Verzweiflung auch immer gewesen sein mag, die Großbritannien zu dieser Handlung motivierte, so konnten doch deutsche Propagandisten argumentieren, dass Großbritannien nicht der Freund Frankreichs sei. Die Vorstellung, dass die Franzosen bereit sein könnten, gegen Großbritannien zu kämpfen, erschien noch glaubwürdiger, als sie eine Streitkraft aus britischen und freien französischen Truppen zurückwarfen, die am 27. September 1940 den Versuch unternommen hatten, den Hafen von Dakar in Westafrika einzunehmen.

Heye: Die Differenzen zwischen Frankreich und Italien waren […] so groß, dass die spätere Zusammenarbeit mit Frankreich erheblich schwieriger sein würde. In großen Kreisen wurde die weitsichtige Auffassung vertreten, dass die Zusammenarbeit mit Frankreich und die vollständige Versöhnung mit unseren westlichen Nachbarn besser wäre als eine enge Allianz mit Italien.

**Krancke:** [Italiens Teilnahme] behinderte den Abschluss eines Friedens mit Frankreich wegen [der Ansprüche] Italiens auf Nizza, Korsika und Tunis. Meiner Meinung nach wäre dieser Frieden möglich gewesen, wenn man Elsaß-Lothringen an Frankreich zurückgegeben hätte. Deutschland hatte trotz der französischen Kriegserklärung keine weiteren Verpflichtungen. Wir hatten niemals seine Flotte oder seine Kolonien verlangt. Die Bedingungen des Waffenstillstandes und der Charakter des Vertrages beseitigten alle Feindseligkeit und alle Schande (im Gegensatz zu 1918).

**Dönitz:** Bald nachdem die französischen Häfen [der Biskaya] wieder in Betrieb waren, wünschte sich die Kriegsmarine wegen der großen Gefahr aus der Luft Atlantikhäfen weiter südlich in der Nähe von Französisch-Marokko und Dakar.

**Schniewind und Schuster:** In Bezug auf die Politik gegenüber Frankreich bestand die Seekriegsleitung darauf, wie man es in Norwegen versucht hatte, dass – abgesehen von visionären Idealen – die praktischen und tatsächlichen Kriegsinteressen Deutschlands die Beendigung des Krieges mit Frankreich in befriedigender Weise erforderten, was natürlich bedeutete, dass Besatzungsmaßnahmen für die Dauer des Krieges aufrechterhalten bleiben müssten. Frankreich musste versichert werden, dass es im Frieden kein allzu schweres Schicksal erwarten werde. Dadurch hoffte die Seekriegsleitung Frankreich als einen sichereren und bereitwilligeren Verbündeten samt seinem Waffenarsenal für den Krieg zu gewinnen.

Aus diesem Grunde gestattete die Seekriegsleitung die Verstärkung der französischen Truppen in den nordafrikanischen Besitzungen, um das Gebiet wirkungsvoller gegen feindliche Landeunternehmen verteidigen zu können. Natürlich waren diese Maßnahmen zweischneidig und hätten sich gegen die Achse wenden können (Afrikafeldzug). Die Seekriegsleitung glaubte jedoch, nachdem Frankreich durch die milden Friedensbedingungen noch mehr auf die Seite Deutschlands gebracht worden war, dass sie das Vertrauen der politische Führer des Landes gewinnen und ihm dementsprechend mehr Vertrauen entgegenbringen könnte.

Von der Seekriegsleitung wurde den Vorteilen einer solchen Politik – die Verteidigung Nordafrikas, Rückendeckung für das italienische Nordafrika, Anlagen, um Verstärkungen über Tunis schicken zu können, die Gewinnung von Stützpunkten im Mittelmeerraum (Oran, Bizerta usw.) und an der Atlantikküste (Dakar, Casablanca) – ein hohes Maß Bedeutung beigemessen, so dass ein Versuch in dieser Richtung in jeder Hinsicht praktikabel erschien. Außerdem konnte Frankreich möglicherweise nach einer angemessenen Verstärkung und Ausbildung damit beauftragt werden, eine große militärische Operation von Senegambia aus auszuführen, um den von De Gaulle eroberten Teil von Äquatorial-Afrika wiederzuerlangen.

Die Gefahr, die die Seekriegsleitung schon 1940 erkannt hatte, wäre so vermieden worden – nämlich, dass die Westmächte mittels großangelegter Operationen in Äquatorial-Afrika und des Baus von Verkehrsadern zum Nil Verstärkungen an den nordafrikanisch-ägyptischen Kriegsschauplatz schicken konnten, während sie gleichzeitig den Kriegsschauplatz im Mittelmeerraum und damit auch Europa im Süden und

Südosten umzingelten. Diese Vorstellung, zusammen mit dem Kampf um ein angemessenes Ergebnis in Bezug auf die Politik des Oberkommandos gegenüber Frankreich, konnte von der Seekriegsleitung nicht in die Tat umgesetzt werden. Man vermutete damals, was sich während der Verhandlungen der Waffenstillstandskommission schließlich auch zeigte, dass Italien auch gegen eine solche Behandlung Frankreichs war.

**Selbst vor Italiens Eintritt in den Krieg hatte Heye keine sehr hohe Meinung von seinen Fähigkeiten als potentieller Verbündeter.**

Die Politik der Allianzen, die die Regierung [vor dem Krieg] als Ersatz für den Mangel an britischer Freundschaft verfolgt hatte, entsprach in vieler Hinsicht nicht der Meinung der Streitkräfte. Italien wurde von Heer, Kriegsmarine und Luftwaffe nicht als besonders wertvoller Verbündeter angesehen, trotz seines Auftriebs durch den Faschismus. Die italienische Kriegsmarine wurde von der deutschen Kriegsmarine als effizientester Teil Italiens betrachtet.

**Die italienische Kriegsmarine war auf dem Papier zweifellos eine Macht, mit der gerechnet werden musste. Die sechs Schlachtschiffe (zwei weitere waren im Bau), mehr als dreißig Kreuzer, mehr als fünfzig Zerstörer und mehr als hundert U-Boote der italienischen Kriegsmarine stellten eine Seemacht dar, die weit über das hinausging, was der deutschen Admiralität zur Verfügung stand und was die britische Navy im Mittelmeer einsetzen konnte. Es ist kaum verwunderlich, dass die Deutschen anfangs damit zufrieden waren, den Krieg im Mittelmeer ganz den Italienern zu überlassen. Schniewind und Schuster erklären, wie die Achse auf der höchsten Ebene funktionierte.**

Bis zum Herbst 1940 leistete Deutschland keine aktive Hilfe durch die Entsendung von Streitkräften des Heeres, der Kriegsmarine und der Luftwaffe an den Kriegsschauplatz des Mittelmeeres. Deutsche Verbindungsoffiziere wurden jedoch zur italienischen Armee abgeordnet, um in Verbindung zu bleiben und im Bedarfsfall Rat erteilen zu können. Die Aufgabe des deutschen Verbindungsstabes der Kriegsmarine bei der italienischen Kriegsmarine (Supermarina) in Rom war bis zum Ende des Krieges sehr schwierig – wahrscheinlich wegen der italienischen Empfindlichkeit.

Natürlich beherrschten italienische Politik und Kriegsführung den Kriegsschauplatz im Mittelmeer.

Die Handlungen – vor allem aber auch die Unterlassungen – bei der politischen und militärischen Führung des Krieges in diesem Gebiet wurde von den Interpretationen und Entscheidungen bestimmt, welche die Staatsoberhäupter der beiden Achsenmächte – einzeln oder zusammen – entwickelten, planten und ausführten oder auszuführen versuchten. Die Persönlichkeiten der zwei führenden Staatsmänner hatte einen großen und oft entscheidenden Einfluss auf die Ereignisse. Ihre Überlegungen wurden nur teilweise niedergeschrieben und oft kaum vor jenen in Worte gefasst, die den engsten Beraterkreis ausmachten. Die wahren und letzten Beweggründe ihrer

Handlungen zu bestimmten Zeiten können, da sie beide tot sind, von den Historikern oder Militärschriftstellern nicht mehr ermittelt werden.

Der Einfluss der Politik auf die Führung des Krieges im begrenzten Gebiet des Mittelmeeres war natürlich groß, weil dort die vielfältigen politischen Interessen der Staaten innerhalb und außerhalb des Gebietes miteinander in Konflikt standen, sich verschränkten und selten in Übereinstimmung befanden. Sie beeinflussten in politischer und militärischer Hinsicht nicht nur das Verhältnis der zwei Achsenmächte zueinander; und nicht nur die Interessen Italiens und seiner gestörten oder zunichte gemachten Bemühungen, mit Deutschlands Hilfe seine früheren Besitzungen zu vergrößern; verhindert wurde vor allem die Bildung eines politischen Dreiecks – Deutschland-Italien-Frankreich –, das nach Ansicht der Marine die Grundlage für die Beherrschung des Mittelmeers und die Verteidigung Nord- und Westafrikas hätte sein können.

Die italienische Politik beeinflusste die Haltung Spaniens u. a. gegenüber den akuten Problemen im Mittelmeerkrieg.

Am Rande sollte erwähnt werden, dass nicht nur die Außenpolitik des Führers, sondern auch das OKW *[Oberkommando der Wehrmacht]* und die Waffengattungen in ihren Plänen und Forderungen daran gedacht hatten, die innenpolitische Lage Italiens (Stärke des Faschismus, Mussolinis persönliche Haltung) einzubeziehen und tatsächlich diese Lage einbeziehen mussten. Der alte Spruch »Eine Koalition ist alles andere als eine Idylle« erwies sich auch hier wieder als wahr.

Die Bedeutung des Mittelmeeres wurde von der deutschen Führung klar erkannt, vor allem aber von der SKL. Es war jedoch vor dem Kriegseintritt Italiens die Sphäre, in der Italien ein Monopol besaß. Selbst nach dem Juni 1940 hielt die deutsche Führung sich im Mittelmeer mit ihrem Einfluss und militärischer Unterstützung deutlich zurück. Dass dieser Verbündete Truppenunterstützung brauchte, war den deutschen Militärführern klar, vor allem der Wehrmacht und der SKL. Der deutsche Generalstab wurde von der italienischen Empfindlichkeit daran gehindert, diese Hilfe zu gewähren, obwohl es später, als der Widerstand geringer wurde, möglich wurde, doch leicht war es nie.

**Auf der Basis der detaillierten Informationen, die er als hochrangiger Verbindungsoffizier erhielt, ist Weichold in der Lage, ätzende fachliche Kritik sowohl der ernsthaft unzulänglichen Kampfbereitschaft der italienischen Kriegsmarine als auch am Funktionieren der Achse zu üben.**

Vor dem Krieg wurde die italienische Kriegsmarine positiv gesehen, aber im Vergleich mit anderen Kriegsmarinen enthüllte eine Untersuchung des technischen und wahren Wertes ihrer Kampfverbände in vieler Hinsicht Diskrepanzen. Diese lagen vor allem auf folgenden Gebieten:

> Der Minenbereich war veraltet und daher ineffektiv im Einsatz gegen die höherentwickelten britischen Minensuchgeräte. Minensuche und Minenschutz waren in der italienischen Kriegsmarine fast bedeutungslos.

Die italienischen U-Boote hatten schon im Ersten Weltkrieg ernsthafte Schwächen wegen der wohlbekannten und gefährlichen Blasenbahn der Torpedos gezeigt. Darüber hinaus war die italienische U-Boot-Abwehr im Wesentlichen auf dem Stand von 1918 stehen geblieben.

Ihre Torpedos besaßen keine moderne Nachtziel- und Feuerleiteinrichtungen, während Verbesserungen bei den optischen Instrumenten der Großkampfschiffe für das Abfeuern der Torpedos und die Entfernungsmessung in klaren Nächten ebenfalls nötig waren.

MTB (Motortorpedoboote), die besonders für die Aufrechterhaltung der Seeherrschaft im zentralen Mittelmeergebiet geeignet waren, waren wegen ihrer Größe und Konstruktion in einem kleinen Meer ziemlich nutzlos und wurden zu bloßen Schaustücken oder Gelegenheitswaffen.

Die italienische Kriegsmarine besaß auch keine Flotte von Hilfsschiffen – eine offensichtliche Notwendigkeit für jede Admiralität –, mit dem Ergebnis, dass die Kriegsschiffe schwierige Aufgaben erhielten, die außerhalb ihres eigentlichen Gebiets lagen.

Die Marineluftwaffe, die aufgrund der Eigenheiten des Mittelmeerraums und des italienischen Bedürfnisses nach Flugzeugträgern besondere Bedeutung erlangte, stand an Ausrüstung, Zahl und Leistung weit hinter den Kampfeinheiten der Luftwaffe zurück.

Neben diesen technischen Defiziten fehlte es der italienischen Kriegsmarine auch an moderner Taktik. Die Erfahrung des Ersten Weltkrieges, die daraus folgenden technischen Verbesserungen und das Aufkommen der Luftwaffe als wichtiger Waffe auf See erschütterten das starre Konzept der Skagerrakschlacht, und durch Aufteilung der Flotte in zwei Gruppen zumindest für den Vormarsch und Aufklärung wurde der Kampf gegen den Feind beweglicher. Dies erforderte für die höheren Offiziere große Unabhängigkeit und seitens der einzelnen Kommandeure, die ihnen gegenüber verantwortlich waren, gemeinsames Denken und Handeln. In der italienischen Kriegsmarine wurde dies alles weithin noch nicht anerkannt und die Unabhängigkeit des Handelns war noch nie praktiziert worden. Im Gegenteil herrschte die strikteste Konzentration der Flottenverbände und Flagschiffe vor; in ähnlicher Weise musste jede Entscheidung, die auf persönlicher Initiative beruhte, dem für die Operation verantwortlichen Offizier vorgelegt werden.

Diese technischen und taktischen Diskrepanzen resultierten in der ineffizienten Kampfweise der Schiffe. Es ist klar, dass sie alle aus dem Nichtvorhandensein einer langen Seetradition und dem Mangel an Kampferfahrung mit einem ebenbürtigen Gegner im Ersten Weltkrieg hervorgingen. Im Gegensatz dazu war die britische Marine mit ihrer reichen Tradition häufig gezwungen, auf eine neu aufgebaute italienische Flotte zu treffen, und war in vielen einzelnen Gefechten an Ausrüstung unterlegen. Es ist klar, dass es bestimmte Einschränkungen für den Einsatz der Seemacht gab. Wenn man die historische Entwicklung der jungen italienischen Nation und ihrer Marine betrachtet, kann man daher zum Schluss gelangen, dass sie nicht für diese Schwächen verantwortlich gemacht werden kann.

Als sich die deutschen und italienischen Verbindungsstäbe Ende Juni 1940 trafen, gab es für Seeoperationen im Krieg gegen England keinen gemeinsamen Plan. Die Situation des deutschen Verbindungsstabes in Rom war erstaunlich. Deutsche Offiziere wurden nicht in den italienischen Admiralsstab aufgenommen und konnten die notwendigen Informationen über Angelegenheiten, die zu einem fruchtbaren Austausch von Meinungen zwischen den Planungsstäben der beiden Kriegsmarinen hätte führen können, nicht erhalten. Sie wurden aus den italienischen Lagezentren ausgeschlossen und durch italienische Verbindungsoffiziere oder farblose und voreingenommene Lageberichte kurz von den Ergebnissen der Operationen in Kenntnis gesetzt. Der italienische Verbindungsadmiral in Berlin wurde jedoch ähnlich behandelt. Dies war die Grundlage, auf der die Zusammenarbeit der beiden Kriegsmarinen während des Krieges entwickelt werden sollte. Der Grund für diese Zurückhaltung lag in der gegenseitigen Einschätzung, dass beide Kriegsmarinen in Bezug auf die Seekriegführung geographisch getrennt waren und die Zusammenarbeit der beiden Streitkräfte daher unnötig war, sowie auch dass die Verantwortung für die einzelnen Operationen letztlich bei der nationalen Kriegführung lag. Hinter dieser Haltung lag die gegenseitige Furcht vor der Einmischung in die jeweilige Kriegführung und die Sicherung des Prestiges, die sich aus den Unterschieden im Nationalcharakter und bei den Kampfqualitäten ergaben.

Dies war der Stand der Zusammenarbeit zwischen der deutschen und der italienischen Marine in einem Weltkrieg, der im Wesentlichen ein Seekrieg war. Ein wichtiger Unterschied zwischen See- und Landkrieg bestand in der Universalität der See: alle Ozeane sind Teil eines Weltmeeres. Sie sind direkt miteinander verbunden und alle Kommandos stehen in strategischer Beziehung zueinander. Das Grundprinzip, das die Kriegführung der Achse bestimmte, war daher nicht die geographische Trennung ihrer jeweiligen Streitkräfte und Überwasserschiffe, sondern die Handlungsfreiheit an beiden Kriegsschauplätzen eines gemeinsamen Feindes, nämlich Englands. Die eifersüchtige Theorie der individuellen nationalen Verantwortung für die Führung des Krieges führte dazu, dass die Achsenpartner nicht an den Verpflichtungen der anderen teilhatten, was in der Folge die Aufgaben ihres Gegners in zwei Meeren leichter machte. [Es wäre sinnvoller gewesen, sich zu einigen auf] eine gemeinsame Strategie, um gleichzeitig Operationen auf beiden Seiten zu koordinieren, so dass der Feind keine Gelegenheit haben würde, seine Kräfte erst gegen den einen und dann den anderen einzusetzen. Diese Prinzipien konnten jedoch in dem gemeinsamen deutsch-italienischen Krieg nicht umgesetzt werden. Ihre Missachtung während der Jahre der Allianz war ein Krebsgeschwür, dass in einem gewissen Maße den ungünstigen Kriegsverlauf bedingte. Erst sehr spät brachte der Druck des Feindes eine Verbesserung, aber die Vernunft war machtlos gegen das Streben nach nationalem Ansehen.

**In der zweiten Jahreshälfte von 1940 versuchte die italienische Armee, in die Offensive zu gehen. Im August überrannte sie von Äthiopien aus das britische Somaliland, eine kleine Kolonie auf der afrikanischen Seite des Golfs von Aden;**

im September rückte sie von Libyen aus vor und drang entlang der ägyptischen Küste bis Sidi Barrani vor; und Ende Oktober starteten sie einen Angriff auf Griechenland von Albanien aus. Dieses letzte Abenteuer wurde unternommen, ohne die deutschen Verbündeten zu konsultieren. Weichold war von dem Gegensatz zwischen dem Beitrag der italienischen Kriegsmarine und der aggressiven Vorgehensweise Admiral Sir Andrew Cunninghams, der die schwächeren britischen Seestreitkräfte im östlichen Mittelmeer befehligte, nicht beeindruckt.

Das operative Ziel der italienischen Marine war auf die starke Verteidigung des zentralen Mittelmeers und das Offenhalten der Seestraßen nach Libyen beschränkt. Weder wurde Malta, der Stachel im Fleisch der italienischen Operationsfreiheit, erobert, vermint oder blockiert, noch wurden die vielen Gelegenheiten genutzt, den Feind ernsthaft anzugreifen. Das Versagen, die günstige Lage bei den Dodekanes-Inseln auszunutzen, muss als weiteres Beispiel für Italiens Verzicht auf Offensivmaßnahmen verstanden werden. Im Vergleich dazu kontrollierten die Briten praktisch das ganze Mittelmeer östlich von Kreta, einschließlich der griechischen Gewässer und bedrohten sogar ständig das zentrale Mittelmeergebiet.

Die Gründe für die weitreichende Vorsicht der italienischen Admiralität in der Kriegführung [waren]:

> Die italienische Kriegsmarine glaubte, dass sie ihre Aufgabe der Sicherung der Seeverbindungen mit Libyen nur auf der Basis einer taktischen Verteidigung ausführen konnte. Sie glaubte nicht, dass sie sich das Risiko von Verlusten bei offensiven Operationen leisten konnte.
> Die Luftaufklärung über See war unzureichend. Die Schwäche der italienischen Marineluftwaffe wurde von Kriegsbeginn an deutlich.
> Die große Angst der italienischen Kriegsmarine vor Dunkelheit als Schutz für leichte Kräfte und vor allem vor dem Nachtangriff torpedotragender Schiffe.
> Eine Unsicherheit in der Operationsführung, die zuallererst auf dem stillschweigenden Eingeständnis der Überlegenheit des Feindes an Kriegserfahrung und an Leistung im Kampf zwischen Schiff und Schiff basierte.

Ende 1940 begann der Krieg für Italien weit weniger attraktiv auszusehen als im Sommer. In Griechenland war die Offensive ins Stocken gekommen, und die italienische Armee war gezwungen, sich in die südalbanischen Berge zurückzuziehen. In der Nacht vom 11.–12. November griffen britische Trägerflugzeuge den italienischen Marinestützpunkt bei Taranto an, wo sie das Schlachtschiff CONTE DI CAVOUR versenkten und so starke Schäden an zwei weiteren Schlachtschiffen, der CAIO DUILIO und der LITTORIO, verursachten, dass diese für mehrere Monate außer Gefecht gesetzt waren. Dann startete am 9. Dezember die britische Armee ihre Offensive in Ägypten und warf die Italiener schnell nach Libyen zurück. Weichold zufolge hatte das deutsche Oberkommando einen Rückschlag an diesem Kriegsschauplatz erwartet.

Wenn auch das deutsche Oberkommando die verschiedenen Möglichkeiten für die Achse auf den Kriegsschauplätzen im Mittelmeer und in Afrika nicht erkannte, so begriff es doch schnell, dass der Fortschritt der italienischen Offensive in Ägypten sich eines Tages in einen Rückzug verwandeln würde. Entsprechend wurde Mitte Oktober eine deutsche Panzerdivision als Hilfe angeboten, um den italienischen Mangel an Panzerfahrzeugen auszugleichen. Das italienische Oberkommando lehnte das deutsche Hilfsangebot jedoch ab. Das deutsche Oberkommando drängte die Italiener nicht zur Annahme der Hilfe, die ihm als notwendig erschien, weil es das ganze Ausmaß nicht erkannte, in dem die deutschen Interessen durch einen italienischen Rückzug in Afrika beeinträchtigt würden. Andererseits erkannte das britische Oberkommando die Lage sehr klar und zögerte trotz der großen Verpflichtungen zur Abwehr der deutschen Invasionsgefahr nicht eine Minute, alle verfügbaren Kräfte in das Mittelmeer und nach Ägypten zu beordern. Dies zeigt eindeutig die Bedeutung, welche die Briten dem Mittelmeer und dem Nahen Osten sowie der Gefahr zumaßen, ihn zu verlieren.

**Weichold denkt sehr kritisch über die Entscheidung Italiens, Flugzeuge in die Schlacht um England und U-Boote in die Atlantikschlacht zu entsenden. Er kritisiert auch den Angriff auf Griechenland, den er als eine »kontinentale und ruhmsüchtige Politik, die eindeutig zeigt, ein wie verzerrtes Bild das italienische Oberkommando von den zentralen strategischen Problemen des Krieges besaß« beschreibt. Er fasst den Mittelmeerkrieg im Jahre 1940 folgendermaßen zusammen:**

Er wurde vollständig unter italienischer Führung durchgeführt [und] nur mit italienischen Streitkräften, unter bewusster Ausschaltung einer deutschen Beteiligung und deutschen Einflusses. Das ging so weit, dass irgendein tieferer Einblick in die italienischen Absichten und Operationen verweigert wurde. Italien selbst und es allein trägt daher die volle Verantwortung. Dennoch kann die Unterschätzung des Mittelmeeres als Kriegsschauplatz der Achsenmächte durch das deutsche Oberkommando sowie dessen Blindheit gegenüber dem häufigen Versagen unter italienischer Führung mit den daraus folgenden Gefahren dieses nicht von jeder Schuld freisprechen. Es ist ziemlich klar, dass diese erste Kriegsphase den Grundstein für das spätere Scheitern im Mittelmeer legte, das schließlich ungünstige Auswirkungen auf die gesamte Kriegslage hatte.

Man sollte jedoch die Tatsache nicht übersehen, dass das italienische Kommando starke britische See- und Luftstreitkräfte im Mittelmeer band. Damit zog es einen beträchtlichen Teil der Angriffskraft Großbritanniens und seines Weltreiches auf sich. Dieser Abzug von Streitkräften aus den heimatlichen Gewässern und vom Atlantik machte deutsche Angriffe zur See und zur Luft erheblich leichter. Diese Tatsache sollte bei der Kritik an Italiens Rolle im Krieg nicht übersehen werden.

**Das erste Vierteljahr von 1941 war durch einige erniedrigende Niederlagen der Italiener gekennzeichnet. Die griechische Armee drängte sie weiter nach Albanien**

zurück. Britische Geleitzüge brachten weiterhin Nachschub nach Malta, und die Royal Navy bombardierte im Februar 1941 Genua von See aus. Mitte Februar hatten britische Streitkräfte von Ägypten aus die Cyrenaika überrannt und waren weiter vorgestoßen, wobei sie viele italienische Gefangene machten. Die britischen Streitkräfte machten bei der Eroberung der weit entfernten italienischen Kolonien am Horn von Afrika gute Fortschritte, was Anfang April in der Eroberung der abessinischen Hauptstadt Addis Abeba und dem wichtigen eriträischen Hafen Massawa gipfelte. Dadurch wurde jede denkbare italienische Bedrohung der Seestraßen durch das Rote Meer und den Golf von Aden beseitigt. Am 28. März gelang es der Flotte von Admiral Cunningham, eine Streife der italienischen Flotte in Gewässern westlich von Kreta abzufangen. Britische Trägerflugzeuge beschädigten das neue italienischen Schlachtschiff VITTORIO VENETO, Geschützfeuer der britischen Flotte versenkte die Schweren Kreuzer POLA, ZARA und FIUME sowie zwei Zerstörer. Dieses Gefecht sollte als Schlacht von Matapan bekannt werden. Die Italiener waren in keiner Weise in der Lage, Hilfe oder Rat von ihren Verbündeten zurückzuweisen, doch nach Weicholds Meinung verhielt sich Deutschland bei der Leistung wirklich wirkungsvoller Hilfe zurückhaltend.

Das deutsche OKW sah nur die Notwendigkeit, die Armee und die Luftwaffe zu unterstützen. Was Hilfe für die Marine anging, wurde der Wert von Seestreitkräften auf der deutschen Seite unterschätzt. Die kontinentale Betrachtungsweise des deutschen Oberkommandos verhinderte, dass man die tatsächlichen Implikationen der Rückschläge im Mittelmeer erkannte. Die deutsche Marine, die die Bedeutung der Seemacht im Mittelmeer und in Afrika hätte besser erkennen sollen, verweigerte Hilfe zuallererst deshalb, weil Deutschlands Seestreitkräfte kaum stark genug für ihre eigenen Kriegsschauplätze waren, wo sie ganz allein die Last des Krieges gegen England tragen mussten. Diese Ansicht erscheint gerechtfertigt, doch sie übersieht, dass die Seekriegführung in einem Weltkrieg unteilbar ist und dass die Verweigerung von Hilfe an einer Stelle eines Tages vom deutschen Oberkommendo an anderer Stelle selbst erfahren werden würde. Die deutsche Kriegsmarine, die sich völlig auf den U-Bootkrieg im Atlantik konzentrierte, konnte es nicht über sich bringen, irgendwelches Material abzugeben, das für die Operationen notwendig war. Die vielen Desaster, welche die italienische Kriegsmarine erlebte, hätten vielleicht durch deutsche materielle Hilfe abgewendet werden können, wie sie den Land- und Luftstreifkräften gewährt wurde. Jedenfalls bleibt die Tatsache bestehen, dass die italienische Kriegsmarine, der entscheidende Faktor im Mittelmeerkrieg, [im ersten Teil des Jahres 1941] nie irgendwelche deutsche Verstärkungen erhielt, obwohl es sich gezeigt hatte, dass sie ebenso hilfsbedürftig war wie die Land- und Luftstreitkräfte. Daher blieb die Seekriegführung im Mittelmeer im Gegensatz zur Land- und Luftkriegführung eine rein italienische Angelegenheit ohne deutschen Einfluss oder deutsche Beteiligung. Die gesamte deutsche Militärhilfe für die schwankenden italienischen Kriegsanstrengungen war nicht sehr wirkungsvoll. Dies war der zweite grundlegende strategische Irrtum der deutschen Kriegführung im Mittelmeerkrieg. Er ist ebenso wichtig wie der erste Irrtum, nämlich dem deutschen Desinteresse am Kriegseintritt Italiens.

**Weicholds Beschreibung der deutschen Unterstützung für Italien als »nicht sehr wirkungsvoll« lässt sich kaum rechtfertigen, wenn man den Beitrag der Luftwaffe und der Wehrmacht bewertet.** Die deutschen Streitkräfte, die unter General Rommel nach Libyen entsandt wurden, schienen den italienischen Truppen, die so rasch aus der Cyrenaika vertrieben worden waren, neuen Mut zu geben. Inspiriert von Rommels Energie und Führerschaft begannen die vereinten Achsenstreitkräfte gegen Ende März 1941 mit der Offensive, und innerhalb eines Monats waren sie bis an die ägyptische Grenze vorgestoßen und belagerten eine beträchtliche britische Garnison, die in Tobruk eingeschlossen war. Unterdessen unternahmen die Deutschen ihre eigenen Einfälle in das östliche Mittelmeergebiet. Im Winter 1040–41 hatten sie durch Drohungen und Schmeicheleien ihre Einflusssphäre auf Ungarn, Rumänien und Bulgarien ausgedehnt. Im März 1941 stimmte die jugoslawische Regierung einem Anschluss an die Achsenmächte zu, wurde dann aber durch einen Staatsstreich abgesetzt. Entschlossen, den ganzen Balkan unter die Herrschaft der Achsenmächte zu bringen und die Italiener von ihrem schlecht beratenen Griechenlandfeldzug zu befreien, sandte Hitler am 6. April deutsche Truppen sowohl nach Jugoslawien wie nach Griechenland. In weniger als drei Wochen waren die jugoslawischen und griechischen Truppen geschlagen, das Hakenkreuz flatterte über Athen und die Royal Navy war gezwungen worden, eine weitere verzweifelte Evakuierung von etwa 50.000 britischen Soldaten aus den schlecht ausgerüsteten Häfen des Peloponnes zu organisieren. Nachdem sie Ende April vom griechischen Festland vertrieben worden waren, hofften die Briten, die strategisch wichtige Insel Kreta halten zu können, wo deutsche Luftlandetruppen am 20. Mai mit dem Landungsunternehmen begannen. Deutsche Versuche, Verstärkungen über See mittels vor Ort requirierter Schiffe zu transportieren, wurden von der Royal Navy vereitelt.

**Schniewind und Schuster:** Anfangs operierten deutsche Kriegsschiffe noch nicht im Mittelmeer. Der deutsche Admiral, der die Ägäis befehligte, setzte die ersten Einheiten während der Eroberung Griechenlands im Frühling 1941 ein. Diese bestanden aus einigen wenigen Hilfstransportern, die mit einiger Mühe seetüchtig gemacht wurden und unzureichend bewaffnet waren, sowie aus Motorsegelschiffen, die von den Engländern bei ihrer Evakuierung des griechischen Festlandes und der Inseln zurückgelassen worden waren oder die nicht erbeutet worden waren. Mit der Zeit wurden einige Schiffe gehoben und instandgesetzt: die wertvollste Errungenschaft dieser Art war der von den Engländern gebaute [griechische] Zerstörer, der neu auf den Namen HERMES getauft wurde.

**Weichold:** Die [britischen] Marineoperationen verhinderten den Transport weiterer deutscher Verstärkungen, die mit kleinen Schiffen gefahren wurden. Dies erschwerte den deutschen Angriff [auf Kreta] erheblich, so dass das Ergebnis der Schlacht tagelang unentschieden war. Bei der Durchführung ihrer Blockade wurden die britischen Seestreitkräfte jedoch heftigen deutschen Luftangriffen ausgesetzt. In der direkten Auseinandersetzung zwischen See- und Luftstreitkräften gewann die deutsche Luftwaffe die Kontrolle über das ganze Gebiet, wodurch sie einen entscheidenden Einfluss auf die Lage zur See ausübte.

**Wie schon in Norwegen und vor Dünkirchen hatte die Luftwaffe auch hier wieder ihre Fähigkeit bewiesen, in beschränkten Gewässern die See zu beherrschen. Bis Ende Mai waren die letzten britischen Soldaten aus Kreta evakuiert worden. In nur sechs Wochen hatte die Luftwaffe vier griechische Zerstörer, acht britische Zerstörer und drei britische Kreuzer versenkt. Des Weiteren waren zwei Schlachtschiffe, ein Flugzeugträger, sieben Kreuzer und neun Zerstörer bei Luftangriffen beschädigt worden. Die britische Seemacht im östlichen Mittelmeer schien nun auf Gedeih und Verderb der deutschen Luftwaffe oder möglicherweise sogar einer entschlossen eingesetzten italienischen Flotte ausgeliefert. Weichold erinnert sich an die verlockenden strategischen Möglichkeiten.**

Die Eroberung Kretas verbesserte die geographische und strategische Lage der Achse im Mittelmeer erheblich. Jede denkbare Hoffnung der Westmächte auf eine direkte Verbindung mit Russland über das Schwarze Meer wurde zunichte gemacht. Zudem wurde ein starker Flankenangriff auf die britischen Seelinien zwischen Alexandria und Malta sowie im zentralen Mittelmeer unternommen, während man einen Vorposten für Unternehmen gegen den Nahen Osten erreicht hatte. Ägypten war nun von zwei Seiten bedroht. Diese Situation konnte vor allem die Luftwaffe ausnutzen, und im weiteren Verlauf des Krieges boten sich auch Gelegenheiten für vereinte Operationen. Die Kriegsführer der Achse mussten nur fortfahren, ihren Vorteil im Krieg gegen Großbritannien im Mittelmeer auszunutzen.

**Würde die Türkei im eigenen Interesse die deutsche Umarmung akzeptieren, wie es andere Balkanstaaten getan hatten? Würden Luftlandetruppen in der Lage sein, ihren Erfolg von Kreta durch die Eroberung Zyperns zu wiederholen? Würde das zu Vichy-Frankreich gehörende Syrien ein Sprungbrett zum Nahen Osten darstellen? Konnte der erst kürzlich unterdrückte Aufstand im Irak gegen die Briten wieder angefacht werden? Konnte Rommel Tobruk einnehmen und bis nach Alexandria, Kairo und Suez vorwärts rollen? Als sie 1945 ihre Aufsätze schrieben bedauerten einige der deutschen Admirale offensichtlich die versäumten Gelegenheiten des Sommers 1941.**

Heye: Die Lage im Mittelmeer schien zu jener Zeit ausgesprochen günstig für die Fortführung unserer Operationen in Richtung des östlichen Mittelmeeres und des Suezkanals. Die britische Kampfkraft war in diesem Gebiet damals schwach. Durch eine starke Konzentration unserer eigenen Luftstreitkräfte, durch den Einsatz der italienischen Flotte und durch die Konzentration deutscher U-Boote im östlichen Mittelmeer wäre es durchaus möglich gewesen, England an dieser verwundbarsten Stelle des Weltreiches anzugreifen. Nur hier war es auch möglich, die stärkste Streitkraft Deutschlands, die Wehrmacht, auf einem Gebiet zum Einsatz zu bringen, wo britische Interessen vorhanden waren. Die Seekriegsleitung glaubte damals noch, dass der zentrale Fokus des Seekrieges im Gebiet um England lag. Daher wurden [für das Mittelmeer] keinerlei U-Boote zur Verfügung gestellt. Die Luftwaffe und die Wehrmacht mussten sich [für den Angriff auf Russland am 22. Juni 1941] nach Osten wenden; eine Gelegenheit, England an einer sehr empfindlichen Stelle anzugreifen, die vielleicht nie wieder kommen würde, musste daher ungenutzt verstreichen.

**Schniewind und Schuster:** Die deutsche Luftwaffe hatte bei der Besetzung Griechenlands und vor allem bei der Eroberung Kretas so erfolgreich gegen feindliche Kriegsmarineeinheiten gekämpft, dass es mit der Verlegung der Luftwaffeneinheiten an die russische Front ernst wurde. Das 10. Fliegerkorps, das alleine zurückblieb, und die wenigen Staffeln überholter Flugboote in der Ägäis konnten die ständig zunehmenden Aufgaben nicht übernehmen. Auch hier zeigte sich immer wieder der Mangel eines systematischen Aufbaus [einer] geschulten Marineluftwaffe.

**Weichold:** Zu diesem Zeitpunkt beging die deutsche Führung den schwersten Fehler des ganzen Krieges. Sie wandte ihre Aufmerksamkeit von England ab, das bereits stark bedrängt wurde, um einen neuen und mächtigen Gegner anzugreifen. Außerdem wurden starke deutsche Luftstaffeln vom Mittelmeer für den Russlandfeldzug abgezogen. Diese Entscheidung kennzeichnet die gesamte deutsche Beteiligung am Mittelmeerkrieg. Sie beruhte nicht einmal auf einer offensiven strategischen Planung, sondern auf defensiven Hilfsaktionen für die italienische Landkriegführung auf dem Balkan und in Afrika. Diese Betrachtungsweise war kontinental, d.h. nur mit Landtaktik befasst, und sie war nur das Resultat einer allgemeinen Strategie, die nie in die Praxis umgesetzt wurde. Wegen dieser Abhängigkeit von einer Kontinentalpolitik versäumte die deutsche Führung eine der besten Gelegenheiten, welche die Achse für die Kriegführung von 1939–45 besaß.

Nach dem Versagen, aus der strategischen Lage einen Vorteil zu schlagen, nahmen die Chancen für eine Verbesserung der Achsenherrschaft im Mittelmeer immer mehr ab.

**Trotz hoher Verluste kämpften die Briten weiter, um ihre Nachschubgeleitzüge nach Malta zu bringen, und benutzten diese Insel als Stützpunkt, von dem aus sie See- und Luftangriffe auf die Geleitzüge der Achse starten konnten, die den notwendigen Nachschub nach Tripolis und Benghazi brachten, damit Rommel die Bedrohung Ägyptens aufrechterhalten konnte. Die Ergebnisse können aufgrund der von Weichold gelieferten Zahlen beurteilt werden. Im August 1941 wurden von den Geleitzügen der Achse nach Libyen in gerundeten Zahlen 36.000 Tonnen Schiffe versenkt; 13.000 Tonnen wurden beschädigt; und 100.000 Tonnen konnten die Fahrt sicher überstehen. Im September 1941 wurden 49.000 Tonnen versenkt; 14.000 Tonnen beschädigt; und 100.000 Tonnen**

erreichten sicher ihr Ziel. Im Oktober wurden 19.000 Tonnen versenkt; 13.000 Tonnen beschädigt; und nur 18.000 Tonnen erreichten sicher ihr Ziel; im November dagegen wurden 26.000 Tonnen versenkt, 2.000 Tonnen beschädigt und nur 8.000 Tonnen erreichten sicher den Hafen. Am 18. November starteten die britischen Streitkräfte in Ägypten eine neue Offensive, um die Belagerung von Tobruk zu brechen und die Cyrenaika zurückzuerobern. Weil sie nicht über ausreichende Versorgung verfügte, mussten sich Rommels Truppen zurückziehen, und in den ersten Tagen des Jahres 1942 waren die britischen Truppen wieder bis über Benghazi vorgerückt und erreichten am 6. Januar Mersa Brega an der Großen Sirte. Weichold erläutert die strategischen Folgen.

Die langsame, aber sichere Wirkung der britischen See- und Luftmacht im Mittelmeer machten sich nun bemerkbar. Die Schlacht um die Cyrenaika wurde nicht in einem Monat eigentlicher Kämpfe an Land entschieden, sondern eher durch diese äußeren Umstände. Die Schlacht war von der Achse bereits einige Monate vorher verloren worden, und zwar wegen der britischen See- und Luftherrschaft, der das deutsche Oberkommando trotz aller Warnungen nicht genügend Aufmerksamkeit geschenkt hatte.

Die Cyrenaika war neben Malta der Schlüssel für die See- und Luftvorherrschaft im Mittelmeer. Diejenige der beiden Mächte, die dieses Gebiet besetzt hatte, war in der Lage, sowohl ihre lebenswichtigen Verbindungslinien zu schützen als auch jene des Gegners anzugreifen. Die Briten konnten die Sicherheit Ägyptens, des Suezkanals, die Stützpunkte für ihre Mittelmeerflotte und den ganzen Nahen Osten gewährleisten. Andererseits kontrollierten sie die italienischen Seestraßen nach Libyen und das Tor zum italienischen Mutterland. Für die Italiener war es genau andersherum. Der Besitz der Cyrenaika war neben Malta der Grundpfeiler für das gesamte Mittelmeer. Es war daher nicht die Frage, die Situation vom landtaktischen oder kontinentalen Standpunkt aus zu betrachten, sondern vom maritimen, und unsere Unternehmungen hätten entsprechend geplant werden müssen.

Die Zeit der rein italienischen Leitung des Seekrieges im Mittelmeer, die mit dem zweiten Verlust der Cyrenaika gegen Ende 1941 endete, war von strategischer Verteidigung bestimmt. Die Nachteile dieser Operationsweise wurden selten so klar wie auf der italienischen Seite in dieser Phase des Krieges. Dadurch spielten die Italiener unbewusst den Briten in die Hände, deren Operationsweise entschieden offensiv war. Dies ändert nichts an der Tatsache, dass Italiens leichte Seestreitkräfte wertvolle Leistungen beim Schutz der afrikanischen Geleitzüge vollbrachten. Ihre Zerstörer und Begleitschiffe geleiteten unermüdlich Transporte nach Afrika. Auch die deutsche und italienische Handelsschifffahrt muss gewürdigt werden, die ständig auf See war, bis die Aktionen des Feindes sie auf ein Minimum reduzierten.

Das britische Kommando hatte sich lange sorgfältig auf eine zweite Cyrenaika-offensive vorbereitet. Viele Monate waren nötig, um eine neue Armee aufzustellen und sie mit allen notwendigen technischen Waffen auszustatten. Um einen entscheidenden Gegenschlag auszuführen, mussten die militärischen Erfordernisse der Aufgabe entsprechen, was hohe Anforderungen an das britische Kampfpotential und die Ladekapazität der Schiffe stellte. Dies wurde auf Kosten anderer Kriegsschauplätze unternommen. Die Verteidigung von Malaya und Singapur musste die Kosten für die Cyrenaikaoffensive tragen, ein schlagender Beweis für die strategische Verbindung zwischen Operationen in einem Weltkrieg. Die Achsenmächte erleichterten dadurch in hohem Maße die japanischen Erfolge im Fernen Osten.

**Das deutsche Oberkommando war nicht völlig taub gegenüber dem Drängen Weicholds und derjenigen, die wie er von den Möglichkeiten auf dem Kriegsschauplatz im Mittelmeer begeistert waren – und offen über die Gefahren sprachen. Selbst als es damit beschäftigt war, den Russlandfeldzug zu planen und ins Werk zu setzen, musste es widerwillig anerkennen, dass es im Mittelmeer eine größere Rolle würden spielen müssen. Doch Änderungen bei strategischen Schwerpunkten brauchen ihre Zeit, vor allem wenn einflussreiche Stimmen darauf drängen, dass die Prioritäten woanders lagen. Weichold kommentiert den Mangel an Verständnis beim Oberkommando.**

Wegen des ungünstigen Kriegsverlaufs war das Oberkommando nach langem Zögern Ende August 1941 dazu gezwungen, Seestreitkräfte zur Unterstützung einzusetzen. Zunächst wurden deutsche U-Boote in das Mittelmeer beordert. Das OKW sah diese Zuteilung deutscher Seestreitkräfte [...] mit Missvergnügen, da man dort völlig mit dem Handelskrieg im Atlantik beschäftigt war. Entsprechend gelang es ihm, die Zahl der U-Boote auf 21 zu beschränken. Später befahl das Oberkommando eine Erhöhung der U-Boot-Zahl auf 36. Nach einiger Zeit erreichte der Befehlshaber der U-Boote eine Reduzierung auf 25 U-Boote.

Wenn die wenigen deutschen U-Boote, die seit Ende Oktober im Mittelmeer operierten, sofort die britische Seemacht angegriffen hätten, wäre es dennoch zweifelhaft gewesen, ob ihre Erfolge das Afrika-Korps hätten retten können. Einige Monate früher hätten die Wirkungen ihrer Angriffe auf die britische Vorherrschaft zur See weitreichende Folgen haben können, indem die Versorgung der afrikanischen Streitkräfte erleichtert und die Cyrenaika gerettet worden wäre.

Außer den deutschen U-Booten wurden auch Minenräumboote und Landungsboote für militärische Transporte in das Mittelmeer entsandt. Außerdem erhielt die italienische Kriegsmarine wichtige technische Ausrüstung (Minen, Minenräumgeräte, Asdic-Geräte, usw.).

Deutsche [Luft-]Staffeln waren wieder auf Sizilien stationiert, so dass die Schlacht um Malta wieder aufgenommen und das zentrale Mittelmeer wieder unter Kontrolle gebracht werden konnte. Über Monate war der Warnruf der [deutschen Vertreter] in Rom ignoriert worden. Jetzt, in der letzten Minute, wie es bereits im Falle der U-Boote geschehen war, sollte die deutsche Luftmacht die Lage retten. Die Einstellung des deutschen Oberkommandos zu diesem Problem zeigt seinen vollständigen Mangel an Verständnis für die Grundprinzipien der Seekriegführung, die im Gegensatz zur Landkriegführung weitaus mehr Zeit braucht, damit ihre Wirkungen deutlich werden.

Obwohl Dönitz zögerte, die U-Boote für die seiner Meinung nach ausschlaggebende Schlacht im Atlantik aufzugeben, gelangen den deutschen U-Booten einige eindrucksvolle Erfolge, nachdem sie mit ihren Operationen im Mittelmeer begonnen hatten. Am 13. November 1941 torpedierte U-81 den britischen Flugzeugträger ARK ROYAL östlich von Gibraltar, die dann im Schlepptau in den frühen Morgenstunden des folgenden Tages sank. Am 25. November sank das Schlachtschiff BARHAM und explodierte vor der libyschen Küste, nachdem es von U-331 torpediert worden war. Am 14. Dezember wurde der Kreuzer GALATEA nur dreißig Meilen westlich von Alexandria von U-557 versenkt. Am 19. Dezember wurden in einem von deutschen Schnellbooten nördlich von Tripolis angelegten Minenfeld der Kreuzer NEPTUNE und der Zerstörer KANDAHAR versenkt sowie zwei weitere Kreuzer beschädigt, während am gleichen Tag die Schlachtschiffe QUEEN ELIZABETH und VALIANT im Hafen von Alexandria durch Sprengladungen beschädigt wurden, die von italienischen Froschmännern angebracht worden waren, die rittlings auf torpedoartigen Unterwasserfahrzeugen saßen. Sah so das Ende des Jahres 1941 den Sieg der britischen Waffen in der Cyrenaika, so konnte doch die britische Überwasserflotte im zentralen und östlichen Mittelmeer nicht mehr als vier leichte Kreuzer und einige Zerstörer aufbieten.

# 6

# Deutschlands Marsch nach Osten, 1941

Abgesehen von einem rein lokalen Konflikt zwischen Italien und Griechenland bestand der Zweite Weltkrieg in den ersten Monaten von 1941 aus einem Krieg zwischen Großbritannien und den Achsenmächten. Krancke, der über diese Zeit schreibt, behauptet:

Der Krieg gegen England wurde fast ausschließlich von der deutschen Kriegsmarine geführt. Das Oberkommando, das vor allem aus Offizieren der Wehrmacht bestand, erkannte die Bedeutung der Seemacht und der Seekriegführung in diesem Weltkrieg nicht in vollem Umfang. Man dachte vorwiegend in Begriffen des Landkrieges.

Nachdem die Kriegsmarine in den Jahren nach Hitlers Machtergreifung anerkennen musste, dass die Wiederaufrüstung der Wehrmacht und der Luftwaffe Priorität hatten, erwartete sie, nach 1940 einen größeren Teil der Ressourcen zu bekommen. Schniewind und Schuster erklären, warum diese Hoffnung enttäuscht werden musste.

[Nach dem Kriegsausbruch] hatte man vor, der Kriegsmarine Teile der Wehrmacht sowie des Waffenpotentials zu überstellen, das der Wehrmacht zur Verfügung stand, sobald der Landkrieg zu einem befriedigenden Abschluss gebracht worden war – man dachte damals, dass dies im Sommer 1940 der Fall sein würde. Doch dieser Plan scheiterte angesichts des drohenden Krieges mit Russland.

Der Russisch-Deutsche Pakt von 1939 mag damals als Meisterstück der Diplomatie erschienen sein, doch glaubten die Deutschen nicht wirklich, dass er lange halten würde. Innerhalb weniger Monate hatte Russland große Landstriche Osteuropas verschluckt. Wie weit würden seine Expansionsgelüste reichen? Fähige Strategen in Deutschland mochten für den relativen Vorteil einer umfassenden Offensive gegen die britischen Inseln mit dem Ziel einer Invasion argumentieren, wobei alle Kräfte in Dönitz' U-Bootkrieg zu werfen wären, oder für eine große Anstrengung, um die totale Kontrolle über das Mittelmeer und den Nahen Osten zu erlangen. Doch ein großes Fragezeichen stand stets hinter der Frage, ob man darauf vertrauen könnte, dass Russland nicht die Gelegenheit ergreifen würde, dem beschäftigten Reich in den Rücken zu fallen. Bei einer dermaßen großen potentiellen Bedrohung zu Lande überrascht es nicht, dass die deutsche Strategie zur Enttäuschung der Admirale von kontinentalen statt von maritimen Erwägungen geleitet blieb.

**Schniewind und Schuster:** Der Autor kennt die letzten Gründe der Reichsparteiregierung für die Entscheidung zur Kriegserklärung an Russland nicht. Wie man sich erinnern wird, gab es im Spätherbst 1940 Anzeichen dafür, dass es wieder enge Beziehungen zwischen den Westmächten und Russland gab. Dies gab Anlass zu Misstrauen. Man muss außerdem annehmen, dass der Führer unter dem starken Eindruck stand, dass Russlands Erpressungspolitik gegen Deutschland, wie er sie manchmal nannte, die immer mehr Konzessionen in Ost- und Südosteuropa forderte, nie aufhören würde. Russlands Verhalten gegenüber Jugoslawien und sein Einfluss dort wurden als verräterisch betrachtet, und im Frühjahr 1941 brachte der Führer seine Überzeugung zum Ausdruck, wie er sie auch den Militärführern gegenüber oft geäußert hatte, dass Russland auf einen Krieg mit Deutschland hinarbeitete und dass der Vormarsch im Osten bereits in vollem Gange war. Der Autor weiß nicht, an welche dieser Gründe der Führer tatsächlich glaubte und welche den Tatsachen entsprachen. Es ist sicher, dass seine Entscheidungen von seiner grundlegenden Ablehnung des Bolschewismus beeinflusst waren, den er als größte Gefahr für Deutschland betrachtete.

**Dönitz:** Ende Januar [1941] erfuhr der Oberbefehlshaber der Marine zum ersten Mal von der Ansicht des Führers, dass ein Feldzug gegen Russland unvermeidlich sei und Pläne dafür entwickelt werden mussten. Obwohl sich Russland anfangs loyal an die Bestimmungen des Russisch-Deutschen Paktes hielt, änderte es in der Folge seine Taktik und nutzte die Lage aus, in die Deutschland gezwungen worden war, indem es mehr und mehr dazu überging, die Versorgung mit Weizen und Öl für Deutschland zurückzuhalten und indem es verschiedene Bedingungen, die in dem Vertrag festgehalten waren, auf eklatante Weise verletzte (Baltische Staaten, Rumänien). Außerdem hatte man Nachrichten erhalten, dass russischen Waffen, die nach Lage der Dinge nur gegen Deutschland eingesetzt werden konnten, in Kriegsbereitschaft gesetzt worden waren und dass in der russischen Armee heftige anti-deutsche Propaganda betrieben wurde. Später kamen zuverlässige Nachrichten über den Aufmarsch russischer Truppen an der Westgrenze.

Damit Deutschland nicht riskierte, von Russland überrannt zu werden, während seine Kräfte woanders gebunden waren, wurde die Entscheidung getroffen, einen »Präventivkrieg« gegen Russland zu führen, weil dies für die Existenz Deutschlands elementar war. Für die Marine, deren strategische Interessen sich völlig auf den Krieg gegen England und seine Seeverbindungen gerichtet hatten, war diese neue Entwicklung besonders schmerzlich, obwohl sie die Meinung des Führers unterstützte, dass der Krieg gegen Russland eine drängende Notwendigkeit und unvermeidlich war. Man hoffte jedoch, den Krieg mit Russland innerhalb weniger Monate zum erfolgreichen Abschluss zu bringen, wodurch Truppen und Material für die Mittelmeerfront freigesetzt würden, doch unterschätzten wir das russische Kriegspotential in gravierender Weise.

**Krancke:** Ein Landkrieg in einem solchen Ausmaß gegen Sowjetrussland, das sich seit 1919 auf diesen Krieg vorbereitet hatte, sowie gleichzeitig Schlachten im Westen und Süden des Reiches gingen über Deutschlands Kraft. Die Erfolge von 1939–40 verschleierten das Bild zweifellos. Der Bolschewismus stand drohend im Osten und hatte Forderungen gestellt, denen man nicht zustimmen konnte. Ich weiß nicht, ob der Ostfeldzug 1941 politisch unvermeidlich war, doch so weit ich die russische Politik beurteilen kann, musste es zum Krieg kommen, wenn Russlands ständig wachsendes Rüstungsprogramm irgendeinen Sinn haben sollte. Das Oberkommando stand angesichts dieser Lage unter Druck.

**In ihren schriftlichen Ausarbeitungen von 1945 machen die Admirale eindeutig klar, dass die Entscheidung zum Angriff auf Russland gegen den wohlerwogenen Rat der deutschen Kriegsmarine erfolgte. Einige scheinen sogar anzudeuten, dass die empfundene Bedrohung durch Russland nicht so ernst war wie Hitler aufgrund seiner persönlichen Animosität gegenüber dem Bolschewismus glaubte.**

**Schniewind und Schuster:** Die Seekriegsleitung hatte die Vorbereitungen für den Krieg im Osten und schließlich die Kriegserklärung mit großer Sorge beobachtet. Diese Auffassung wurde dem Führer durch das Oberkommando der Marine in Form einer dringenden Warnung übermittelt. Die Seekriegsleitung vertrat die Auffassung, dass der Krieg im Westen – gegen England –, der die ganze bewaffnete Macht des Reiches absorbierte (vor allem die Kriegsmarine und die Luftwaffe trugen die Last), um jeden Preis zuerst beendet werden musste. Es war klar, dass die Parteiführung sich erlaubt hatte zu glauben, dass der Krieg im Westen so gut wie vorbei sei. Englands Möglichkeiten, das durch die USA unterstützt wurde, sowie die Gefahr eines Kriegseintritts der Vereinigten Staaten und deren militärische Leistungsfähigkeit wurden nicht in ausreichendem Maße gewürdigt.

Damals wäre es nach Auffassung der Seekriegsleitung in strategischer Hinsicht besser gewesen, starke Landstreitkräfte zu entsenden, um die Lage in Nordafrika zu sichern und gegen Ägypten und den Suez[kanal] vorzugehen. Dies hätte spätestens nach der Eroberung Griechenlands und Kretas geschehen müssen. (Es war sicher nötig, hier nach dem Abbruch der Verhandlungen mit Jugoslawien zuzuschlagen, um eine ähnliche Lage wie die von 1914–18 – Saloniki – zu vermeiden). Wäre das getan worden, hätte England einen Schlag an einer der empfindlichsten Stellen erhalten. Es wäre auch notwendig gewesen zu schauen, ob mit russischer Hilfe oder durch Russland selbst mit deutscher Unterstützung später ein Vorstoß vom Kaspischen Meer in Richtung auf den Persischen Golf oder über die Türkei und Syrien oder zum Suezkanal hätte unternommen werden können oder sollen. Es ist den Autoren bekannt, dass die ersten Diskussionen der deutschen Streitkräfte mit diesem Ziel stattfanden. So weit die Autoren wissen, gab es keine Zusammenarbeit mit Russland – tatsächlich wurde ihm dieser Vorschlag niemals unterbreitet.

**Schulz:** Ich weiß nur, dass der Krieg gegen Russland in der Marine ebenso wie in der Wehrmacht auf wenig Gegenliebe stieß. Es war eine rein politische Entscheidung.

So wie die Wehrmacht die Schwierigkeiten eines Feldzuges gegen Russland mit seiner großen Bevölkerung und seinen großen Räumen richtig eingeschätzt hatte und, wie ich von gut informierten Kollegen aus der Wehrmacht gehört habe, ernstlich vor diesem Krieg warnte, machte sich andererseits die Marine keine Illusionen über die Möglichkeiten des [Britischen] Weltreiches und die Zähigkeit unsere englischen Gegner; gleichzeitig maß man der Möglichkeit großes Gewicht bei, dass das mächtige Waffenpotential Amerikas auf Seiten der Engländer eingesetzt werden könnte.

Die Marine verstand daher nicht, wieso man unter diesen Umständen Deutschland die Last eines Zwei-Fronten-Krieges aufbürden sollte, der bis dahin vermieden worden war, und wir betrachteten es im Gegenteil als vorrangig für die deutsche Politik, die Zusammenarbeit mit Russland auszubauen, um dadurch eine Verwicklung mit den Russen zu vermeiden und die beträchtlichen russischen Vorräte an Rohstoffen und Nahrungsmitteln für die Zukunft zu sichern.

Ich weiß mit Gewissheit, dass Großadmiral Raeder diese Sicht bei vielen Gelegenheiten sowohl der deutschen Admiralität als auch Adolf Hitler darlegte, jedoch ohne Erfolg, da es sich um »eine unabänderliche Entscheidung« von Adolf Hitler handelte.

**Meyer:** Eines ist vollkommen klar: Großadmiral Raeder, der Oberbefehlshaber der Marine, hatte Hitler davor gewarnt, Russland anzugreifen. Ich selbst habe ein Dokument dazu bei der deutschen Admiralität gelesen. Ich nehme an, dass diese Einstellung Raeders stark von Berichten beeinflusst war, die vom Marineattaché in Moskau stammten, von dem es immer hieß, er habe seine Auffassung betont, dass Russland nicht unterschätzt werden solle, und er habe gleichzeitig auf die Stärke der britischen Seemacht verwiesen. Der Oberbefehlshaber der Marine – und allgemein das gesamte Offizierskorps – waren sich voll im Klaren darüber, was es hieß, einen Krieg gegen das britische Weltreich zu führen, hinter dem die Vereinigten Staaten standen. Ein solcher Krieg würde sich, wenn man ihn bis zum Schluss führte, immer weiter ausdehnen und die ganze Kraft einer Nation erfordern. Kaum hatte die Offensive gegen Russland begonnen, da wurde dies allen klar. Die Luftangriffe auf England hörten praktisch auf; Unterstützung der Marine durch die Luftwaffe wurde auf das geringste Maß reduziert; die Verhinderung des Nachschubs für Großbritannien konnte nicht mehr erwartet werden; und wir hatten keine ausreichenden Kräfte mehr, um im Mittelmeer diejenigen Operationen durchzuführen, die im Krieg gegen England so wichtig waren. Alle unsere Pläne in Bezug auf Malta, Ägypten und Gibraltar wurden beerdigt.

Ich halte es für möglich, dass Hitler in seiner Einschätzung Russlands zum Opfer seiner eigenen Propaganda wurde. Jahrelang war verbreitet worden, Russland sei ein morsches Gebäude, und das ständige Einhämmern dieser Vorstellung erwies sich als stärker als die Tatsachenberichte, die in beträchtlicher Zahl eingetroffen sein mussten. Jedenfalls muss man bei der Behandlung dieser Frage darauf hinweisen, dass im Winter 1940–41 auf der Grundlage der unzuvorkommenden Haltung der Russen die Sorge allgemein war, dass Russland Deutschland in den Rücken fallen würde, während es im Westen gebunden war. Es scheint mir, dass Hitler die Unvermeidlichkeit des Krieges mit Russland erkannte und dass er diesen daher zum frühestmöglichen Zeitpunkt begann. Wenn er eine Vorstellung von der wahren Stärke Russlands gehabt hätte, hätte er bestimmt selbst keinen Krieg angestrebt, sondern alles getan, um ihn zu vermeiden.

**Heye weist darauf hin, dass das Studium der Geschichte die Gefahren eines Einmarsches in ein Land von den riesigen Ausmaßen Russlands aufgezeigt hätte.**

Nach der kostspieligen Eroberung Kretas folgte der unerwartete Ausbruch des Kriegs mit Russland. Selbst die Oberkommandos der drei Waffengattungen im Südosten erkannten diese Möglichkeit erst ganz kurz vor dem Ausbruch des Krieges. Viele hochrangige Offiziere der Streitkräfte sahen die besondere Gefahr, die mit dieser Entscheidung verbunden war. Eine solche Ausweitung des Krieges in die Tiefen des russischen Kontinents musste Deutschlands Kräfte übersteigen, wenn es keine politische Lösung für den Krieg finden sollte. Napoleons Russlandfeldzug und Japans Operationen im riesigen China hoben diese Lektion hervor. Dies führte schließlich den Mehrfrontenkrieg herbei, der zuletzt im Krieg von 1914–18 eine militärische Übermacht gegen Deutschland geschaffen [hatte]. Es war [jedoch] klar, dass Russland als einziger europäischer Staat, der bisher vom Krieg ungeschwächt war und stark aufgerüstet hatte, immer eine Gefahr darstellen würde, und zwar selbst für eine »befreundete« Nation wie Deutschland. Dies [war] durch den russischen Angriff auf Finnland, die baltischen Staaten und Rumänien deutlich geworden.

**Der deutsche Angriff auf Russland unter dem Decknamen »Unternehmen Barbarossa« begann am 22. Juni 1941. Die deutschen gepanzerten Speerspitzen mähten die russische Verteidigung nieder und konnten mit Hilfe der Luftwaffe umfassende Einkreisungsbewegungen machen, die hunderttausende russische Kriegsgefangene in der Falle sitzen ließen. Es sah bald so aus, als würde die Technik des Blitzkrieges einen erstaunlichen Triumph davontragen, der noch bemerkenswerter sein würde als die früheren Siege in Polen und Frankreich. Innerhalb von drei Monaten hatte die deutsche Heeresgruppe Nord die früheren baltischen Staaten überrannt und die Tore von Leningrad erreicht, das belagert wurde. Die Heeresgruppe Mitte war durch das östliche Polen gestürmt, hatten die russischen Städte Minsk und Smolensk genommen und bewegten sich in nördlicher Richtung, um Moskau selbst anzugreifen. Im Süden waren sie mit**

Unterstützung der rumänischen und ungarischen Verbündeten tief in die Ukraine eingedrungen, bis hin zur Hauptstadt Kiew. In einem Feldzug dieser Art konnte die deutsche Marine nur einige kleinere Rollen spielen – anspruchsvolle, gewiss; örtlich von Bedeutung, gewiss; die große professionelle Fähigkeit erforderten, gewiss; doch handelte es sich um Nebenkriegsschauplätze, die weit von der Seeherrschaft über das Mittelmeer oder die Beherrschung der Seehandelsstraßen im Atlantik entfernt waren, welche die Seeleute für erreichbar hielten. Dönitz beschreibt die Rolle der Kriegsmarine in der Ostsee in der Anfangsphase des Russlandfeldzuges:

Zu Beginn des Russlandfeldzuges nahm die Kriegsmarine daran nur in der Ostsee teil. Sie erkannte, dass ihre Aufgabe von Anfang an darin bestand, durch energische Maßnahmen die russische Flotte daran zu hindern, in Aktion treten zu können, indem sie fest im Finnischen Meerbusen abgeriegelt wurde, während die Landkriegsoperationen weitergingen. Da die Initiative und Fähigkeit der russischen Flotte als gering eingeschätzt wurden, wurde die Stärke unserer eigenen Streitkräfte, die für diesen Zweck bereitstanden, in bescheidenem Rahmen gelassen. Ein Kreuzergeschwader, die sog. »Baltenflotte«, wurde für eine gewisse Zeit in den Gewässern der Åland-Inseln in Bereitschaft gehalten. Diese nahm an der Eroberung der Baltischen Inseln durch Küstenbombardements teil und verschaffte Sicherheit gegen den möglichen Ausbruch der russischen Überwasserflotte.

Die Seekriegführung im Finnischen Meerbusen wurden unseren eigenen leichten Streitkräften von den Schnellbooten abwärts überlassen, die mit der verbündeten finnischen Kriegsmarine zusammenarbeiteten. In [der] Nacht, in welcher der Krieg begann, wurde damit begonnen, Minensperren im zentralen und westlichen Teil des Finnischen Meerbusens anzulegen, die mit der Zeit zu starken Minenfeldern wurden, die so weit wie möglich nach Osten geschoben wurden. Da es leider nicht möglich war, Leningrad und Kronstadt zu nehmen und damit die russische Ostseeflotte ein für alle Mal auszuschalten, mussten die Minen bis zum Ende des Krieges beibehalten werden. In den ersten Tagen unseres eigenen Vormarsches, vor allem zur Zeit der Evakuierung von Tallinn und Hangö, fügten sie den Russen schwere Verluste zu und verhinderten bis zum Verlust Estlands im Jahre 1944, dass irgendwelche russischen Überwasserschiffe aus dem Finnischen Meerbusen ausbrachen. Einige wenige U-Boote, die im ersten Jahr ausbrachen, verursachten nur geringe Schäden.

**Andere Admirale verweisen ebenfalls auf die beschwerliche Rolle der deutschen Kriegsmarine in der Ostsee hin.**

**Schulz:** Die Art und Weise, in der sich der Russlandfeldzug 1941 entwickelte, war für die Marine eine besondere Enttäuschung, da die ganze russische Ostseeküste nicht unter deutsche Kontrolle gebracht worden war, was der ganzen Ostsee Frieden gebracht und die Hafen- und Werftanlagen von Kronstadt und Leningrad sowie die ganze russische Ostseeflotte sichergestellt hätte. Andererseits stellten die Besetzung des größeren Teils der russischen Ostseeküste sowie unser Feldzug im Schwarzen Meer zusammen mit der Seekriegsführung in beiden Meeren eine weitere Herausforderung für die bereits sehr stark verteilten Kräfte der deutschen Kriegsmarine dar.

**Schniewind und Schuster:** Die Ostsee wurde wieder in den Vordergrund des Krieges gerückt, als der Krieg im Osten ausbrach. Die Sicherheitsmaßnahmen von 1939 wurden wieder stärker gegen U-Boote und andere Überwasserstreitkräfte angewendet, die ernsthaft in Rechnung gestellt werden mussten, wenn man sie mit den Kräften verglich, die Deutschland zur Verfügung standen (ungefähr hundert U-Boote). Die zentrale Ostseeküstenlinie musste fast vollständig neu befestigt werden. Die drohende Gefahr einer Störung der See- und Übungsoperationen wurde nicht Wirklichkeit. Dies lag vor allem an dem damaligen schnellen Vormarsch des Heeres nach Osten sowie an der Wirksamkeit der Seeblockademaßnahmen (Minenfelder am Ausgang des Finnischen Meerbusens und zwischen Juminda und der gegenüberliegenden finnischen Küste). Die Ostsee war einschließlich des Bottnischen und des Finnischen Meerbusens, mit Ausnahme des innersten Punktes des Finnischen Meerbusens (Kronstadt, Oranienbaum-Kessel), ab Ende 1941 so gut wie frei vom Feind.

Die Zusammenarbeit der Kriegsmarine mit der Wehrmacht bei den Feldzügen war deutlich zu spüren, vor allem bei der Besetzung der Baltischen Inseln und beim Transport von Truppenverstärkungen. Hier erwiesen die Marinefährprähme und die Landungsboote, die immer noch in großer Zahl gebaut wurden, ihren Wert. Diese waren für die Invasion Englands vorgesehen gewesen. Die Motorprähme waren ebenfalls unverzichtbar als Transportmittel an den Küsten entlang, vor allem in Norwegen und im Schwarzen Meer.

**Im hohen Norden gelang es den deutschen und finnischen Streitkräften nicht, dass von der deutschen Kriegsmarine gewünschte strategische Ziel zu erreichen.**

**Dönitz:** Im Nordmeer wurde das Ziel der Marine, die Eroberung von Murmansk, Poliarno und der Ribachi-Halbinsel, nie erreicht, vor allem in Folge unüberwindlicher Schwierigkeiten des Terrains. Es entwickelte sich daher in diesem Gebiet ein langer Kampf um die Seeverbindungen, in dem es uns gelang, dauerhaft und ohne ernste Bedrohung den wichtigen Seeverkehr mit Petsamo und Kirkenes aufrechtzuerhalten.

**Boehm:** Ich betrachtete es für die gesamten deutschen Kriegsanstrengungen als wichtig, die norwegische Basis zu erweitern und den strategisch wichtigen Hafen von Murmansk sofort nach dem Beginn des Russlandfeldzuges zu besetzen, weil ich vorhersah, dass Murmansk und die damit verbundene Eisenbahnstrecke als Nachschublinie für die Überseeversorgung der russischen Armee dienen würde. Die Seekriegsleitung stimmte mir darin zu, doch wurden von den höheren Stellen keine praktischen Schritte unternommen, um die Landstreitkräfte entsprechend zu verstärken.

**Der Vormarsch der deutschen Truppen entlang der nördlichen Küsten des Schwarzen Meeres zwang die deutsche Kriegsmarine, einige ihrer beschränkten Mittel noch weiter entfernt einzusetzen.**

**Dönitz:** Auf dem dritten Kriegsschauplatz gegen Russland – im Schwarzen Meer – besaß die russische Schwarzmeerflotte eine überwältigende Überlegenheit über die wenigen Verbände der rumänischen Marine, die immer noch schlecht ausgebildet waren und keine Seeerfahrung besaßen. Diese wurden schließlich durch sechs U-Boote-Typ II und eine Schnellbootflottille verstärkt, die über die Elbe, Reichsautobahnen und die Donau zum Schwarzen Meer transportiert wurden, sowie durch einige Landungsboote, bewaffnete Schleppkähne und Hilfsschiffe, die dort seeklar gemacht wurden. Die russische Überlegenheit war jedoch aufgrund der fast unfassbaren Untätigkeit ihrer Schwarzmeerflotte, [...] wirkungslos, so dass wir in der Lage waren, die Aufgaben der Marine im Schwarzen Meer viel besser zu erfüllen, als es bei den Kräfteverhältnissen [hätte] erwartet werden können.

**Heye:** [Als] das Schwarze Meer zum Kriegsschauplatz wurde, wurden die verfügbaren Kräfte ebenfalls improvisiert, mit Ausnahme der rumänischen Flotte, die jedoch stark eingeschränkt war. Marschall Antonescu hatte nicht die Absicht, seine Schiffe zu riskieren. Er fürchtete, dass er im Falle des Verlustes seiner Flotte nach dem Krieg Schwierigkeiten mit dem nicht am Krieg teilnehmenden Bulgarien haben würde.

Die russischen Aktivitäten beschränkten sich auf den U-Bootkrieg, der teilweise sehr erfolgreich war. Das russische Unvermögen, starke Streitkräfte einzusetzen, machte eine beträchtliche Unterstützung der Wehrmacht durch die Versorgung über See möglich. Es gab kaum Verteidigungsmöglichkeiten gegen die russischen U-Boote, was deren Erfolg erklärt.

Die Zusammenarbeit mit den [Balkan-]Staaten war nicht einfach: vor allem Bulgarien hielt sich völlig aus dem Krieg heraus. Nur ein Krieg gegen die Türkei, ähnlich wie ein Krieg gegen Griechenland, hätte die Sympathie des bulgarischen Volkes genossen. Es lag im Interesse Deutschlands, einen solchen Krieg mit der Türkei um jeden Preis zu vermeiden. Zwischen Rumänien und Ungarn gab es Differenzen wie zwischen Feindstaaten.

**In den letzten Monaten des Jahres 1941 rollte der deutsche Vormarsch weiter nach Russland, außer im Norden, wo es nicht gelang, die Verteidigung Leningrads zu brechen. Im Süden hatten die deutschen Truppen vor Ende November Rostow am Don eingenommen, das am Eingang zum Kaukasus lag, um sofort wieder von den Russen mit einem Gegenangriff vertrieben zu werden. In der Mitte hatten sich die deutschen Vorausabteilungen trotz der für das immer schlechter werdende Wetter wenig geeigneten Bekleidung und Ausrüstung bis in die Sichtweite Moskaus vorgekämpft, wo sie aufgehalten und dann zu einem schwierigen Rückzug gezwungen wurden, der Hitler in Wut versetzte. Heye analysiert das Anfangsstadium des Krieges in Russland aus der Sicht eines Seekriegsstrategen.**

Der Russlandfeldzug war anfangs ein großer Erfolg. Wegen der großen Entfernungen und des wachsenden Widerstandes war jedoch zu erwarten, dass sich der Krieg auch hier in die Länge ziehen würde. Ich kann mir nicht vorstellen, dass das Oberkommando mit einem Blitzkrieg rechnete – [die Entscheidung zum Angriff] muss aus politischen Gründen erfolgt sein. Die Meinungen über das Ziel des Unternehmens gingen auseinander. Die Marine glaubte, dass strategische und politische Überlegungen eine Konzentration auf der Nordflanke erforderlich machten, d.h. mit Leningrad als Hauptkriegsschauplatz. Dies erschien auch nötig, um die russischen Seestreitkräfte ein für alle Mal auszuschalten und die Ostsee mit ihren wichtigen Verbindungslinien zu sichern.

Die zweitwichtigste Operation war nach Meinung der Marine ein Vorstoß Richtung Kaukasus, um die Ölfelder einzunehmen. Der einzig mögliche Weg, über den durch Landstreitkräfte in Richtung Persischer Golf und Indischer Ozean Druck auf die britische Kriegführung ausgeübt werden konnte, bot sich vom Kaukasus aus an. Trotz dieser Einschätzungen lag der Hauptvorstoß in der Mitte der Front, d.h. Richtung Moskau.

Ende 1941 war es klar, dass der schnelle Vormarsch zum Stehen gekommen war und dass sich die Front stabilisiert hatte, ohne dass eines der drei wichtigen Ziele – Leningrad, Moskau oder der Kaukasus – erreicht worden wäre. Da Leningrad nicht erreicht und die russische Flotte nicht ausgeschaltet worden war, gab es nun faktisch eine neue Verteidigungslinie im Seekrieg: es musste verhindert werden, dass die Russen aus Kronstadt ausbrachen und die deutschen Seeverbindungen und die wichtigsten U-Boot-Ausbildungsstützpunkte in der Ostsee bedrohten. Der Angriff gegen Murmansk, der vom höchsten Norden Norwegens aus geplant war, wurde aufgrund der Terrainschwierigkeiten und der unzureichenden Zahl verfügbarer deutscher Truppen ebenfalls nicht ausgeführt.

Die Russen konnten daher, Archangelsk und Murmansk als Flottenstützpunkte sowie als Entladehäfen für britische und amerikanische Nachschublieferungen verwenden. Dadurch nahmen die Verpflichtungen der deutschen Kriegsmarine, die bereits zu schwach war, weiter zu. Ein Vorteil wurde deshalb in der Besetzung großer Gebiete in Russland gesehen, weil dadurch Deutschlands Wirtschaft mit Getreide und Rohstoffen gestärkt würde. Viele Fabriken und Bergwerke blieben jedoch noch lange Ruinen. Die großen Werften in Nikolajew [waren] vergleichsweise wenig beschädigt, konnte aber noch nicht für die Ausstattung unserer eigenen Schiffe verwendet werden.

**Das Ende des deutschen Vormarsches im Eis und Schnee des harten russischen Winters wirkte sich auch auf das Schiffbauprogramm aus, das von denjenigen als zentral angesehen wurde, die weit entfernt von den russischen Steppen waren und immer noch planten, einen vernichtenden Seekriegssieg in der Atlantikschlacht herbeizuführen.**

**Krancke:** Wegen eines unerwartet harten Frostes, der Anfang Oktober 1941 einsetzte, [...] verloren wir den Großteil unserer schweren Kriegsausrüstung in Russland. Infolgedessen mussten die Rüstungskapazitäten zugunsten der Wehrmacht und auf

Kosten der Marine und der Luftwaffe umgestellt werden. Die Auswirkung auf die Marine war ein geringerer Ausstoß an U-Booten und leichten Waffen.

**Schniewind und Schuster:** Der Krieg gegen Russland hatte sich 1941 nicht so entwickelt wie man gehofft hatte. Eine ernste Krise zu Lande entstand durch den frühen Einbruch eines sehr harten Winters. Dennoch bestand weiterhin Gewissheit, dass die russischen Streitkräfte so schwer geschlagen worden waren, dass der Feind im Osten im nächsten Jahr überwunden werden würde.

Die Hoffnungen der Marine auf eine Änderung der Rüstungsprioritäten zugunsten des Baus von U-Booten und Flugzeugen mussten aus Gründen der Verstärkung und des Wiederaufbaus der Wehrmacht zurückgestellt werden. Dadurch kam es wiederum zu einer Verzögerung bei der Verstärkung der U-Bootwaffe.

# 7

## Seekriegführung gegen die Handelsschifffahrt 1942–1943

Während die Wehrmacht im Dezember 1941 vor den Toren Moskaus zum Stehen kam, wurde das ganze Ausmaß des Konfliktes plötzlich durch Ereignisse auf der anderen Seite der Welt verändert, als japanische Trägerflugzeuge am Morgen des 7. Dezember einen Angriff auf die Pazifikflotte der Vereinigten Staaten in Pearl Harbor, Hawaii, flogen. Die Welt befand sich nun tatsächlich in einem Konflikt, den man zu recht als »Weltkrieg« bezeichnen kann. Bis zu diesem Zeitpunkt war Japan gegenüber dem Krieg in Europa neutral geblieben. Japan hatte auf jeden Fall seinen eigenen Krieg mit China verfolgt. Es war jedoch ein Freund des nationalsozialistischen Deutschland gewesen, seit es 1936 den Antikomintern-Pakt unterzeichnet hatte. Heye bewertet Japan als potentiellen Verbündeten.

Die Änderung der Politik gegenüber Japan war ebenfalls eine Überraschung, nachdem früher China von ehemaligen Offizieren vorgezogen worden war und auch ökonomische Unterstützung erhalten hatte. Die deutsche Wehrmacht hatte von der Effektivität der japanischen Armee eine geringere Meinung als die deutsche Regierung, vor allem im Vergleich mit modernen Armeen. Die japanische Kriegsmarine hatte einen guten Ruf, auch wenn man davon ausging, dass ihre Führung und Taktik konventionell sein würde. Anfangs gab es keinen Austausch von Erfindungen mit Italien oder Japan.

In ihren Überlegungen zu den Erfahrungen Schniewinds mit dem Versuch, Beziehungen zu Japan als neutrale achsenfreundliche Macht zu fördern, fanden Schniewind und Schuster die japanischen offiziellen Vertreter ziemlich zurückhaltend.

Nach der Ankunft einer großen japanischen Kommission unter Führung von Admiral Nomura ungefähr Anfang 1941 wurde eine engere Allianz mit der japanischen Kriegsmarine gebildet. Dies führte zu einem umfassenden Gedankenaustausch zwischen den beiden Kriegsmarinen in Sachen Bewaffnung und Kriegserfahrung. Während der Autor als Chef des Stabes der Seekriegsleitung an den ständigen Diskussionen teilnahm und persönlich mit den führenden japanischen Persönlichkeiten in Verbindung blieb, konnte er die tiefsten japanischen Absichten und Vorbereitungen nicht ergründen. Er stand unter dem Eindruck, dass die deutsche Kriegsmarine im Verlauf der Diskussionen wesentlich mehr Informationen weitergab und dass die Japaner sich nicht revanchierten. Es ist nicht möglich, eine Meinung darüber zu äußern, ob dies die Absicht der Japaner war oder ob die Mitglieder der Kommission selbst nicht über die Kenntnisse verfügten.

**Japans freundliche Beziehungen zu Deutschland scheinen sich nicht darauf erstreckt zu haben, dass man es über den geplanten Angriff auf Pearl Harbor ins Vertrauen gezogen hätte. Viele Admirale stellen fest, dass sie von dem Angriff vollkommen überrascht wurden, auch dann, wenn sie, so Meyer, auf irgendeine Entwicklung dieser Art gehofft hatten.**

Der Krieg in Ostasien war für Deutschland eine Überraschung, und meines Wissens nach auch für Hitler (dies wurde mir jedenfalls von einem Offizier seines Hauptquartiers berichtet). Von 1939 bis 1941 hatte die deutsche Kriegsmarine versucht, die japanische Kriegsmarine dahingehend zu beeinflussen, dass Japan seine Macht in südliche und südöstliche Richtung statt nach Westen ausdehnen sollte. Dies war auch nach dem Ausbruch des Krieges mit Russland der Fall. Man hoffte, dadurch die großen Seemächte in großem Maßstab binden zu können; die Kriegsmarine betrachtete deren Niederlage als kriegsentscheidend, während man den Russlandfeldzug als bloß kontinentale Frage betrachtete, die, wenn zwar wichtig, so doch zweitrangig war.

**Zumindest theoretisch hätte Deutschland sich weigern können, in den Krieg im Fernen Osten hineingezogen zu werden, so wie es einige Zeit lang im italienisch-griechischen Krieg von 1940 neutral blieb. Japan blieb im russisch-deutschen Krieg neutral, so dass Deutschland einige Gründe gehabt hätte, im Krieg zwischen Japan und den USA neutral zu bleiben. Vielleicht erwogen Hitler und Mussolini diese Option, doch vier Tage nach dem Angriff auf Pearl Harbor erklärten Deutschland und Italien den Vereinigten Staaten den Krieg. Die Admirale bringen kaum einen Dissens mit jener Entscheidung zum Ausdruck, doch liefern sie nicht alle die gleiche Begründung dafür.**

**Heye:** Deutschland [...] erklärte den USA den Krieg, meiner Meinung nach infolge der politischen Verbindungen und Vereinbarungen mit Japan.

**Meyer:** Während des Jahres 1941 wurde die Feindschaft der USA immer deutlicher. Die Maßnahmen gegen Deutschland wurden so hart, dass sie fast zu kriegerischen Akten wurden. Der U-Bootkrieg wurde beträchtlich behindert. Im Verlauf der Monate wurde es immer klarer, dass ein Krieg mit den Vereinigten Staaten unvermeidlich geworden war. Die Dinge hatten sich so weit entwickelt, dass, als Japan 1941 den Vereinigten Staaten den Krieg erklärt hatte, die deutsche Kriegserklärung fast eine Erlösung war.

**Schniewind und Schuster:** Dass Deutschland bald in diesen Krieg gezogen wurde, wurde von beiden Autoren als notwendige Folge seines Bündnisses mit Japan betrachtet, obwohl der Krieg zwischen Deutschland und den USA langfristig unvermeidlich gewesen wäre, da viele Maßnahmen der Vereinigten Staaten gegen Deutschland im Atlantik, nur als Kriegshandlungen betrachtet werden konnten. Man könnte sogar sagen, dass de facto ein Kriegszustand zwischen den USA und der Achse bestand und dass die Kriegserklärung nur die formelle Bestätigung dieser Lage war.

**Krancke:** Die deutsche Kriegserklärung, ich vermute aufgrund politischer Verträge, wurde erst durch den Ausbruch des Krieges zwischen Japan und den USA herbeigeführt. Zu diesem Zeitpunkt wurde der einseitige Krieg, den die USA bis dahin geführt hatten, beendet, und der U-Bootkrieg hatte die beste Gelegenheit zum Erfolg, die sich bisher in den amerikanischen Küstengewässern bot.

Die [...] Umstellung der amerikanischen Industrie auf die Kriegsproduktion und das Ausmaß des tatsächlichen Ausstoßes waren vom Oberkommando zweifellos unterschätzt worden. Viele Statistiken, die sich später als richtig herausstellten, wurden als Bluff angesehen. Die zunehmende Stärke der britischen Luft- und Seepatrouillen sowie der amerikanische Kontinent als zusätzliche feindliche Macht waren für den Rückgang der Angriffe von Überwasserschiffen auf Handelsschiffe verantwortlich. Es war [im] Atlantik nicht mehr möglich, unbeobachtet zu bleiben.

**Schulz:** Da sich die USA immer weiter von ihrem neutralen Status entfernten, sogar ihre Handelsschiffe nach England von bewaffneten Eskorten begleiten ließen und außerdem ihren Seestreitkräften die Freiheit eingeräumt hatten, deutsche U-Boote anzugreifen, erschien es immer gewisser, dass die USA bei der ersten sich bietenden Gelegenheit in den Krieg gegen Deutschland eintreten würden.

Die Intervention Japans, die uns übrigens vollkommen überraschte, wurde in unserer Marine überwiegend – oder jedenfalls in dem Operationskommando, dem ich angehörte – als beträchtliche Erleichterung der deutschen Lage betrachtet und daher begrüßt. Es gab praktisch keine Opposition gegen die folgende Kriegserklärung Deutschlands an die USA, da man allgemein annahm, wir hätten den Japanern entsprechende Zusicherungen im Falle ihrer Intervention gegeben. Abgesehen davon wurden dadurch die starken Einschränkungen beseitigt, welche die amerikanische Neutralität (die diesen Namen kaum verdiente) unserer Seekriegführung, vor allem im U-Bootkrieg, auferlegt hatte.

Später hörte ich allerdings einzelne Stimmen, welche die Auffassung vertraten, es wäre klüger gewesen, den USA nicht den Krieg zu erklären, da es für Präsident Roosevelt unmöglich oder wenigstens sehr schwierig gewesen wäre, unmittelbar nach Pearl Harbor und der entsprechend scharfen Reaktion der amerikanischen öffentlichen Meinung einen Vorwand für den Krieg gegen uns in Europa und für die Konzentration der Hauptmacht Amerikas gegen Deutschland zu finden. Im Nachhinein mag diese Auffassung richtig gewesen sein, unter der Voraussetzung, dass wir gegenüber Japan keine vertraglichen Verpflichtungen hatten, den Krieg zu erklären, eine Möglichkeit, die ich nicht ausschließe.

**Schniewind und Schuster meinen, Deutschland habe die Stärke des militärisch-industriellen Komplexes der USA deutlich unterschätzt.**

Im Lichte der späten Erkenntnis bedeutete der Kriegseintritt einer Nation wie der USA tatsächlich das endgültige Aus für alle Aussichten Deutschlands auf den Sieg, was aber auf alle Fälle Ende 1941 nicht erkannt worden war. Man führte zwar Untersuchungen durch – z. T. auf Anregung der Seekriegsleitung und auf der Grundlage von Recherchen über den Krieg von 1914–18 –, um das Rüstungspotential der USA zu bestimmen, wie stark ihre Stahlproduktion unter Kriegsbedingungen erhöht werden könnte und wie man ihre Leistung beim Bau von Kriegsschiffen und Handelsschiffen, bei der Waffen- und Munitionsproduktion und ihr Potential zum Aufbau einer Armee und zur Rekrutierung der nötigen Mannschaften einschätzen sollte.

Bei diesen Bewertungen und Nachforschungen wurde absichtlich alles in Betracht gezogen, was für Deutschland von Nachteil war. Dennoch lag das unmittelbare und ungünstige Ergebnis der Untersuchungen weit unter den tatsächlichen Leistungen der USA, die sich später im Krieg zeigten. Nach Auffassung der Autoren war der Kriegseintritt Amerikas mit seinem enormen Rüstungspotential im Krieg von 1939–45 ebenso wie im Krieg von 1914–18 *der* entscheidende Faktor, der Deutschlands Niederlage herbeiführte.

**Heye betont denselben Punkt und zieht daraus den Schluss, die Beteiligung der Vereinigten Staaten habe bedeutet, dass Deutschland nur auf einen unentschiedenen Zermürbungskrieg hoffen konnte.**

Die Marine rechnete von nun ab mit einer beträchtlichen Verstärkung der feindlichen Seestreitkräfte. Die Erfahrung des [Ersten Weltkrieges] zeigten, dass die Industriekapazität und die Zahl der verfügbaren wehr- und arbeitsfähigen Männer mit der Zeit ihren Einfluss geltend machen mussten. Man hoffte, dass der Krieg im Fernen Osten wegen des Abzugs der britischen Seestreitkräfte die Lage in Europa und vor allem im Mittelmeer erleichtern würde.

Meiner Meinung nach zerstörte der amerikanische Kriegseintritt schließlich alle Hoffnungen auf einen erfolgreichen militärischen Abschluss des Krieges im Sinne eines Sieges und eines kurzen Krieges. Ich und viele andere Offiziere aller drei Waffengattungen glaubten, dass es von nun an darauf ankam im militärischen Sinne auszuhalten, bis sich eine politische Lösung des Krieges ergab. Wir glaubten auch, dass die Angelsachsen nicht für einen lange Krieg sein würden. Wenn der Krieg lange dauerte, wäre England gegenüber Russland und Amerika im Nachteil, weshalb zumindest es keinen Grund hatte, den Krieg endlos fortzusetzen. Die Lage insgesamt machte klar, dass es für Deutschland jetzt darauf ankam, entschieden an den eroberten Gebieten festzuhalten und sich von einer offensiven auf eine defensive Strategie umzustellen. Wenn man dieses Ziel erfolgreich verfolgen und Europa sozusagen zu einer autarken Festung ausbauen könnte, so war zu hoffen, dass der Feind zu Verhandlungen bereit sein würde: dazu musste es kommen, wenn der Feind erkannt haben würde, dass der Krieg um die Festung Europa eine unvorhersehbar lange Zeit dauern würde und dass die Ergebnisse des Sieges niemals den Kosten des Krieges entsprechen würden.

Obwohl die Kriegserklärung Japans an die Vereinigten Staaten überraschend kam, hielten wir einen Krieg zwischen den Vereinigten Staaten und Japan für unvermeidlich. In den Kreisen der deutschen Kriegsmarine und der Wehrmacht war man über die Fähigkeiten Japans besorgt, einen längeren Krieg gegen die Vereinigten Staaten durchhalten zu können. Man konnte davon ausgehen, dass die Stärke Japans bereits durch den Krieg mit China geschwächt war, dass seine Handelsflotte nicht sehr groß war und dass seine Industriekapazität sich nicht mit der der USA würde messen können. Wir konnten nicht beurteilen, wie lange Japan trotz seiner Bereitschaft zu Opfern und den anfänglichen Erfolgen den langen Krieg führen konnte, den wir voraussahen.

**Für Dönitz und sein Team der Stabsoffiziere, die den täglichen – und nächtlichen U-Bootkrieg gegen die Handelsschifffahrt im Atlantik leiteten, bedeutete die deutsche Kriegserklärung gegen die Vereinigten Staaten, dass ihr gesamter Feldzug des Jahres 1942 auf der Basis von weiteren Grenzen, geringeren Beschränkungen, einer größeren Anzahl von Zielen und größeren Gelegenheiten für die wachsende U-Boot-Flotte geplant werden konnte. Der Führer der U-Boote fasst den Wandel folgendermaßen zusammen:**

Der japanische Angriff auf Pearl Harbor am 7. Dezember 1941 kam für die politische und militärische Führung Deutschlands vollkommen überraschend. Er führte auch zum Kriegszustand zwischen den USA und Deutschland. Die Bedingungen des U-Bootkrieges im Nordatlantik waren wieder klar. Einschränkungen gegenüber Nordamerika mussten nicht mehr beachtet werden. Das Verbot für deutsche U-Boote, in amerikanische Gewässer einzudringen, wurde von der politischen Führung aufgehoben.

Wegen der großen Entfernung zwischen den Kriegsschauplätzen in Europa und im Fernen Osten war die Zusammenarbeit zwischen der deutschen Seekriegsleitung und der japanischen Admiralität, die durch die Bildung von Verbindungsstäben der Kriegsmarine durchgeführt, im Wesentlichen darauf beschränkt, dass man sich gegenseitig Bericht erstattete, Erfahrungen austauschte und sich mit allgemeinen strategischen Fragen befasste. Mit dem schnellen und erfolgreichen Vorstoß der Japaner zum Rand des Indischen Ozeans bot sich in gewissem Maße die Möglichkeit einer direkten Zusammenarbeit. Um die gegenseitige Störung von Seekriegsoperationen zu verhindern, wurde der 70. Grad östlicher Länge als Grenze der Operationszone festgelegt. Jeder musste die Zustimmung des Partners einholen, bevor er diese Linie überquerte, wobei diese Zustimmung prinzipiell erteilt wurde, und um den Wünschen in Bezug auf die befahrenen Gewässer und die benutzten Seestraßen zu entsprechen.

Bewaffnete deutsche Handelskreuzer [...] konnten von da an in japanischen Stützpunkten repariert werden und ihre Vorräte aufstocken. Dies geschah oft und war um so wertvoller als die Passage durch den Nordatlantik und die Biskaya wegen der verstärkten Aufklärung des Feindes und Kriegsschiffpatrouillen ständig gefährlicher wurden; und auch ein Durchbruch über die Meerengen von Island konnte nur in besonders günstigen und seltenen Fällen gelingen. Dennoch wurde der Handelskrieg erfolgreich fortgeführt. Zum Zweck des Austauschs wertvoller Kriegs- und Handelsgüter (Kautschuk, Metalle, Treibstoffe) wurde ein Blockadebrecherverkehr zwischen Westfrankreich und Japan eingerichtet, der schnelle deutsche Handelsschiffe verwendete; dieses Blockadebrechen funktionierte zunächst sehr gut und brachte uns eine bedeutende Menge an Nachschub.

**Dönitz nutzte die neuen Gelegenheiten, die er und sein Stab erkannten, sofort aus. Ihr Einsatz von U-Booten in amerikanischen Gewässern mit dem Decknamen Unternehmen Paukenschlag führte zu einer eindrucksvollen Versenkungsziffer, und dieses Erfolgsmuster wurde auch in anderen Operationsgebieten wiederholt.**

Heye: Im Jahre 1942 nahmen die Erfolge im U-Bootkrieg zu. Die wachsende Zahl der Boote ermöglichte es, beträchtliche Erfolge selbst gegen Geleitzüge auf der Hochsee zu erzielen. Vor den Küsten der Vereinigten Staaten und Mittelamerikas fanden wir zunächst ein geeignetes Operationsgebiet, weil es dort keine Verteidigungskräfte gab. Es war klar, dass mit der Zeit die Verteidigung so stark werden würde, wie es gerade vor der Englandküste geschehen war, dass es sich nicht mehr lohnen würde, dort U-Boot-Operationen durchzuführen.

**Dönitz führt einige der Operationsbedingungen an, die die Erfolge seiner U-Boote beeinträchtigten. Offensichtlich war er von der seiner Meinung nach unzureichenden Zahl der U-Boote frustriert, die durch den Mangel an Voraussicht der Regierung verursacht worden war.**

[Im Jahre 1942] war jedes U-Boot ökonomisch wertvoll, selbst wenn, wie bereits ausgeführt, sein Wert trotz der großen Erfolge auf ein Zehntel der Zahl von 1940 gesunken war. Das große U-Boot-Programm, das bei Kriegsausbruch in Auftrag gegeben wurde, war 1942 erst zu zehn Prozent der erwarteten Zahlen umgesetzt worden. Wenn die politische Führung der Marine vor dem Krieg England als wahrscheinlichen Gegner begriffen und sich 1937 auf einen Krieg mit England vorbereitet und eine große U-Boot-Flotte aufgebaut hätte, wäre die Zahl der 1942 verfügbaren U-Boote bereits 1940 vorhanden gewesen, jedoch mit zehnmal größerem Erfolg. Der politische Wunsch der deutschen Führung, keinen Krieg gegen England zu führen, sowie die entsprechende Rüstungspolitik der Kriegsmarine führten dazu, dass sie, als der Krieg mit England dann doch ausbrach, nicht zur rechten Zeit oder in rechtem Ausmaß über die erforderlichen U-Boote verfügte.

Um die Versenkungsziffern zu erhöhen nahm die U-Boot-Waffe die lange Anfahrtsroute und fuhr zusammen mit anderen Booten, die in den nordamerikanischen

Gewässern operieren sollten, ungefähr auf einem Großkreis in einer weiten harkenartigen Aufstellung. Auf diesem Wege traf man oft unerwartet auf Geleitzugverkehr. Offenbar hatte das englische Konvoikommando [Western Approaches Command] die Verstreuungsmethode, die 1941 üblich war, aufgeben müssen. Die Großkreisfahrt wurde den ganzen Sommer und Herbst 1942 über eingesetzt, wobei Geleitzüge immer wieder angegriffen und von bereitliegenden U-Boot-Rudeln zerstreut wurden. Das Bauprogramm von 1939 entwickelte sich derart, dass ab Spätherbst 1942 Boote für die amerikanischen Gewässer, für Operationen gegen Kapstadt, für drei Gruppen zum Angriff auf Geleitzüge im Nordmeer sowie im Nord- und Zentralatlantik sowie oft auch für eine Gruppe für den Angriff auf den Gibraltar-England-Verkehr zur Verfügung standen.

Die Verluste waren gering. Der Hauptfeind war das Flugzeug, vor allem im Verhältnis zu der taktischen Manövrierfähigkeit der U-Boote über Wasser. Da die Flugzeuge jedoch offenbar noch nicht mit Langstreckenortungsinstrumenten ausgestattet worden waren, waren sie nur in der Lage, in der Nähe befindliche U-Boote zu entdecken. Bei starker See und vor allem nachts waren sie nicht gefährlich.

Wasserbombenangriffe von Zerstörern auf U-Boote waren nicht sehr gefürchtet. Sie waren nur gefährlich, wenn das U-Boot nicht durch ausreichende Wassertiefe geschützt war. Im Allgemeinen waren auf Sicht über der Tauchposition abgeworfene Wasserbomben genauer als die Teppiche, die später auf der Basis von Asdic-Peilungen erfolgten.

Ein U-Boot, das tief lag und keine Ölspuren hinterließ, wurde in der Regel vom Verfolger nach einer gewissen Zeit verloren und konnte unter dem Schutz der Nacht auftauchen und entkommen. Die U-Boot-Mannschaften hatten in der Zwischenzeit eine hervorragende Ausbildung auf der Grundlage der Erfahrungen bei Reparaturen von versagenden Geräten und bei der Bekämpfung von Lecks erhalten. Beschädigungen und Geräteversager, die das Boot in den ersten Kriegsjahren zum Auftauchen gezwungen und zu seiner Vernichtung geführt hätten, wurden nun getaucht überwunden, so dass das Boot schließlich gerettet wurde. Auch die Bauweise der Boote erwies sich als hervorragend; es war außerordentlich elastisch, weil die Sektionen des Druckkörpers im Gegensatz zum Nietverfahren des Ersten Weltkrieges geschweißt wurden. Das Boot vibrierte zwar unter der Einwirkung einer Wasserbombe, zerbrach aber nicht. Vorausgesetzt die Ventile hielten, konnte dem Boot nichts passieren, außer wenn eine Wasserbombe in unmittelbarer Nähe detonierte und den Druckkörper zum Bersten brachte.

Generell war daher im Jahre 1942 der U-Boot-Angriff der Verteidigung überlegen. Das Auffinden von Geleitzügen wurde durch die große Zahl der U-Boote erleichtert. Die wichtigste Eigenschaft der U-Boote war immer noch das Überraschungsmoment. Die U-Boote wurden über Wasser von den Feinden nicht schnell genug gesichtet, um sie umgehen zu können, und wenn sie angriffen, konnten sie nicht schnell genug von Überwasser- oder Unterwasserortungsgeräten erfasst werden.

Auf den ersten Blick hätte man erwarten können, dass die deutsche Marine das Jahr 1942 als das Jahr verlockender Gelegenheiten ansehen würde, und ihre Strategie fortsetzte, einige wenige große Überwasserschiffe zur Unterstützung des U-Bootkrieges gegen die Seehandelsrouten des Feindes einzusetzen. Fünf amerikanische Schlachtschiffe waren in Pearl Harbor versenkt oder schrottreif geschossen worden. Großbritannien hatte das Schlachtschiff PRINCE OF WALES und den Schlachtkreuzer REPULSE am 10. Dezember 1941 bei einem japanischen Luftangriff im Südchinesischen Meer verloren, und gegen Ende des Jahres waren die BARHAM versenkt sowie zwei weitere britische Schlachtschiffe schrottreif geschossen worden. Erneutes Eindringen in den Atlantik mit großen deutschen Schlachtschiffen hätte den Feind stark unter Druck gesetzt, seine Strategie wieder einzuführen, jedem größeren Geleitzug ein Großkampfschiff als Begleitung beizugeben. Und immer dann, wenn er diese Form des Schutzes gab, wäre das Großkampfschiff den Torpedoangriffen der U-Boote ausgesetzt gewesen. Die Deutschen besaßen das neue Schlachtschiff TIRPITZ sowie die Panzerschiffe LÜTZOW und ADMIRAL SCHEER, die in Norwegen oder den Heimatgewässern zur Verfügung standen; schließlich die SCHARNHORST, die GNEISENAU und die PRINZ EUGEN in Brest, die für Operationen im Atlantik ideal stationiert waren. Statt sie auf die Suche nach feindlichen Konvois zu schicken, wurden sie von Brest nach Deutschland zurück beordert. Zu diesem Zeitpunkt war Schniewind zum Flottenchef ernannt worden; er und Schuster bieten eine entschiedene Erklärung dafür, warum ein solcher strategischer Rückzug angeordnet worden war, als die U-Boote ihre eigene äußerst wirkungsvolle strategische Offensive starteten.

[Im Jahre] 1941 wurden die Operationen der Luftwaffe über England stark reduziert, da die Staffeln in großen Zahlen zurückgezogen wurden und sich für den kommenden Ostfeldzug ausruhten. Diese von der deutschen Luftwaffe eingeleiteten Schritte machten sich vor allem Mitte und Ende 1941 bei der Marine bemerkbar. Die Seekriegslage war vor allem durch die starke Reduzierung der ausgedehnten Aufklärung (U-Bootkriegführung) geprägt, für die nur ineffektive Typen (FW 200, HE 111) verfügbar waren, die trotz des großen Aktionsradius über eine ungenügende Ausdauer verfügten, sowie durch die Verringerung der Streitkräfte entlang der französischen Küste und in den dortigen Stützpunkten. Die in Brest liegenden Schiffe waren zum großen Teil der Vergeltung durch die feindliche Luftwaffe ausgesetzt, was wiederholt ihre Kampfbereitschaft beeinträchtigte. Auf Befehl des Oberkommandos wurde eine besonders starke Luftverteidigung inklusive Kampfflugzeugen für Brest zur Verfügung gestellt, wodurch es ermöglicht wurde, im Januar 1942 alle Schiffe gleichzeitig kampfbereit zu machen.

Ende Dezember 1941, als die Reparaturen der großen Schiffe, die in Brest lagen, fast abgeschlossen waren und die Frage ihres zukünftigen Einsatzes aufgeworfen wurde, entschied der Führer, dass sie in die Heimatgewässer zurückkehren sollten. Die Marine wollte natürlich, dass diese Schiffe an der Atlantikküste verblieben, um sie für weitere Angriffe auf Handelsschiffe einzusetzen. Die Entscheidung des Führers wurde daher gegen die Wünsche der Marine umgesetzt (da diese keine Aufgaben für diese Schiffe in den Heimatgewässern absehen konnte), weil

> [der Führer] nicht glaubte, dass die Zukunftsaussichten für diese Schiffe im Handelskrieg gut genug waren;
> er befürchtete, dass sie in ihren Stützpunkten in Westfrankreich immer in Gefahr sein würden, stark bombardiert zu werden;
> er angesichts der Spannungen im Osten damals keine ausreichend starke Luftverteidigung (Kampfflieger) für den Schutz von Brest zur Verfügung stellen konnte; und
> er Angriffe dieser Schiffe von der norwegischen Küste aus gegen die Murmansker Konvois als wichtige und lohnende Aufgabe für Überwasserschiffe ansah.

**Meyer erwähnt ebenfalls Hitlers persönliche Beteiligung und betont die Unfähigkeit der Luftwaffe, die Schiffe in Brest zu schützen. Gleichwohl stellt er die Weisheit der Entscheidung in Frage:**

Der Anstoß zum Rückzug der SCHARNHORST und GNEISENAU aus Brest durch den Ärmelkanal nach Osten kam von der Luftwaffe, die für deren Schutz aus der Luft verantwortlich war, aber nicht mehr ausreichend Kraft zur Erfüllung dieser Aufgabe besaß. Es ist interessant festzuhalten, dass Hitler die Marine vor die Alternative stellte: entweder die Schiffe in Brest zu demontieren oder sie nach Deutschland oder Norwegen zurückzuziehen.

Wäre es nicht besser gewesen, unsere Überwassereinheiten für irgendeine spätere Operation (z. B. während der Invasion in der Normandie im Jahre 1944) zurückzuhalten? Ich kann nur sagen, dass die deutsche Flotte zu klein und zu unausgewogen war, um sie als Ganzes gegen eine solche kraftvolle Überlegenheit einzusetzen, wie sie der Feind besaß.

**Die Entscheidung der deutschen Marine, die Schiffe abzuziehen, war mit beträchtlichen Risiken verbunden.**

**Dönitz:** Der Einsatz der Marinestreitkräfte im Nordatlantik war 1942 wegen der ernsten Gefahr von Luftangriffen auf die Biskaya-Häfen und der zunehmenden Wachsamkeit des Feindes nicht mehr möglich. Als man dies klar erkannt hatte, musste eine Entscheidung getroffen werden, ob man die SCHARNHORST, GNEISENAU und PRINZ EUGEN dort lassen sollte, wo sie sich in Brest befanden, oder über die Islandroute oder durch den Ärmelkanal nach Deutschland zurückbringen sollte. Wenn man die gut ausgestatteten Ortungssysteme an der englischen Küste, die weit überlegene britische Flotte und die sehr starken britischen Luftstreitkräfte in Rechnung stellte, stellte diese Operation eine ungewöhnlich riskante Unternehmung dar, die nur durch das Überraschungsmoment Erfolg haben konnte. Die Vorbereitungen wurden entsprechend im Geheimen getroffen.

**Schniewind und Schuster:** Die Marine musste sich entscheiden, wie die Fahrt unternommen werden sollte. Man entschied sich für einen schnellen Durchbruch durch den Ärmelkanal, und zwar trotz der größeren Gefahr durch die feindliche Luftwaffe und durch Minen, da diese Route, weil sie die gefährlichste war, die vom Feind am wenigsten erwartete war. Man nahm an, dass der Minengefahr mit einer Massierung einer großen Zahl von Minenräumbooten begegnet werden konnte und dass man nur auf dieser Route den notwendigen Schutz durch Jagdflieger mittels unserer eigenen Jagdfliegerverbände bieten konnte.

**Unter dem Kommando von Vizeadmiral Ciliax verließen am 11. Februar 1942 um 22.45 Uhr drei schwere Schiffe, die von sechs Zerstörern und vielen kleineren Schiffen wie Minenräumbooten begleitet wurden, Brest. Sie hatten Glück. Die RAF, die gegen einen solchen Zug gewappnet war, hielt den Ausgang von Brest unter Beobachtung, aber ein Radarversagen bei zwei Aufklärungsflugzeugen ermöglichte es den Schiffen, im Schutz der Dunkelheit zu entkommen. Sie näherten sich bereits Boulogne, als ein Flugzeug der RAF einen Sichtungsbericht abschickte, und sie hatten am 12. Februar kurz nach Mittag bereits die Straße von Dover passiert, als sie es mit dem ersten Versuch, sie aufzuhalten zu tun bekamen. Zuerst wurde ein Angriff britischer Torpedoboote von den Geleitschiffen zurückgeschlagen; dann wurden sechs langsame Fairey Swordfish Torpedo-Bomber der 825er Staffel der Marineluftwaffe abgeschossen, bevor diese auch nur einen einzigen Treffer erzielen konnten. Sechs alten britischen Zerstörern aus Harwich und schweren Bombern der RAF gelang es ebenfalls nicht, den Deutschen irgendwelche Schäden zuzufügen, als diese die niederländische Küste entlangfuhren und ihre Heimathäfen ansteuerten. Die britische Seemacht war gedemütigt worden, doch entkamen die Deutschen nicht ohne Schaden, wie Schniewind und Schuster zugeben:**

Mit guten Sicherheitsmaßnahmen und ziemlich günstigen Wetterbedingungen, so dachte man, könnte die Operation zuversichtlich angegangen werden. Diese Erwartung erfüllte sich. Der Durchbruch selbst wurde von der Marine als taktischer Erfolg betrachtet, der Rückzug aus dem Atlantik dagegen als strategische Niederlage. Der Ausbruch war weit erfolgreicher als erwartet, doch die SCHARNHORST wurde westlich und dann noch einmal nordwestlich von Holland durch eine Mine beschädigt, die sie bis zum Herbst 1942 ins Trockendock schickte. Das Schlachtschiff GNEISENAU erlitt leichte Unterwasserschäden durch den Kontakt mit einem Wrack in der Elbe, und kurz darauf, als es in Kiel im Dock lag, wurde es während eines Luftangriffs von einer schweren Bombe getroffen. Da die Reparatur dieses Schiffes langwierig und schwierig gewesen wäre, wurde der Versuch, es seetüchtig zu machen, für die Zeit des Krieges ausgesetzt. Der Kreuzer PRINZ EUGEN wurde zusammen mit dem Panzerschiff ADMIRAL SCHEER nach Norwegen entsandt, um sich dort dem Schlachtschiff TIRPITZ anzuschließen. Die PRINZ EUGEN wurde in der Nähe von Trondheim durch einen Torpedo eines U-Bootes beschädigt, was sie zuerst für vorläufige Reparaturen bis Mai dort hielt und später, nachdem sie in die Heimat gebracht worden war, sie dort bis zum Herbst 1942 zurückhielt. Die [...] Streitkräfte [in Norwegen] wurden ständig durch die Ergänzung anderer Schiffe – LÜTZOW

[Ex-DEUTSCHLAND], HIPPER, NÜRNBERG, KÖLN – sowie durch Zerstörer, Torpedoboote, U-Boote und Minenräumboote verstärkt.

**Der strategische Zweck der Stationierung der schweren Schiffe der deutschen Kriegsmarine in Norwegen statt ihres Einsatzes auf dem Hauptschlachtfeld im Atlantik wird von Dönitz folgendermaßen erläutert:**

Das Haupteinsatzgebiet der verbliebenen schweren Flottenverbände war nun nach Nordnorwegen verschoben worden, wo neue Aufgaben auf sie warteten. Vom allgemeinen strategischen Standpunkt aus lag unser Hauptinteresse darin, einen möglichst großen Teil der englischen Flotte in den englischen Heimatgewässern festzuhalten, um an den Kriegsschauplätzen im Mittelmeer und im Fernen Osten für Entlastung zu sorgen. Die angloamerikanischen Konvois nach Murmansk und Archangelsk, die in der Zwischenzeit mit ihren Einsätzen begonnen hatten, stellten ein Ziel von gleicher strategischer Bedeutung dar, das von unseren Seestreitkräften zu verschiedenen Zeiten mit unterschiedlichem Erfolg angegriffen wurde, während U-Boote und Flugzeuge in gemeinsamen Operationen regelmäßig beträchtliche Erfolge erzielten.

**Schniewind und Schuster beschuldigen die Luftwaffe wiederum, sie habe einen unzureichenden Beitrag zum Kampf gegen die Arktiskonvois geleistet.**

Seekriegsoperationen von den norwegischen Stützpunkten aus, einschließlich der von U-Booten, wurden stark durch die Schwäche unserer eigenen Luftwaffe behindert, die uns nur wenige Flugzeuge zur Verfügung stellen konnte. In diesem Gebiet zeigte sich die ungenügende Unterstützung der Marine durch die Luftwaffe besonders deutlich. Und zwar nicht nur bei den Einsätzen selbst, da es keine befriedigende Aufklärung für Unterstützung durch Jagdflieger gab, sondern auch auf den Stützpunkten und den küstennahen Seewegen konnte kein wirklicher Schutz durch Jagdflieger geboten werden, oder er wurde lediglich für besondere Unternehmungen von begrenzter Dauer in bestimmten Gebieten zur Verfügung gestellt. Dennoch gab es im Jahre 1942 keine großen Verluste. Die Zusammenarbeit mit den Aufklärungseinheiten (FW 200, BV 138) verbesserte sich aufgrund der Praxis im Verlauf des Jahres, doch sie war nie zufriedenstellend.

**Der erste alliierte Konvoi nach Nordrussland war Ende August 1941 eingetroffen, und bis zum Ende des Jahres war sechs Konvois die Überfahrt geglückt, ohne dass irgendein Handelsschiff dem Feind zum Opfer fiel. In den ersten sechs Monaten des Jahres 1942 wurden 28 alliierte Handelsschiffe entweder auf der Fahrt nach Russland oder auf dem Heimweg von Russland versenkt. Von diesen fielen 17 der Luftwaffe zum Opfer, 7 den U-Booten, drei Zerstörern in Überwassergefechten und eines einer Mine. In den nächsten drei Monaten gingen weitere 46 alliierte Handelsschiffe auf der Strecke nach Nordrussland verloren. Wieder spielte dabei die Luftwaffe eine bedeutende Rolle, da sie 21 Schiffe versenkte; die U-Boote versenkten 20; und 5 Schiffe wurden von Minen versenkt.**

Mehr als die Hälfte der Handelsschiffe des Konvois PQ 17 gingen verloren, der direkt aus London den Befehl erhalten hatte, sich zu zerstreuen, und zwar aufgrund der falschen Annahme, dass ein Angriff schwerer deutscher Schiffe unmittelbar bevorstehe. Im letzten Vierteljahr des Jahres 1942 wurden acht Handelsschiffe versenkt (sechs von U-Booten, eines von Flugzeugen und eines durch einen deutschen Zerstörer). Bei diesen Operationen verlor die Royal Navy ebenfalls zwei Kreuzer, zwei Zerstörer und zwei Minenräumboote. Obwohl die Royal Navy sich auf die mögliche Bedrohung durch deutsche schwere Schiffe vorbereitete, konkretisierte sich diese Gefahr nie. Der anscheinend wenig herausragende Beitrag dieser Kriegsschiffe zu den Kriegsanstrengungen führte zu heftigen Meinungsverschiedenheiten unter den hochrangigen Offizieren der deutschen Kriegsmarine, wie von Heye beschrieben:

Die Zunahme der Zahl der U-Boote machte sich in der Kriegsmarine deutlich bemerkbar, da Offiziere und Mannschaften aller anderen Verbände im großen Maßstab versetzt wurden. Man kam dann auf die Idee, die vom Befehlshaber der U-Boote vertreten wurde, die übrigbleibenden großen Flottenverbände aufzugeben und das Personal auf U-Booten einzusetzen sowie die freiwerdenden Arbeitskapazitäten in den Werften für den U-Boot-Bau zu nutzen. Diese Pläne wurden von Großadmiral Raeder abgelehnt, weil nach Meinung der konsultierten Fachleute eine solche Aufgabe der größeren Schiffe keine wirkliche Erhöhung der [Zahl der] U-Boote bringen würde. Außerdem unterstützte Großadmiral Raeder auf Anraten von Admiral Carls und anderer hochrangiger Offiziere den Erhalt der größeren Schiffe. Eine gewisse Anzahl von Schiffen war in jedem Falle notwendig, um Rekruten auszubilden. Der Mangel an Offizieren gestattete damals keine allgemeine Ausbildung in den einzelnen Waffengattungen für Offiziere der Kriegsmarine. Man musste sich damit zufrieden geben, die jungen Offiziere für lediglich eine Waffengattung auszubilden, z. B. die U-Boote.

Am letzten Tag des Jahres 1942 hatten die deutschen schweren Schiffe endlich eine Gelegenheit zu zeigen, was sie leisten konnten. Der Konvoi JW 51B wurde in der Barentssee von Admiral Kummetz abgefangen, und zwar mit dem schweren Kreuzer ADMIRAL HIPPER, dem schweren Kreuzer LÜTZOW sowie sechs großen deutschen Zerstörern. In einer Reihe verworrener Gefechte wurden die deutschen Schiffe von der Zerstörereskorte des Geleitzuges zurückgeschlagen und schließlich durch die Ankunft von zwei britischen Kreuzern vertrieben. Die Konvoieskorte verlor einen Zerstörer und ein Minenräumboot; drei weitere Zerstörer wurden beschädigt. Die Deutschen verloren einen Zerstörer und mussten Beschädigungen der HIPPER hinnehmen. Es gelang ihnen nicht, ein einziges Handelsschiff zu versenken. Dieses Versagen brachte Hitler in Rage.

**Schniewind und Schuster:** Vor der Nordküste Norwegens fand ein Scharmützel zwischen deutschen Schiffen (HIPPER, LÜTZOW), die einen Konvoi angriffen, und britischen Zerstörern und Schiffen einer Geleitzugeskorte statt; das Entkommen der letzteren warf beim Oberkommando erneut die Frage auf, ob große Überwasserschiffe noch sinnvoll eingesetzt werden konnten oder ob es nicht angesichts der Gefahren in Nordnorwegen besser sei, sie nach Hause zu schicken und entweder in Bereitschaft zu halten oder ganz stillzulegen und ihre Mannschaften, Waffen und Motoren für andere Zwecke einzusetzen. Der Führer befahl ihre Rückkehr gegen den drängenden Rat des Oberbefehlshabers der Kriegsmarine, der die Bedrohung der Geleitzugrouten mit schweren Schiffen aus militärisch-politischen Gründen (Pazifik, Mittelmeer) aufrechterhalten wollte, damit der Feind gezwungen wäre, schwere Überwasserschiffe in den Heimatgewässern zu belassen. Diese Meinungsverschiedenheit trug zum Wechsel im Oberkommando der Kriegsmarine bei sowie in der Folge bei einer ganzen Anzahl höherer Posten. Der neue Oberbefehlshaber der Kriegsmarine hatte Erfolg damit, die Überwasserstreitkräfte in Nordnorwegen zu belassen und im Frühjahr 1943 die SCHARNHORST zur Verstärkung dorthin zu entsenden.

**Meyer:** Nur gelegentlich griff Hitler direkt ein; er tat dies z. B. im Januar 1943, als er nach dem enttäuschenden Gefecht von zwei Kreuzern und sechs Zerstörern gegen einen nach Russland fahrenden Konvoi am 30. Dezember in der Arktis die Ablösung aller Schlachtschiffe und Kreuzer befahl. Dies war die Gelegenheit, Raeder durch Dönitz zu ersetzen. Seltsam war jedoch, dass Dönitz, der als Oberbefehlshaber der U-Boote eine andere Strategie vertreten hatte, die Dinge aus einer höheren Warte betrachtete, als er Oberbefehlshaber [der deutschen Kriegsmarine] geworden war und dementsprechend die großen Schiffe in Dienst behielt.

**Obwohl er nun Oberbefehlshaber der gesamten deutschen Kriegsmarine war, fuhr Dönitz fort, die Operationen der U-Bootflotte im ersten Vierteljahr von 1943 mit einem beträchtlichen Erfolg zu leiten. Bestimmte Dinge machten ihm jedoch Sorge.**

Im Jahre 1942 hatte die deutsche Chiffrierabteilung das Glück, einige Konvoicodes entschlüsseln zu können. Das deutsche U-Bootkommando kannte Ort und Zeit der Konvoitreffen sowie die Sammelpunkte für Nachzügler des Konvois. Diese wertvolle Unterstützung für angreifende U-Boote endete in den ersten Monaten des Jahres 1943. Wenn man eine ausreichend große Zahl von Funknachrichten hatte, war es natürlich möglich, den Code wieder zu knacken, doch man konnte daraus keinen Vorteil mehr ziehen, weil der Feind den Code nun in kürzeren Abständen als vorher änderte, so dass die aufreibende Arbeit, den Code zu knacken, jedes Mal wieder neu begonnen werden musste.

Der zweite Grund für die sinkende Zahl der aufgespürten Konvois im Winter 1942–43 mag sein, dass der Feind die Taktik der U-Boot-Aufklärung begriffen hatte und Gegenmaßnahmen ergriff. Diese Möglichkeit hatte bereits [Probleme für] die *Überwasser*kriegführung geschaffen, d.h. bewegliche Operationen, die das sogenannte Wolfsrudelsystem verwendeten, um die gewünschte Konzentration auf einen Konvoi zu erzielen. Wenn dieses Prinzip aufgegeben wurde, konnten keine großen Ergebnisse erzielt werden. In dieser Hinsicht gelten für See- wie Landkriegführung dieselben Bedingungen. Auch hier können durch einen Stellungskrieg im Schützengraben keine entscheidenden Ergebnisse erzielt werden, sondern nur durch bewegliche Operationen.

Die U-Boot-Waffe musste sich daher vor dem Krieg darauf konzentrieren, mit welchen Mitteln der Feind die Bewegung der U-Boote über Wasser behindern konnte, und was von uns gegen seine U-Boot-Abwehrmaßnahmen unternommen werden konnte. Zu dieser Zeit war die feindliche Luftwaffe das größte Problem für die U-Boot-Waffe, weshalb es überrascht, dass der Feind dies erst später erkannte und diese Waffe als wirkungsvollstes Mittel gegen die U-Boote einsetzte.

**Dönitz schreibt mit großer Begeisterung und großem Engagement über seinen U-Bootfeldzug, sowie mit wirklicher Zuneigung zu den U-Bootkommandanten, die seine Befehle in die Praxis umsetzen mussten. Es ist offensichtlich, dass sein Glaube an die »Wolfsrudel«-Taktik von U-Booten, die hauptsächlich an der Wasseroberfläche operierten, in den ersten Monaten des Jahres 1943 ungebrochen war.**

Obwohl im Januar–Februar 1943 weniger Geleitzüge angetroffen wurden, und zwar nicht nur wegen des Wetters, sondern auch wegen der beiden vorgenannten Ursachen, schien keine unmittelbare Gefahr zu bestehen, dass der Überwasserkrieg gegen die Geleitzüge zu einem Ende kommen würde. Im Gegenteil, neue gut ausgerüstete U-Boote kamen aus der Heimat, und ihre Zahl stieg von Monat zu Monat. Die Anzahl der Boote im Atlantik stieg trotz der fortgesetzten Lieferungen ins Mittelmeer und in die nördlichen Gewässer zum Angriff auf die nach Russland fahrenden Konvois ständig an. Im März 1943 waren die Bedingungen auf dem Hauptschlachtfeld, dem Nordatlantik, wieder sehr günstig. Viele Konvois wurden aufgespürt und mit großem Erfolg angegriffen. Die erfolgreichsten Konvoischlachten des ganzen Krieges wurden ausgefochten. Die U-Bootführung in diesen Schlachten sowie die Angriffe auf die Konvois durch die Kommandanten erreichten ihren Höhepunkt.

Es hatte sich nun unmissverständlich durch die Jahre der Kriegserfahrung erwiesen, dass die Führung der U-Boote von einem anderen Boot aus, das in See oder in der Nähe des Konvois war, unmöglich war. Die ganze Operation musste von einem U-Bootkommandeur an Land und oft Tausende Meilen entfernt geführt werden. Zwischen einem solchen Kommandeur und den Kommandanten unter seinem Kommando hatte sich im Lauf der Zeit ein derartiges Verständnis entwickelt, dass die Leitung von Operationen angesichts der allgemeinen Bedingungen auf der Position des Konvois, des Schutzes aus der Luft, der Nah- und Fernsicherung und der Wetterbedingungen so effektiv war, dass dadurch die taktische Führung der entfernt stattfindenden Aktionen erfolgreich gesteuert werden konnte, wobei dies auch von den Befehlsempfängern als richtig und praktisch angesehen wurde. In diesem Punkt machte das Oberkommando unbeschränkten Gebrauch vom Funk und gewann die notwendigen Informationen über die Bedingungen auf der Position des Konvois von den Booten. Wenn die Funkverbindungen unzureichend waren, kommunizierte der Befehlshaber der U-Boote mittels Funk von seinem Kommandoposten aus mit den erfahrensten Kommandanten auf der Konvoiposition.

Mir ist kein Fall bekannt, in dem es bei dieser Methode nicht zu einer Einigung zwischen dem Oberkommando und diesen alten Kämpfern kam. Das Gefecht auf der Konvoiposition selbst wurde von den U-Booten in taktischer Zusammenarbeit und mit einem hohen Maß an individueller Ausführung beim Angriff durchgeführt. In Bezug auf die Aufklärung, Beschattung trotz der Luft- und Seesicherung, klare Berichtsverfahren, das Abtauchen zum richtigen Zeitpunkt, um Flugzeugen und Zerstörern zu entkommen, ein so bald wie mögliches Wiederauftauchen und Fortführen des Angriffs, das Durchbrechen der Sicherung um anzugreifen, die Durchführung des eigentlichen Angriffs, war das Verhalten der Kommandanten hervorragend. Dies waren Männer, die aufgrund der jahrelangen Seeerfahrung in Kriegszeiten sich sowohl im Sommer wie im Winter im Atlantik zu Hause fühlten – ein Gruppe kühner Seeleute mit hervorragender Kampffähigkeit. Infolgedessen gab es Geleitzugschlachten, in denen mehr als die Hälfte und in manchen Fällen zwei Drittel des Konvois ausgeschaltet wurden.

Im Rückblick auf diese Periode kann man sagen, dass die U-Boot-Erfolge ihren Höhepunkt erreicht hatten. Die Zahl der U-Boote nahm ständig zu; die Verluste waren gering; und die Verstärkungen durch Boote aus der Heimat von erheblichem Umfang. Der Aktionsradius aller Boote wurde durch die Verwendung von Nachschub-U-Booten beträchtlich erweitert, von denen jeweils ungefähr zehn U-Boote je vierzig Tonnen Öl und weitere Vorräte übernehmen konnten, wodurch die Reise sogar zu und von den Biskaya-Häfen vermieden wurde, die nach deutschen Vorstellungen nicht sehr weit entfernt waren. Die U-Boote wurden auch durch Überwassertanker betankt, wenn diese zur Verfügung standen. Diese konnten auch Torpedos liefern. Operationen im Gebiet Südamerikas, im Gebiet um Kapstadt und im Indischen Ozean wurden so möglich.

Durch den Bau von U-Boot-Bunkern in den Häfen der Biskaya, der rechtzeitig vom Führer angeordnet worden war, konnte die Reparatur und die Ausrüstung der Boote in vollem Umfang ohne Verluste durch Bombenangriffe aufrechterhalten werden.

Die Torpedo-Sparte hatte aus den Fehlern am Anfang des Krieges eine außerordentliche Menge technischer Erfahrung gewonnen und einen hohen Entwicklungsstand erreicht. Mit dem akustischen Torpedo, der jetzt einsatzbereit war, besaßen die U-Boote auch [...] eine Waffe gegen die Sicherungsschiffe, die Wasserbomben abwarfen. Mittels verschiedener Arten von Flächen-Absuch-Torpedos vergrößerte sich die Wahrscheinlichkeit von Treffern, vor allem bei der Konzentration von Zielen in einem Geleitzug. Obwohl die Sorgen über die Verbesserung der feindlichen Luftunterstützung über dem Atlantik und die Verbesserung der Oberflächenortung eine deprimierende Wirkung auf den U-Bootkrieg hatten, konnten die oben erwähnten Vorteile gegen solche Sorgen angeführt werden, so dass die U-Bootwaffe in ihrem

Stolz auf die sehr großen Erfolge bis März 1943 die Hoffnung hatte, dass sie in der Lage sein würde, selbst einer stärkeren U-Boot-Abwehr mit einer Erhöhung der Zahl der U-Boote begegnen und so ihre Erfolge auf demselben hohen Stand halten zu können.

Großadmiral Dönitz hatte verlässliche Belege, auf die er seinen Optimismus stützen konnte. Im Jahre 1942 waren deutsche und italienische U-Boote für die Versenkung von 1.555 alliierten und neutralen Schiffen verantwortlich gewesen, was fast 6,15 Millionen Bruttoregistertonnen entspricht. Im ersten Vierteljahr von 1943 versenkten sie weitere 221 Schiffe mit insgesamt mehr als 1,3 Millionen Bruttoregistertonnen. Das bedeutete eine Gesamtmenge von ungefähr 7,45 Millionen Tonnen in 15 Monaten; und wenn man die von Fliegern, in Überwassergefechten und von Minen versenkten Schiffe hinzufügt, sowie die von den Japanern versenkten, dann waren mehr als 9 Millionen Bruttoregistertonnen alliierter und neutraler Schiffe dem »Tonnagekrieg« jener Zeit zum Opfer gefallen. Der Druck auf die weltweiten Erfordernisse des Schiffsverkehrs der Alliierten war sogar noch größer als die Versenkungsziffern besagen, da sie auch mit den Problemen zu kämpfen hatten, die durch die niedrige Geschwindigkeit der Geleitzüge, Verzögerungen durch Umwege und den zeitweiligen Verlust beschädigter Schiffe während ihrer Reparatur verursacht wurden. Während derselben Zeit waren 308 neue U-Boote von der deutschen Kriegsmarine in Dienst gestellt worden, wodurch die verlorenen 127 U-Boote mehr als ausgeglichen wurden. Dönitz' Überzeugung, dass es mit einer ausreichenden Zahl von U-Booten gelingen könnte, die Geleitzüge zu finden und die Sicherungsschiffe zu überwältigen, war durch die Versenkung von 13 Schiffen des Konvois SC 121 zwischen dem 7. und 11. März 1943 bestätigt worden, wobei ein U-Boot verloren ging, nachdem es von einem der Handelsschiffe gerammt worden war. Sodann wurden in einer Schlacht vom 16.–20. März 1943 zwei Atlantikgeleitzüge von New York nach Großbritannien – SC 122 und HX 229, die insgesamt 100 Handelsschiffe umfassten – von 40 U-Booten angegriffen, die 21 Schiffe im Umfang von 140.000 Bruttoregistertonnen versenkten. Auf deutscher Seite ging nur ein U-Boot während dieser Schacht um die zwei Geleitzüge verloren. Wenn weiter solche Ergebnisse geliefert werden konnten, mag Dönitz mit einigem Recht auf einen vollständigen Sieg in der Atlantikschlacht gehofft haben oder doch zumindest darauf, dass die Fortführung der Schlacht so kostspielig werden würde, dass die Briten und Amerikaner dazu gebracht werden könnten, einem Kompromissfrieden zuzustimmen, auf den Hitler seit 1940 hoffte.

# 8

# Entscheidung im Mittelmeer, 1942–43

Als das Jahr 1941 zu Ende ging und die deutschen und italienischen Streitkräfte ein weiteres Mal von den Briten aus der Cyrenaika vertrieben worden waren, erkannte das deutsche Oberkommando schließlich, dass es dem Krieg im Mittelmeer größere Aufmerksamkeit schenken müsse. Der erste Schritt bestand darin, Luftwaffenverstärkungen nach Sizilien zu entsenden und den Feldmarschall der Luftwaffe, Albert Kesselring, zum Oberbefehlshaber Süd zu ernennen, der diesen Posten Ende Dezember 1941 übernahm. Man hatte ihm keine leichte Arbeit übergeben. Schniewind und Schuster skizzieren die Schwierigkeiten der Befehlsstruktur.

Es muss kurz angemerkt werden, wie groß die praktischen Schwierigkeiten waren, die die Einheit des Kommandos behinderten, das im Frühjahr 1942 durch die Ernennung von Feldmarschall Kesselring zum Oberbefehlshaber des gesamten südlichen Kriegsschauplatzes. Einige Waffengattungen der Streitkräfte jedes Achsenpartners konnten sich nicht nur nicht auf befriedigende Weise von persönlichen und internen Empfindlichkeiten oder von den anderen Plagen der Voreingenommenheit in Bezug auf ihre eigenen Oberkommandos (OKW und commando supremo) lösen, sondern sogar die verschiedenen Arten von Verbänden sahen die Dinge in ihren Beziehungen untereinander und zum Oberbefehlshaber Süd (Ob-Süd) nur aus ihrer eigenen Perspektive. Diese ständig wiederkehrenden Spannungen im Kommando der Achse konnten jedoch wegen der ernsteren Konsequenzen noch weniger befürwortet werden, als es der Fall unter etwa gleichen Opponenten mit weniger wichtigen Kriegszielen der Fall gewesen wäre; und das auf einem Kriegsschauplatz, auf dem strategische Ziele mit sehr begrenzten schwachen Kräften und den geringstmöglichen Reserven gegen einen erfahrenen, harten und starken Feind erreicht werden sollten.

Rommel, der die deutsche Armee in Libyen kommandierte, jedoch nominell einem italienischen General unterstellt war, war recht skrupellos in der Ausnutzung der

Lücken in der Befehlsstruktur vor Ort, in Rom zwischen Kesselring und dem italienischen Oberkommando sowie seinen eigenen direkten Kanälen zum deutschen Oberkommando und zum Führer. Infolgedessen wurde er in den Wüsten Libyens sozusagen zu seinem eigenen Gesetz. Mit typischer Kühnheit und Tatkraft formierte er seine Streitkräfte neu und begann am 21. Januar mit einem Gegenangriff auf die Briten in der Cyrenaika. Nachdem er rasch den Hafen Benghazi zurückerobert hatte, wurde sein Vormarsch auf Ägypten im Februar durch eine britische Verteidigungslinie bei Ain el Gazala westlich von Tobruk aufgehalten. Weichold neigt zur Auffassung, dass die Vorbedingungen eines solchen Vorstoßes durch Luftwaffe und Kriegsmarine geschaffen worden waren.

Die Angriffe der neu aufgestellten deutschen Luftwaffe im Mittelmeer [...] richteten sich gegen Malta. Die Angriffe der Stukas und Bomber auf die Flugplätze auf der Insel verminderten die feindlichen Luftangriffe auf den Seetransport nach Afrika schnell. Außerdem verloren die Häfen immer mehr ihren Wert als Stützpunkte für britische Schiffe und U-Boote. So wurde diese britische Schlüsselstellung im zentralen Mittelmeer – die nur wenige Wochen vorher der Hauptgrund für die Verluste in Libyen gewesen war – ausgeschaltet.

Ein einmaliger Effekt [...] war, dass im Januar kein einziges Schiff und nicht eine Tonne Material auf ihrem Weg zum Panzerkorps in Afrika verloren gingen. Außerdem wurden trotz des schlechten Wetters außerordentlich große Mengen von Vorräten von Tripolis zu [...] Häfen nahe der Front transportiert. [...] Dies war zu einer Zeit besonders wichtig, in der ungefähr 50 Prozent der Transportfahrzeuge, die zum Panzerkorps gehörten, wegen des Rückzugs aus der Cyrenaika reparaturbedürftig waren. So wurde es möglich, das Panzerkorps wieder in gute Kampfbereitschaft zu versetzen [...], eine erstaunliche Tatsache, wenn man den schwierigen Rückzug und die beträchtlichen Verluste an Leuten und Material bedenkt. Es ist klar, dass dies in erster Linie der Tatkraft und Hartnäckigkeit der Vorgesetzten und der Mannschaften, aber auch den Anstrengungen zu verdanken ist, Nachschub über See heranzubringen, und dieser letztere Faktor hing völlig von der neu gewonnenen Luft- und Seeherrschaft ab.

Die militärischen Auswirkungen der Vorherrschaft der Achse im zentralen Mittelmeer auf den Afrikafeldzug waren erstaunlich.

**Kesselring und andere deutsche Offiziere erkannten, dass die Eroberung Maltas die einzige Möglichkeit war, die fortgesetzte und kontinuierliche Lieferung von Nachschub für die Achsenstreitkräfte in Libyen sicherzustellen.**

**Schniewind und Schuster:** Auf Drängen von Feldmarschall Kesselring wurde die Eroberung Maltas für den Sommer 1942 geplant und man begann mit den Vorbereitungen – z. B. wurden Landungsschiffe aus dem Schwarzen Meer nach Sizilien gebracht. Die Operation sollte vor General Rommels neuem Vorstoß nach Osten ausgeführt werden. Bedenken in den höchsten Kreisen [und] Uneinigkeit auf der deutschen Seite über auf die Menge der notwendigen deutschen Unterstützung [...] trugen zumindest dazu bei, den Plan aufzugeben, obwohl im Frühjahr 1942 die Situation für diese äußerst wichtige und entscheidende Operation ungewöhnlich günstig war.

**Heye:** Während des ganzen Afrikafeldzuges hatte die Kriegsmarine den Eindruck, dass man sich zu sehr auf die Annahme verließ, die Nachschublinien über See könnten immer aufrechterhalten werden. Die Lage hätte sich spürbar geändert, wenn es uns gelungen wäre, Malta zu nehmen. Eine solche Operation wurde geplant, aber so weit ich weiß, sollte sie vor allem von den Italienern unternommen werden. Ich glaube, dass Malta durch einen Überraschungsangriff hätte erobert werden können, kurz nachdem Italien in den Krieg eingetreten war. Ich halte es für zweifelhaft, dass man später Erfolg hätte haben können; zweifellos war dies ohne Unterstützung deutscher Truppen und Flieger unmöglich.

**Weichold:** Malta, der britische See- und Luftstützpunkt, befand sich in einer schlechten Situation, und zwar wegen der seit einigen Monaten durchgeführten Blockade. Wenn verhindert werden konnte, dass [ein Nachschubgeleitzug aus Alexandria, der am 21. März gesichtet worden war,] Malta erreichte, wäre dies die beste Vorbereitung für die Besetzung der Insel. Der Fall Maltas wäre jedoch für das italienische Mittelmeer-Kommando wie die Heilung einer schleichenden Krankheit, und er hätte die endgültige Sicherheit für die Nachschublinien nach Libyen vor den Übergriffen des Feindes sowie Erfolg für die Operationen in Afrika bedeutet. Darüber hinaus hätte die Besetzung Maltas jedoch auch das italienische Mutterland vor einer feindlichen Invasion bewahrt, und außerdem war sie grundlegend für alle weiteren großen Unternehmen der Achse im Mittelmeer und Nahen Osten, weil dadurch die Möglichkeit eines Dolchstoßes beseitigt würde. Der Fall Maltas konnte daher weitreichende Konsequenzen für die strategischen Pläne des ganzen Krieges haben. Der Erfolg irgendeiner Operation gegen die Insel hing jedoch von ihrer Versorgungslage ab.

**Da hier so viel auf dem Spiel stand, ist es leicht, Weicholds Frust als Soldat zu verstehen, als italienische Streitkräfte mit einem modernen Schlachtschiff, drei Kreuzern und einer großen Zahl Zerstörer, die den Konvoi am 22. März abfingen, in einer Schlacht, die von den britischen Historikern die Zweite Schlacht um die Sirte genannt, wird, ausmanövriert und in einer verworrenen Reihe von Kampfhandlungen mit leichten britischen Kreuzern der Geleitzugsicherung zurückgeschlagen wurden. Die Italiener kamen nie an ihre Hauptziele, die vier schnellen Handelsschiffe, heran.**

Die schlimmste Folge dieses Versagens war jedoch, dass die deutsche Luftwaffe jedes Vertrauen in die Fähigkeit der italienischen Marine verlor und dass ihr Glauben an die Seestreitkräfte noch stärker erschüttert wurde als er es ohnehin schon durch frühere Ereignisse und ihre grundsätzlich Einstellung zur italienischen Marine geschehen war. Die deutsche Luftwaffe war von der Zusammenarbeit mit der italienischen Marine niemals besonders begeistert gewesen, und nach diesem Ereignis waren sie noch weniger zur Zusammenarbeit bereit, da jede Erfolgsmöglichkeit für sie sehr klein war. Nur mit deutscher Luftunterstützung konnte die italienische Flotte jedoch überhaupt dazu gebracht werden, auf See zu operieren. Von diesem Moment an ging das deutsche Kommando der Luftwaffe immer mehr eigene Wege und erreichte dabei sicherlich einige beachtliche Erfolge, doch konnte es allein niemals der entscheidende Faktor sein. Im Lichte dieser Ereignisse hatte die italienische Niederlage am 22. März in der Folge weit schlimmere Auswirkungen als die vorherigen Niederlagen bei Taranto und Matapan. Dieser deprimierenden Tatsache kann noch mit Bedauern hinzugefügt werden, dass die deutsch-italienische Zusammenarbeit nicht praktisch genug war, um der italienischen Kriegsmarine irgendeine Führungsstärke einzuflößen. Das deutsche Kommando trägt daran einen ebenso großen Teil der Schuld wie das italienische, weil zur damaligen Zeit die tatsächliche Lage und die Konsequenzen beiden klar waren. Das deutsche Oberkommando besaß jedoch nicht den Weitblick zu erkennen, dass der Kampf im Mittelmeer eines Tages eine enorme Wirkung auf die gesamte Kriegslage ausüben würde. Deshalb konnte sich das Oberkommando nicht von den Ereignissen im Mittelmeer mit ihren verhängnisvollen Folgen freisprechen.

**Zweifelsohne stand die Unfähigkeit der italienischen Marine, den Geleitzug am 22. März zu vernichten, in deutlichem Gegensatz zu dem Erfolg der deutschen Luftwaffe bei der Versenkung zweier Handelsschiffe, bevor diese Malta erreicht hatten, sowie der Zerstörung zweier weiterer Schiffe, die dort im Hafen lagen. So wurden von den 26.000 Tonnen Nachschub auf den Schiffen nur 5.000 Tonnen sicher in Valetta entladen. Die Briten verstanden den Wert Maltas sehr gut und waren bereit, bei Unternehmen zur Versorgung der Insel hohe Verluste an Kriegsschiffen und Handelsschiffen in Kauf zu nehmen. Bisweilen mussten die Briten zu verzweifelten Maßnahmen greifen wie dem Einsatz von Jagdflugzeugen von Flugzeugträgern, dem Transport dringend nötiger Vorräte an Bord von schnellen Kriegsschiffen wie Minenlegern oder dem Versuch, Nachschub mittels einzelner ungesicherter Handelsschiffe hineinzuschmuggeln, die als Schiffe aus Vichy-Frankreich getarnt waren. Im Sommer 1942 litt Malta jedoch an einem verzweifelten Mangel an Nachschub und fast täglichen Luftangriffen, die die britischen Streitkräfte daran hinderten, die Nachschubgeleitzüge der Achse nach Libyen zu stören. Mit dem stetigen Nachschub an Munition, Ausrüstung, Nahrungsmitteln, Treibstoff und Verstärkungen war Rommel eifrig darauf bedacht, gegen die britische Verteidigungslinie bei Ain el Gazala vorzugehen. Er griff Ende Mai an, kämpfte sich bis Tobruk durch und hatte Ende Juni die Briten bis weit nach Ägypten hinein verfolgt, wo diese eine Verteidigungslinie bei El Alamein einnahmen, nur rund 60 Meilen vor dem britischen Marinestützpunkt bei Alexandria. Weichold teilte Rommels Eifer, die strategischen Gelegenheiten zu ergreifen und auszunutzen, sorgte sich aber auch darum, dass richtig koordinierte Maßnahmen ergriffen wurden, um eine sichere Kontrolle über das ganze zentrale und östliche Mittelmeer zu errichten.**

Um die auf der Cyrenaika voranschreitenden Landoperationen gegen den Feind zu unterstützen, der von seinen Stützpunkten im östlichen Mittelmeer abhängig war, lohnte sich der Kampf, um das Hauptgewicht der Achsenseemacht nach Osten zu verlagern. Die italienische Admiralität opponierte nicht grundsätzlich gegen die Möglichkeit einer offensiven Kampftätigkeit im östlichen Mittelmeer, die von den Stützpunkten auf Kreta und den Dodekanes ausging und die der deutsche Befehlshaber der Marine [d.h. Weichold selbst] vorschlug. Sie forderte lediglich deutsche Unterstützung für den gemeinsamen Treibstoffölbedarf an. Das deutsche Oberkommando verweigerte eine Vergrößerung der Treibstoffmenge, die der italienischen Kriegsmarine für die Sicherung der Transporte nach Afrika zugeteilt worden war. Dies führte zu der Weigerung der italienischen Kriegsmarine, ihre Seestreitkräfte in die östlichen Stützpunkte zu verlagern. Die Anstrengungen der deutschen Admiralität, die italienische Seemacht von der defensiven Sicherung der Geleitzüge nach Afrika auf die Teilnahme an Angriffsoperationen im östlichen Mittelmeer umzustellen, scheiterten daher endgültig. Die Zusammenarbeit der Achsenmächte war daher bei der Eroberung der Cyrenaika auf die Ausführung von Küstennachschub durch deutsche Transport- und Marinetruppen beschränkt. Das italienische Oberkommando vertraute diese Operation dem deutschen Oberbefehlshaber der Kriegsmarine an.

Mit der gemeinsamen Planung und Ausführung der Vorbereitungen für das Maltaunternehmen gelang es das erste Mal, einen vollständigen gemeinsamen Stab im Mittelmeer zum Arbeiten zu bringen, ein Beweis dafür, wie die Zusammenarbeit der Achsenmächte hätte funktionieren können, wenn deutsches Material und deutsche Erfahrung für die Verstärkung der italienischen Streitkräfte verwendet worden wären.

[Er deutet an, dass Rommel versucht gewesen sei, zu weit nach Ägypten hinein vorzudringen. In früheren Feldzügen] hatte man unter hohem Blutzoll lernen müssen, dass die Planung einer Front ohne nahegelegene Häfen und ohne sichere Nachschublinien über See nicht zu einer sicheren Stellung und zu einer schweren Niederlage führen würde.

[Die Briten antworteten mit einer Erhöhung ihrer Flugtätigkeit im zentralen Mittelmeer.] Die Schwächung der deutschen Luftwaffe im Mittelmeer im Frühjahr 1942 war für [den Feind] sehr günstig. Einheiten der Luftwaffe mussten damals in erheblichem Umfang für die neue deutsche Offensive gegen Russland abgezogen werden. Deshalb waren die Briten in der Lage, die Luftüberlegenheit über Malta zurückzuerlangen. [...] Ein weiteres Mal drohte die Gefahr verringerten Nachschubs für Afrika. Während die Soldaten des Afrikakorps, weit entfernt von den entscheidenden Gebieten des Landkrieges an der Front kämpften und Eroberungen machten, würgten die Briten systematisch den Nachschub für die deutsch-italienische Panzerarmee ab. Uns drohte der Verlust der Früchte des Sieges in der Cyrenaika. Nur eine schnelle Lösung des Malta-Problems durch Besetzung der Insel, wie dies bereits im großen Operationsplan von 1942 vorgesehen war, konnte letztlich die drohende Gefahr abwenden.

In dieser Lage entschied das deutsche Oberkommando in Übereinstimmung mit dem italienischen Kommando, die Durchführung des Maltaunternehmens zu verschieben. Diese weitreichende Entscheidung wurde unter dem Eindruck der Erfolge der Panzerarmee im ägyptischen Grenzgebiet getroffen. Die Kommandeure der Luftwaffe und der Kriegsmarine im Mittelmeer hatten an dieser Änderung der Pläne keinen Anteil, während der Einfluss von Feldmarschall Rommel den Ausschlag gab.

Feldmarschall Kesselring und der Oberbefehlshaber der Kriegsmarine machten Rommel gegenüber die Schwierigkeiten klar, die bei einem weiteren Vormarsch auftreten würden. Der Feind wäre in der Lage, sich auf seine Reserven, Vorräte und guten Verbindungslinien zu verlassen, während unsere Verbindungslinien sich weiter verlängerten. Wir konnten uns in keiner Weise weiter auf eine Nachschublinie, die so gut wie zuvor sein würde, oder auf die Unterstützung der italienischen Kriegsmarine im östlichen Mittelmeer verlassen. Vor allem verursachte die neuerrungene Vorherrschaft des Feindes im zentralen Mittelmeer eine ständige Schwächung des über See transportierten Nachschubs von Italien nach Nordafrika. Feldmarschall Rommel hielt die militärische Lage an Land für so günstig und vielversprechend, dass er sich selbst für fähig hielt, trotz aller Schwierigkeiten bis ins Nildelta vorzudringen. Dort könnten die Nachschubprobleme mit den britischen Vorräten behoben werden.

Der neue Schlachtplan war ein furchtbares Glücksspiel; alles wurde auf eine Karte gesetzt. Alles hing von der blitzartigen Ausführung der Landoperation ab. Wenn sich diese Hoffnung nicht erfüllte, musste es zu einer schweren Niederlage kommen. Das deutsche Kommando der Marine äußerte gegen die Verschiebung des Malta-Plans keine Einwände.

Mit der Ausweitung des Kriegsschauplatzes auf das ägyptische Gebiet war die Verlagerung der starken italienischen Seestreitkräfte nach Osten eine unbedingte Notwendigkeit. Der Befehlshaber der Marine legte der italienischen Admiralität seine früheren Vorschläge vom 25. Juni 1943 nochmals vor, und zwar in einer durch die Entwicklung des Krieges veränderten Form.

Die italienische Marine stimmte allen Punkten in jeder Hinsicht zu und führte die vorgeschlagenen Vorbereitungen durch. Dennoch wies sie darauf hin, dass die Ausführung und das Timing der geplanten Verlagerung in erster Linie auf der Lösung des Treibstoffproblems basierten. Weil alle Anstrengungen des deutschen Admirals, die Treibstofflieferungen an die Italiener zu erhöhen, beim deutschen Oberkommando und dem Oberkommando der Marine auf taube Ohren stießen, fiel die notwendige Verlegung der italienischen Seestreitkräfte nach Osten aus. Dass das deutsche Oberkommando dies mit Gleichgültigkeit betrachtete, bewies wieder einmal seine Unterschätzung der Seemacht in der allgemeinen militärischen Kriegführung und der Bedeutung des Mittelmeers für die gesamte Kriegführung.

In dieser Zeit, die für die Versorgung der Panzerarmee kritisch war, hätte der Schutz der Schiffe im Küstenverkehr, der Küstengewässer und der Entladehäfen mehr denn je durch Deckung aus der Luft erfolgen sollen. Die Luftwaffe konnte jedoch für diese Zwecke wenig Flieger bereitstellen und fuhr auch ihre früheren Versuche, die Seetransporte zu schützen, immer mehr zurück, weil ihre Flieger vollständig mit den Landkämpfen beschäftig waren. Aufgrund dieser Schwierigkeiten und Verluste gelang es dem Schiffsverkehr in den Küstengewässern nicht mehr, die Rolle des Hauptnachschubweges zu spielen, und die Versorgung der Panzerarmeen musste wieder einmal hauptsächlich über den langen Landweg erfolgen.

Da Rommels Truppen so weit in Ägypten standen, konnten Amateurstrategen ihrer Phantasie freien Lauf lassen und darüber spekulieren, wohin sein nächster Vorstoß gehen würde, wenn er die Briten aus Alexandria, Suez und Kairo vertrieben hatte. Würde er die Briten das Niltal hinauf bis ins Innere Afrikas jagen? Würde er weiter nach Osten ziehen, um in den Ölfeldern des Irak und Iran mit einer anderen deutschen Armee zusammenzutreffen, die vom Kaukasus nach Süden vorstieß? Würde er Alexander dem Großen nacheifern, indem er seine Armee auf die Ganges-Ebene führte, um dort die von Burma nach Westen vorrückenden Japaner zu treffen? Es stellte sich jedoch heraus, dass sein Vormarsch bei El Alamein endgültig zum Stehen gebracht worden war. Hier fand sich eine Stellung, die mit dem Meer im Norden und der Kattarasenke im Süden nicht umgangen werden konnte; und Rommels Versuch zu einem Durchbruch scheiterte Ende August und Anfang September. Um Malta vor dem Aushungern zu retten und wieder offensive Operationen von der Insel aus unternehmen zu können, waren die Briten zu einer großen Schlacht bereit, um sich mit dem berühmten Geleitzug der Operation Pedestal vom August 1942 durchzukämpfen, als zwei Schlachtschiffe, drei Flugzeugträger, sieben Kreuzer und 25 Zerstörer als Sicherung für 14 Handelsschiffe aus Gibraltar benutzt wurden. Neun Handelsschiffe wurden versenkt und von den fünf Schiffen, die Valetta erreichten, waren zwei nur so eben noch seetüchtig. Die Operation kostete die Royal Navy den Flugzeugträger EAGLE, die Kreuzer MANCHESTER und CAIRO sowie den Zerstörer FORESIGHT, nicht eingerechnet die Beschädigungen und Gefallenen vieler weiterer Schiffe. Der Geleitzug hatte einen hohen Preis bezahlt, doch aus strategischer Sicht war er akzeptabel. Die britischen Angriffe auf die Nachschubgeleitzüge für Rommel begannen langsam damit, ihm die notwendigen Ressourcen für die Fortführung seiner Offensive zu entziehen. Weichold führt Zahlen an, die zeigen, dass im August, September und Oktober 1942 318.000 Tonnen in Geleitzügen nach Libyen verschifft wurden, von denen 85.000 Tonnen verloren gingen, d.h. mehr als 25 Prozent. Am wichtigsten war der Umstand, dass von 10.000 Tonnen Treibstoff für die Fahrzeuge, die im Oktober verschifft wurden, nur 3.300 Tonnen sicher den Bestimmungsort erreichten. Weichold hatte bereits seine eigenen Schlussfolgerungen gezogen:

[Ich] war der Meinung, dass im afrikanischen Krieg sehr ernste Rückschläge erwartet werden konnten, wenn nichts Bestimmtes in Bezug auf die Bereitstellung eines größeren Verteidigungsverbandes im Mittelmeer entschieden wurde. Wenn eine Verstärkung der deutschen Truppen unmöglich sein sollte, wäre es besser, das kleinere Übel zu wählen und sich freiwillig von den gefährdeten Stellungen bei El Alamein zurückzuziehen. Alle offiziellen und persönlichen Anstrengungen des Marinebefehlshabers in dieser Angelegenheit brachten aber kein Ergebnis, da diejenigen, die das Kommando hatten, der Auffassung waren, dass man bereits besetztes Gebiet nicht wieder aufgeben sollte. Dies war eine einseitige Haltung, die aus dem Kriegsministerium stammte, die sich nicht auf die Seekriegführung oder über das Meer durchgeführte Operationen anwenden ließ. Auf Schritt und Tritt konnte man die kontinentale Betrachtungsweise des deutschen Oberkommandos beobachten.

**Weichold gibt in seinem 1945 verfassten Text all seiner Enttäuschung Ausdruck, die er empfunden haben musste, als er im Sommer 1942 als deutscher Oberbefehlshaber der Marine im Mittelmeer diente.**

Das Schicksal hatte wiederum [...] dem Kommando der Achsenmächte die Gelegenheit gegeben, nochmals von vorne zu beginnen und die Herrschaft über das Mittelmeer mit all den zukünftigen Vorteilen für einen Endsieg zu erlangen. Die militärische Lage war außerordentlich gut. [...] Alles schien für die Ernte reif zu sein. Es gab nur eine Bedingung für die Durchführung der entscheidenden Operation der Achse. Diese bestand darin, die im Jahr 1941 gelernte Lektion zu bedenken: dass ein Afrika-Unternehmen nur durchgeführt werden konnte, wenn eine solide Grundlage dafür durch die Lage zur See geschaffen werden konnte. Und auch 1942 geschah wieder das Erstaunliche: das deutsche Oberkommando wurde angesichts eines wahrscheinlichen Sieges auf verhängnisvolle Weise blind und verwarf alle Lehren der Vergangenheit. Die Aufrechterhaltung jener Grundlage der vereinten Kriegführung – der Seeherrschaft – wurde wieder aufs Spiel gesetzt. Die im Allgemeinen an und für sich günstige Lage verführte es dazu, die Bedeutung von Landoperationen zu überschätzen, während die Notwendigkeiten der Seekriegführung vernachlässigt wurden. Die ägyptische Offensive der Achse lief darauf hinaus, die Möglichkeiten des Landkrieges ohne die Unterstützung über See durch die Marine zu überdehnen.

Die Warnungen derjenigen, die den Ernst der Lage erkannten, wurden vollständig ignoriert. Die Weigerung des deutschen Oberkommandos, irgendwelche weitere deutsche Hilfe zu gewähren, war der Todesstoß für den Mittelmeerfeldzug. [...] Es bedurfte nur der notwendigen Vorbereitungen und eines Vorstoßes des Feindes, um die Waagschale im Mittelmeer ein für allemal gegen die Achse ausschlagen zu lassen.

**Schniewind und Schuster weisen ebenfalls auf die zentrale Bedeutung der Nachschubprobleme Rommels hin, doch bezweifeln sie auch, ob die Absicht, Ägypten zu überrennen, realistisch war.**

Der Nachschub für Rommels Panzerarmee musste wegen des Fortschritts des nach Osten gerichteten Angriffs unter dem offensichtlichen Nachteil verlängerter Verbindungslinien leiden. Die Eroberung neuer Häfen, die dicht beim Feind lagen, sowie von Hilfslandeplätzen (Derna, Tobruk, Sollum, Mersa Matruh) konnte den Mangel an Nachschub aller Art nicht ausgleichen: Hunderte von Kilometern Wüstensand mussten immer noch überwunden werden.

In Bezug auf diese Schwierigkeiten zu Lande war die ernste Störung der Seetransporte entscheidend. Der Mangel an Ladekapazitäten, die Schwäche der Geleitzugschiffe und die Versenkung von Kampfschiffen durch Luftwaffen- und Flottenverbände – die taktisch oder operativ eine Deckung für die Transporte gegen die englischen Kreuzer, Zerstörer und Luftstreitkräfte hätte bilden sollen – führte zu dem Versuch, den notwendigen Nachschub für die Armee und die Luftwaffe in Afrika durch eine Reihe von Behelfs- und Notmaßnahmen zu erhalten, die sehr bald weit über das hinausgingen, was einem gesunden, strategischen Urteil als richtig erschien. Und gegen Ende des Jahres 1942 wurden diese Grenzen noch weiter überschritten. Die Forderungen der kämpfenden Front bei Alamein wurden häufiger und immer drängender – und die Ladekapazitäten nahmen ab. Schließlich lief es regelmäßig darauf hinaus, dass wenigstens ein Tanker in einen afrikanischen Hafen so weit östlich wie möglich gebracht wurde, weil ohne dessen Lieferung die Panzer und Flugzeuge wegen Treibstoffmangel untätig herumstehen mussten, nachdem sie ein oder zwei Ausfälle gemacht hatten.

Wegen dieser Nachschubschwierigkeiten konnten die vorgeschobenen Stützpunkte oder das Heimatland keinen Angriff unterstützen. Er war – abgesehen vom Versagen der italienischen Truppen an der Front –, zum Stehen gezwungen, und ein Rückzug wurde unvermeidlich.

Unabhängig davon bleibt die Tatsache bestehen – so weit die Autoren wissen –, dass Rommels Truppen, die im Herbst 1942 nach Alamein vorstoßen mussten, zu schwach gewesen wären, um das Gebiet von Alexandria, Port Said, Kairo, Suez, dauerhaft unter Kontrolle zu bringen. Wenn Rommel seine Stellung nicht aufgegeben hätte – was operativ viel zu spät geschah – [und] wenn es ihm gelungen wäre, nach Nordägypten einzudringen (er war gegen den Willen des OKW nach Mersa Matruh zu weit nach Osten vorgestoßen), wäre er auf massierte britische Reserven gestoßen [...] zu deren Niederwerfung er weitaus stärkere Streitkräfte benötigt hätte. Solche [deutschen oder italienischen] Reserven waren schlicht nicht vorhanden und angesichts der bedrohten Seeverbindungen und des Mangels an Schiffskapazität wäre es nicht möglich gewesen, diese rechtzeitig an die Front zu bringen oder an der richtigen Stelle zu versammeln.

Auf diese Weise scheiterte der letzte Angriff auf die östliche Bastion der britischen Stellung im Mittelmeer sowie der gesamte Versuch, dieses entscheidende Meer abzuschneiden. Es war den Achsenmächten weder gelungen, die Seeverbindungen des Feindes vollständig zu kappen, noch waren sie in der Lage gewesen, ihre eigenen Seeverbindungen wirkungsvoll zu schützen.

Aus den verschiedenen oben angeführten Gründen scheiterten die Achsenmächte, die notwendige Seeherrschaft zu erlangen, selbst für kurze Zeit oder in einem begrenzten Gebiet. Trotz der günstigen geographischen Bedingungen, führten der Mangel an Truppen und die schlechte militärische Ausbildung sowie vor allem die Beschränktheiten und der Mangel an Einigkeit unter den Führern zu einem Scheitern, das nicht nur das künftige Geschehen auf diesem Kriegsschauplatz beeinflusste, sondern entscheidend für den gesamten zukünftigen Kriegsverlauf war.

Am 23. Oktober waren die britischen Streitkräfte bei El Alamein zum Angriff auf Rommel bereit, und nach einer äußerst schweren Schlacht befanden sich die Streitkräfte der Achse am 4. November vollständig auf dem Rückzug, wobei sie eine große Zahl italienischer Infanterie zur Kapitulation zurückließen, weil es weder Transportmöglichkeiten noch Benzin gab, um sie von El Alamein abzuziehen. Bis zum 13. November hatten die Briten Tobruk erneut eingenommen, und bis zum 21. Dezember waren sie wieder in Benghazi. Im Grunde waren die beiden Armeen wieder in demselben Gebiet zurück, von dem Rommel zwölf Monate vorher seine Offensive begonnen hatte, doch dieses Mal fehlte es ihm an den Ressourcen, um einen seiner charakteristischen Gegenschläge zu führen. Dieses Mal konnte er nur kurze hinhaltende Gefechte führen, bevor er weiter nach Tripolitanien zurückwich. Bis zum 23. Januar hatten die Briten Tripolis eingenommen, und ab dem 10. Februar war das gesamte Libyen faktisch in ihren Händen. Unterdessen hatte es wichtige Entwicklungen am westlichen Rand des Mittelmeeres gegeben. Am 8. November 1942, nur vier Tage, nachdem Rommel dazu gezwungen worden war, mit seinem langen Rückzug von El Alamein zu beginnen, waren amerikanische und britische Truppen sowohl in Marokko als auch Algerien gelandet, die damals zu Französisch-Nordafrika gehörten und von der Vichy-Regierung kontrolliert wurden. Binnen weniger Tage war der französische Widerstand überwunden und die alliierten Truppen rückten östlich auf Tunesien vor, einem weiteren französischen Besitz. Die deutschen Admirale sind sich keineswegs einig, ob man mit dem Einfall in Französisch-Nordafrika rechnen musste.

**Krancke:** Das wichtigste Ereignis auf dem westlichen Kriegsschauplatz war die alliierte Landung in Nordafrika. Weder die Vorbereitungen dazu noch die Überführung der Landungsboote waren der deutschen Seekriegsleitung bekannt. Dementsprechend wurden auch keine U-Boote vor der afrikanischen Küste eingesetzt.

**Meyer:** Meiner Meinung nach hatte das deutsche Oberkommando, was seltsam genug war, eine solche Landung nicht vorhergesehen – jedenfalls gab es keine schriftlichen oder mündlichen Instruktionen für einen solchen Fall –, und zwar trotz der Tatsache, dass Nordafrika der schwächste Punkt [am Rande] Europas war. (Glaubte man, dass der Feind einen solchen Schritt aus politischen Erwägungen nicht unternehmen würde? Falls ja, so wäre dies ein weiterer großer Irrtum.) Jedenfalls hätte Deutschland nichts gegen die Landung tun können; die einzige wirkungsvolle Maßnahme hätte in der Besetzung Nordafrikas bestanden, doch verfügte für diesen Zweck Deutschland nicht über ausreichende Truppen. Offensichtlich stand die politische Führung der Streitkräfte einer unmöglichen Aufgabe gegenüber.

**Schniewind und Schuster:** [Die amerikanische und britische Landung] führte zu einer Lage, die die Seekriegsleitung schon lange als ernste Gefahr für den Krieg in Nordafrika und im Mittelmeer angesehen hatte; eine direkte Bedrohung der Lage der Achse, d.h. der Italiener in Nordafrika, die vollständige Isolierung des Mittelmeeres und damit des gesamten Südeuropas sowie die Einnahme von Stellungen für weitere Angriffe auf die europäischen Küstengebiete von Griechenland, Italien und Südfrankreich durch die Alliierten. Man hoffte einige Zeit lang, dass die französischen Streitkräfte in Nordafrika bereit und fähig wären, wirkungsvollen Widerstand zu leisten.

**Es war nicht völlig unvernünftig von den Deutschen, darauf zu hoffen, dass die Invasion die Alliierten in längere Feindseligkeiten mit Frankreich verwickeln würde, wo es noch immer viel Ressentiment gegen den britischen Angriff auf die französische Flotte bei Mers el Kebir im Jahre 1940 sowie die späteren Operationen gegen die Streitkräfte Vichy-Frankreichs in Dakar, Syrien und Madagaskar gab. Am ersten Tag der Landung verloren die Franzosen einen Kreuzer und zehn Zerstörer, die entweder von den Briten oder Amerikanern versenkt wurden oder so stark beschädigt wurden, dass sie auf den Strand gesetzt werden mussten. Jede Hoffnung darauf, dass Frankreich ermutigt werden könnte, der Achse beizutreten und seine immer noch sehr gewichtige Flotte in den Kampf um die Herrschaft im Mittelmeer zu werfen, wich jedoch bald, wie Krancke darlegt.**

Die politischen Effekte waren zunächst stärker als die militärischen Wirkungen. Admiral Darlan, der bis dahin immer die Zusammenarbeit mit Deutschland betont hatte, ging zum Feind über. Mit ihm gingen viele französische Generale. Deutschland musste daher das unbesetzte Frankreich als militärische Gefahr ansehen, wegen der Möglichkeit einer unbehinderten alliierten Landung im Süden Frankreichs. Die Umstände verlangten die Entwaffnung der französischen Armee und die Besetzung des ganzen Landes, einschließlich der Südküste Frankreichs. Außerdem glaubte der Führer, dass er der französischen Flotte in Toulon nicht länger trauen könnte, die als verlässlich neutral betrachtet worden war (was nach den Vorfällen bei Oran verständlich war).

Als die Gefahr der Besetzung unmittelbar drohte, versenkte sich die französische Flotte selbst. Aus politischen Gründen wurden die Italiener, die von der französischen Kriegsmarine gehasst wurden, mit der Aufgabe betraut, die Zone bis nach Toulon zu besetzen, obwohl die Italiener tatsächlich kaum an der Besetzung selbst teilnahmen. All diese Maßnahmen veränderten die Haltung der Franzosen deutlich und halfen beim Aufstieg des Maquis und anderer Widerstands- und Sabotageorganisationen. Die Kollaboration, die von vielen Franzosen und verschiedenen deutschen Kreisen gewollt wurde, hatte ein Ende gefunden.

**Schniewinds und Schusters Analyse der Einstellung von Admiral Darlan, den Hochkommissar und Oberbefehlshaber von Französisch-Nordafrika, kann wahrscheinlich auf einen weit größeren Teil der damaligen öffentlichen Meinung in Frankreich bezogen werden.**

In Verbindung mit dieser Haltung während der Ereignisse taucht die Frage auf, ob der französische Admiral Darlan, der sich während des Krieges gegenüber den deutschen

Autoritäten (z.B. Großadmiral Raeder) immer als überzeugter Unterstützer der »Kollaboration« und als Gegner Englands gezeigt hatte, ein doppeltes Spiel spielte. Die Autoren sind der Auffassung, dass er eine opportunistische Politik verfolgte, in deren Rahmen seine Befürwortung der Kollaboration und seine Feindschaft gegen England seinen wahren Gefühlen entsprachen. Dann, als die Alliierten in Nordafrika gelandet waren, wurde seine Haltung von seiner Einschätzung über die allgemeine Lage bestimmt, d.h. dass es für die Achse unmöglich war, den Krieg zu gewinnen.

**Insgesamt versenkten die Franzosen ein Schlachtschiff, zwei Schlachtkreuzer, einen Flugzeugträger, sieben Kreuzer, 26 Zerstörer und Führerboote sowie viele kleinere Kriegsschiffe selbst. Dönitz bedauert, dass diplomatische Maßnahmen diese Zerstörung nicht hätten abwenden können.**

Der Einfall der Anglo-Amerikaner in Nordafrika ließ keine andere Alternative als die Besetzung Südfrankreichs durch deutsche Truppen zu. Trotz der Loyalität der französischen Kriegsmarine in Nordafrika war es unglücklicherweise angesichts der Geheimhaltung der ganzen Operation unmöglich, mit der französischen Admiralität vorher zu einer Einigung über die Flotte in Toulon zu kommen, mit dem Ergebnis, dass die Befehle ergingen, alle Kriegsschiffe selbst zu versenken, als die deutsche Invasion im Handstreich stattfand. Trotzdem hielt sich die deutsche Regierung an das deutsch-französische Waffenstillstandsabkommen, nachdem die Flotte von Toulon in französischer Hand blieb, selbst hinsichtlich unbeschädigter oder nur leicht beschädigter Verbände. Nur einige Torpedoboote und Hilfsschiffe, die nicht unter die Waffenstillstandsbedingungen fielen, wurden zur Verteidigung der Küste übernommen. Die Verteidigung der französischen Mittelmeerküste westlich der Rhône wurde von deutschen Truppen übernommen, wobei die Marine ihren entsprechenden Anteil übernahm, während die Verteidigung des östlichen Küstenabschnitts den Italienern überlassen war.

**Zur See reagierten die Deutschen auf die alliierten Landungsunternehmen in Nordafrika, indem sie eine Konzentration von U-Booten in diesem Gebiet befahlen. Dieser Befehl wurde von Dönitz nicht gern gesehen. Er sah darin eine Ablenkung der U-Boote von dem, was er die ganze Zeit über als potentiell kriegsentscheidende Angriffe auf Handelsschiffe im Atlantik betrachtete.**

Heye: Die großen Landungsunternehmen in Nordafrika waren auf jeden Fall eine sehr erfolgreiche Überraschung. Sie wurden durch unseren eigenen Mangel an Luftaufklärung über See ermöglicht. Der uneingeschränkte U-Bootkrieg gegen angloamerikanische Truppentransporte nach Afrika, der sofort befohlen wurde, konnte die Lage nicht ändern, vor allem weil die U-Boote ohne Aufklärung und gegen stärkere Verteidigung kämpfen mussten. So weit ich weiß, widersprachen diese U-Boot-Einsätze den Vorstellungen des Befehlshabers der U-Boote.

Dönitz: Die handstreichartigen angloamerikanischen Landungen in Nordafrika erforderten eine Konzentration der U-Boote auf beiden Seiten Gibraltars. Jedes

U-Boot, das diese Gewässer innerhalb von zehn Tagen erreichen konnte, wurde aufgetrieben. Dies führte zu einer beträchtlichen Verringerung der versenkten Tonnage, die nicht durch Versenkungen vor Gibraltar ausgeglichen wurde. Die Abwehr war in den afrikanischen Gewässern vor allem in der Luft sehr wirkungsvoll. U-Boot-Verluste waren dementsprechend hoch. Wegen dieses Abzugs von Truppen in das Mittelmeer litt das Atlantikkommando in den folgenden Monaten unter einem Mangel an Booten; dies führte zu einer Verringerung der gesichteten Geleitzüge und entsprechend in der Zahl der Versenkungen. Es gab jedoch auch andere Gründe für den erneuten Rückgang der gesichteten Geleitzüge im Winter 1942–43.

**Als deutscher Oberbefehlshaber der Marine im Mittelmeer ärgerte Weichold sich über die Tatsache, dass das Entsenden von mehr U-Booten nunmehr ein Fall von »zu wenig und zu spät« war, während es wenige Monate früher hätte gelingen können, mit ihnen das Gewicht so zu verlagern, dass Deutschland die totale Herrschaft über das Mittelmeer besessen hätte.**

Die italienische Flotte hatten keinen Treibstoff, abgesehen von den U-Booten, Schnellbooten und einigen leichten Schiffen. Dies bedeutete eine fatale Verringerung der Kampfkraft in dem Augenblick, in dem es um die endgültige Entscheidung in der Mittelmeerstrategie ging. Die deutsche U-Bootwaffe im Mittelmeer hatte zunächst nur neun Boote zur Verfügung, ein sehr guter Prozentanteil der Gesamtstreitkraft, wenn man die schwierige Lage angesichts der Reparaturprobleme in Rechnung stellt, aber völlig unzureichend für eine auch nur teilweise wirkungsvolle Verteidigung gegen großangelegte feindliche Operationen. Erst jetzt entschied sich das deutsche Oberkommando für die Verstärkung der U-Boote im Mittelmeer, die so oft und drängend vom Oberbefehlshaber der Marine gefordert worden war.

Die U-Boote, die für diesen Zweck bestimmt waren, wurden in aller Eile in das Mittelmeer geschickt, ohne besondere Ausrüstung oder Anweisungen für ihre Aufgabe, z.T. wurden sie von ihren Aufgaben im Atlantik abgezogen. Sie mussten ihre ersten Streifen gegen großangelegte feindliche Operationen fahren, die gerade in der unmittelbaren Nachbarschaft der schwierigen Straße von Gibraltar im Gange waren, und aus diesem Grunde sowie wegen des langen Anfahrtsweges waren sie bald am Ende ihres Lateins. Es war klar, wie sehr die Effizienz der gesamten U-Bootwaffe unter diesen Einschränkungen litt. Die U-Boote mussten eines nach dem anderen in die Schlacht geworfen werden.

In der Stunde der Entscheidung rächte es sich bitter, die Verstärkung der U-Boot-Waffe im Mittelmeer vernachlässigt zu haben. Das deutsche Oberkommando glaubte jedoch, dass es seine Pflicht völlig erfüllt hatte, als es einige U-Boote in das Mittelmeer schickte und erwartete, die Früchte dieser Entscheidung sofort ernten zu können. Es war offensichtlich, dass diese wenigen U-Boote allein niemals eine entscheidende Wirkung haben würden.

Die U-Boote und Flugzeuge griffen britische und US-Geleitzüge an und beschädigten sie. Der Hauptpunkt war jedoch, dass es der deutsch-italienischen Verteidigung nicht gelang, die planmäßigen angloamerikanischen Landungsunternehmen und deren Verstärkung ernsthaft zu behindern. Aus operativer Sicht lag der Erfolg unzweifelhaft auf Seiten des Feindes. Das gesamte Französisch-Nordafrika bis zur tunesischen Grenze war innerhalb kurzer Zeit in Feindeshand.

**Zusätzlich zur die Entsendung von U-Booten reagierte das Kommando der Achse auf die alliierten Landungsunternehmen damit, Truppen über den Luftweg und die See zur Eroberung Tunesiens auszuschicken, der französischen Besitzung zwischen Algerien und Libyen. Krancke beschreibt, wie dramatisch sich die Lage der Achse innerhalb von drei Monaten nach der Schlacht von El Alamein und den nordafrikanischen Landungen verschlechtert hatte.**

Die Landung der Alliierten in Afrika erforderte die zügige Besetzung des unbesetzten Tunis und die Konzentration aller afrikanischen Truppen [der Achse] in diesem wichtigsten afrikanischen Land, das Sizilien am nächsten gelegen war. Das westliche Mittelmeer war plötzlich vom Feind erobert worden; die ganze Südküste des östlichen Mittelmeers war ebenfalls in der Hand des Feindes. Die englische Kriegsmarine hatte ihre Bewegungsfreiheit im Mittelmeer wiedererlangt. Die zahlreichen Flugplätze entlang der afrikanischen Küste, die dem Feind nun zur Verfügung standen, sowie die zunehmende Luftüberlegenheit in diesem Gebiet und die Unfähigkeit der italienischen Marine, die Verstärkungen für Tunis zu schützen, machte wiederum die Verlegung deutscher Seestreitkräfte zu diesem Zweck notwendig (Transport von Marine-Fährprähmen, Schnellbooten und Minenräumbooten aus dem Norden Frankreichs über [Kanal-] und Landrouten zum Mittelmeer; die Unterstellung aller Sicherungs- und Luftabwehrschiffe aus dem südfranzösischen Gebiet unter das deutsche Marinekommando Italien sowie das am besten ausgebildete Personal). Gleichzeitig kam es zu einer Schwächung der Verteidigungskräfte im Ärmelkanal.

Die Lage im Mittelmeer, wie sie bereits dargestellt wurde, erlaubte es [den Achsenmächten] trotz der deutschen Anstrengungen nicht, ausreichenden Nachschub nach Tunis zu schicken. Der Feind konnte sich dagegen ungehindert nähern. Immer wenn unsere Luftwaffe angriff, griffen sie die Transportkolonnen statt der Tanker im Hafen an. Trotz zahlreicher Befehle des Führers konnte man ihr nicht vermitteln, dass dies unwirtschaftlich war. Das deutsche Afrikakorps wurde daher bis auf wenige [Überreste], die evakuiert werden konnten, in Tunis durch feindliche Luftangriffe aufgerieben.

**Weichold kritisiert das strategische Urteil jener sehr deutlich, die die Entscheidung trafen, Tunis als Brückenkopf an der Südküste des Mittelmeers zu halten, ohne den örtlichen Befehlshabern ausreichende Mittel zur Verfügung zu stellen.**

Diese Operation war von größter strategischer Bedeutung, weil sie die feindlichen Kräfte, die bereits gelandet waren, daran hindern sollte, die Straße von Sizilien und damit das zentrale Mittelmeer zu erreichen. Es war klar, dass die Operationen des Feindes gegen dieses Gebiet gerichtet waren, da es die Schaltzentrale des Mittelmeers war. Von der erfolgreichen Einrichtung eines tunesischen Brückenkopfes und seiner angemessenen Versorgung, die insgesamt gesehen nur über Seetransporte erfolgen konnte, hing der zukünftige Kriegsverlauf im Mittelmeer ab. Unsere Lage war durch die völlige Unzulänglichkeit der verfügbaren Mittel gekennzeichnet.

Am 8. Dezember 1942 forderte der Oberbefehlshaber der Kriegsmarine erneut die U-Bootwaffe an, die ein Jahr zuvor im Kampf um die Vorherrschaft zur See die entscheidende Rolle gespielt hatte. Das Oberkommando der Marine lehnte diese Forderung jedoch ab. Es hatte den einseitigen Standpunkt zugunsten der Atlantikschlacht – die vom Befehlshaber der U-Boote als entscheidender Kriegsfaktor betrachtet wurde –, und lehnte deshalb jeden Abzug von Streitkräften in eine andere Richtung ab.

Es war offenkundig, dass wir den Verlust der Panzerarmee, der Afrikastellung mit allen folgenden Konsequenzen für die Kriegführung im Mittelmeer und den Krieg überhaupt würden gewärtigen müssen, dass wir nach den besten Rückzugsmöglichkeiten von der verlorenen Stellung zur günstigsten Verteidigungsstellung suchen mussten, unter Berücksichtigung der größten Sparsamkeit beim Vergießen wertvollen Blutes, falls die nötigen See- und Luftstreitkräfte nicht bereitgestellt werden konnten.

Dies blieb nicht nur für die Armee Rommels und die tripolitanische Stellung wahr, sondern auch für die Stellung in Tunesien. Die einzige Erklärung für die Entsendung einer weiteren Armee auf den neuen afrikanischen Kriegsschauplatz – die trotzdem unternommen wurde – kann nur in der psychologischen Ausrichtung des verantwortlichen deutschen Kommandos liegen. Man wollte sich nicht eingestehen, dass die eigenen Mittel erschöpft waren und der Feind stark aufrüstete. Wenn man dort immer noch glaubte, es sei möglich, eine Armee leichter über die kurzen Verbindungswege nach Süden (Italien–Tunesien) zu schicken und zu versorgen, dann zeigte der letzte Monat des Jahres 1942 wiederum die Irrigkeit dieser Hoffnung, eine der letzten einer Reihe von Illusionen, mit denen das Mittelmeerkommando der Achse lebte und an denen es starb.

Die Fortführung des stückwerkartigen Aufbaus einer deutschen Armee in Tunesien war im Vergleich mit dem breiten und ungehinderten Strom des feindlichen Nachschubs ein Unterfangen, das ohne Planung, Verständnis oder Kriegserfahrung vor sich ging. Es kam eine Zeit, in der dafür mit dem Tod von Hunderttausenden Soldaten bezahlt werden musste.

**Nachdem Admiral Dönitz am 30. Januar 1943 zum Nachfolger Admiral Raeders als Oberbefehlshaber der deutschen Kriegsmarine ernannt worden war, wurde Weichold nach Berlin beordert, um über die Lage Bericht zu erstatten. Am 9. Februar stellte er seine Sicht der Lage im Mittelmeer dar, doch scheint er nicht sehr taktvoll oder diplomatisch in seinen Einschätzungen gewesen zu sein, weder damals noch in seinem Aufsatz von 1945. Der Aufsatz ist formal in der dritten Person geschrieben, wurde hier aber editorisch bearbeitet und in die erste Person verändert, um zu zeigen, dass er über sich selbst schreibt.**

[Ich] skizzierte den Verlauf der deutschen Teilnahme vom völligen Desinteresse bei Kriegsausbruch bis zum unmittelbar bevorstehenden Zusammenbruch des Afrikakommandos. [...] [Ich] wies darauf hin, dass diese Katastrophe nicht einer unergründlichen Höheren Macht zugeschrieben werden könne, sondern eine klar erkennbare, logische Entwicklung darstellte. Sie war durch aktuelle Lagebeurteilungen begleitet worden sowie durch rechtzeitige Warnungen und Ratschläge, ohne dass man diesen Vorschlägen die nötige Aufmerksamkeit schenkte. Es war daher die Schuld der Deutschen, die weder durch fehlendes Wissen noch durch den Mangel an Hilfsmitteln entschuldigt werden könnten. Schließlich betonte [ich] deutlich, dass aus dem Verlust des Mittelmeeres eine sehr schwere Bürde für das deutsche Oberkommando erwachsen würde, die den Ausgang des Krieges beeinflussen würde. In den Augen des deutschen Volkes werde die Hauptschuld bei den Deutschen, nicht bei den Italienern liegen.

In seiner früheren Verwendung als Befehlshaber der U-Boote war Admiral Dönitz kaum mit den Problemen des Mittelmeerkrieges in Berührung gekommen. [...] Mit seinen engen persönlichen Beziehungen zu Hitler und seiner im Grunde hohen Meinung vom deutschen Oberkommando hielt er eine solche Mitverantwortung und Teilschuld auf der deutschen Seite des Mittelmeerkommandos für unmöglich. Er anerkannte daher nicht, dass [meine] Lagebeurteilung richtig war, sondern hielt sie für eine pessimistische Interpretation, der die nötige schlichte Standhaftigkeit angesichts vorübergehender Rückschläge fehlte. Da er darüber hinaus die Auffassung vertrat, dass die Atlantikschlacht der U-Boote entscheidend war, sah er keine grundlegende Notwendigkeit, die deutsche Haltung gegenüber dem Mittelmeerproblem zu ändern und entsprechenden Einfluss auf das deutsche Oberkommando auszuüben. Angesichts dieser Meinungsverschiedenheiten hielt [mich] Admiral Dönitz damals nicht für geeignet, im Geiste des Oberkommandos zu arbeiten und befahl [meine] Entlassung. Diese Entlassung und [meine] folgende Behandlung durch den neuen Oberbefehlshaber auferlegte [mir], dem früheren Oberbefehlshaber der Kriegsmarine Italien, die Verantwortung für die Niederlage im Mittelmeerkrieg. Dadurch wurde unser Oberkommando wie gewünscht von dieser Verantwortung befreit. Es mag der Geschichte überlassen werden, diese Einschätzung zu verifizieren.

**Der tunesische Brückenkopf hielt nicht lange. Am 8. April 1943 vereinten sich aus Libyen vorrückende britische Truppen mit aus Algerien anrückenden amerikanischen Truppen, und Rommel wurde evakuiert, um in Europa einen neuen Posten anzutreten. In den letzten Gefechten nahmen alliierte Truppen am 7. Mai Tunis sowie den Marinestützpunkt Bizerta ein, während die verbleibenden Achsenstreitkräfte am 13. Mai kapitulierten, als weiterer Widerstand keinen Zweck mehr hatte. Die Alliierten machten fast 250.000 Kriegsgefangene. Weitere Niederlagen der Achse folgten rasch aufeinander. Am 11. Juni kapitulierten die italienischen Streitkräfte auf der Insel Pantelleria; die Alliierten marschierten zwischen dem 10. Juni und dem 17. August auf Sizilien ein und überrannten die Insel; und am 3. September überquerten britische und kanadische Truppen die Straße von Messina und landeten auf dem italienischen Mutterland. Unter-**

dessen hatte der italienische Diktator Benito Mussolini die Unterstützung seines eigenen faschistischen Großrates verloren und wurde von König Victor Emmanuel am 25. Juli abgesetzt, während die neue Regierung unter Führung von Marschall Badoglio sofort daran ging, eine bedingungslose Kapitulation mit den Alliierten auszuhandeln. Die Kapitulation trat am 3. September in Kraft, doch die formelle Bekanntgabe wurde um fünf Tage hinausgezögert. Einige italienische Kriegsschiffe wurden in den Häfen selbst versenkt oder sabotiert, doch der größte Teil der italienischen Flotte lief aus und kapitulierte bei Malta, mit Ausnahme des neuen Kriegsschiffes ROMA, das bei einem deutschen Luftangriff versenkt wurde. Die Deutschen reagierten schnell und gnadenlos, indem sie Truppen einsetzten, um ihre früheren Verbündeten in Italien selbst und auf dem Balkan zu entwaffnen, den größten Teil des Landes zu besetzen und einen langen kampferfüllten Rückzug die ganze italienische Halbinsel hinauf zu organisieren. Im Rückblick auf diese kritischen Zeiten zeigen einige deutsche Admirale Verachtung für die Italiener.

**Krancke:** [Der Verlust Tunesiens] bedeutete, dass die italienischen Inseln sowie das italienische »Mutterland« von einem Einmarsch bedroht waren. Der Kampfgeist der Italiener verschwand; Pantelleria kapitulierte praktisch kampflos. Die italienischen Streitkräfte leisteten der alliierten Landung in Sizilien kaum Widerstand. Die deutschen Soldaten mussten praktisch alleine weiterkämpfen; sie waren zu wenige, um die Insel halten und die Landung auf dem italienischen Mutterland verhindern zu können.

Der Verlust ihres Kolonialreiches, ihr Minderwertigkeitskomplex als Soldaten und die Kriegsgefahr im eigenen Land sowie die »Untergrund«-Intrigen der italienischen Königsfamilie und ihres Kreises führten zu der verräterischen Tat Italiens mit dem Ziel, den früheren [Verbündeten], der Leben und Material für die italienische Sache gegeben hatte, dem Feind auszuliefern. Schnelle Gegenmaßnahmen verhinderten eine Katastrophe.

**Schniewind und Schuster:** Der Feind landete auf Sizilien. Die Versuche einer Verteidigung waren erfolglos – und nicht zuletzt wegen des Versagens der italienischen Verbände.

**Dönitz:** Die Lage im Mittelmeer wurde schlechter. Der Verlust des Brückenkopfes von Tunis war vor allem der Tatsache geschuldet, dass der Feind wegen seiner überlegenen Seestreitkräfte und insbesondere wegen seines Einsatzes starker Fliegerformationen erfolgreich unsere Nachschublinien über See lahmgelegt hatte. Auch nahmen die Moral und der Kampfgeist der Italiener deutlich ab. Die Kapitulation der italienischen Inselfestung Pantelleria ohne ernsten Widerstand war ein unleugbares Symptom. Der rasche Erfolg der angelsächsischen Landung des stark besetzten Sizilien lag allein daran, dass die Italiener von Anfang an wichtigen Punkten auf der Insel keinerlei Widerstand leisteten. Die Evakuierung Siziliens und später Sardiniens und Korsikas, die fast ohne Verluste durchgeführt wurden, war eine großartige Leistung, bei der die deutsche Marine eine entscheidende Rolle spielte.

Der Verrat des Königs von Italien und seiner Streitkräfte im September 1943, den die Deutschen seit einiger Zeit erwartet hatten, wurde innerhalb einer überraschend kurzen Zeit angemessen wettgemacht, da die befürchtete Landung in Norditalien, die die deutsche Position in Italien insgesamt aus den Angeln gehoben hätte, nicht stattfand, sondern durch die weniger gefährliche Landung bei Salerno ersetzt wurde. Unglücklicherweise war es nicht möglich, die italienische Flotte an sich zu bringen, da sie sich größtenteils zurückgezogen hatte und damit außer Reichweite war. Der größere Teil Italiens blieb in deutscher Hand; die wichtigen wirtschaftlichen und industriellen Quellen auf der norditalienischen Ebene konnten für unsere eigenen Kriegsanstrengungen bis zum Ende des Krieges verwendet werden. Die Verteidigung der Küsten Südfrankreichs, Kroatien-Jugoslawiens und Griechenlands musste nun von der deutschen Kriegsmarine übernommen werden, allerdings mit einer sehr kleinen und improvisierten Streitkraft. In der Ägäis wurden die Dodekanes-Inseln gegen geringen italienischem Widerstand erobert und für unsere eigene Verteidigung eingesetzt.

**Weichold, der zu dieser Zeit ein reichliches Maß an Gereiztheit und Enttäuschung in der Zusammenarbeit mit den Italienern erlebt hatte, zeigt großes Mitgefühl und Verständnis bei der Beurteilung ihres endgültigen Zusammenbruchs.**

[Hitler und das Oberkommando hatten behauptet, der Tunesienfeldzug habe einem nützlichen Zweck gedient.] All das waren reine Propagandabehauptungen, die weder von der damaligen Lage noch vom weiteren Kriegsverlauf gestützt wurden. Es ist nicht schlüssig, dass der Kampf in Tunesien dem Achsenkommando die Möglichkeit bot, eine neue Verteidigungslinie auf italienischem Boden aufzubauen, vielleicht in derselben Weise wie der deutsche Atlantikwall in Frankreich eine Verteidigungslinie darstellte.

Die Verteidigung Tunesiens verbrauchte im Gegenteil die letzten italienischen Kräfte an Waffen, Ausrüstung, Personal und Kampfkraft, es gab keine ausreichenden italienischen Truppen für die Verteidigung der Heimat. Zu diesem Zeitpunkt war es schließlich zu spät für irgendeine Hilfe für Italien. Das Stundenglas des Mittelmeers war durchgelaufen. Der Rest des Krieges bedeutete nur noch das Einsammeln der gereiften Ernte durch den Feind.

Nach dem Verlust von Tunis brach der italienische Widerstand wie ein Kartenhaus in sich zusammen. Nur in einer Hinsicht war dies das Resultat einer Militäraktion: in anderer und wichtigerer Hinsicht wurden die Geschehnisse dieser Zeit am meisten von psychologischen Motiven beeinflusst und können deshalb nur von daher verstanden werden. Es ist jedenfalls nicht richtig, dem italienischen Zusammenbruch böswillige Motive zuzuschreiben. Ein solches Denken, selbst wenn es nicht an sich böswillig ist, führt zum Irrtum. Die hier vorliegende Beurteilung des Krieges zeigt klar, wie und warum Italien sowohl moralisch und materiell erledigt war, dass der deutsche Verbündete keine entscheidende Hilfe geben konnte oder wollte und dass die italienischen Streitkräfte bis zum Verlust von Tunesien ihre Pflicht mit Hingabe taten und schwere Verluste erlitten. Nur eine einseitige Haltung kann daher leugnen, dass der Krieg für Italien tatsächlich verloren und jedes weitere Opfer nutzlos war.

Die Italiener brachten große Opfer in einem harten und blutigen Krieg, und sie zeigten dadurch, dass nicht Schwäche oder Furcht an sich die Hauptquellen ihres Handelns waren, sondern die klare Erkenntnis der Lage wie sie ist und eine Voraussicht auf die zu erwartende Lage, eine leichte Anpassungsfähigkeit und auf Seiten der Behörden ein starkes Gefühl der Verantwortung für die Zukunft des Volkes. Für den einzelnen Italiener, der ein besonderes, oft übertriebenes Ehrgefühl besitzt, war der Abfall von seinem Verbündeten zweifellos äußerst schmerzlich.

# 9

# Den Sieg auf den Steppen Russlands suchen 1942–1943

Nachdem sie durch die Härte des russischen Winters von 1941–42 und durch russische Gegenangriffe dazu gezwungen waren, sich von den am weitesten vorgeschobenen Stellungen, die man 1941 erreicht hatte, zurückzuziehen, waren Hitler und das Oberkommando immer noch zuversichtlich, einen entscheidenden Sieg zu erlangen, der Russland aus dem Krieg ausschalten würde, sobald sich die Wetterbedingungen für den Feldzug im Sommer 1942 verbesserten. Dies war auch das Jahr, in dem Dönitz' U-Boote ihre größten Erfolge in der Atlantikschlacht verzeichnen konnten und in dem Rommel und Weichold auf unterschiedlichen Wegen danach strebten, die britische Macht im Mittelmeer und im ganzen Nahen Osten zu brechen. An beiden Kriegsschauplätzen riefen die örtlichen Befehlshaber nach Mitteln, die es ihnen gestatten würden, den ermutigenden Erfolg in einen vollständigen Sieg zu verwandeln, doch Hitler und seine höchsten Generale entschieden sich dafür, Männer, Stahl, Munition, Treibstoff und Flugzeuge – sowie ihre eigene Tatkraft und ihr totales Engagement – in eine erneute Offensive über die russischen Steppen zu werfen. Die Atlantikschlacht und die Schlacht um das Mittelmeer standen auf ihrer Prioritätenliste weiter unten. Die Sommeroffensive in Russland von 1942 wurde Ende Juni unter Hitlers persönlicher Leitung begonnen. Statt des Versuches, wie 1941 auf allen Teilabschnitten der Ostfront vorzurücken, wurde die Hauptanstrengung nun auf die Ukraine konzentriert, um die Russen aus dem Donez-Becken hinauszuwerfen und sie zurück an die große Biegung des Flusses Don zu drängen, bis das ganze Westufer von Woronesch bis zum Asowschen Meer in deutscher Hand war. Ende Juli hatte die deutsche Heeresgruppe A Rostow am Don eingenommen und stieß weit in den Nordkaukasus vor, mit dem doppelten Ziel, die Ostküste des Schwarzen Meeres zu sichern (um der russischen Marine ihre letzten Stützpunkte zu nehmen) und um die großen russischen Ölfelder um Baku am Kaspischen Meer zu besetzen. Am 25. August hatten die deutschen Truppen Mosdok (ungefähr auf halber Strecke zwischen Rostow

und Baku) erreicht, und am 10. September nahmen sie den russischen Marinestützpunkt Noworossisk ein. Die Amateurstrategen konnten nun Spekulationen
über einen Vorstoß anstellen, der bis zum Persischen Golf oder sogar bis Indien
vorstoßen sollte. Weiter nördlich hatte die deutsche Heeresgruppe B die Querung
des Dons erzwungen und im September mit einem Angriff auf die Industriestadt
Stalingrad an der Wolga begonnen. Dies führte zu einer gewaltigen Zermür-
bungsschlacht gegen zähen russischen Widerstand. Dönitz zeigt, dass, wenn der
Feldzug alle in ihn gesetzten Hoffnungen erfüllt hätte, die deutschen Pläne unzweifelhaft sehr ehrgeizig waren.

Der Beginn der großen deutschen Offensive in Südrussland gegen die untere Wolga,
das Kaspische Meer und den Kaukasus am 5. Juli 1942 und ihre ersten erfolgreichen
Phasen ließen die Hoffnung aufkommen, dass die im vorigen Winter erlittenen Rückschläge wiedergutgemacht und der Russlandfeldzug zu einem erfolgreichen Abschluss
gebracht werden könnte. Strategische Ziele ersten Ranges konnten hier erreicht werden: die totale Herrschaft über das Schwarze Meer, das Kaukasusöl und eine Bedrohung der britischen Stellungen im Nahen Osten. Zusammen mit der folgenden
günstigen Entwicklung der Lage im Mittelmeer (der Durchbruch von Rommels
Armee nach Ägypten), versprach das auch Auswirkungen in diesem Gebiet. Die Eroberung der Krim und Sewastopols sowie der Vormarsch der deutschen Truppen bis
zum westlichen Kaukasus, einschließlich der Einnahme Noworossisks, gab den schwachen Streitkräften der Marine im Schwarzen Meer zahlreiche Gelegenheiten für Einsätze und zwang die russische Flotte in die äußerste südöstliche Ecke des Schwarzen
Meeres. Der deutsche Vormarsch zum Kaspischen Meer hatte bereits zu Vorbereitungen für die Aufstellung von Hilfsformationen kleiner Schiffe für die Küstenverteidigung und für den Kampf gegen die schwachen russischen Seestreitkräfte in
diesem Meer geführt.

**Warum diese sehr ehrgeizigen Ziele nie erreicht wurden, analysieren Schniewind
und Schuster.**

Der Versuch einer Offensive zur Beendigung des Ostfeldzuges durch die vollständige
Zerstörung wenigstens der russischen Armeen und den Vorstoß zu den wichtigen Ölfeldern des Kaukasus, zum Kaspischen Meer und zur Wolga gestaltete sich nicht so
wie erwartet. Sewastopol, der letzte Rückhalt der Russen auf der Krim, die Ausläufer
des Kaukasus und die Ölfelder von Maikop wurden zwar genommen und der Angriff
konnte bis Stalingrad getragen werden, doch die wirklichen Ziele – die Zerstörung der
Roten Armee und der Vorstoß zum Kaspischen Meer, nach Baku und Batum und
zur Wolga auf breiter Front – wurden nicht erreicht. Die eingesetzten Streitkräfte
waren nicht stark genug, um diese weit verstreuten und entfernten Ziele zu erreichen,
und im folgenden Jahr waren sie nicht einmal stark genug, die gewonnenen Stellungen zu halten. Die Autoren, die die Details nicht kennen und keine Heeresexperten
sind, halten die folgenden Gründe für die Ursachen der Enttäuschungen:

Eindeutige Unterschätzung des russischen Verteidigungs- und Rüstungspotentials.

Unterschätzung der britischen und US-Hilfe für Russland, weshalb die Ziele viel zu weit voraus lagen und/oder zu zahlreich waren (Ein Ziel, die Wolga *oder* der Kaukasus – konnte vielleicht erreicht werden. Die Angriffe auf *beide* wurden vom Führer befohlen und so weit die Autoren wissen geschah dies gegen den Rat des Generalstabs.)

Zu geringe Angriffsstärke (Stärkere Streitkräfte konnten nicht eingesetzt werden, weil die anderen Kriegsschauplätze Kräfte banden.)

Zu lange und zu schwache Verbindungslinien, die damals häufig von Partisanen unterbrochen wurden.

Ungenügende Unterstützung unserer Verbündeten und ihre unbefriedigende Angriffs- und Verteidigungskraft (Nordflanke des Stalingradvorsprungs).

Die Marine musste im Rahmen dieser Operationen bei der Einnahme Sewastopols mitwirken, bei der Herbeischaffung von Nachschub und vor allem bei der Überquerung der Straße von Kertsch und der Sicherung des Nachschubs für die Armee im Kaukasus. Sie führte die meisten ihrer Aufgaben durch, oft angesichts zähen Widerstands des Feindes, wobei die Landungsboote der Marine und andere Schiffe wertvolle Dienste leisteten. Außer von den rumänischen Streitkräften wurde die Marine von Schnellbooten und Minenräumbooten unterstützt, die im Verlauf des Sommers herbeigeschafft worden waren, sowie von leichten italienischen Truppen. Vom Spätherbst an verfügte sie auch über kleine U-Boote, die über die Donau heruntergebracht worden waren. Es gab keine großangelegten Aktionen auf dem offenen Meer, da die russischen Kräfte in Poti und Batum stationiert waren, und sehr wenige Unternehmen gegen die leichten Truppen in Küstennähe, z. B. Nahe Kertsch. Dadurch erlitt die Marine in der Erfüllung ihrer Aufgaben keine entscheidenden Rückschläge, obwohl die wenigen Verluste der Deutschen angesichts des anfänglichen Mangels an Tonnage ernster aussahen.

**Da die Front überdehnt war, ihre Flanken unzureichend von ungarischen, rumänischen und italienischen Verbänden gesichert wurden und sie es nicht vermochten, den Widerstand der russischen Verteidiger der Stadt zu brechen, wurden die deutschen Truppen bei Stalingrad bei einem Gegenangriff der Russen von einer großen umfassenden Bewegung Ende November 1942 eingeschlossen. Der 6. deutschen Armee, die in einem Kessel zwischen Don und Wolga in der Falle saß, wurde von Hitler untersagt, einen Ausbruch nach Westen zu versuchen. Statt dessen versprach man ihnen Hilfe durch Panzerkolonnen und Luftversorgung. Die Versprechen wurden nicht eingehalten, und die Soldaten der eingeschlossenen Armee kämpften ihre hoffnungslose Schlacht gegen die Russen und das Winterwetter, während die Hauptfront immer weiter nach Westen rückte und die deutschen Truppen im Kaukasus sich in höchster Eile zurückzogen, um nicht selbst eingekesselt zu werden – bis auf einen Brückenkopf im Tal des Kuban und auf der Taman-Halbinsel. Am letzten Tag des Januar 1943 kapitulierte Generalfeldmarschall Paulus mit den Überresten der eingeschlossenen 6. Armee und ergab sich den Russen außerhalb von Sta-**

lingrad; doch kämpften einige entschlossene Einheiten noch ein oder zwei Tage lang weiter. Diese Niederlage kostete die Deutschen mehr als 200.000 Mann, die fielen oder in Kriegsgefangenschaft gerieten. Einige deutsche Admirale kommentieren die Bedeutung dieser Niederlage sowohl für den gesamten Feldzug in Russland als auch für die untergeordnete Mitwirkung der deutschen Kriegsmarine.

**Schniewind und Schuster:** Die deutsche Führung wurde in ihrer Hoffnung auf ein Ende des Krieges im Osten im Jahr 1942 enttäuscht. Die Stärke der russischen Rüstung war weit unterschätzt worden, so wie es auch vor dem Krieg geschehen war, und auch die Möglichkeiten der englisch-amerikanischen Unterstützung für Russland waren nicht erkannt worden.

**Krancke:** Der Sommerfeldzug [1942] an der Ostfront sowie an der Afrikafront begann erfolgreich, doch war es nicht möglich, die Hauptstreitmacht der russischen Armee aufzuhalten. Diese vermied den Kontakt, ließ ihre Ausrüstung zurück und bewegte sich nach Osten. An der Wolga und im Kaukasus kam unsere Offensive zum Stillstand. Die Versorgungslinien wurden endlos; das kaukasische Öl (Maikop), das für die Aufrechterhaltung des Versorgungssystems unentbehrlich war, hatte uns nicht erreicht. Die Frontlinien waren so lang, dass die rumänische, die ungarische und die italienische Armee große Frontabschnitte übernehmen mussten. Diese brachen bei der ersten russischen Gegenoffensive im Herbst 1942 zusammen [und] die Front zerriss [auf] einer Breite von einigen hundert Kilometern.

**Schulz:** Das Versagen des deutschen Unternehmens gegen den Kaukasus lässt sich auf zwei Ursachen zurückführen: erstens und vor allem darauf, dass es wie alle deutschen Unternehmungen in Russland mit unzureichenden Kräften unternommen werden musste, und zweitens, weil der Nachschub die Bedürfnisse in den späteren Phasen nicht befriedigen konnte, da man es versäumt hatte, [...] Häfen weiter im Osten zu besetzen, um den Transport des Nachschubs auf dem letzten Stück über See gehen zu lassen.

**Dönitz:** Die erfolgreiche russische Gegenoffensive am Don, mit der Einkesselung Stalingrads im November 1942, dem Rückzug unserer eigenen Kaukasus-Armeen auf den Kuban-Brückenkopf, der dadurch nötig wurde, und schließlich die Niederlage bei Stalingrad am 3. Februar 1943 brachten eine grundlegende Veränderung der Lage mit sich. Im Schwarzen Meer entwickelte sich jetzt ein hartnäckiger Stellungskrieg zwischen Seestreitkräften in der Nähe der Frontlinien, wobei die Versorgung des Kuban-Brückenkopfes über die Straße von Kertsch eine besondere Rolle spielte. Bei diesen Gefechten gelang es den Russen nicht, aus der überwältigenden Überlegenheit ihrer Verbände einen entscheidenden Vorteil zu ziehen. Nur die russischen U-Boote östlich des Bosporus hatten hier und dort einen Erfolg bei ihren Angriffen auf den deutschen Versorgungsverkehr, der vom Schwarzen Meer in die Ägäis lief.

**Meyer findet in seiner Analyse der weitergehenden Implikationen der Niederlage besonders deutliche Worte.**

Neunzehnhundertzweiundvierzig war das erste Jahr deutscher Rückschläge, die von da an ständig zunahmen, bis der Krieg zu Ende war. Es wurde immer klarer, dass das Oberkommando einen großen Fehler gemacht hatte, die Macht Russlands zu unterschätzen und [in jenem Jahr] hörte man in der Marine oft: »Der Ostfeldzug zehrt uns auf«.

Stalingrad und das kaukasische Öl wurden aus dem einfachen Grund nie erreicht, weil Deutschland keine ausreichende Stärke besaß. Diese Feldzüge wurden durchgehend von Leuten geleitet, die die Mittel des Feindes unterschätzten und die eigenen überschätzten.

Man hörte ständig, dass fast alle Pläne für den Ostfeldzug grundlegend und autoritär von Hitler beeinflusst würden, dass den Ansichten des Generalstabs ständig widersprochen werde und sein guter Ruf bald verspielt sei. Die allgemeine Meinung war, dass, wenn es eine richtiges militärisches Kommando in Deutschland gegeben hätte, dieses den Krieg hätte gewinnen können, und zwar trotz der sehr ungünstigen Lage, in der es sich fand.

**Heye schreibt ebenfalls sehr offen über das Scheitern bei Stalingrad und seine Wirkung auf die Moral der deutschen Wehrmacht.**

Die verbündeten Truppen in Russland enttäuschten wiederholt. Die besten waren einige wenige rumänische Korps, vor allem die Kavallerie; ungarische und italienische Truppen konnten ohne deutsche Unterstützung nicht eingesetzt werden, und auch dann nur an den weniger wichtigen Punkten.

Der Rückzug aus dem Kaukasus bedeutete auch, dass man das kaukasische Öl aufgab, für dessen Erlangung bereits Vorbereitungen getroffen waren. Er bedeutete auch die endgültige Aufgabe von offensiven Operationen gegen Persien und Arabien. Der Verlust des Öls allein hätte anfangs durch eine mögliche Steigerung bei anderen europäischen Vorräten getragen werden können; der entscheidende Faktor war meiner Meinung nach jedoch, dass dieses Öl den weiteren russischen Operationen nützen würde.

Als Ergebnis des Falls von Stalingrad änderte sich die Kriegführung im Osten. Viele Deutsche erkannten dies. Selbst damals gab es sehr verschiedene Meinungen über die Unvermeidlichkeit der Niederlage von Stalingrad. Man wusste, wie wenige Kräfte im Gebiet zwischen dem Kaukasus und Stalingrad zur Verfügung standen. Viele Armeeoffiziere vertraten die Meinung, dass der Rückzug auf vorbereitete Stellungen die bessere Taktik gewesen wäre. Adolf Hitlers Behauptung, eine freiwillige Aufgabe von Gebieten koste mehr als ein Rückzug, wirkte sich nun das erste Mal in der gröbsten Weise aus und die Truppen erhielten den Befehl, einmal eroberte Stellungen um jeden Preis zu halten. Zweifellos begann das Oberkommando, scharfe Kritik zu üben. Sie betraf Adolf Hitlers Fähigkeit und der von ihm ernannten Befehlshaber, erfahrene Armeen zu führen. Diese Sorge fand ihren Ausdruck auch in der Versetzung zahlreicher hoher Wehrmachtsoffiziere.

Vielleicht ist Stalingrad auch der Punkt, an dem die Sichtweise des deutschen Soldaten sich psychologisch veränderte. Bis zum Ende des Krieges glaubte er, dass er

Mann gegen Mann den Russen überlegen war. Bei Stalingrad erkannte er jedoch die enorme Größe Russlands und seiner unerschöpflichen Mannschaftsreserven, die von den Lieferungen der Angloamerikaner unterstützt wurden. Er musste empfunden haben, dass es eine Sisyphusarbeit war. Die russische Industrie lag zudem weit außerhalb der Reichweite der deutschen Luftwaffe, so wie auch die amerikanische und zum damaligen Zeitpunkt auch der größte Teil der britischen Industrie. Andererseits musste man erkennen, dass die Luftlage über Deutschland schlechter wurde.

Hier hätte die Frage diskutiert werden können, ob es im Interesse einer starken Verteidigungsstrategie nicht nützlicher gewesen wäre, unhaltbares Gebiet aufzugeben. Solche Vorschläge wurden bei zahllosen Gelegenheiten unterbreitet. Wenn ich mich recht erinnere, schlug die Wehrmacht einen freiwilligen Rückzug auf die Dnjeper-Linie vor und die Marine einen Rückzug von den griechischen Inseln und aus Griechenland selbst. Solche Vorschläge wurden weder damals noch später angenommen, z. T. aus Gründen wirtschaftlicher oder politischer Nachteile.

**Im Frühjahr 1943 lag die deutsche Front in Russland wieder mehr oder weniger dort, wo die Offensive von 1942 begonnen hatte, doch waren die Deutschen nicht mehr in der Lage, eine weitere Sommeroffensive zu starten, die sich mit denen von 1941 und 1942 vergleichen ließ. Zwar warfen sie die Russen im März wieder aus Charkow und begannen im Juli eine der größten Panzerschlachten der Geschichte mit einem Angriff auf die Russen im Kursker Bogen. Doch die Kursker Offensive geriet bald mit hohen Verlusten ins Stocken, und im August besetzten die Russen wiederum Charkow. Im September–Oktober evakuierten die Deutschen ihre Truppen über See vom letzten Brückenkopf im Kaukasus. Die siegreichen Russen stießen an den meisten Abschnitten der Ostfront nach vorne. Ende 1943 hatten die Russen die Deutschen bis hinter Smolensk zurückgeworfen, während sie sich im Süden auf breiter Front über den Dnjeper gekämpft hatten, Kiew, die Hauptstadt der Ukraine, zurückerobert und die deutschen Truppen auf der Krim isoliert hatten, indem sie zur Mündung des Dnjeper vorrückten. Schulz hatte gute Gründe, sich an jene schwierigen Tage zu erinnern.**

Unter meinem Kommando hatte ich als Seeverteidigungskommandeur Krim für alle Zwecke sämtliche Marineeinheiten an Land auf der Krim, einschließlich vier Kriegsartillerieverbände, eine Schnellboot-Division, die Hafenverteidigungsflottillen, zu taktischen Zwecken die gesamten Küstenbatterien und zu allgemeinen Zwecken zwei leichte Flottillen mit jeweils dreißig Landungsbooten, die in Sewastopol und Feodosia stationiert waren, ein Minenräumboot und eine Sicherungsflottille, die Werft, Lagerräume, und so weiter.

An der Spitze aller deutschen Verbände der Marine zur See und zu Lande stand der kommandierende Admiral Schwarzes Meer mit dem Hauptquartier zunächst in Bukarest, später in Simferopol (Krim) und von Anfang 1944 an in Konstanza. Er war damals der Südgruppe in Sofia unterstellt. Diese letztere befehligte auch die Admirale, die die Ägäis und die Adria unter ihrem Kommando hatten.

[Er fährt fort, die »hervorragende Zusammenarbeit« mit der Königlichen Rumänischen Kriegsmarine zu beschreiben und zollt auch den Italienern Anerkennung.] Ich möchte [...] hervorheben, dass die italienischen Schnellbootflottillen unter dem Kommando des fähigen und geschickten Kapitäns Mimbelli bei der deutschen Kriegsmarine im Schwarzen Meer einen hervorragenden Ruf genossen und dass ihr Rückruf nach Italien [...] vor dem Regimewechsel allgemein bedauert wurde.

Andere erwähnenswerte Punkte meines Dienstes an der Krim sind die Evakuierung der Kaukasusarmee vom Kubanbrückenkopf auf die Krim über die Straße von Kertsch im Oktober 1943, die fast ohne Verluste durchgeführt wurde; [sowie] trotz aller Schwierigkeiten die ununterbrochene Versorgung über See dieser von allen rückwärtigen Verbindungen über Land abgeschnittenen Armee.

**Als sich das Jahr 1943 seinem Ende näherte, erschien der ganze deutsche Russlandfeldzug mehr und mehr als verhängnisvoller Irrtum, und es wurde immer schwieriger zu erkennen, wo oder wie eine starke Verteidigungslinie als östliche Grenze der Hitlerschen Idee einer uneinnehmbaren Festung Europa eingerichtet werden konnte.**

# 10

## Der Seekrieg gegen die Handelsschifffahrt 1943–1944

Während des Jahres 1943 hatte das deutsche Oberkommando wenig Grund für Zufriedenheit oder Optimismus. Die Wehrmacht wurde in Russland unerbittlich zurückgetrieben, als eine russische Offensive nach der anderen folgte. Im Mittelmeer waren die deutschen Truppen völlig aus Afrika vertrieben worden; ihr italienischer Verbündeter hatte sie im Stich gelassen; und sie mussten einen hartnäckigen Abwehrkampf in Italien führen. Es war nur eine Frage der Zeit bis die Amerikaner und Briten irgendwann mit der Invasion Westeuropas begannen, und das zu einem Zeitpunkt, den sie selbst wählten. Das Deutschland der Jahre 1939–42, das fähig war, seine Mittellage auszunutzen und einen atemberaubenden Blitzkrieg in jede Richtung zu führen, die von der strategischen Intuition des Führers gewählt wurde, verwandelte sich 1943 in ein Deutschland, das zur Verteidigung gezwungen war und von allen Seiten von Feinden angegriffen wurde. Im Frühjahr 1943 konnte Deutschland immer noch mit einiger Zuversicht auf die Aussichten des Handelskrieges blicken. Viel würde davon abhängen, ob die Zerstörung feindlicher Schiffe und Ladungen mit derselben Erfolgsrate weitergehen würde, wie sie 1942 und im ersten Viertel des Jahres 1943 erreicht worden war, als insgesamt mehr als 9 Millionen Tonnen britischer, amerikanischer und neutraler Schiffe innerhalb von 15 Monaten versenkt wurden, wobei fast 7,5 Millionen Tonnen von deutschen und italienischen U-Booten versenkt wurden. Wenn man diese Erfolgsrate aufrechterhalten – oder sogar verbessern konnte – da jetzt neue deutsche U-Boote in einer Zahl von 24 pro Monat in Auftrag gegeben wurden –, mochte es sogar möglich erscheinen, den Handelskrieg für die Alliierten zu kostspielig werden zu lassen. Der Kriegsschauplatz im Mittelmeer könnte dann nicht mehr ausreichende Verstärkungen, Treibstoff und Munition erhalten; die Geleitzüge, die Ausrüstung nach Russland transportierten, würden massakriert, und die Lebensmittelversorgung Großbritanniens könnte noch drastisch reduziert werden. Vielleicht noch wichtiger als diese Ziele war, dass der Ausbau Großbritanniens als Stützpunkt für den Luftkrieg gegen Deutschland und eine Invasion des Kontinents unmöglich gemacht würde. Wenn die Bedrohung aus dem Westen eingedämmt werden könnte, wäre Deutschland vielleicht noch in der Lage, die Gefahr des Bolschewismus aus dem Osten abzuwehren und etwas Zeit zu gewinnen, bis irgendeine neue Entwicklung in der Diplomatie oder der Waffentechnologie ihm die Möglichkeit geben würde, seinen Feinden einen Kompromissfrieden aufzuzwingen. Dönitz war sich nur zu bewusst, wieviel vom Handelskrieg abhing, und nach den höchst erfolgreichen Geleitzugschlachten vom März 1943 muss er enttäuscht darüber gewesen sein, wie schnell es den Alliierten gelang, die Bedrohung durch die U-Boote zu parieren.

Nachdem der Winter 1942–43 für uns ungünstige Veränderungen in der Lage in Russland und im Mittelmeer gebracht hatte, ereignete sich im Frühjahr 1943 eine ähnliche Veränderung im U-Bootkrieg, die jedoch von diesen früheren [Entwick-lungen] sehr unterschiedlich war und ganz andere Ursachen hatte.

Obwohl im März [1943] immer noch große Angriffe auf die Geleitzüge durchgeführt werden konnten, war es im Mai klar, dass die Stärke der Luftstreitkräfte des Feindes im Atlantik, die aus Langstreckenbombern und Trägerflugzeugen bestanden, enorm zugenommen hatte. Von noch größere Bedeutung war jedoch der Umstand, dass die U-Boote vom feindlichen Radar aus größerer Entfernung geortet werden konnten, offenbar auf Kurzwelle und ohne vorherige Warnung auf ihren eigenen Empfangsgeräten, so dass sie von Zerstörern und Trägerflugzeugen angegriffen wurden, ohne dass sie den Geleitzug überhaupt zu Gesicht bekamen, der offensichtlich umgeleitet wurde. Wenn man dennoch einen Geleitzug antraf, musste man feststellen, dass das Orten nicht mehr die einzige Schwierigkeit darstellte, sondern dass die U-Boote nun den Geleitzug selbst nicht angreifen konnten, dessen Feuerkraft sie zum Untertauchen zwang.

Aus dieser neuen Lage ging klar hervor, dass die Flugzeuge und Zerstörer des Feindes mit neuem Radar ausgestattet sein mussten. Die U-Boot-Verluste, die zuvor 13 Prozent aller Boote in See betragen hatten, stiegen schnell auf 30–50 Prozent an. Allein im Mai 1943 gingen 43 U-Boote verloren. Diese Verluste traten nicht nur bei Angriffen auf Geleitzüge auf, sondern überall auf See. Es gab keinen Ort im Atlantiks mehr, an dem die Boote sicher sein konnten, nicht Tag und Nacht von Flugzeugen geortet zu werden. Alle Ein- und Ausfahrten in die Biskaya wurden besonders sorgfältig überwacht. Die Verluste waren besonders hoch.

**Das ganze Ausmaß, in dem sich im Jahre 1943 die Überlegenheit im Handelskrieg zu ungunsten Deutschlands änderte, lässt sich aus den vierteljährlichen Zahlen der alliierten und neutralen Handelsschiffe entnehmen, von denen die meisten deutschen und einige wenige italienischen Unterseeboote zum Opfer fielen.**

| Zeit | Anzahl der zerstörten Schiffe | BRT | Anzahl der verlorenen deutschen U-Boote |
|---|---|---|---|
| **1942** | | | |
| 3. Quartal | 309 | 1.516.090 | 31 |
| 4. Quartal | 279 | 1.723.468 | 34 |
| **1943** | | | |
| 1. Quartal | 221 | 1.303.008 | 41 |
| 2. Quartal | 112 | 600.409 | 72 |
| 3. Quartal | 82 | 429.072 | 72 |
| 4. Quartal | 37 | 177.815 | 52 |
| **1944** | | | |
| 1. Quartal | 41 | 235.580 | 61 |
| 2. Quartal | 25 | 143.978 | 72 |

Mit anderen Worten: Ende 1943 kostete jedes versenkte Handelsschiff mehr als ein U-Boot und Mitte 1944 gingen etwa zweieinhalb U-Boote für jedes versenkte Handelsschiff verloren. Die entscheidende Bedeutung des Radars, vor allem in den Flugzeugen, die Dönitz als die wichtigste Entwicklung bei der Anti-U-Bootkriegführung ausmacht, wird auch von Krancke betont, obschon er darüber spekuliert, ob nicht die Umleitung von Geleitzügen dadurch beeinflusst war, dass die Briten Informationen darüber erhielten, wo sich die U-Boote konzentrierten. Diese Annahme war natürlich vollkommen richtig, doch damals, als er seinen Aufsatz schrieb, war der Erfolg der Briten beim Knacken des deutschen Codes ein streng gehütetes Geheimnis.

Bereits zu Beginn des Jahres [1943] wurde ein offensichtlich taktisches Ausweichen der Geleitzüge von unseren U-Boot-»Rudeln« bemerkt. Handelte es sich dabei, dass unsere Verschlüsselungsmethoden abgefangen wurden, um Verrat oder neue Zielfindungsgeräte in den Flugzeugen? Von April an verringerte sich die Zahl der Versenkungen drastisch; die Verluste an U-Booten stiegen an. Die feindliche Luftwaffe hatte es vermocht, die elektronischen Peilgeräte der früher eingesetzten U-Boote zu überlisten. Der Seekrieg drohte zu scheitern, falls es nicht gelang, Gegenmaßnahmen zu entwickeln.

Während des entscheidenden Zeitabschnitts (Sommer 1943–44) waren die U-Boote als Unterstützung im Seekrieg praktisch nutzlos. Die Invasionsflotten konnten Truppen und Material über die See transportieren, ohne dass sie nennenswerte Verluste hinnehmen mussten. Ich halte diesen Faktor für den Wendepunkt des Krieges. Dies war besonders tragisch für Großadmiral Dönitz, der die U-Boote bisher so erfolgreich geführt hatte. Es versteht sich von selbst, dass alles Mögliche getan wurde, um dieser Katastrophe zu begegnen.

Es war unmöglich, den technischen Vorsprung des feindlichen Zentimeter-Peilgerätes aufzuholen, der auf langjährigen Forschungen in den USA basierte – und das obwohl wir, so weit ich weiß, die einzigen waren, die in der Zeit von 1939 bis Frühjahr 1941 über elektronische Peilgeräte verfügten. Es gelang uns zu spät, vom Dezimeter-

Gerät auf das weit überlegene Zentimeter-Gerät umzusteigen. Diese Peilgerättypen des Feindes bezwangen nicht nur den U-Bootkrieg, sondern brachten auch Erfolg in den Gefechten der Überwasserschiffe, bei den Küstenbatterien, der Zielfindung im Ärmelkanal und vor allem bei der feindlichen Luftwaffe. Die Nacht, die Unsichtbarkeit und große Räume hatten ihre Bedeutung verloren. Obwohl wir erkennen konnten, dass wir geortet wurden, waren wir selbst blind.

**Die zukünftige Auswirkung von Flugzeugen und Radar auf die U-Bootkriegführung war für die deutsche Kriegsmarine keine totale Überraschung. Dönitz offenbart, dass man bereits vor dem Krieg über das Problem nachgedacht hatte.**

Die U-Boot-Waffe [...] musste sich vor dem Krieg darauf konzentrieren, welche Mittel der Feind anwenden könnte, um die Überwasser-Fahrt der U-Boote zu verhindern, und was von unserer Seite gegen seine U-Boot-Abwehr unternommen werden könnte. Die feindliche Luftwaffe war damals für die U-Boot-Waffe das größte Problem, weshalb es überraschend ist, dass der Feind erst später erkannte, dass diese Waffe die effektivste gegen die U-Boote war und sie entsprechend einsetzte.

Die zweite Sorge war bereits damals die Möglichkeit der Entwicklung von Überwasserortung. Zwei Möglichkeiten schienen uns als Gegenmaßnahme zur Verfügung zu stehen:

> Überwasser-Gegenmaßnahmen – Schutz der U-Boote an der Wasseroberfläche vor Radarstrahlen, d.h., die Absorption solcher Strahlen, so dass die Sender ohne Echos keine Peilung erhielten [und/oder] die Entwicklung eines Suchempfangsgerätes für feindliche Radarstrahlen aller Wellenlängen, um das U-Boot rechtzeitig warnen zu können. [Bei der] Entwicklung unserer eigenen Ortungsgeräte erwartete das U-Bootkommando nur geringe Vorteile [...], da die geringe Höhe des Geräts auf der Brücke nur eine beschränkte Reichweite erlauben würde. Der springende Punkt in Bezug auf diese Gruppe von Möglichkeiten war, dass das U-Boot in die Lage versetzt wurde, einen Tarnmantel anzulegen. Während der folgenden Jahre wurden dafür die unterschiedlichsten Experimente angestellt. Sie führten zu der klaren Erkenntnis, dass allerhöchstens eine Verringerung, aber keine vollständige Absorption der Radarstrahlen erreicht werden konnte.
>
> Das schnelle getauchte U-Boot [...], um unsere Taktik völlig zu ändern, d.h. die Überwassertaktik aufgeben und die U-Boote abtauchen zu lassen. Dies machte jedoch eine hohe Unterwassergeschwindigkeit sowie einen großen Unterwasserradius nötig. Ohne diese Eigenschaften wäre das U-Boot bei der Unterwasserkriegführung zu einem rein statischen Mittel herabgesunken und es hätte den Verzicht auf die großartigen Ergebnisse bedeutet, die durch Konzentration der Kräfte am richtigen Ort zur richtigen Zeit erzielt wurden. In den Jahren vor dem Krieg wurde jedoch ein *schnelles* U-Boot entwickelt. Durch den Wasserstoffperoxidantrieb wurden sehr hohe Unterwassergeschwindigkeiten möglich. Bereits vor dem Krieg forderte die U-Boot-Waffe die tatkräftigste Entwicklung einer solchen Antriebsart und solcher Boote, doch unglücklicherweise stellte sich heraus, dass dies viel Zeit erforderte, und es gab viele Rückschläge. In den erfolgreichsten Monaten des U-Bootkrieges im Jahre 1942 drängte die U-Boot-Waffe ständig auf eine Beschleunigung dieser Entwicklung und auf den Bau schnellerer U-Boote; in vielen Sitzungen mit den Ingenieuren wurde versucht, dies zu erreichen.

**Allgemeine Kritik an der Unzulänglichkeit der technischen Neuerungen in der deutschen Kriegsmarine und Luftwaffe wird von Meyer zum Ausdruck gebracht.**

Radar war das Hauptproblem: Der Feind hatte große Fortschritte gemacht, die bis zum Kriegsende nicht aufgeholt worden waren. Sowohl die Kriegsmarine als auch die Luftwaffe hatten meiner Meinung nach den großen Fehler begangen, mit einem kleinen Ingenieursstab auskommen zu wollen, statt das große nationale Potential an Wissenschaftlern zu nutzen. Als man dies gegen Ende des Krieges versuchte, war es zu spät.

**Schniewind und Schuster erkennen die Überlegenheit des Feinradars an und geben den Beschränkungen, die Deutschland im Versailler Vertrag auferlegt waren und der repressiven Natur des Nazi-Regimes die Schuld.**

Die absolut katastrophalen Auswirkungen, welche die neuen angelsächsischen Radargeräte auf die Führung des deutschen U-Bootkrieges hatten, waren den Autoren nicht bekannt. Selbst heute sind sie jedoch mit vielen älteren Offizieren der Marine immer noch der Meinung, dass die fatalen Rückschläge in der gesamten Kriegführung – wenn man die wahren Ursachen sucht – nicht aus persönlichem Versagen irgendwelcher Leute (Physiker, Bauingenieure, Beamte der Baubehörden, Technikoffiziere, Militärführer) resultierten, sondern es war eines der vielen Felder deutscher Arbeit, Organisation, Forschung und Führungskraft – selbst wenn niemand und nur wenige Leute dies bemerkt oder bedacht hatten –, auf denen sich die Ergebnisse des verlorenen Ersten Weltkriegs und vor allem die Bedingungen des Versailler Vertrags sowie die finanziellen Erpressungen der Nachkriegszeit immer noch zeigten.

Die Entwaffnung des deutschen Volkes und Staates, die Beschränkungen, denen fast alle Sparten der wissenschaftlichen Forschung und Entwicklung, die militärische Organisation, die normale Industrie sowie die Rüstungsindustrie unterworfen waren und die entsprechend kleine Kapazität oder sehr beschränkten Mittel auf allen Feldern der technischen Entwicklungen standen in scharfem Gegensatz zu den reichen Mitteln, dem Überfluss an Rohstoffen, der riesigen Industriekapazität, der Rüstungsindustrie ohne irgendwelche politischen Fesseln, die unsere angelsächsischen Gegner ohne Widerstand zwischen 1918 und 1939 für die Bewertung der Kriegserfahrungen nutzen konnten sowie für den Aufbau ihrer Streitkräfte, indem sie neuen Ideen folgten.

Im Gegensatz zu dem Hauptthema spielte [eine] Tatsache eine kleinere Rolle, die angesichts der hier diskutierten technischen Probleme nicht ganz übersehen werden sollte, auch wenn sie weniger bedeutend ist. Der Autor glaubt, dass im Bereich der Hochfrequenztechnikforschung (sogar VHF) in Deutschland auf Initiative verschiedener Ministerien (vor allem des Postministeriums) unnötige Hindernisse für die Weiterentwicklung aufgebaut wurden: die Arbeit einer großen Zahl von Amateuren wurde in den Nachkriegsjahren sicherlich durch Verordnungen über den Bau und die Verwendung von Kurzwellengeräten eingeschränkt. Der Autor weiß nicht, ob dies aus finanziellen Gründen geschah oder weil es aus einem vom Staat autorisierten Monopolstreben resultierte oder aus Übereifer in Bezug auf die politische und polizeiliche Aufsicht. Die Tatsache bleibt jedoch bestehen, dass die Möglichkeiten für die Entwicklung durch den Verlust der Zusammenarbeit mit dem weiten Kreis der Amateure noch stärker eingeschränkt waren, die, wie uns die Geschichte lehrt, oft Menschen hervorbringen, die ohne oder gegen die Versuche der professionellen Denker und Arbeiter häufig neue Entwicklungslinien entdeckten oder alte wieder öffneten.

**Als die Admirale 1945 ihre Aufsätze schrieben, benannten sie das Radar als die aus ihrer Sicht wichtigste widrige Entwicklung, doch waren sie sich offensichtlich nicht der Tatsache bewusst, dass der britische Geheimdienst in Bletchley Park ihre Engima-Codes geknackt hatte. Doch einige weitere Entwicklungen trugen auch zur Vernichtung der U-Boote bei. Unter den wichtigsten waren Langstreckenbomber, die in der Lage waren, die entferntesten Winkel des Atlantiks zu erreichen, kleine Sicherungsflugzeugträger und Handelsflugzeugträger zur Begleitung von Geleitzügen, mehr Geleitschiffe und Hilfsgruppen, die mit Hochfrequenzortungsgeräten ausgestattet waren, um die zahlreichen Funksignale der U-Boote aufzufangen, nach vorne feuernde Wasserbombenwerfer sowie Leigh-Scheinwerfer für Flugzeuge, die U-Boote in den letzten Momenten vor dem Angriff anstrahlten. Die steigenden Verluste an U-Booten zwangen Dönitz dazu, den Tonnagekrieg zurückzufahren.**

Unter diesen Umständen konnte der frühere Überwasserkrieg gegen Geleitzüge nicht fortgesetzt werden. Da sich unterdessen auch die günstigen Bedingungen des amerikanischen Aktionsgebietes verändert hatten, verringerten sich die Erfolge der U-Boote beträchtlich. Die feindliche Luftwaffe mit ihren modernen Ortungsmethoden hatten diese Wandlung im U-Bootkrieg herbeigeführt. Als Gegenmaßnahmen wurden die folgenden Ideen mit größter Geschwindigkeit in die Praxis umgesetzt:

Erstens so schnell wie möglich der Bau eines neuen U-Boots, das getaucht die gleiche Manövrierfähigkeit hat wie die jetzigen Boote sie an der Wasseroberfläche haben.
Zweitens, bis zum Bau dieser neuen Boote, die Umsetzung aller möglichen Veränderungen an den bestehenden U-Booten, so dass sie trotz des feindlichen Radars und der Luftüberlegenheit so wirkungsvoll wie möglich sind.

Am 30. Januar 1943 wurde der Befehlshaber der U-Boote [d.h. Dönitz selbst] zum Oberbefehlshaber der Marine ernannt. Er war daher in der Position, sich persönlich und tatkräftig mit diesen wichtigen Problemen der Seekriegführung zu befassen. In der Zwischenzeit war die gesamte deutsche Industrie unter dem Rüstungsminister Speer vereint worden. Ihm wurde daher auch der Befehl erteilt, das neue U-Boot zu bauen. Die wohlbekannten Elektro-U-Boottypen XXI und XXIII wurden mit großer Geschwindigkeit entwickelt und gebaut. Durch sehr große Batterien und eine äußere Form, die besonders für die Unterwasserfahrt entwickelt worden war, erreichten sie getaucht hohe Geschwindigkeiten, und konnten sehr lange Zeit unter Wasser bleiben.

Die Entwicklung der Walter-Boote mit Wasserstoffperoxidantrieb wurde ebenfalls stark vorangetrieben.

Unterdessen wurden die Verteidigungsbordwaffen der verfügbaren alten U-Boottypen durch eine Erhöhung der Zahl der Luftabwehrgeschütze gegen Luftangriffe verbessert. Dies führte zu einer Verringerung der Verluste im Vergleich zum Monat Mai 1943. Die Grundeinsicht, dass die endgültige Lösung im U-Boot selbst zu finden sein würde, änderte sich jedoch nicht.

Im September 1943 versuchte man mit diesen schwerer bewaffneten Booten im Nordatlantik einen weiteren Überwasserangriff auf Geleitzüge im alten Stil. Den Booten wurde befohlen, im Falle eines Angriffs durch Flugzeuge an der Oberfläche zu bleiben und bei der Abwehr zusammenzuarbeiten. Dann sollten sie angreifen und den Schutzschirm der Zerstörer mit akustischen Torpedos durchbrechen sowie in der dritten Phase der Schlacht den Konvoi angreifen, der nun ohne Sicherung war. Es war ein kühner Versuch, der ein hohes Maß an Wagemut und hoch entwickelte Fähigkeiten vom U-Boot verlangte. Die verwundbaren U-Boote mussten die überwältigende Abwehr des Feindes in der Luft und auf dem Wasser bekämpfen, bevor sie ihre Hauptaufgabe, die Versenkung der Schiffe, erledigen konnten. Dies gelang insoweit, als sie trotz feindlicher Luftangriffe an der Oberfläche blieben und in der zweiten Phase einige Zerstörer versenkten. Die dritte Phase der Schlacht, die Versenkung der [Handels]schiffe war jedoch nicht so erfolgreich, da eine Vernebelungswand die Schiffe unsichtbar machte. Bei diesem Gefecht waren die U-Boot-Verluste gering. Der Erfolg dieses Experiments ermutigte dazu, es zu wiederholen.

**Die Geleitzugschlacht, die Dönitz beschreibt und in der zum erste Mal der zielsuchende *Zaunkönig*-Torpedo eingesetzt wurde, führten zur Versenkung von sechs Handelsschiffen und drei Begleitschiffen (sowie der Beschädigung eines weiteren Begleitschiffes, dass sich nicht mehr lohnte, repariert zu werden.) Die Deutschen verloren drei U-Boote. Dönitz fährt fort:**

Es zeigte sich jedoch, dass bei dem ersten Versuch der Rauch auch die Luftaktionen des Feindes beeinträchtigt hatte. Bei weiteren Versuchen war die Luftwaffe so stark, dass die U-Boote wohl völlig vernichtet worden wären, wenn sie an der Oberfläche geblieben wären. Es war daher endgültig klar, dass die Überwasserkriegführung von U-Booten an ihr Ende gekommen war. Es ging nun darum, Zeit zu gewinnen, bis der neue Typ einsatzbereit sein würde. Gleichzeitig wurde für alle Typen der Schnorchel entwickelt, der das Boot in die Lage versetzte, [seine Batterien] unter Wasser aufzuladen. Auch der war jedoch noch nicht ganz fertig, da dies Veränderungen des Diesels und ausgedehnte Versuche nötig machte, damit seine Verwendung in See die Mannschaften nicht gefährdete.

In diesen schwierigen Monaten von 1943 und 1944, als der U-Bootkrieg nur geringe Erfolge und hohe Verluste brachte, zeigte sich der zähe Kampfgeist der U-Boot-Besatzungen mehr als je zuvor. Es war klar, dass die U-Boote mit ihren Einsätzen weitermachen mussten. Durch die bloße Anwesenheit der U-Boote wurde der Feind gezwungen, in Geleitzügen zu fahren, was einen großen Teil seiner Tonnage auf höchst unwirtschaftliche Weise band. Die Anwesenheit von U-Booten zwang den Feind auch dazu, ständige Luft- und Seeaufklärung aufrechtzuerhalten, was auch große Mengen an Mannschaften, Material sowie Industrie- und Werftkapazitäten band. Die U-Boote überstanden die schwierige Zeit.

**Dönitz' Bemerkungen zur Qualität der U-Boot-Besatzungen sind eine verständliche Würdigung von dem Admiral, der sie in der Atlantikschlacht führte. Schniewind und Schuster bringen jedoch einige Bedenken zum Ausdruck:**

Die Aufstellung von U-Boot-Besatzungen machte in zahlenmäßiger Hinsicht nie irgendwelche Probleme. Selbst die physische Ausdauer und die Moral der U-Boot-Leute, die immer aus den jüngeren Altersgruppen rekrutiert wurden, ging nie zurück. Das einzige, was sich bemerkbar machte – die Autoren wissen nicht, wie stark –, war ein Absinken der Ausbildungsergebnisse, weil diese nicht auf alle operativen Notwendigkeiten ausgeweitet werden konnte; oft musste sie sogar verkürzt werden und sie litt definitiv unter den Auswirkungen des Luftkriegs.

Was sich am stärksten bemerkbar machte, war die schlechter werdende Effizienz der Kommandanten. Ihr Alter und ihre Dienstjahre sanken; nach einer vergleichsweise kurzen Dienstzeit als Offizier auf der Brücke mussten sie zu Kommandanten befördert werden, oft im Alter von nur 22 Jahren. So konnten sie selbst beim besten Willen und hohem Verantwortungsgefühl nicht die technischen, nautischen und taktischen Details beherrschen und die Führungsqualitäten an den Tag legen, die ein Kommandant besitzen musste, um erfolgreiche Operationen gegen den Feind unter den schwierigen Bedingungen der letzten Phasen des Krieges durchzuführen.

**Trotz dieser vielen Probleme hielt Deutschland an der Hoffnung fest, dass 1944 eine neue Offensive gegen die Handelsschifffahrt mit verbesserten U-Booten gestartet werden könnte.**

Heye: Das entscheidendste Ereignis im Jahre 1943 war das praktische Ende des U-Bootkrieges. [...] Nach beträchtlichen Verlusten entschied sich Admiral Dönitz, der inzwischen zum Oberbefehlshaber der Kriegsmarine ernannt worden war, für eine Pause im U-Bootkrieg, bis die notwendigen Verbesserungen und Abwehrwaffen entwickelt worden waren. Versuche, die man mit allen verfügbaren Mitteln durchführte, bezogen sich nicht nur auf Gegenmaßnahmen gegen das feindliche Radar, sondern auch auf die Schaffung eines neuen U-Boot-Typs, eines echten Unterwasserbootes. Auch neue Antriebsarten wurden erforscht, die eine höhere Geschwindigkeit und eine längere Ausdauer unter Wasser ermöglichen würden. Versuche dieser Art waren zwar bereits unternommen worden, wurden aber jetzt mit einer Konzentration aller notwendigen wissenschaftlichen und materiellen Ressourcen vorangetrieben. Man sollte festhalten, dass auch in dieser Lage, als man jeden Mann für den Landkrieg brauchte, selbst Hitler an der Strategie festhielt, den U-Bootkrieg fortzusetzen und wiederaufzunehmen. Der U-Bootkrieg war die einzige Angriffswaffe, die Deutschland noch geblieben war.

**Krancke:** Die Notwendigkeit, neue U-Boot-Typen wegen der elektronischen Ortung später zu entwickeln, führte zu Verzögerungen. Die Anzahl der geplanten U-Boote, Schnellboote, Minenräumboote und Torpedoboote wurde nicht völlig erreicht, da die Ereignisse des Jahres 1944 und die Bombenangriffe dies verhinderten.

**Schniewind und Schuster:** Die deutliche Erhöhung der Geschwindigkeit im getauchten Zustand und der Aktionsradius unter Wasser [...] wurden auf unterschiedliche Weise angestrebt und gefunden. Für bereits fertiggestellte U-Boote oder für U-Boote im Bau war die Lösung der Schnorchel, der den fortgesetzten Einsatz der Dieselmotoren auch im getauchten Zustand erlaubte. Bei neu entwickelten Typen dachte man über eine deutliche Vergrößerung der Akkumulatoren oder sogar über die Installation einer völlig neuen Art von Antriebsenergie nach.

Die erneute Vorbereitung der ersten Serie von U-Booten, die für den Schnorchel umgebaut worden waren, verlief mehr oder weniger nach Plan und ohne allzu viel Störung durch die feindliche Luftwaffe, die in den fraglichen Monaten nicht allzu viele Schäden an den U-Boot-Werften anrichteten.

Selbst der Bau der neuen Typen in den Werften, die – schnell und in Schutzräumen – den Zusammenbau der verschiedenen Teile unternahmen, wurde anfangs nicht zu stark unterbrochen. Weitaus ernster waren die Schwierigkeiten und die Zerstörung der Transportmöglichkeiten aus dem Binnenland, die manchmal Tage andauerte, sowie die schweren Schäden an einigen besonderen Fabriken. So weit den Autoren bekannt, verzögerte sich der Bau von Booten mit größeren Batterien immer wieder, weil die Werke dieses Industriekonzerns nach Luftangriffen gelegentlich alle gleichzeitig untätig waren und weil eine Reihe von Akkumulatoren, die bereits ausgeliefert worden waren und mehrere Güterzüge ausmachten, neben den Gleisen lagen oder z. T. zerstört wurden.

**Meyer bezweifelt, ob es wirklich Gründe für Optimismus auf Grundlage der neuen, im Bau befindlichen U-Boottypen gab.**

Das Oberkommando der U-Boote setzte große Hoffnungen auf diese neuen Typen, doch angesichts der enormen Fortschritte des Feindes bei der Bekämpfung der U-Boote sind einige Zweifel an der Berechtigung dieser Hoffnungen angebracht. Doch selbst wenn die neuen Typen alle Erwartungen erfüllten, wie sahen dann die Aussichten für den zukünftigen Bau angesichts der ständig wachsenden Luftmacht des Feindes aus? Und würde die Gefahr der Hin- und Rückfahrt aus der Ostsee und der Nordsee auf ein erträgliches Maß reduziert werden können? Würde der Feind nicht im Falle, dass ihm der wieder aufgenommene U-Bootkrieg gefährlich wird, die Besetzung Südnorwegens als besten Plan in Betracht ziehen und so alle Ausfahrten von der Nordsee abriegeln? Wäre es in diesem Fall nicht besser gewesen, das für U-Boote zugeteilte Rüstungspotential für andere wichtige Zwecke einzusetzen, z. B. für Überwasserschiffe, für Panzer oder für die Luftwaffe und die Flugabwehr?

Ich glaube, dass Hitler über keinen umfassend kompetenten Stab verfügte, um all diese Fragen zu beurteilen und darüber zu entscheiden, und es ist natürlich die Frage, ob dieser angesichts der Methode Hitlers, alles selbst zu entscheiden, selbst dann, wenn es einen solchen Stab gegeben hätte, überhaupt Gehör gefunden hätte. Tatsächlich wurden alle Entscheidungen betreffend den U-Bootkrieg vom Oberbefehlshaber der Marine mit der entsprechenden ministeriellen Unterstützung allein getroffen. Hitler traf in Sachen des Seekrieges keine Entscheidungen, da ihm dies zu fern lag. Man kann sagen, dass die Marine unter den drei Waffengattungen eine besondere Position hatte, weil Hitler ihr eine besondere Unabhängigkeit zugestand. (Mit der Luftwaffe war es ebenso, solange Göring Hitlers Vertrauen genoss.)

**Schniewind und Schuster legen auch besondere Betonung auf den immer stärker werdenden Einfluss der feindlichen Luftmacht in Westeuropa.**

Die Autoren sind der Auffassung, dass die Schwächung der deutschen Luftwaffe durch ihre Schlachten über England und den Abzug nach Osten der Hauptgrund dafür war, warum sie ihre Überlegenheit im Westen einbüßte und warum England diese Überlegenheit gewann. Eine wirkliche effektive Fortführung des U-Bootkrieges mit ähnlichen Erfolgen wie jenen des Jahres 1942 hätte dazu beigetragen, das Anwachsen der britischen Luftmacht und Luftüberlegenheit zu behindern. Die Autoren glauben, dass der gesamte Verlauf des Krieges durch eine solche Weiterführung beeinflusst worden wäre. Selbst die Verstärkung der RAF durch amerikanische Hilfe und die Ankunft der amerikanischen Luftwaffe auf britischem Boden wäre nicht in dem Maße möglich gewesen, wie es dann in den Jahren nach 1943 der Fall war. Zweifellos hätte sie äußerst schwere Verluste über England erleiden müssen, wenn die deutsche Luftwaffe in der Lage gewesen wäre, gegen England in der gleichen Stärke wie 1940 oder mit noch größerer Stärke Einsätze zu fliegen. Ohne die überwältigende britisch-amerikanische Luftüberlegenheit wären die Angriffe auf die deutsche Industrie und die Verbindungslinien – ja sogar die Invasion – unmöglich gewesen. Schließlich lähmte der Krieg gegen Russland die Aufrechterhaltung und das Wachsen der Kampfkraft der deutschen Luftwaffe für den Kampf im Westen und behinderte die Bewaffnung stärkerer Kräfte für den U-Bootkrieg, um diesen wieder mit besseren Mitteln aufzunehmen.

**Operationen mit Überwasserschiffen wurden durch die feindliche Luftaufklärung und Radar ebenfalls empfindlich gestört, wie sich Dönitz erinnert.**

Das Ergebnis der verstärkten Luft- und Seeaufklärung bestand in der plötzlichen Verschlechterung der Lage für die deutschen Überwasserschiffe in der Biskaya, im Nordatlantik und allen anderen Meeren vom Frühling 1943 an, und zwar wegen des feindlichen Radars. [...] Handelsstörer, Versorgungsschiffe und Blockadebrecher gingen in so großer Zahl verloren, dass der Handelskrieg und die Überwasserschifffahrt in ausländischen Gewässern aufhören mussten. Der wichtigste Transport von Personal und Gütern von und nach Japan wurde auf ein Minimum reduziert und von da an von U-Booten übernommen, einschließlich einer Reihe italienischer U-Boote.

Die in Nordnorwegen stationierten deutschen Seestreitkräfte schienen die größten Chancen zu haben, einigen Erfolg zu erzielen, weil die alliierten Geleitzüge durch die Arktis nach Russland gezwungen waren, die lange Fahrt in Reichweite der deutschen See- und Luftstützpunkte durchzuführen. Die deutsche Kriegsmarine und Luftwaffe fühlten sich verpflichtet, besondere Anstrengungen zu unternehmen, um den Versorgungsstrom zu unterbrechen, während die Russen der deutschen Wehrmacht auf der gesamten Breite der Ostfront schweren Schaden zufügten. Im Sommer gab es wenige Gelegenheiten, die Marine konnte nur Operationen durchführen, die kaum mehr waren als Übungen und Ablenkungsmanöver.

Schniewind und Schuster: Die U-Boote wurden in den Sommermonaten für Verminungsoperationen vor Murmansk, im Kara-Meer und den Schifffahrtswegen nahe Nowaja Zemlja eingesetzt. Auch sollte eine lange und erfolgreiche Operation einer Reihe von U-Booten mit Luftunterstützung im Sommer 1943 im Kara-Meer erwähnt werden.

Dönitz: Im Verlauf des Sommers [1943] hatten die deutschen Seestreitkräfte in den nordischen Gewässern wenige Gelegenheiten zum Handeln, da die russischen Geleitzüge nur in den sechs Wintermonaten unterwegs waren. In der Zwischenzeit gab es Hinweise darauf, dass die Buchten von Spitzbergen von feindlichen Schiffen angefahren wurden. Da es wünschenswert schien, den deutschen Seestreitkräften eine Gelegenheit zu bieten, um in Übung zu bleiben, wurde im Herbst 1943 die Spitzbergen-Operation von den Schlachtschiffen TIRPITZ und SCHARNHORST zusammen mit einigen Zerstörern durchgeführt: dies führte zum gewünschten Ziel und lief ohne besondere Zwischenfälle ab.

Schniewind und Schuster: Eine Expedition schwerer Schiffen gegen Spitzbergen im Herbst 1943 diente dazu, einige feindliche Stützpunkte zu zerstören, die man dort vermutete, doch brachte sie nur einen teilweisen und vorübergehenden Erfolg.

**Schniewind, der damals als Oberbefehlshaber der Gruppe Nord mit Hauptquartier in Kiel diente, scheint von der Bombardierung kleiner, meist norwegischer Einrichtungen auf Spitzbergen am 8. September 1943 nicht besonders beeindruckt gewesen zu sein. Dies hätte ebenso gut von ein paar Zerstörer durchgeführt werden können und stellte nicht mehr dar als eine Vorbereitungsfahrt, um die deutschen Schlachtschiffe für die wichtigere Aufgabe, den Angriff auf alliierte Geleitzüge bei ihrer Wiederaufnahme im Winter 1943–44, vorzubereiten. Schniewind und Schuster weisen auf einen der gravierenden Nachteile hin, mit denen die Deutschen zu kämpfen hatten.**

1943–44 machte sich der Mangel an Treibstoff sowohl bei den Überwasserschiffen wie bei der Luftwaffe schmerzlich bemerkbar. Die bereits schwache Luftunterstützung wurde wegen dieses Mangels nochmals reduziert, und es wurde unmöglich, Schiffe ständig zwischen verschiedenen Stützpunkten oder Fjorden hin- und herzuschicken und sie vor den zunehmenden Luftangriffen und anderen Angriffen zu schützen. Natürlich litten auch die Übungstätigkeiten der Kriegsmarine unter diesem Mangel. Operationen (z.B. Spitzbergen) wurden immer aufgeschoben, bis ein ausreichender Vorrat an Treibstoff vorhanden war, damit die Vorräte nicht zu sehr beansprucht wurden. Der Grund dafür war, dass diese für den Fall einer möglichen Unterbrechung des Seeverkehrs nach Norwegen (z.B. feindliche Landungen in Mittel- oder Südnorwegen) nie unter ein bestimmtes Maß fallen durften.

**Die Royal Navy war sich der Bedrohung, die von den deutschen schweren Schiffen, vor allem der TIRPITZ, ausging, nur zu bewusst. Schon die bloße Gefahr ihres Auslaufens hatte schon gereicht, um die verhängnisvolle Zerstreuung des Konvois PG 17 im Juli 1942 zu bewirken. Nur zwei Wochen nach der Spitzbergen-Operation drangen britische Kleinst-U-Boote, sogenannte X-Craft, in den Altafjord ein und machten das große Schlachtschiff seeuntüchtig, indem sie Sprengsätze unter ihrem Rumpf deponierten. Sie sank zwar nicht, doch war sie für einige Zeit außer Gefecht gesetzt. Als die Arktis-Geleitzüge im November 1943 ihre Fahrten wieder aufnahmen, konnten sie Fahrten in beide Richtungen machen, ohne vor Jahresende irgendein Schiff zu verlieren. Am 26. Dezember 1943 gelang es den Deutschen jedoch, die SCHARNHORST in einem Gefecht gegen den Konvoi JW 55B zum Einsatz zu bringen.**

**Dönitz:** Ein Unternehmen des Schlachtschiffes SCHARNHORST mit einer Zerstörergruppe im Dezember, die nach einem erfolgreich verschleierten Start mit Hinsicht auf die Dispositionen des Feindes und der Wetterbedingungen gute Aussichten zu haben schien, erwies sich als Fehlschlag, offenbar durch eine Fehleinschätzung der Lage vor Ort. Die SCHARNHORST wurde verloren. In diesen Gefechten wurde die Überlegenheit des feindlichen Radars sehr deutlich.

**Schniewind und Schuster:** Der Verlust resultierte aus dem Versagen unserer eigenen Aufklärung und der feindlichen Überlegenheit durch Radar und radargelenkter Artillerie. Angesichts der prekären Lage an der Ostfront war bewusst ein hohes Risiko eingegangen worden.

**Die Admirale hatten mit ihrer Einschätzung der radargesteuerten Artillerie der britischen Schiffe recht. Nachdem Kreuzer der Geleitsicherung sie zweimal vom Konvoi abgedrängt hatten, wurde die SCHARNHORST bei dem Versuch, sich zurückzuziehen von Kreuzern und Zerstörern bedrängt, bis sie von den Hauptkräften der britischen Geleitsicherung unter Führung des Schlachtschiffs DUKE OF YORK abgefangen wurde. Die SCHARNHORST versank schließlich unter einem Granatenhagel und nachdem sie von mehreren Torpedos getroffen worden war. Dönitz beendet seine Darstellung des Beitrags der großen deutschen Kriegsschiffe zum Handelskrieg.**

Das einzige verbliebene Schlachtschiff war nun die TIRPITZ, da die GNEISENAU während ihrer Überholung in Kiel so schwer von Bombentreffern beschädigt war, dass weitere Reparaturversuche angesichts der Umstände nicht mehr gerechtfertigt waren.

In Nordnorwegen war das Schlachtschiff TIRPITZ im Jahre 1944 oft Angriffsziel feindlicher Flugzeuge, die mit Riesenbomben (5,5 t) ausgerüstet waren und für diese Aufgabe extra ausgebildet waren. Im September 1944 gelang es dem Feind, einen schweren Treffer auf dem Vorschiff zu landen. Es schien kaum möglich, das Schiff zur Reparatur in die Heimat zu bringen, während es sinnvoll erschien, es als schwimmende Geschützbatterie in den norwegischen Fjorden einzusetzen. Der Oberbefehlshaber der Marine befahl ihr daher, sich zu einem anderen Ankerplatz zu verholen, der im Gegensatz zu dem früheren Liegeplatz im Altafjord eine so geringe Wassertiefe besaß, dass im Falle weitere Bombentreffer ein Kentern und damit ein totaler Ausfall nicht wahrscheinlich war. Ein anderer Grund für diese Verlegung war die Rücknahme der deutschen Front in Norwegen bis zur Lyngenstellung, der im Gefolge der finnischen Waffenruhe bereits begonnen hatte. Eine geeignete Position wurde nahe Tromsø gefunden. Kurz nach der Verlegung kam es zu einem neuen englischen Luftangriff. Zwei direkte Treffer und vier Fasttreffer führten wegen des weichen Untergrundes zum Kentern des Schiffes. Damit war das letzte Schlachtschiff der deutschen Kriegsmarine verloren.

Die Entsendung von Kreuzern nach Nordnorwegen wurde auch deshalb gestoppt, weil es nun eine Reihe operativer Aufgaben für diese Schiffe, die zuvor im wesentlichen für die Ausbildung neuer Soldaten verwendet worden waren, in der Ostsee gab. Eine Zerstörerflottille verblieb in den nördlichen Gewässern, deren Aufgabe darin bestand, gemeinsam mit den Streitkräften an der Küste die seewärtige Flanke des Rückzugs [der deutschen Armeen in Nordnorwegen] zu decken.

**Die Rolle der deutschen schweren Schiffe beim Angriff auf die Geleitzüge nach Nordrussland war bemerkenswert wirkungslos gewesen, wenn man nach der Zahl der zerstörten Schiffe und Güter geht. Vielleicht stellten sie im Rahmen einer größeren strategischen Perspektive durch ihre bloße Existenz eine ernsthafte Bedrohung dar, so dass Großbritannien (und in geringerem Ausmaß auch die Vereinigten Staaten) gezwungen gewesen waren, ihr durch den Einsatz von Schiffen und Flugzeugen zu begegnen, die sonst für den Einsatz im Mittelmeer, im Indischen Ozean und im Pazifik zur Verfügung gestanden hätten. Vielleicht hätten sich die Alliierten ohne die Bedrohung durch die großen Schiffe in der Lage gesehen, noch größere Mengen an Nachschub in die Sowjetunion zu transportieren. 1944 konnten jedoch Angriffe auf Geleitzüge nur noch von U-Booten und Flugzeugen ausgeführt werden. Es gab ausreichend Ziele. Mehr als 530 alliierte Handelsschiffe fuhren in Konvois auf der Arktisroute entweder ost- oder westwärts. Die deutsche Luftwaffe versenkte kein einziges davon, die U-Boote immerhin insgesamt sieben Schiffe. Dagegen versenkte die deutsche Luftwaffe im Jahr 1942 von insgesamt 434 Schiffen, die dem Risiko ausgesetzt waren, 36 Schiffe; die U-Boote 24 und Überwasserschiffe nur 3. Der Unter-**

schied im Jahr 1944 ergab sich aus Radar, besseren Informationen durch die Entschlüsselung von Signalen, verbesserter U-Boot-Abwehrwaffen und mehr Geleitschiffen, einschließlich des regelmäßigen Einsatzes von Geleitflugzeugträgern. Diese sicherten nicht nur die Handelsschiffe, sondern versenkten auch insgesamt 19 U-Boote, die versucht hatten, die Konvois anzugreifen. Der Angriff auf gut gesicherte Geleitzüge war im Grunde zu einem Kamikaze-Unternehmen für die gewöhnlichen U-Boote geworden. Für Großadmiral Dönitz und die gesamte deutsche U-Bootwaffe bestand die quälende Frage darin, ob die revolutionären neuen U-Boote, die getaucht mit hoher Geschwindigkeit angreifen konnten, rechtzeitig in Dienst gestellt werden konnten, um die Waage zu ihrem Vorteil zu neigen.

# 11

## Die Invasion und der lange Rückzug

Zu Lande setzten sich die deutschen Rückschläge in den ersten Monaten des Jahres 1944 fort. In Italien wurde schließlich die hartnäckige Verteidigung der Gustav-Linie sowie die Eindämmung des Anzio-Brückenkopfs überwunden, so dass die Alliierten nun im Mai auf Rom marschierten. In Russland waren die deutschen Truppen von Leningrad auf eine Front zurückgeworfen worden, die mehr oder weniger der Ostgrenze der ehemaligen baltischen Staaten Estland und Lettland entsprach, bevor sie sich nach Osten wandte, wo sich ein bedeutender deutscher Frontvorsprung befand, der die Stadt Witebsk in Weißrussland einschloss. Südlich davon wurden die Deutschen aus der Ukraine geworfen, und die Russen fingen an, ins östliche Polen und nördliche Rumänien einzudringen. Die Russen überrannten auch die ganze Krim mit Ausnahme des Marinestützpunkts Sewastopol, wo die Deutschen einer Belagerung standhielten. Unterdessen waren etwa 75 deutsche Divisionen in Westeuropa und Norwegen an keinerlei Kämpfen beteiligt. In seinem verzweifelten Bemühen, die Russen von den Grenzen des Reichs fernhalten zu wollen und sie an der Eroberung der Ölfelder von Ploiesti in Rumänien zu hindern, hätte das deutsche Oberkommando die Gelegenheit begrüßt, einige dieser »untätigen« Divisionen aus Frankreich und anderswo in die Schlacht zu werfen, doch diese wurden zurückgehalten, um der Gefahr eines anglo-amerikanischen Angriffs im Westen zu begegnen. Gewissermaßen lief dieser Angriff bereits, und zwar in Gestalt der rund um die Uhr geflogenen alliierten Bombenangriffe, doch jedermann wusste, dass eine Landung von der See her bald folgen würde; und die Eroberungen, die den Deutschen im Jahre 1940 so viele glänzende strategische Möglichkeiten eröffnet hatten, hinterließen ihnen nun eine sehr ausgedehnte Küstenlinie, die befestigt und verteidigt werden musste. Krancke, der als Oberbefehlshaber der Kriegsmarine West diente, beschreibt das Problem aus seiner Sicht.

Die alliierten Vorbereitungen für die Invasion waren insgesamt gut bekannt. Doch war bei diesen langen Küstenstreifen der Verteidiger im Nachteil, da er überall sein musste,

188

während der Angreifer sich auf ein einziges Gebiet konzentrieren konnte. Reservetruppen zur Abwehr mussten zentral stationiert werden, damit man sie schnell zu jeder möglichen Front schicken konnte, die angegriffen wurde.

Die Ausweitung der Verteidigungsstellungen (Westwall) war bereits 1942 angeordnet worden, war aber bei weitem noch nicht abgeschlossen. Im Winter 1943–44 wurde viel gebaut, doch an der Seine-Mündung, die vom Standpunkt des Seekrieges aus besonders gefährdet war, von der Wehrmacht aber als unwichtig angesehen wurde, war sehr wenig getan worden. Die Einrichtung von Abschussanlagen für Raketen südlich von Cherbourg und im Pas de Calais hatte die Baukapazität erschöpft, die gerade an dieser Stelle nötig war. Nur drei Küstenbatterien (1 x 21 cm, 2 x 15 cm) waren eingerichtet worden. Ansonsten war dieser Frontabschnitt der schwächste an der Ärmelkanalküste.

Die Wehrmacht erwartete die Landung östlich der Seine, an der Mündung der Somme; dieser Verdacht war maßgeblich für die Küstenverteidigung; die Marine konnte jedoch nur ihre Meinung sagen. Die Marine war im Wesentlichen auf die größeren Häfen konzentriert und besaß die taktische Aufsicht über die gesamten Küstenbatterien für die Seekriegführung, während die an Land kämpfende Wehrmacht auf sich gestellt operierte.

Es war dem Oberkommando und allen Stellen im Westen völlig klar, dass das Scheitern oder Glücken der Invasion den Ausgang des Krieges entscheiden würde. Alle verfügbaren Reserven des OKW (neu aufgestellte Truppen oder Ersatz, vor allem armierte Verbände) wurden nach Frankreich verlegt. Man hoffte, die Landung zurückschlagen zu können, um die so freigesetzten Truppen an die Ostfront schicken zu können, damit die Lage dort beeinflusst werden konnte. Die Marine verstärkte die Küstenverteidigungsanlagen durch das Auslegen von Minensperren sowie von Küstenminen.

**Heyes Aufsatz zeigt, dass die Sorgen des deutschen Oberkommandos über mögliche Invasionsplätze weit über die Kanalküste in Frankreich hinausgingen.**

Angesichts des ständig größer werdenden feindlichen Kriegspotentials, der Landung in Italien und des Vorrückens der Russen auf die ostdeutsche Grenze musste man mit Sicherheit von einer Invasion an der französischen Küste ausgehen. Bereits im Winter 1943 waren die Wahrscheinlichkeiten verschiedener Landepunkte diskutiert worden. Viele Experten, einschließlich der Wehrmacht, hielten eine Landung in Dänemark für möglich, entweder gleichzeitig oder als untergeordnete Operation. Ein Eindringen in Skagerrak und Kattegat sowie die Besetzung des angrenzenden Territoriums und vielleicht ein Bündnis mit Schweden wurden auch in Erwägung gezogen. In Norwegen schien die Gegend um Narvik und Trondheim besonders in Gefahr zu schweben. Nach Auffassung der Marine war eine Landung an der Westküste Dänemarks nur im Sommer möglich. Eine Landung im Kattegat, wo es mehrere Häfen gab, erschien technisch möglich. Eine Landung in Norwegen erschien strategisch eher nutzlos; ein Trittbrett an der Küste zu etablieren und unsere Seeverbindungen zu kappen war jederzeit möglich. Nach Meinung der Marine erlaubte die angloamerikanische See- und Luftüberlegenheit jede dieser Alternativen.

Die Marine glaubte jedoch, dass die Hauptgefahr einer Landung in Frankreich lag. Das Oberkommando hatte unter hohen Kosten den Atlantikwall bauen lassen, der die deutsche Verteidigung in der erwarteten Schlacht mit überlegenen feindlichen Truppen in entscheidender Weise unterstützen sollte. Man nahm an, dass die feindlichen Vorbereitungen gründlich und vollständig sein würden. Exakte Informationen darüber waren jedoch, so weit ich weiß, nicht verfügbar, und selbst Informationen aus verschiedenen anderen Quellen ergaben kein klares Bild. Das ungefähre Invasionsdatum war jedoch dennoch richtig eingeschätzt worden.

**Die Möglichkeit einer Invasion spielte auch eine große Rolle in den Entscheidungen von Dönitz als Oberbefehlshaber der deutschen Marine.**

Der entscheidende Moment dieser Kriegsphase war die Invasion Frankreichs durch unsere westlichen Feinde. Angesichts der allgemeinen Entwicklung der Kriegslage erwartete man sie im Frühjahr oder Sommer 1944. Exakte Informationen über das genaue Angriffsdatum standen nicht zur Verfügung. Von April an bestätigte die Luftaufklärung über der Südküste Englands, dass in den Gegenden von Portsmouth-Southampton-Isle of Wight und Plymouth-Dartmouth-Torquay verstärkte Vorbereitungen für den Angriff stattfanden. In den Häfen Südenglands einschließlich der Themseregion wurde nichts Bemerkenswertes beobachtet.

Die Führung der Marine hielt das Gebiet östlich der Cotentin-Halbinsel bis hin nach Boulogne für das wahrscheinlichste Landungsgebiet. Die Küste des Pas de Calais wurde als zweite Möglichkeit betrachtet, und zwar wegen der kurzen Entfernung zur englischen Küste, doch die Erfolgsaussichten des Feindes erschienen hier nur möglich, wenn es ihm gelingen sollte, bei seinem ersten Angriff einen funktionierenden Hafen einzunehmen. Andere mögliche Invasionspunkte wurden ebenfalls in Betracht gezogen; die meisten erhaltenen Berichte, die mögliche Invasionsplätze an fast allen europäischen Küsten vorhersagten, wurden den systematischen Versuchen des Feindes zugeschrieben, uns in die Irre zu führen.

In Bezug auf den Charakter der Invasionsvorbereitungen standen uns keine detaillierten Informationen zur Verfügung. Die Erfahrungen von Dieppe, Salerno und Nettuno erlaubten jedoch ein paar Schlussfolgerungen. Die sehr effizienten Typen der feindlichen Landungsboote waren gut bekannt. Die Luftaufklärung hatte eine Reihe von quadratischen Pontons in den südenglischen Häfen identifiziert. Man hielt sie für Teile von Landungsbrücken. Mit der Herstellung vorgefertigter Häfen hatten wir nicht gerechnet.

Vor allem wurden die Küstenverteidigungsanlagen zu Lande ausgebaut und verbessert, um der drohenden Invasion zu begegnen. Neue Typen von Strand- und Vorstrandhindernissen wurden überall in großer Zahl ausgelegt. Man war der Ansicht, dass es von ausschlaggebender Bedeutung sei, die Invasion direkt an den Stränden zurückzuschlagen. Entsprechende Kampfanweisungen wurden erteilt.

Angriffsmaßnahmen von Seestreitkräften gegen die Invasionsvorbereitungen waren von vornherein ausgeschlossen, weil es keine ausreichende Mittel gab. Das präventive Auslegen von Minen wurde, abgesehen von den bereits gelegten Minen, abgelehnt, weil dies unsere eigene Bewegungsfreiheit in den engen Küstengewässern, die noch unvermint waren, vorzeitig eingeschränkt hätte, und um zu verhindern, dass die beschränkte Zahl der mit neuen Zündern ausgestatteten Minen an den falschen Stellen ausgelegt wurden, während das Auslegen von Minen mit den alten Zündern, die vom Feind leicht geräumt werden konnte, keinen weiteren Nutzen mehr zu versprechen schien. Die neuen Zünder wurden bei »Auster«- und akustischen Minen eingesetzt, die als nicht zu räumen galten. Diese waren bisher in einzelnen Fällen nur mit der größten Vorsicht eingesetzt worden, um zu verhindern, dass sie den Feinden in die Hände fielen und dann von ihm nachgebaut wurden. Der Gebrauch dieser Minen durch den Feind in den flachen Gewässern der Ostsee hätte eine katastrophale Wirkung gehabt. Die Torpedo- und Schnellboote im Ärmelkanal wurden so stark wie möglich gemacht, Kleinst-U-Boote wurden bereitgehalten und U-Boot-Operationen im Ärmelkanal vorbereitet.

**Angesichts seiner persönlichen Hauptsorge, dem Ozeankrieg gegen die Handelsschifffahrt, hatte Dönitz bald nach seiner Ernennung zum Oberbefehlshaber der Kriegsmarine eine bemerkenswerte Voraussicht bewiesen, als er Ausrüstung für die Art von Küstenkriegführung in Auftrag gab, die man bei einer Invasion brauchen würde.**

Auf den europäischen Kriegsschauplätzen wurde die deutsche Wehrmacht überall in die Defensive gedrängt. Die ganze Lage hatte sich in einen Krieg zur Verteidigung der Festung Europa entwickelt. Die Verteidigungspflichten der Marine stiegen nun ebenfalls im gleichen Maße, obwohl der offensive U-Bootkrieg immer noch ihre vornehmste Aufgabe war. Um dies zu erleichtern, ließ der Oberbefehlshaber der Kriegsmarine einen neuen Schiffbauplan aufstellen und umsetzen. Dieser sah bei strikter Konzentration auf die wichtigen Typen eine deutliche Steigerung des Baus von Schnellbooten, Minenlegern und Minenräumbooten vor, da man davon ausging, dass der Bedarf solcher Küstenstreitkräfte enorm zunehmen werde, wenn sich der Feind den Grenzen Deutschlands näherte.

Aus denselben Gründen befahl der Oberbefehlshaber der Marine den Bau von Kleinfahrzeugen, deren Bau in großer Zahl sofort begann, als die nützlichsten Typen entwickelt worden waren. Die betreffenden Typen waren Ein-Mann-Torpedos, Langstreckentorpedos, die kleinsten Schnellboot-Typen und vor allem Kleinst-U-Boote mit zwei Torpedos und einer Zwei-Mann-Besatzung. In dieser Klasse gab es die sogenannten Meereskämpfer, die mit besonderen Tauchanzügen ausgerüstet waren und deren Pflicht darin bestand, schwimmende Sprengladungen zu geeigneten Zielen zu transportieren; sie sollten im Wesentlichen in engen Küstengewässern und Flüssen eingesetzt werden. Das Personal für diese Aufgaben wurde völlig von Freiwilligen gestellt, die sich aus allen Zweigen der Marine sowie der anderen Waffengattungen in großer Zahl meldeten. Diese Bereitschaft, sich freiwillig für bekanntermaßen gefährliche und einsame Aufgaben zu melden, war ein großartiger Beweis für den Geist, den Idealismus und die Liebe zur Tat in den Streitkräften.

Die Ausführung des Schiffsbauplanes und des Kleinfahrzeugprogramms wurde wie im Falle des U-Boot-Bauprogramms dem Minister für Rüstung und Kriegsproduktion [Speer] übertragen, der aufgrund seiner Verantwortung für alle Rohstoffe und das Rüstungsprogramm der anderen Teile der Streitkräfte in einer besseren Lage war als die Kriegsmarine, das zu erhalten, was für die extensiven neuen Pläne nötig war und durch sorgfältige Anpassung jede Störung auszuschalten. Diese Maßnahme rechtfertigte sich vollkommen selbst.

**Heye, der im April 1944 zum Befehlshaber der Kleinst-U-Boote und anderer Typen von Kleinkampfmitteln ernannt worden war, schreibt mit Begeisterung von deren Potential, hätte es ausreichend Zeit gegeben, sie systematisch zu entwickeln.**

Weil es unmöglich war, größere Schiffe zu bauen, und weil man sich im Klaren darüber war, dass der Feind bei einer Invasion die von uns besetzte Küste angreifen würde, wurden die Kleinkampfmittel geplant. Die italienischen und britischen Erfolge (z. B. gegen die TIRPITZ) waren ein Beispiel für die Wirkung, die zu erwarten war. Die Planung erstreckte sich auf verschiedene Modelle von Kleinst-U-Booten und Schnellbooten. Man hatte die Absicht, so viele dieser Fahrzeuge wie möglich in der kürzest möglichen Zeit herzustellen und in der Lage zu sein, ihre Besatzungen nach kurzer Ausbildung in den Einsatz zu schicken. Eine große Zahl dieser Fahrzeuge zeigten die Zeichen der Improvisation. Viele unserer Absichten – z. B. die ständige Umstellung auf verschiedene Waffentypen – mussten aufgegeben werden, weil unsere Industrie sie nicht mehr herstellen konnte. Trotz des Mangels an Erfahrung und der bei weitem noch nicht abgeschlossenen Versuche zwang die [Lage] dazu, die Kleinkampfmittel verschiedener Art einzusetzen. Versuche wurde im wahrsten Sinne des Wortes gegen den Feind durchgeführt. Der Personalbedarf konnte im Wesentlichen durch Freiwillige gedeckt werden, die wie die Kampfflieger die Möglichkeit erkannten, sich persönlich auszuzeichnen. Ich glaube, dass man mit der weiteren Entwicklung der Kleinkampfmittel besonders effektive Waffen für die Kriegführung in Küstennähe – bis zu 400 Meilen vom Land entfernt – hätte schaffen können. Die Verluste würden geringer als bei größeren Kampfmitteln sein. Diese von uns geplante Entwicklung steckte am Ende des Krieges erst in den Anfängen. Sehr wertvolle Kleinkampfmittel der unterschiedlichsten Typen hätten vielleicht im Herbst 1945 erwartet werden können, wenn die weitere Entwicklung ungestört verlaufen wäre.

**Als die alliierte Invasion unmittelbar bevorstand, war es den deutschen Streitkräften nicht wirklich gelungen, eine fachliche Einigung darüber zu erzielen, wo der Schlag am wahrscheinlichsten sein würde oder welche strategischen Dispositionen am wirkungsvollsten gegensteuern könnten.**

**Schniewind und Schuster:** Die Autoritäten waren entschieden der Meinung, dass der Feind großangelegte Landungsoperationen vorbereitete. Die wahrscheinlichsten Orte dafür waren wohl erstens das Gebiet zwischen den Mündungen der Seine und der Somme, sodann die belgisch-holländische Küste und Jütland (vielleicht mit einem Täuschungsangriff in Südnorwegen). Nach Meinung der Seekriegsleitung waren die Gebiete des mittleren und westlichen Ärmelkanals sowie Mittel- und Nordnorwegen nur von nachgeordneter Bedeutung.

In Bezug auf die begrenzte Reichweite der feindlichen Kampfflieger lag das wahrscheinlichste Gebiet für eine Landung zwischen der Seine und der Somme. Doch die Marine und die örtlichen Wehrmachtskommandos hatten schwere Meinungsverschiedenheiten darüber, wie eine wirkungsvolle Verteidigung organisiert werden sollte. Die Marine, die direkt für die Verteidigung der Küstengewässer zuständig war und zahlreiche Küstenbatterien für diesen Zweck zur Verfügung hatte, vertrat die Auffassung, dass das Hauptgewicht der Verteidigung auf die Verteidigungsanlagen direkt an der Küste gelegt werden sollte, um den Feind an seinem schwächsten Punkt (Ausschiffen und Landen) angreifen zu können, vorausgesetzt freilich, dass ihr ausreichende Kräfte in den am meisten bedrohten Gebieten zur Verfügung stehen würden. Die Wehrmacht zog es vor, starke Verbände weiter im Binnenland zu konzentrieren, um im Falle einer Landung das bedrohte Gebiet konzentrisch angreifen zu können. Diese Meinungsverschiedenheiten und Streitigkeiten, in denen die Auffassung der Marine schließlich aufgrund einer Entscheidung des Führers den Sieg davontrug, traten an allen Punkten entlang der bedrohten Küsten auf und dauerten an einigen Orten bis 1944. Ob die Entscheidung des Führers überall tatsächlich und in der vorteilhaftesten Weise umgesetzt wurde, ist den Autoren nicht bekannt, doch bezweifeln sie es sehr stark.

Diese Entscheidung wurde noch wichtiger als mit der immer stärker zunehmenden Luftaktivität des Feindes über den besetzten Ländern und mit der Zerstörung oder Beschädigung der Straßen und Eisenbahnlinien die Truppenbewegung immer schwieriger wurde. Und tatsächlich spielte diese Frage nach Auffassung der Autoren bei der Invasion Westfrankreichs im Jahre 1944 eine wichtige Rolle.

**Schulz:** Ich bin persönlich der Meinung, dass ein so wichtiges Gebiet wie die Seine-Bucht und vor allem die Ostküste der Normandie – die angesichts der normalerweise vorherrschenden Westwinde des Ärmelkanals die einzigen verfügbaren Küstenabschnitte waren – sehr viel besser durch zahlreiche Schnellfeuerküstenbatterien hätte verteidigt werden müssen. Die Fertigstellung der Küstenbatterien, die sich im Bau befanden, wurde jedoch, so hieß es, direkt oder indirekt durch die Luftaktivität des Feindes behindert. Der Bau vorgefertigter Häfen war für uns auf alle Fälle eine Überraschung, wie ich später erfuhr.

**Als Schulz 1945 diese Kritik verfasste, wusste er genau, wo die Alliierten tatsächlich ihre Landungen durchgeführt hatten. Ob er auch vor dem 6. Juni über eine solche Gewissheit verfügte, scheint sehr zweifelhaft. Schniewind und Schus-**

ter gestehen ihre eigene Überraschung ein, während Krancke offensichtlich glaubt, dass seine Verteidigungsanlagen mit etwas mehr Glück besser vorbereitet gewesen wären.

**Schniewind und Schuster:** Der Feind begann mit der Invasion im Westen an der Küste der Normandie. Dies war natürlich vorausgesehen worden, doch nicht an dieser Stelle. Die Wetterbedingungen und der Stand der Gezeiten während der Landungsoperationen waren nach Auffassung der Deutschen für den Feind ungünstig. Zeitpunkt und Ort der Landungsoperationen waren daher um so überraschender.

**Krancke:** Die Seine-Mündung sollte Mitte Juni vermint werden. Die Minen lagen Anfang Juni in Le Havre [bereit]. Ich wollte die Verteidigung der Seine-Mündung mit zahlreichen Seeminensperren verstärken. Vorbereitungen wurden getroffen und Befehle erteilt. Unglücklicherweise verzögerte sich der Transport der Minen mehr als vier Wochen aufgrund der Zerstörung der Eisenbahnlinien. Ende Mai kamen die Minen schließlich an, doch liefen die eingesetzten Minenleger auf Minen, während sie nach Le Havre fuhren und Schnellboot- und Luftgefechte stattfanden. Beschädigungen und der Verlust von zwei Booten waren die Folge, so dass das Minenlegen erst am 5. Juni beginnen konnte. Wegen der Wetterlage konnte es nicht stattfinden. Daher waren die Zufahrtswege zur Küste am Tag der Landung unvermint.

Die 38-cm-Batterie bei Le Havre war wegen erfolgreicher Luftangriffe nicht einsatzbereit. Die Batterie Marcouf war die einzige schwere Batterie an der Seine-Mündung.

Trotz der heroischen Anstrengungen unserer Seestreitkräfte, trotz der erbitterten Verteidigung an Land erzwang der Feind eine Landung durch eine kolossale Truppenkonzentration, mit Unterstützung von Luftlandetruppen, Bomber- und Kampffliegerangriffen sowie dem Einsatz von Schiffsbatterien aller Kaliber. Die Zuführung eigenen Ersatzes wurde durch die Luftaktivität verzögert. Innerhalb kurzer Zeit erlangte der Feind numerische Überlegenheit, [zusätzlich zur] Unterstützung durch die Luftwaffe und die Schiffsbatterien, vor allem bei den motorisierten Verbänden. Unsere ganzen eigenen Aktionen kamen zum Stillstand. Die Schlacht entwickelte sich zu unseren Ungunsten.

**Heye:** Nach dem Erfolg der Landung, die teilweise eine taktische Überraschung darstellte, erwartete man, so weit ich weiß, weitere Landungen an anderen Stellen. Aus diesem Grund wurden keine Truppen aus den benachbarten Küstengebieten, wo keine Landungen unternommen worden waren, in das Invasionsgebiet verlagert. Unsere Verteidigungslinie war daher sichtbar schwächer und aufgespalten.

**In starkem Gegensatz zu den chaotischen Improvisationen, auf welche die Deutschen bei der Planung ihrer eigenen Invasion über den Ärmelkanal greifen mussten, verfügten die Briten und Amerikaner 1945 über ein großes Spektrum besonderer Landungsboote, überwältigende Überlegenheit an Schiffen und Flugzeugen sowie über all jene Techniken, die aus den hart erkämpften Erfahrungen**

der früheren Landungsoperationen in Nordafrika, Sizilien, Salerno und Anzio gewonnen worden waren. Schulz, der bald nach den Landungen zum Chef der Nachrichtenabteilung der deutschen Admiralität ernannt wurde, offenbart einen wichtigen Aspekt der gesamten Invasionsmaschinerie.

Bei der fast unbeschränkten angloamerikanischen Luftüberlegenheit nicht nur im Invasionsgebiet, sondern auch über ganz Nordfrankreich, musste die weitere Entwicklung der militärischen Lage in Frankreich mit düsteren Vorahnungen betrachtet werden. Jede Truppenbewegung und ihre Versorgung war in den Tagesstunden fast unmöglich. Der Eisenbahnverkehr war auch so gut wie ausgeschaltet, so dass die Seestützpunkte entlang der ganzen Westküste unter einem äußerst ernsten Kohlenmangel litten, weil die Kohlengüterzüge nicht durchkamen. Das Flächenbombardement, das unsere Verteidigungsstellungen durchpflügte und das im Verein mit dem Geschützfeuer der Schiffe die Stellungen unserer Soldaten zerstörte, die für den Gegenangriff vorbereitet worden waren, hatte einen besonders negativen Effekt.

Es ist interessant, dass wir von der Wirkung der Geschütze der Invasionsflotte überrascht waren, sowohl von ihrer Vielfältigkeit als auch ihrer Genauigkeit, selbst auf weite Entfernung. Die Feuermethode der britischen Schiffsgeschütze, die entwickelt wurde, um die Armee bei der Invasion zu unterstützen, rechtfertigte sich vollständig und war zu einem großen Teil für den Erfolg verantwortlich.

Da wir im Zuge der Invasion eine Reihe von Dokumenten erbeuteten, die mit dieser Feuertechnik zu tun hatten, konnten wir sie übersetzen, zusammenstellen und den deutschen Überwasserstreitkräften so schnell wie möglich übermitteln. Diese leisteten später wertvolle Dienste, als unsere Überwasserstreitkräfte regelmäßig gezwungen waren, an Landkämpfen teilzunehmen, sowohl während der Evakuierungsoperationen in der Ostsee als auch zur Unterstützung der Wehrmacht.

**Innerhalb weniger Tage nach den ersten Landungen konnten die Alliierten einen existenzfähigen Brückenkopf etablieren und einen der vorgefertigten Mulberry-Häfen anlegen, über den noch mehr Soldaten und Nachschub an Land gebracht werden konnten. Die deutsche Kriegsmarine hatte keine Reservetruppen von der Art zur Verfügung, welche die Royal Navy in den Kampf geworfen hätte, wenn die deutsche Invasion Großbritanniens 1940 durchgeführt worden wäre. Dennoch erinnert sich Dönitz daran, dass die Aufforderung erging, den Versuch zu machen, den feindlichen Seeverkehr in die Normandie zu stören.**

Als es dem Feind trotz des Scheiterns an verschiedenen Punkten am 6. Juni gelang, einige Brückenköpfe zu etablieren und diese sofort auszuweiten und zu vereinigen, betrachtete das Oberkommando der Marine die Lage als außerordentlich ernst. Alle Kräfte wurden eingesetzt, um dem Feind Schwierigkeiten zu bereiten, und seinen Nachschub zu unterbrechen. [...] Die ersten U-Boote, die mit Schnorchel ausgestattet waren, waren zu Beginn der Invasion einsatzbereit und wurden zwischen der Isle of Wight und der Seine-Mündung eingesetzt. Sie operierten hier unter sehr schweren Bedingungen angesichts der starken Strömungen in flachen Gewässern und der starken Jagdflieger- und Radarüberwachung der See und in der Luft. Dennoch waren die Boote mit Schnorchel operationsfähig und die Verluste waren erträglich. Die U-Boote kehrten aus diesem Gebiet nach ungefähr drei Wochen in See zurück, ohne aufgetaucht zu sein; drei bis fünf Schiffe waren versenkt worden, ein Ergebnis, das selbst auf der Höhe des U-Bootkrieges im Jahre 1940 als gut betrachtet worden wäre. Die Operationen der U-Boote [...], der Torpedoboote und der Schnellboote mit Torpedos und Minen, der Langstreckentorpedos – und besonders der Ein-Mann-Torpedos – zusammen mit den machtvollen Operationen der Luftwaffe konnten unseres Wissens einigen Erfolg erzielen, konnten aber die Lage nicht ändern.

Bei einem Luftangriff auf Le Havre Mitte Juni, bei dem die Luftabwehr aufgrund eines Fehlers des örtlichen Luftwaffenkommandos nicht zum Einsatz kam, wurden drei Torpedoboote, zehn Schnellboote und eine ganze Reihe anderer Schiffe versenkt und die Stützpunktanlagen zerstört, so dass von Le Havre aus keine Einsätze mehr erfolgen konnten.

Der umfangreiche alliierte Schiffsverkehr, der den Ärmelkanal querte – manchmal auch in der Seine-Bucht ankerte – musste eine nennenswerte Zahl von Gefallenen hinnehmen, viele davon durch Minen, doch muss die Leistung der Schnorchel-U-Boote für Dönitz, trotz der Aussagen in seinem Aufsatz eher enttäuschend gewesen sein. Die Schnorchelausrüstung war erst vor zwei, drei Monaten eingebaut worden; sie war in der Praxis launisch; und die U-Bootkommandanten besaßen keine große Übung in ihrer Verwendung. In den zwei Monaten unmittelbar nach den D-Day-Landungen beliefen sich die Erfolge der U-Boote im Ärmelkanal auf fünf Marinebegleitschiffe und zwei Marinelandungsschiffe, aber nur vier alliierte Handelsschiffe – und drei davon waren kleiner als 2.500 BRT. Das war weit entfernt von den berauschenden Tagen von 1942, als Dönitz den »Tonnagekrieg« geführt hatte. Die Ein-Mann-Torpedos und andere Kleinkampfmittel konnten einigen Erfolg erzielen, am bemerkenswertesten war die schwere Beschädigung des polnischen Kreuzers DRAGON am 8. Juli, der total ausfiel. In der Nacht vom 2.–3. August wurden Kleinkampfmittel zu einem Massenangriff auf die Schifffahrt in der Seinebucht ausgeschickt. Sie versenkten einen kleinen britischen Zerstörer, einen Minenräumtrawler und ein Landungsboot, doch von 85 Ein-Mann-Torpedos vom Typ *Neger* gingen 41 verloren; von 32 *Linsen*-Sprengboote gingen 22 verloren. Die deutschen Anstrengungen im Seekrieg des Ärmelkanals waren tapfer und entschlossen, doch stellten sie wenig mehr als eine Geste der Unterstützung für die schwer bedrängten Soldaten in Frankreich dar. Schließlich erreichte die britische und amerikanische Rüstung ein solches Maß, dass die Alliierten aus den beschränkten Brückenköpfen ausbrechen konnten. Ende Juni hatten sie die gesamte Cotentin-Halbinsel überrannt und den wichtigen Hafen von Cherbourg eingenommen. Ende August waren sie bei Avranches durchgebrochen, hatten die Bretagne besetzt und in schnellem Tempo die Loire und die

Seine aufwärts Orleans und Paris erreicht. Landungsoperationen waren am 14. August auch im Süden Frankreichs durchgeführt worden. Da die Gefahr bestand, von schnell vorrückenden Panzerkolonnen eingeschlossen zu werden, zog sich die deutsche Wehrmacht überstürzt aus Frankreich zurück. Mitte September hatten die Deutschen Ostende, Antwerpen, Brüssel und Liège in Belgien aufgegeben, und die amerikanische Front lag auf der gesamten Länge der deutschen Grenze zu Belgien und Luxemburg. Als damaliger Oberbefehlshaber der deutschen Marine konnte Dönitz die Konsequenzen dieses Rückzugs für die Kriegsmarine sehr klar erkennen.

Als der Feind sich im Landkampf bis nördlich der Seine vorgekämpft hatte, konnten Langstreckentorpedos nicht mehr eingesetzt werden, während die Ein-Mann-Torpedos die Seinebucht nur mit Schwierigkeiten erreichen konnten. Die Möglichkeiten, den feindlichen Nachschub anzugreifen, gingen daher rapide zurück.

Die voreilige Kapitalution Cherbourgs durch das örtliche Wehrmachtskommando wurde von der Seekriegsleitung wie vom Oberkommando als schwerer Fehler betrachtet. Nachdem die Stadt und ihre Befestigungsanlagen gefallen waren, konnte der heldenhafte Widerstand des kommandierenden Marineoffiziers an der äußeren Mole den endgültigen Verlust des Hafens nur noch kurz aufschieben. Infolgedessen fiel der erste funktionierende Hafen dem Feind vorzeitig in die Hände. Die Beschädigung der Hafenanlagen konnte die voll Funktionstüchtigkeit des Hafens noch eine gewisse Zeit aufschieben, aber langfristig nicht verhindern.

Als es den amerikanischen Truppen im August 1944 gelang, bei Avranches durchzubrechen, hatte Deutschland Frankreich verloren. Die Garnisonen der Hafenfestungen an den West- und Südküsten Frankreichs wurden stärker befestigt; ihre Verteidiger erhielten den Befehl, den Feinden die Nutzung dieser Häfen so lange wie möglich zu verwehren. Dies gelang im Falle der westlichen Häfen und der Kanalinseln bis zum Ende des Krieges, mit Ausnahme der Befestigungsanlagen an der Mündung der Gironde, die kurz vorher fiel. Andererseits gingen die Häfen in Südfrankreich, wo unterdessen eine zweite erfolgreiche Landungsoperation im Gebiet der Seealpen unternommen wurde, bereits früh verloren. Die U-Boote wurden aus den französischen Häfen abgezogen, die verbleibenden Schiffe der Marine blieben zur Unterstützung der Verteidigung vor Ort. Das Personal, das nicht für die Verteidigung benötigt wurde, wurde über Land im Zuge des Rückzugs der Wehrmacht zurückgebracht, und die Mehrheit erreichte deutschen Boden, nachdem an sie an schweren Landkämpfen teilgenommen hatten.

Nachdem es sich als unmöglich herausstellte, aus dem Rückzug eine Verteidigungslinie an der Seine aufzubauen, schritt der rasche Vormarsch der Feinde bis an den Rand der Vogesen und zur deutschen Grenze voran. Der Verlust Antwerpens mit seinen unbeschädigten Hafenanlagen durch einen Überraschungsvorstoß des Feindes nach Norden wurde als strategischer Rückschlag mit ernsten Folgen angesehen. So hatte der Feind nach der Räumung der Minenfelder in der Schelde, die die Operationen natürlich nur für kurze Zeit behindern konnten, in Frontnähe einen funktionierenden Hafen, der für seine weiteren Operationen höchst nützlich sein würde.

Der Verlust Frankreichs war für den Seekrieg ein Rückschlag von größter Bedeutung. Alle strategischen Vorteile, die aus dem Besitz der Biskaya-Häfen erwuchsen, gingen mit einem Schlag verloren. Die U-Boote mussten sich auf die norwegischen und heimatlichen Stützpunkte zurückziehen. Die lange Überfahrt verschlang einen überproportional großen Teil der Lebensdauer der Boote und musste, wie vorher erwähnt, getaucht erfolgen.

**Andere deutsche Admirale kommentieren Aspekte des Rückzugs, die ihnen wichtig erscheinen.**

**Schniewind und Schuster:** Die feindliche Luftwaffe spielte bei diesen Verteidigungsschlachten eine entscheidende Rolle. Schon vor der Invasion war es ihr fast vollständig gelungen, die Transportinfrastruktur in Nordwestfrankreich zum Erliegen zu bringen, wodurch sie schnelle Truppenbewegungen in die bedrohten Gebiete fast unmöglich machte.

**Krancke:** Nachdem die Cotentin-Halbinsel abgeschnitten worden war und nach dem Durchbruch bei Avranches war die Lage genau das Gegenteil vom Westfeldzug 1940. Die Evakuierung der Truppen an der Biskaya war nur teilweise möglich. Die Marinestützpunkte, die viele Unterseeboote zur Reparatur in den Bunkern hatten, mussten gehalten werden. Mit Ausnahme Brests, das nach wochenlangen Gefechten und enormen feindlichen Verlusten fiel, wurden die anderen »westlichen Festungen« gehalten. Kein einziges U-Boot fiel in die Hände des Feindes; allen gelang es, wieder in See zu stechen, nachdem die Reparaturen abgeschlossen waren.

Im Ärmelkanal konnte die Marine, indem sie alle verfügbaren Waffen gegen die Nachschublinien einsetzte, einige Erfolge erzielen, konnte aber die Lage insgesamt nicht verändern.

Die alliierte Landung in Südfrankreich konnte nur erfolgreich verlaufen, nachdem mehrere Divisionen in die Normandie verlegt worden waren. Der Süden Frankreichs musste auch evakuiert werden. Ich schreibe die Katastrophe der deutschen Wehrmacht im Westen der Zerstörung der Eisenbahnlinien, dem Mangel an Lastwagen und dem Mangel an Treibstoff zu. Unsere eigene Luftwaffe trat kaum in Erscheinung. Die Wehrmacht hatte keine Versorgung und war bewegungsunfähig; Leitung über Funk war nur in eingeschränktem Maße möglich; und der Straßenverkehr litt unter den ständigen Angriffen durch Kampfbomber. So konnten die erneuten Zangenoperationen bis zur Einnahme Antwerpens erfolgreich sein.

Die französische Widerstandsbewegung hatte meiner Meinung nach keinen nennenswerten Anteil am alliierten Sieg. Vielleicht aber gab Frankreich dem Feind nützliche Hilfe durch den Dienst von Agenten und Spionen.

Die besiegte deutsche Wehrmacht konnte nicht noch einmal abgefangen werden, bevor sie den Westwall erreicht hatte. Die Niederlage im Westen hatten zu [...] den schwersten Verlusten an Material und Personal geführt. Nur 120.000 Mann verblieben in den westlichen Befestigungsanlagen und die deutsche Grenze war unmittelbar bedroht. Ganz Frankreich und Belgien standen der überlegenen feindlichen Luftwaffe als Stützpunkt zur Verfügung. Der Glaube des Soldaten an ein siegreiches Ende des Krieges war erschüttert, da die eigene Luftwaffe überhaupt nicht mehr in Erscheinung trat. Das Oberkommando hoffte immer noch auf neu gebildete, gut ausgerüstete Divisionen, auf die neuen Waffen, die vorbereitet würden, und darauf, dass der letzte Mann in die Schlacht geworfen würde, um die Stellung zurückzugewinnen.

**Heye:** Wegen des Mangels an Reserven mussten wir uns [...] bis zum Rhein zurückziehen. Während dieses Rückzugs traten Zeichen der Auflösung und des Mangels an Führung unter den Truppen vermehrt in Erscheinung. Nicht nur die Fronttruppen, sondern auch die Soldaten der Verbindungslinien verließen das zuvor besetzte Gebiet. An der Grenze mussten die sich zurückziehenden Truppen mit rigorosen Maßnahmen neu organisiert werden. Alle verfügbaren Kapazitäten der Marine, einschließlich der Kleinkampfmittel, wurden auf das Operationsgebiet des Ärmelkanals konzentriert, um den heftigen Kämpfen an Land Entlastung zu bieten.

**Während die Briten und Amerikaner im Sommer 1944 den deutschen Armeen in Westeuropa diese schweren Niederlagen zufügten, waren alliierte Truppen in Italien bis Florenz und Rimini vorgedrungen, und die Russen hatten ebenfalls weitreichende Geländegewinne gemacht. Obwohl es den Deutschen immer noch gelang, die Küstenebene der Ostsee von Estland bis nach Ostpreußen zu kontrollieren, waren die Russen bis September 1944 in der Mitte nach Polen bis zur Weichsel gegenüber Warschau vorgedrungen sowie bis zu den Karpaten auf der Vorkriegsgrenze zur Tschechoslowakei. Die russischen Armeen strömten massenweise in den Balkan und überrannten Rumänien und Bulgarien. Beide Länder ließen Deutschland im Stich und schlossen einen Separatfrieden, so wie Finnland im hohen Norden, während Ungarn nur durch die große Zahl deutscher Truppen im Land an demselben Schritt gehindert wurde. Da sie befürchteten, abgeschnitten zu werden, begannen die Deutschen mit dem Rückzug aus Griechenland, den griechischen Inseln und Südjugoslawien. Am 4. Oktober begannen britische Truppen mit der Landung in Griechenland. Schulz, der bis Mai 1944 als Seekommandant Krim gedient hatte, schreibt über den endgültigen Verlust der gesamten Schwarzmeerküste.**

Bei der Evakuierung der Krim im April–Mai 1944 [unternahmen wir] den Transport der deutsch-rumänischen Truppen von Sewastopol nach Konstanza. Die Ausführung dieser schwierigen Evakuierungsoperation nach Plan wurde unglücklicherweise durch einen Befehl von ganz oben unterbrochen, der am 25. April eintraf, als die Evakuierung in vollem Gange war und dem gemäß die Verteidigung Sewastopols fortgeführt werden sollte. Dadurch gewann der Feind Zeit, sich in solcher Stärke aufzustellen, dass er mit seiner weit überlegenen Zahl unsere Hauptlinie zwischen den Lapun-Höhen und Balaklava durchbrechen konnte, womit er uns zu einer übereilten Evakuierung der restlichen Festung innerhalb von vier Tagen zwang, die angesichts der Länge der Überfahrt nach Konstanza (ungefähr 140 Meilen), der begrenzten Menge an Schiffen, die zu diesem Zweck eingezogen werden mussten, die Auswirkungen des feindlichen Geschützfeuers an den Verladestellen sowie die Tätigkeit der russischen Kampfbomber und Bomberformationen, die in keiner Weise von deutschen Flugzeugen behindert wurden, nur mit beträchtlichen Verlusten durchgeführt werden konnte. Von den 41.000 Mann, die in diesen letzten Tagen eingeschifft wurden, fand ein gutes Viertel den Tod auf See, praktisch alle größeren Handelsschiffe im Einsatz wurden versenkt oder torpediert, und 13.000 bis 15.000 Mann müssen in der Festung zurückgeblieben sein. Unsere Transporterfolge wurden nur durch die äußerste Anstrengung und das äußerst tapfere Handeln der beteiligten Seestreitkräfte erreicht. Insbesondere taten sich die kleinen Landungsbootflottillen in nicht genug zu lobender Weise hervor.

Es sollte auch erwähnt werden, dass die Königlich Rumänischen Seestreitkräfte wie ihre deutschen Kameraden voll beteiligt waren und ihren Wert bewiesen – eine Tatsache, die von Deutschland durch die Verleihung des Ritterkreuzes an den rumänischen Oberbefehlshaber, Konteradmiral Marcelarin, gewürdigt wurde.

Die Auswirkung des Verlustes der Ukraine und des rumänischen Öls auf die deutsche Widerstandskraft kann von Fachleuten dieses Themas besser als von mir beschrieben werden.

Persönlich bedauere ich den Bruch mit Rumänien und die folgenden Ereignisse, da ich infolge der engen Zusammenarbeit mit Kollegen der rumänischen Kriegsmarine und Armee die rumänischen Streitkräfte zu schätzen gelernt hatte und ein herzlicher Freund Rumäniens geworden war.

**Der merkwürdige Mangel an Aktivität der russischen Schwarzmeerflotte in den letzten Kriegsphasen in diesem Meer war für Dönitz zweifellos eine angenehme Überraschung.**

Als im Februar–März 1944 die Landverbindungen mit der Krim durch den russischen Vormarsch in der Ukraine durchtrennt wurden, hatte die Marine die Aufgabe, die Krim über See zu versorgen. Dies wurde bis zum Schluss erfolgreich durchgeführt. Selbst hier war die Tätigkeit der russischen Schwarzmeerflotte im Vergleich zu ihrer Größe bemerkenswert gering. Bei der Evakuierung der Krim im Juni, die in der Folge des Durchbruchs der Russen an unserer Landfront an der Landenge von Perekop und der erfolglosen Verteidigung Sewastopols gegen die vorrückenden russischen Truppen notwendig wurde, traten die russischen Seestreitkräfte auch wieder nur in geringer Zahl auf. Es gab jedoch schwere Verluste durch die russische Luftwaffe und Artilleriefeuer an der vorrückenden Landfront.

**Die deutschen Admirale erkannten, dass der Verlust so großer Gebiete im Osten wie im Westen große Auswirkungen auf die deutsche Kriegswirtschaft haben musste.**

**Schniewind und Schuster:** Natürlich hatte es eine außerordentliche Wirkung, dass wir alle diese Länder mit ihren äußerst wertvollen wirtschaftlichen Ressourcen sowie ihren

Fabriken und Rohstofflagern aufgeben mussten, die bis zu diesem Zeitpunkt bei voller Auslastung zur Stärkung der deutschen Rüstung und Sicherstellung der Lebensmittelversorgung gearbeitet hatten. Wie groß der Effekt in einzelnen Fällen war und inwieweit – ausgedrückt in Produktionsziffern – die Produktion von Waffen, Munition, Lebensmitteln und anderen Gütern gefährdet war, ist den Autoren nicht bekannt. Im Rückblick kann man jedoch den Einschätzungen hochrangiger Frontoffiziere entnehmen, dass sie einen entscheidenden Einfluss hatten. Verstärkungen für die Front in Form von Soldaten, Waffen und Munition verringerten sich ständig, und der Einfluss einzelner Ursachen wuchs und vervielfältigte sich [wegen] des Verlusts der Fabriken in den evakuierten Gebieten, des Verlustes von Rohstoffen, der Zerstörung der Versorgungslinien und der Beschädigung von Produktionszentren in der Heimat.

Die Folgen lassen sich z. B. an der Unzulänglichkeit der Verteidigung durch die Luftwaffe erkennen, die sich nicht nur an der ungenügenden Produktion zeigte, sondern auch in der Stärke und Anzahl der operativen Verbände und am Treibstoffmangel. Man kann daher schlussfolgern, dass ohne seine enorme Luftüberlegenheit weder die ständig wachsenden Schäden in der deutschen Industrie noch die Invasion noch die Landoperationen in der Weise möglich gewesen wären, wie sie stattfanden.

**Dönitz:** Der Verlust des rumänischen Ölgebietes reduzierte den bereits kleinen Treibstoffvorrat der deutschen Streitkräfte und führte bei der Kriegsmarine zu einer starken Einschränkung des Verbrauchs. Der für den U-Bootkrieg notwendige Treibstoff wurde jedoch nicht reduziert.

**Heye:** Der Verlust der Ukraine musste wirtschaftliche Auswirkungen haben, wenn auch nicht sofort. Die Evakuierung fand so schnell statt, dass große Vorräte an Getreide nicht mit zurück transportiert werden konnten. Schweres Gerät ging ebenfalls verloren, wie auch überall auf dem Rückzug aus Russland, und zwar wegen des Mangels an schweren Transportfahrzeugen, schlechten Straßen und starker Partisanentätigkeit. Der Mangel an vorbereiteten Sammelpunkten und Reserven wurde spürbar. Der Zusammenbruch Rumäniens beendete die Tätigkeit der deutschen Marine im Schwarzen Meer. Es wurde versucht, die Krim als Stützpunkt zu halten. Der Durchbruch bei Perekop zerstörte auch diesen Plan. Der Verlust des rumänischen Öls hätte schon für sich innerhalb kurzer Zeit einen entscheidenden Einfluss gehabt. Bis jetzt war das rumänische Öl vor allem von unseren Verbündeten verwendet worden, vor allem von Italien, und für die Feldzüge in Europa. Die Rumänen hatten bei den Lieferungen jedoch beträchtliche Schwierigkeiten gemacht, die mit den Zahlungsmodalitäten gegenüber Rumänien zusammenhingen. Deutschland hatte beträchtliche Schulden, wie fast überall in den verbündeten Achsenländern, da alles, was dorthin geliefert wurde, bezahlt werden musste. Der Zusammenbruch Rumäniens brachte auch den Verlust unseres bisherigen Stützpunktes in Bulgarien.

**Der Herbst 1944 stellte für die Deutschen einen deprimierenden Gegensatz zu den Aussichten von vor zwei Jahren dar. 1942 konnten sie durchaus glauben, dass ihre scheinbar unaufhaltbaren Armeen bei Stalingrad und im ölreichen Kau-**

kasus einen entscheidenden Sieg über Russland erringen würden; in Ägypten schien es, als seien sie kurz davor, Großbritanniens Kontrolle über Suez und dem gesamten Nahen Osten brechen zu können; und auf den Seestraßen der Weltmeere versenkten die Achsenmächte alliierte und neutrale Handelsschiffe mit einer durchschnittlichen Rate von drei Vierteln von einer Million Tonnen pro Monat. Zwei Jahre später mussten sie darum kämpfen, feindliche Armeen von den Grenzen des Vaterlandes fernzuhalten, während zur See die Versenkungen sich im Durchschnitt auf 70.000 Tonnen pro Monat beliefen. Damit konnte man keinen »Tonnagekrieg« gewinnen, wenn allein die amerikanischen Schiffswerften in den Jahren 1943 und 1944 eine Million Tonnen neuer Schiffe pro Monat herstellten. Es wäre nicht weiter überraschend gewesen, wenn sich damals in Deutschland eine Gruppe entschlossener Militärs und Politiker gefunden hätte, die entschlossen war, Hitler abzusetzen und einen Frieden auszuhandeln, so wie sich die Italiener 1943 selbst von Mussolini befreit hatten. Eine solche Bewegung hatte sich in Deutschland schon seit einiger Zeit angebahnt, vor allem unter hochrangigen Offizieren der Wehrmacht, die Hitler die Schuld am Verpfuschen des Russlandfeldzuges gaben. Nach der alliierten Invasion der Normandie dachten sie, ihre Zeit sei gekommen. Am 20. Juli 1944 hatten sie einen erfolglosen Versuch gemacht, Hitler und seine führenden Anhänger während einer normalen Stabsitzung durch die Explosion einer Bombe unter dem Tisch auszuradieren. Das Scheitern dieser Verschwörung – und die folgende Verfolgung und Hinrichtung verschiedener Feldmarschälle, Generale, Obersten, Politiker, Aristokraten und Theologen, die mit ihr in Verbindung standen – schreckte andere zweifellos davon ab, ihre Meinung zum Ausdruck zu bringen, dass es Zeit für einen Regierungswechsel und eine Friedensinitiative sei. Viele Deutsche hatten das Gefühl, dass sie keine Wahl hatten und weiterkämpfen mussten.

# 12

# Festung Deutschland und die bedingungslose Kapitulation

Im Rückblick auf den Herbst und Winter 1944 versuchen die deutschen Admirale zu erklären, warum Deutschland sich dazu entschloss weiterzukämpfen, obwohl eine rationale Lageeinschätzung der desolaten militärischen Lage Deutschlands zu dem Schluss hätte gelangen müssen, dass es keine realistische Hoffnung auf einen Sieg mehr gab.

**Dönitz:** Die Kriegslage war im Herbst 1944 an allen Schauplätzen und an allen Fronten äußerst ernst. Nachdem wir den größten Teil der zuvor von uns besetzten Gebiete im Westen, Süden und Osten verloren hatten, war die Festung Europa zu einer Festung Deutschland geschrumpft, mit Ausnahme Norwegens, Dänemarks und Hollands, die noch immer fest in unserer Hand waren.

**Heye:** Vom Herbst 1944 an war klar, dass es jetzt nur noch eine Frage des Kampfes um Deutschland selbst war. Die Hoffnungen breiter Kreise in den Streitkräften und der Zivilbevölkerung wurden durch den Glauben an neue Waffen aufrechterhalten, und die große Zahl der noch verfügbaren Soldaten ließ ihren Widerstand nicht erlahmen. Alle Maßnahmen gegen defätistisches Gerede wurden zudem natürlich auf ein ungewöhnliches Maß erhöht, wie es bereits nach dem 20. Juli geschehen war.

Die Invasion und die russischen Erfolge wurden oft so dargestellt, als sei Verrat vor allem auf Seiten des Offizierskorps im Spiel. Ob diese Propaganda von den Deutschen oder der anderen Seite stammte, kann ich nicht beurteilen. Die innere Überwachung nahm in außerordentlicher Weise zu.

Die Hoffnungen intelligenter Militärkreise beruhten einzig und allein auf der Möglichkeit einer politischen Beendigung des Krieges. Die weit verbreitete Unkenntnis der politischen Lage und irgendwelcher Verhandlungen, die es sogar unter den höchsten Stellen gab, verhinderten jede stärkere Opposition gegen die Maßnahmen der Regierung. Niemand wollte z. B. dafür verantwortlich sein, durch übereilte Maßnahmen bereits im Gang befindliche Verhandlungen zu stören.

Unsere Propaganda hatte bis zuletzt eine starke positive und suggestive Prägung. Schließlich dachte und glaubte ein großer Teil des Volkes, vor allem die Jugend und die jungen Soldaten, es gebe die Möglichkeit eines besseren Ergebnisses. Andere Kreise wurden stark durch den Gedanken beeinflusst, dass das furchtbare Schicksal einer Weiterführung des Kampfes und vor allem der Luftangriffe besser sei als eine bedingungslose Kapitulation, die nicht nur das Ende des Nationalsozialismus, sondern auch des ganzen deutschen Volkes bedeuten würde.

Die Endschlachten im Osten und Westen können wirklich nur als verzweifelte Kämpfe zur Erhaltung der Grenzen angesehen werden, die noch bis zu einem gewissen Grade mit unseren allerletzten Kräften gehalten werden konnten. Soldaten und Zivilisten wollten trotz der Ereignisse, die sie überwältigten, im Wesentlichen ihre Pflicht erfüllen, und sie wurden von einer nach wie vor zuversichtlichen Propaganda sowie der Hoffnung auf eine bessere Lösung als man sich logischerweise nach Lage der Dinge erwarten konnte, angetrieben.

**Krancke:** Die Niederlage im Westen hatte etwa … die schwersten Verluste an Menschen und Material gebracht. In den Verteidigungsstellungen im Westen blieben nur 120.000 Mann zurück, und die deutsche Grenze war direkt bedroht. Ganz Frankreich und Belgien standen der überlegenen feindlichen Luftwaffe als Stützpunkte zur Verfügung. Der Glaube des Soldaten an ein siegreiches Ende des Krieges war erschüttert, weil seine eigene Luftwaffe so komplett ausfiel. Das Oberkommando hoffte noch immer auf neuformierte und gut ausgerüstete Divisionen, auf die neuen Waffen, die in Vorbereitung waren und schließlich auf Männer für die Schlacht, um die Lage wieder zu stabilisieren.

Wenn nicht politische Umstände eintrafen, die die Lage vollständig änderten, war ein Sieg nicht länger möglich.

Das ständig wiederholte Ziel der Alliierten, nicht nur das deutsche Reich, sondern auch das deutsche Volk zu zerstören, ebenso der bodenlose Hass, der in ihrer Presse und Rundfunk gegen uns gerichtet war und die Bestimmungen der bedingungslosen Kapitulation, die in der Charta von Casablanca festgelegt waren, machten es für das Oberkommando und das deutsche Volk unmöglich, den Kampf aufzugeben bevor er hoffnungslos wurde.

Die letzte Kriegsphase glich einer verzweifelten Verteidigungsschlacht. Die Erklärung dafür, dass es moralisch und physisch möglich war, den Kampf trotz der verheerenden feindlichen Luftaktivität, die wir nur beobachten konnten, so lange fortzusetzen, kann durch den Glauben des deutschen Volkes an die Gerechtigkeit der eigenen Sache erklärt werden, durch die Tatsache, dass sie immer noch an das Oberkommando glaubten und die Folgen einer Niederlage fürchteten.

**Dönitz:** Im Osten und im Westen standen die gegnerischen Armeen an den Grenzen des Reiches oder hatten sie an einzelnen Stellen bereits überschritten. Die ständig zunehmende Luftoffensive der Westmächte gegen die deutsche Heimat hatte die Industrie- und Wirtschaftsressourcen bereits stark reduziert, sowohl durch direkte Zerstörung und die Vernichtung der Verkehrswege, und bedrohte sie in immer stärkerem Maße. Die deutsche Luftwaffe hatte es mit den verfügbaren Flugzeugtypen nicht geschafft, sie zum Stehen zu bringen. Daher erschienen die Aussichten Deutschlands auf eine erfolgreiche Beendigung des Krieges äußerst gering.

Jeder Gedanke an eine frühere Beendigung des Krieges wurde jedoch durch unsere Feinde zunichte gemacht. Führende Persönlichkeiten der Gegenseite erklärten wiederholt, dass nur eine bedingungslose Kapitulation Deutschlands akzeptabel sei. Die Feindpropaganda malte ein düsteres Bild der beabsichtigten Behandlung Deutschlands nach der Niederlage. Aus diesem Grund hatten unsere Führer keine Alternative zur Aufrechterhaltung des Widerstandes, und zwar so lang wie möglich, um jede mögliche Gelegenheit auszunutzen, das deutsche Volk [vor] dem Schicksal zu retten, das durch die feindliche Presse in so schrecklichen Farben gemalt wurde.

Das deutsche Volk selbst war durch die ständigen Luftangriffe und die zahlreichen Einschränkungen ihres Alltagslebens hier und da etwas müde geworden, doch zum größten Teil hielten sie zuverlässig und mit bewundernswerter Entschlossenheit an ihren Aufgaben fest. Die Terrorluftangriffe auf offene Städte ohne militärische oder gar industrielle Bedeutung brachten Schrecken und Elend für alle, was bei der wehrlosen Bevölkerung aus Frauen, Kindern und alten Menschen vor Ort eher eine Stärkung des inneren Widerstandswillens bewirkte als das Gegenteil. Männer und Frauen taten verbissen und trotzig ihre Arbeit weiter und wandten eine unglaubliche Tatkraft auf den Wiederaufbau ihrer Arbeitsplätze, damit diese weiter produzieren konnten.

**Schniewind und Schuster:** Die Mehrheit des deutschen Volkes vertraute dem Oberkommando und hoffte immer noch auf ein Ende des Krieges, der, wenn auch kein Sieg, so doch auch keine vollständige Niederlage sein würde. Die Hoffnungen – die auf den Wirkungen der neuen Waffen (V-Waffen) basierten, auf der Wiederaufnahme des U-Bootkrieges mit neuen Typen, auf die Aufstellung neuer Armeeverbände (Volks-Grenadierdivisionen) und die Verstärkung der SS-Verbände etc. – spielten eine wichtige Rolle für diese Haltung. Man hoffte, dass der Feind wenigstens bereit sein würde, mit einem Verhandlungsfrieden einen Kompromiss einzugehen, nachdem diese neuen Verteidigungs- und Angriffswaffen zum Einsatz gebracht worden waren.

**Meyer:** Nach der erfolgreichen Invasion in der Normandie, dem Verlust ganz Frankreichs, den furchtbaren Verlusten im Osten im Sommer 1944 und den heftigen Luftangriffen hatte ein großer und wichtiger Teil der deutschen Meinung kaum irgendeine Hoffnung, dass der Krieg noch gewonnen werden könnte. Hitler glaubte jedoch immer noch, dass er das Schicksal wenden könnte.

**Vielleicht kämpften viele Deutsche aus einem unerschütterlichen Patriotismus heraus weiter, der sich weigerte, die alliierte Forderung nach einer bedingungslosen Kapitulation anzuerkennen; vielleicht kämpften einige der besser informierten Leute weiter aus Furcht vor den Repressalien, die das unterdrückerische Naziregime immer noch gegen jene einsetzen konnte, deren Worte oder Taten als**

defätistisch eingeschätzt wurden; vielleicht hofften einige immer noch auf eine politische und diplomatische Lösung in letzter Minute, die der Führer auf geschickte Weise herbeiführen werde, der die Amerikaner und Briten davon überzeugen würde, dass ein totaler Sieg über Deutschland die Entrichtung eines zu hohen Preises bedeutete, wenn dadurch ganz Ost- und Südosteuropa dem russischen Kommunismus in die Hände fiel. Was den Einfluss der Propaganda betrifft, so wurde der Optimismus durch den Mythos am Leben gehalten, dass Hitler an einem großen Gesamtplan arbeitete, der immer noch den Sieg würde bringen können, wenn das deutsche Volk standhaft genug sei, seines Genies wert zu sein, und dass neue und mächtige Waffen in Kürze zum Einsatz gebracht würden, die das Kräftegleichgewicht entscheidend zugunsten der deutschen Streitkräfte beeinflussen würden. Heye zeigt, dass das deutsche Volk selbst noch unter dem Eindruck der alliierten Luftangriffe glauben konnte, dass neue Waffen in der Lage sein würden, die Bomber in Schach zu halten.

Die alliierten Luftangriffe auf deutsche Industrieanlagen und Verbindungslinien nahmen immer mehr zu. Angefangen mit dem Großangriff auf Hamburg, bei dem eine Vielzahl von Zivilisten ihr Leben verloren, wurden die Wirkungen dieser Angriffe deutlich. Sie führten nicht nur zur Zerstörung wertvoller Industrien, sondern auch zur Verringerung der Produktion durch den Verlust von Gebäuden und Arbeitern. Diese stark zunehmende Luftaktivität hatte natürlich auch eine Wirkung auf die Moral. Die andauernde Durchhaltekraft der bereits arg leidenden Bevölkerung kann nur als Resultat ihres Glaubens verstanden werden, dass es immer noch eine erfolgreiche Beendigung des Krieges geben könnte, und vor allem als Resultat des Gefühls, dass, wie es die Propaganda betonte, das Schicksal eines kapitulierenden Deutschland viel schlimmer als die schlimmsten Luftangriffe sein würde.

**Drei Admirale erwähnen diejenigen Entwicklungen bei der Luftwaffe, die halfen, die Moral der Zivilbevölkerung aufrechtzuerhalten.**

**Dönitz:** So ernst die Lage auch war, so gab es doch Gründe, die zur Hoffnung auf eine Wende in letzter Minute ermutigten. Das Jagdfliegerprogramm mit seinen neuen Typen der Strahljäger und den Jagdfliegern mit Düsenantrieb versprach die Möglichkeit, die ungehinderte Luftüberlegenheit des Feindes über Gesamtdeutschland einzuschränken oder sogar zu beenden.

**Meyer:** Mit gewaltigen Anstrengungen sollte Deutschland wieder »ein Dach über dem Kopf« bekommen (wie man damals sagte); die Luftabwehr – Jagdflieger und Flakgeschütze – sollten durch eine kolossale Anstrengung enorm verstärkt werden.

Einige Monate lang konnten wir erfolgreich eine größere Zahl von Jagdflugzeugen herstellen (meines Wissens bis zu 2500 pro Monat), doch zeigte es sich einerseits, dass die alten Maschinentypen, die als einzige in großer Zahl produziert werden konnten, praktisch nutzlos geworden waren, und andererseits, dass die immer stärker zunehmenden Luftangriffe auf Deutschland so katastrophal geworden waren, dass es selbst bei äußerster Konzentration aller Kräfte nicht mehr möglich war, irgendeine Rüstungsproduktion zu erhöhen.

**Schulz:** Im [...] Juli und August 1941 erzählte man uns unter Berufung auf höchste Autoritäten ständig, dass die deutsche Produktion von Jagdfliegern sich so rapide erhöhte – man nannte monatliche Produktionsziffern von 3.000–4.000 –, dass die deutsche Luftwaffe ihre Luftüberlegenheit über deutschem Gebiet spätestens im November wiedererlangt haben würde. Unter diesen Bedingungen blieb die Treibstofflage, die immer drängender wurde, eine Quelle tiefer Sorgen, vor allem da wegen der Beschädigung der Verkehrsanlagen der Transport der vorhandenen Treibstoffmengen zunehmend schwieriger wurde.

**Ein wichtiges Mittel, die Moral aufrechtzuerhalten, bestand darin zu zeigen, dass man wirkungsvolle Gegenangriffe auf den Feind durchführte. Im Luftkrieg wurde diese Funktion durch die sogenannten V-Waffen erfüllt, die zuerst im Sommer 1944 gegen England eingesetzt wurden. Die V-1 war eine kleine, führerlose fliegende Bombe, die mit Düsenantrieb ausgestattet war, und die V-2 war eine Rakete, die bis auf eine Höhe von 80 Kilometer gefeuert werden konnte, bevor sie auf feindlichem Gebiet explodierte. Beide enthielten etwa eine Tonne Sprengstoff und keine war besonders präzise. Obwohl die V-Waffen in Großbritannien erheblichen, wenn auch wahllosen Schaden anrichteten, vor allem in solchen großen Zielgebieten wie London, schreiben die deutschen Admirale darüber ohne große Begeisterung.**

**Heye:** Man erwartete allgemein, dass die V-Waffen große Wirkung haben würden. Sie wurden ungefähr ein Jahr lang als Propaganda benutzt, um die Widerstandskraft unseres eigenen Volkes und unserer Truppen zu vergrößern und um den Feind zu beeindrucken. Die Dauer dieser Propaganda war so lang, dass der Glaube an eine wirkungsvolle V-Waffe in manchen Kreisen schon schwächer wurde. So weit ich weiß, befand sich die ursprünglich als V-1 entwickelte Waffe jahrelang im Versuchsstadium, ohne eine brauchbare Waffe zu werden. Die Propaganda stützte sich auf diese Waffe, aber verzögerte sich Monat um Monat. Meiner Kenntnis nach wurde eine andere selbststeuernde V-Waffe durch Zufall entdeckt, die dann später die V-1 wurde und die Rolle der V-Waffe übernahm, die ursprünglich angekündigt worden war, aber immer noch nicht einsatzbereit war.

Die sogenannte V-2 kam erst viel später. Es war in vielen militärischen Kreisen klar, dass die besten V-Waffen unter den günstigsten Umständen nur einen Ersatz für das Versagen unserer Luftwaffe darstellen konnten. Im Allgemeinen ging ihre Wirkung nicht über die einer Bombe hinaus.

**Krancke:** Die V-Waffen wurden unglücklicherweise nur nach großer Verspätung fertiggestellt. Technische Schwierigkeiten verzögerten den Einsatz dieser völlig neuen Art von Waffe, die erst nach der Invasion [der Normandie] eingesetzt wurde, mehr als die [feindlichen Luft-]Angriffe auf Peenemünde. Die erhoffte Wirkung auf die Moral des Feindes wurde durch die Nachrichten vom Sieg in Frankreich überschattet. Der Tag rückte näher, an dem die Abschussplätze in der Hand der Angloamerikaner sein würden. Selbst wenn das nicht das Ende des Einsatzes der V-Waffen bedeutete, so wurde doch der konzentrierte Einsatz aller V-Waffen, wie es ursprünglich geplant war, mit dem Verlust der wichtigsten Abschussplätze unmöglich, und die V-Waffen hatten nicht die erwartete entscheidende Wirkung.

**Meyer:** Die V-Waffen waren erheblich weniger wirkungsvoll als es monatelang von der deutschen Propaganda versprochen worden war, und ihre Entwicklung und Fabrikation wurde durch Luftangriffe und den Vormarsch des Feindes im Westen stark behindert. Dies war eine fürchterliche Enttäuschung für die Masse der Deutschen, die bis kurz vor dem Ende an die kommenden Wunderwaffen glaubten. Dies spielte beim Zusammenbruch der Moral eine große Rolle.

**Gegen Ende des Jahres 1944 konnte das deutsche Volk einige Tage lang sogar hoffen, dass seine Wehrmacht immer noch fähig war, ihren angloamerikanischen Gegnern einen schweren Rückschlag zu bescheren. Am 16. Dezember begannen 25 deutsche Divisionen unter Feldmarschall Gerd von Rundstedt eine Offensive gegen einen schwach besetzten Abschnitt der Ardennen an der US-Front in Luxemburg und Belgien. Ihnen gelang der Durchbruch, und sie rollten bis zur Meuse und – ein weiter entferntes Ziel – bis zum Hafen von Antwerpen. In die alliierte Front wurde eine große Ausbuchtung gestoßen, und kurz wurden Erinnerungen an den entscheidenden Durchbruch von 1940 wach, doch die Beule wurde abgeriegelt. Der Vorwärtsschwung ging verloren und Mitte Januar 1945 hatten die Briten und Amerikaner den größten Teil des verlorenen Bodens wieder gutgemacht. Die Offensive hatte Deutschland 100.000 Mann und 1.000 Flugzeuge gekostet. Die Admirale üben harsche Kritik an diesem Versuch einer Offensive.**

**Heye:** Obwohl militärische Kreise von Anfang an der Auffassung waren, dass das vorgesehene Operationsgebiet außerordentlich ungünstig war, waren die Erwartungen, die man mit dieser Offensive im Oberkommando verband, sehr hochgesteckt.

**Schniewind und Schuster:** Im Westen schienen sich die Dinge kurzzeitig zum Besseren zu wenden, als es Mitte Dezember 1944 zur Ardennenoffensive kam. Nach anfänglichen Erfolgen führte die fehlende Schlagkraft sowohl der Wehrmacht als auch der Luftwaffe zu einem schnellen Ende des Angriffs; dennoch hätte er im Falle des Durchbruchs zu seinem Ziel, Antwerpen, schwerwiegende Auswirkungen sowohl an der Nord- und Südfront der Alliierten im Westen hervorgerufen. Die Wehrmacht musste bei ihrem schrittweisen Rückzug den ganzen eroberten Boden wieder aufgeben.

**Meyer:** Die deutsche Ardennenoffensive war [...] eine große Überraschung. Hitler hatte von ihr viel erwartet. Der Oberbefehlshaber der Marine erzählte mir, dass Hitler sogar hoffte, ganz Frankreich zurückerobern zu können. Wie dies angesichts der überwältigenden Luftüberlegenheit des Feindes geschehen sollte, ist ein Rätsel; der Himmel würde nicht für immer bewölkt bleiben und der Boden nicht für immer im

Nebel versinken. Andere Überlegungen betrafen das Ausmaß, in dem die Wehrmacht ausgeblutet war, und der Niedergang der Moral aufgrund der ständigen Rückschläge an der Front sowie der Luftangriffe auf Häuser und Eigentum, Frauen und Kinder.

Die Ardennenoffensive war ein totaler Fehlschlag; sie beschleunigte die Niederlage Deutschlands, da die an ihr teilnehmenden Divisionen übel zugerichtet wurden und doch dringend für die Verteidigung an allen Fronten gebraucht wurden. Ihre Bewegungen dauerten aber wesentlich länger als in normalen Zeiten, da die Eisenbahnlinien überall beschädigt waren.

**Schulz:** Unsere Ardennenoffensive – von der die Marine vorher keine Kenntnis hatte – muss in langfristiger Perspektive als Fehler betrachtet werden, weil wir fast unsere letzten Reserven aufbrauchten, die wir von anderen hart bedrängten Fronten zurückgezogen hatten, und aufgrund der Luftüberlegenheit des Feindes erzielte unser Angriff nur einen geringen Erfolg. Wenn die für diese Operation eingesetzten Kräfte komplett an die östlichen und südöstlichen Fronten geschickt worden wären und mit einer Armeegruppe vereint worden wären, die rechtzeitig aus Kurland zurückgezogen worden war, hätten sie wahrscheinlich ausgereicht, das katastrophale Ergebnis zu verhindern, mit dem die russische Deutschlandoffensive endete, und es den Russen unmöglich gemacht, bei ihrem vorrückenden Kampf weit nach Deutschland vorzustoßen.

**Krancke:** [Die Offensive war] ein Versuch, den Feind zu vernichten und die Lage im Westen zu wenden, indem ein Vorstoß durch die Ardennen nach Lüttich, vielleicht nach Antwerpen unternommen wurde, um die große Offensive abzuwehren, die gegen die Ruhr vorbereitet wurde. Das beste von allem, was zur Verfügung stand, wurde dafür vorbereitet.

Nach einem erfolgreichen Beginn kam diese Offensive, die Deutschland eine kurze Atempause gewährte, jedoch zum Stehen. Wiederum war es der Mangel an Treibstoff (was die Luftwaffe angeht), Panzern und Ersatz, der uns den Erfolg versagte. Nicht einmal der Rückzug der motorisierten Verbände, der nach dem Scheitern der Offensive befohlen wurde, konnte wegen des Mangels an Treibstoff und der Zerstörung der Eisenbahnlinien durchgeführt werden. Daher erwies sich die Offensive nicht nur als Fehlschlag im Westen und brachte nur eine kurze Atempause in der Offensive des Feindes, sondern auch die Verstärkungen für die anderen bedrohten Frontlinien kamen zu spät.

**Die deutsche Marine hielt immer noch an der Hoffnung fest, dass sich der U-Bootkrieg noch einmal zu ihren Gunsten wenden würde, sobald die älteren Boote mit dem Schnorchel ausgerüstet waren und die neuen Boote mit den stärkeren Motoren in nennenswerter Zahl in den Dienst gestellt wurden. Das Ausmaß der deutschen Pläne für eine neue U-Boot-Offensive mag daraus ersehen werden, dass in der zweiten Hälfte des Jahres 1944 von der Kriegsmarine 31 Stück des kleineren U-Boottyps XXIII und 62 des größeren Typs XXI neu in Dienst gestellt wurden, wobei in den ersten vier Monaten des Jahres 1945 wei-**

tere 31 vom Typ XXIII und 57 vom Typ XXI in Dienst gestellt wurden. Nur eine Handvoll des Typs XXIII und eines vom Typ XXI wurden tatsächlich auf Angriffspatrouillen ausgeschickt, und sie versenkten nur fünf kleine Schiffe, die alle unter 3.000 BRT lagen. Eine Reihe weitere Boote stand kurz vor der Fertigstellung, als der Krieg endete. Keiner war besser qualifiziert als Dönitz, eine Darstellung der Hoffnungen zu geben, die mit diesen neuen U-Booten verbunden waren, sowie der Art und Weise, wie diese hohen Erwartungen unerfüllt blieben.

Die neuen U-Boottypen führten zu [der] Erwartung eines gewaltigen Einflusses auf den U-Bootkrieg. Es war daher die Aufgabe des Führers, auszuhalten, alle Kräfte auf die wichtigsten Aufgaben zu konzentrieren und um Zeit zu kämpfen, bis die neuen Waffen zum Einsatz gelangen konnten.

Bis Ende 1944 waren praktisch alle verfügbaren einsatzfähigen alten U-Boottypen mit Schnorchel ausgestattet worden. Sie wurden an der englischen Ost- und Nordostküste eingesetzt, vor dem nördlichen Englischen Kanal, dem Bristol Channel, im Invasionsgebiet und im Irischen Meer. Die Ergebnisse waren gut und die Verluste akzeptabel.

Der Verlust der Biskaya-Häfen als Operationsbasen war für den U-Bootkrieg von größtem Nachteil. Die Landverbindungen zu diesen Häfen waren von den vorrükkenden angloamerikanischen Armeen in Frankreich gekappt worden, wodurch jede Möglichkeit weiterer Versorgung mit Treibstoff und Torpedos beseitigt [worden war]. Trotz der günstigen Gelegenheiten für Angriffe dicht vor der englischen Küste gab es nur einen mäßigen Anstieg der gesamten Versenkungen. Die Gründe lagen auf der Hand: Die Anzahl der vorhandenen und einsatzbereiten Boote war sehr klein und betrug nie mehr als 13. Die große Mehrheit befand sich auf der langen Fahrt nach oder aus Deutschland oder Norwegen. Diese völlig getaucht erfolgende Überfahrt bei sehr langsamer Geschwindigkeit verringerte die Wirtschaftlichkeit des U-Bootkrieges im Vergleich zu früheren Zeiten deutlich. Selbst wenn jedes Boot im Operationsgebiet die gleiche durchschnittliche Zahl von Versenkungen wie in den besten Tagen von 1942 erzielt hätte, so waren damals, bei einer gleichen Anzahl von Booten in See, dreimal so viele im Operationsgebiet wie heute, und zwar wegen der Zeit, die durch die kurze Entfernung der Biskaya-Häfen und die schnellere Überwasserpassage gespart wurde.

Dass sogar die alten Boote mit Schnorchelausrüstung wieder dicht vor der feindlichen Küste mit ihren gewaltigen Verteidigungsanlagen operieren konnten, bewies, dass wir mit unseren neuen U-Boottypen auf dem richtigen Weg waren. Mit diesen konnte aufgrund ihrer hohen Unterwasser-Geschwindigkeit die verlorene Fahrtzeit halbiert werden. Darüber hinaus erwartete man, dass ihr Aufenthalt im Operationsgebiet kürzer sein würde, weil sie bei ihrer hohen Geschwindigkeit schneller und öfter angreifen konnten. Man nahm daher an, dass sich die Wirtschaftlichkeit des U-Bootkrieges wieder äußerst günstig entwickeln würde.

In der Zwischenzeit wurde der Bau der U-Boottypen XXI und XXIII mit aller Kraft vorangetrieben. Nach Fertigstellung der Konstruktionspläne wurden die Boote folgendermaßen gebaut: Der Bau der Maschinen und des Zubehörs wurde an Industrieunternehmen vergeben, die über ganz Deutschland verteilt waren, wo die Fertigung in den unterschiedlichsten Fabriken erfolgte. Die Rümpfe der Boote selbst wurden als Sektionen im Binnenland gefertigt und dann zu den Werften transportiert. Hier wurden alle Teile, die zu den einzelnen Sektionen gehörten, eingebaut und die fertigen Abschnitte dann in den Montagedocks zu einem U-Boot zusammengeschweißt. Auf diese Weise konnten die geplanten Produktionszahlen trotz der heftigen Luftangriffe auf die deutsche Industrie, die eine ständige Umleitung und Verlagerung der Fertigung erforderte, im Wesentlichen bis Ende 1944 eingehalten werden. Erst dann, im Gefolge der verstärkten Luftangriffe und der Zerstörung der Verkehrswege, fand ein nennenswerter Rückgang statt. Dennoch gab es Anfang 1945 bereits eine nennenswerte Anzahl beider neuer Typen, die in Dienst gestellt wurden.

Im März 1945 wurden einige Boote vom Typ XXIII das erste Mal zum Einsatz an die englische Ostküste geschickt. Die Operation bestätigte die gehegten Hoffnungen in vollem Umfang. Von sieben Fahrten waren fünf erfolgreich. Alle Boote kehrten trotz heftigster Gegenwehr in den Stützpunkt zurück. Wegen ihrer hohen Geschwindigkeit im getauchten Zustand gelangten die Boote leicht zum Angriff und entzogen sich dann mit hoher Geschwindigkeit den Gegenmaßnahmen des Feindes. Nachdem sie sich einige Meilen zurückgezogen hatten, beobachteten sie aus sicherer Entfernung den konzentrierten und ausgedehnten Einsatz von Wasserbomben im Angriffsgebiet, ohne selbst geortet zu werden. Die Mannschaften hatten großes Vertrauen in die neuen Typen. Die traf auch auf den Typ XXI zu. Das erste Boot, das von Korvettenkapitän Schnee kommandiert wurde, einem erfahrenen U-Boot-Offizier, war bereits im April zum Einsatz gekommen. Monatlich steigende Zahlen beider Typen sollten in den kommenden Monaten gegen den Feind zum Einsatz kommen.

Wir hatten das Recht zu glauben, dass der U-Bootkrieg in ein neues Stadium eintreten würde. Schon von den alten U-Booten, die mit Schnorchel ausgestattet worden waren, waren auf Einsätzen von langer Dauer nennenswerte Erfolge verbucht worden, ohne dass ein einziges Auftauchen nötig wurde. Die Belastung der Mannschaften, die bis zu siebzig Tage unter Wasser blieben, war überraschend gering. Dank des Schnorchels blieb die Atemluft während der Unterwasserfahrt frisch und deutlich besser als unter den früheren Umständen. Doch die wichtigste entspannende Wirkung ging von der Beseitigung der ständigen Nervenanspannung der Mannschaften aus, die durch Überraschungsangriffe von Flugzeugen erzeugt wurde.

Typ XXI mit seiner großen Reichweite von 22.000 Meilen war in der Lage, alle für den U-Bootkrieg wichtigen Gewässer zu durchfahren, ohne ein einziges Mal auftauchen zu müssen. Es war klar, dass dies eine Wende im Seekrieg herbeiführen würde. Seeherrschaft durch große Seemächte wurde durch Überwasserschiffe mit Hilfe von Flugzeugen ausgeübt. Ein Kriegsschiff, dessen vorrangige Operationssphäre unter Wasser liegt macht automatisch den größten Teil dieser Seeherrschaft unmöglich.

Wenn dann dieses Kriegsschiff auch eine Höchstgeschwindigkeit unter Wasser besitzt, die eine leichte Annäherung an den Feind ermöglicht, stellt es offensichtlich ein sehr wertvolles Kriegsgerät dar.

**Das letzte Requiem für Dönitz' große Hoffnungen wird von Schniewind und Schuster dargebracht.**

Der Versuch, die Schlagkraft der U-Boote wiederherzustellen und Großadmiral Dönitz' Hoffnungen, frühere Versenkungsrekorde zu brechen, litt wegen des entscheidenden Einflusses der ständigen Angriffe der feindlichen Luftwaffe unter solchen Rückschlägen, dass sich, selbst bei Erlangung eines Minimums an neuer Bewaffnung, die strategische Lage Deutschlands und die Lage zur See bereits merklich verschlechtert hatte. [...] Bevor neue U-Boottypen gegen den Feind zum Einsatz kamen und die erhoffte Verbesserung der allgemeinen Kriegslage herbeigeführt werden konnte, brachen die gesamte Grundlage für die Führung des U-Bootkrieges sowie die Streitkräfte an Land und in der Luft unter den Schlägen der feindlichen Luftwaffe zusammen.

**In den letzten Kriegsmonaten konnte die deutsche Marine nur verschiedene untergeordnete Rollen spielen, während die Wehrmacht zerschlagen wurde. Meyer weist auf den lähmenden Treibstoffmangel hin:**

[Anfang 1945] war die Lage [...] überall katastrophal; am Schlimmsten war es in Bezug auf die Treibstoff-Öl-Versorgung, die aufgrund der Rückzüge drastisch zurückging. Das war der Grund für die Offensive in Ungarn, denn ohne das ungarische Öl war der Krieg auf jeden Fall verloren. Diese Offensive wurde daher durchgeführt, obwohl sie angesichts der an allen Fronten erlittenen Niederlagen verrückt erschien. Wie die Ardennenoffensive scheiterte auch diese, weil die deutsche Wehrmacht ohne ausreichende Sicherung aus der Luft viel zu geschwächt war, und weil die Moral angesichts all der Rückschläge eingebrochen war.

Die Frage des Treibstoffs war für die Marine im Frühjahr 1945 ebenfalls kritisch. Die Vorräte waren völlig aufgebraucht, als der Krieg aufhörte. In den letzten Wochen und Monaten hatten die Seeoperationen immer mehr eingeschränkt werden müssen und Schiffe hatten ausgemustert werden müssen, alles wegen des Treibstoffmangels. Die deutsche Seemacht war auf ihrem tiefsten Stand, und hätte der Krieg noch wenige Wochen länger gedauert, hätten alle Operationen völlig eingestellt werden müssen, bloß aus Treibstoffmangel.

**Kleinere Kriegsschiffe und Kleinkampfverbände konnten einige wenige Erfolge erzielen; dabei wurde die Tapferkeit der beteiligten Seeleute in kleineren Einsätzen, die keine Chance hatte, das Endergebnis des Krieges zu beeinflussen, vergeudet.**

**Heye:** Alle Ressourcen der Streitkräfte wurden jetzt in die Verteidigung geworfen. Sprengboote und Froschmänner des Kommandos der Kleinkampfverbände wurden am Rhein sowie in Ungarn und an der Oder eingesetzt. Die Wirkungen der stärker werdenden feindlichen Luftangriffe wurden für die Bevölkerung allgemein täglich deutlicher, obwohl die unmittelbaren Auswirkungen nur der Regierung klar gewesen sein können.

Die letzten Notmaßnahmen im Rahmen des Vier-Jahres-Plans beschränkten die Waffenproduktion, die bereits seit zwei Jahren zurückging, auf einige wenige absolut unentbehrliche Waffen, und zwar in nur so geringer Zahl, dass es auf der Grundlage dieses Programms unmöglich gewesen wäre, den Krieg länger als bis zum Sommer 1945 fortzusetzen. Man muss bedenken, dass Deutschland selbst dann, als es große Teile Europas und seiner Industrien beherrschte, nicht in der Lage war, mit der Produktionskapazität der Feindländer Schritt zu halten. Hierin liegt auch der vielleicht beste Beweis für die Unmöglichkeit, dass sich Deutschland innerhalb seines verbleibenden Gebietes jemals wieder selbst aufrüsten könnte.

**Dönitz:** Die Entsendung von Kreuzern nach Nordnorwegen wurden ebenfalls gestoppt, da es nun in der Ostsee, die zuvor im Wesentlichen für die Ausbildung von Rekruten verwendet wurde, eine Vielzahl von operativen Aufgaben für diese Schiffe gab. Eine Zerstörerflottille blieb in den nördlichen Gewässern, deren Aufgabe darin bestand, zusammen mit den Küstenstreitkräften die seewärtige Flanke des Rückzugs [der deutschen Armeen in Nordnorwegen] zu decken.

In der Nordsee wurde die Last unserer operativen Tätigkeit von kleinen Schiffen zusammen mit U-Booten und Schnellbooten getragen. Das wichtigste Ziel war der feindliche Versorgungsverkehr in die Schelde. Unterdessen konnte der neueste Typ von Kleinst-U-Booten, der sogenannte SEEHUND, zum Einsatz kommen. Diese Boote besaßen eine enorme Ausdauer von bis zu fünf Tagen in See, eine bemerkenswerte Leistung, wenn man die enorme Belastung der Mannschaften bedenkt. Sie erzielten eine Reihe befriedigender Erfolge gegen den Scheldeverkehr.

**Schulz:** Die spätere Operation von Kleinkampfverbänden und Schnellbooten vom holländischen Gebiet aus, die vom Oberbefehlshaber der Marine mit wahrem Fanatismus geleitet wurde, konnte angesichts der starken feindlichen Gegenmaßnahmen zur See und in der Luft nur als Nadelstiche angesehen werden, die in keiner Weise die Seeverbindungen zwischen England und Antwerpen oder Ostende beeinträchtigen konnten.

Für die Überquerung von Flüssen, die im Laufe des Feldzuges notwendig wurden, übernahm die Marine in sehr großem Maße die Aufgabe, die Wehrmacht überzusetzen. Der höchst erfolgreiche Transport der Armee, die in Belgien auf dem Land abgeschnitten worden war, über die Schelde nach Flushing, verdient besondere Erwähnung; er wurde mit vergleichsweise geringen Verlusten trotz der feindlichen Luftüberlegenheit durchgeführt. Viele Verbände der Marine kämpften auch im Rahmen der Wehrmacht als Infanteristen und wurden später der Wehrmacht eingegliedert. Während des letzten Jahres waren Froschmänner, Saboteure und andere Sprengkommandos der Marine darüber hinaus ständig zur Unterstützung der Wehrmacht im Einsatz. Aus diesem Grund war die Marine mehr als zuvor gezwungen, über die Operationen der Wehrmacht auf dem Laufenden zu bleiben.

Nachdem den Russen in den baltischen Staaten und in Ostpreußen der Durchbruch an die Küste gelungen war, verwandelte sich die Ostsee, wie Schulz beschreibt, in eine Kriegszone statt des ziemlich ruhigen Ausbildungsgebiets, das es seit 1939 gewesen war.

Auch hier war die Marine mit militärischen Operationen befasst, da der weitere Rückzug von der Ostfront die unersetzlichen Häfen von Windau und Gdingen mit ihren Werften und Nachschublagern sowie ihren verschiedenen Ausbildungstätigkeiten, vor allem im Zusammenhang mit den U-Booten, gefährdete. Die zentrale Ostsee war ein unvergleichliches Übungsgebiet für unsere U-Boote, weil die westliche Ostsee zu stark vermint war, und die Ausbildung der U-Bootmannschaften wurde hektisch fortgesetzt, damit die neuen U-Boottypen so bald wie möglich zum Einsatz kommen konnten. Später, als die Front in Ostpreußen lag, erwuchsen daraus wirklich außerordentliche Umstände. Als nach dem Verlust der Memel russische Schnellboote gegen unseren ausgedehnten Transport vor Danzig und Gdingen im Einsatz waren, liefen unsere U-Boote weiterhin aus beiden Häfen aus, um ihre Übungen durchzuführen, so dass es für unsere eigene U-Boot-Abwehr wegen der Verwechselungsmöglichkeiten schwierig wurde.

An Orten wie im Kurland, Memel und Königsberg, wo die deutschen Streitkräfte weiter Widerstand leisteten, nachdem die Hauptoffensive der Russen sie hinter sich gelassen hatte, stand die Kriegsmarine in der Pflicht, die Last der Versorgung zu übernehmen, seewärtige Artillerieunterstützung zu geben und große Zahlen Verwundeter, überzähliger Soldaten sowie Zivilisten in dänische oder norddeutsche Häfen zu transportieren, die aus Angst, vor dem Schicksal, das sie in der Hand der Russen erwarten würde, flohen. Während dieser Operationen torpedierten und versenkten russische Unterseeboote am 30. Januar 1945 das Passagierschiff WILHELM GUSTLOFF, am 9. Februar das Passagierschiff STEUBEN sowie am 16. April die GOYA, wobei viele starben. Bei den undurchsichtigen Umständen der übereilten Evakuierungen wurden keine genauen Zahlen der an Bord befindlichen Personen erhoben, doch ist es wahrscheinlich, dass mehr als 15.000 Personen mit diesen Schiffen untergingen. Mehr als 3.500 Mann, die sich in der Ausbildung für die U-Bootwaffe befanden, waren auf der WILHELM GUSTLOFF, als diese versenkt wurde. Dönitz musste auch andere schmerzliche Verluste erleiden, als überzählige U-Bootleute und Seeleute aus anderen Teilen der Kriegsmarine als Aushilfsinfanteristen in Dienst genommen wurden.

Alle neuen Konstruktionen, Rekonstruktionen, Reparaturen und Entwicklungen, die nicht innerhalb kürzester Zeit für den Einsatz an der Front fertiggestellt werden konnten, wurden aufgegeben; die entsprechenden Behörden und Stäbe wurden reduziert oder aufgelöst und das Personal anderen Verwendungen zugeführt. Die Mannschaften der Marine wurden ständig und immer sorgfältiger überwacht, so dass Personal, welches durch das Schrumpfen der Kriegsschauplätze überflüssig wurde, sofort zur

Wehrmacht versetzt werden konnte. Um die Tradition der Marine aufrechtzuerhalten, an der man unter diesen überzähligen Dienstgraden sehr hing, wurden Infanteriedivisionen der Marine eingerichtet, die einzig und allein für den Landkampf bestimmt waren. So wie bei den früheren Formationen, die nach Bedarf an Landkämpfen teilnahmen, wie z. B. während des Rückzugs aus dem Westen, von Leningrad und aus dem Balkan, wurde der traditionelle Kampfgeist der Marine in diesen neuen Divisionen bewahrt. Um den Mangel an Erfahrung im Landkampf so weit wie möglich auszugleichen, wurde diesen neuen Divisionen die größtmögliche Zahl kampferprobter Wehrmachtsoffiziere und Unteroffiziere zur Verfügung gestellt. Als Folge der kurzen Ausbildungszeit, die die Entwicklung der Lage gestattete, waren die Verluste relativ hoch.

Das Programm zum Bau von U-Booten und kleinen Fahrzeugen wurde so lange wie möglich beibehalten. Doch auch hier erzwang die zunehmende Zerstörung der Industrie und der Verkehrswege zusammen mit dem Verlust der Werften und Produktionsanlagen einen schrittweisen Rückgang, bis schließlich kurz vor der Kapitulation der Neubau völlig aufgegeben wurde und nur Boote, die bereits in der Erprobungsphase waren, standen für die Versorgung der Front zur Verfügung.

**Der endgültige Zusammenbruch der Verteidigung der deutschen Heimat konnte nicht länger aufgehalten werden. Ende März 1945 waren die Amerikaner und Briten durch das Rheinland bis zum Rhein vorgerückt; und sie hatten auf breiter Front Brückenköpfe am Ostufer des Flusses errichtet. Die Russen hatten einen riesigen Frontvorsprung nach Deutschland hinein bis zur Oder geschoben, wo ihre Vorausabteilungen nur vierzig Meilen von den Vororten Berlins entfernt waren. Am 13. April nahmen die Russen Wien ein, und drei Tage später begannen sie mit ihrem letzten Angriff auf Berlin. Am 25. trafen sich vorrückende US- und russische Truppen in Mitteldeutschland, und die Russen hatten Berlin vollständig eingekreist. Am letzten Apriltag beging Hitler in seinem belagerten Führerbunker unter der Reichskanzlei in Berlin Selbstmord, nachdem er Großadmiral Karl Dönitz zu seinem Nachfolger ernannt hatte, eine undankbare Aufgabe, die ihm keine Alternative ließ, als den Krieg so gut wie möglich zu beenden. Ohne eine detaillierte Darstellung des endgültigen Debakels zu liefern, präsentieren die Admirale doch eine recht eindringliche Einschätzung jener letzten Tage, die ihnen natürlich noch sehr frisch im Gedächtnis waren, als sie im Sommer 1945 ihre Aufsätze in der Gefangenschaft schrieben.**

**Meyer:** Hitlers Anstrengungen, am Rhein und an der Oder auszuhalten waren aufgrund der völligen materiellen, physischen und moralischen Erschöpfung des Volkes zum Scheitern verurteilt. Die Massen hatten ihren Glauben an ihre Führer verloren, und die Wehrmacht kooperierte nicht mehr. Die politischen Faktoten versagten einer nach dem anderen, und der Krieg kam schnell an ein Ende.

**Krancke:** Die große russische Offensive rollte über unsere Truppen im Osten hinweg und erreichte die Oder, wo sie vorübergehend zum Stehen gebracht wurde. Das deutsche Volk war nicht in der Lage, der umfassenden Offensive zu widerstehen, die nun begann. Überall herrschte Mangel an Waffen, Gerät, Munition und Treibstoff. Die verbleibende Rüstungsindustrie und die Transportwege wurden zerstört. Der innere Widerstand brach zusammen; eine Armee nach der anderen ging unter; ein Teil Deutschlands nach dem anderen wurden vom Feind eingenommen. Flüchtlinge, die vor dem Bolschewismus flohen, strömten in die noch nicht vom Feind besetzten Gebiete.

Als die Engländer und Amerikaner an der Elbe Halt machten, wurde noch ein Versuch unternommen, Berlin zu befreien und die Russen aufzuhalten. Doch vergeblich; das wirtschaftliche Chaos des Reiches, das nun so stark zersplittert war, und das schließliche Ende konnten nicht mehr verhindert werden. Deutschland musste kapitulieren, ebenso wie die Teile der Wehrmacht, die noch intakt und kampffähig waren, doch durch eine Fortführung des Kampfes das Schicksal des deutschen Volkes nicht mehr ändern konnten; es wäre nur ein unnötiges Blutopfer gewesen. Das deutsche Volk kämpfte bis zuletzt, um der befürchteten Vernichtung zu entgehen. Seine Leistungen und die Taten der deutschen Soldaten können nur von der Geschichte beurteilt werden.

**Schniewind und Schuster:** Bald befanden sich die Streitkräfte im Kampf um den Rhein. Die direkten Angriffe und die umfassenden Bewegungen des Feindes westlich des Rheins, die unternommen wurden, um unsere Stellungen an der Saar und in der Kurpfalz zu bedrohen, wurden heftiger und wirkungsvoller; und unsere eigene Verteidigung, der frische Nachschub von Männern und Material fehlte, wurde immer unzulänglicher.

Es ist nicht verwunderlich, dass der Kampfgeist, der Verteidigungswille und das Behauptungsvermögen der Truppen angesichts ständigen Scheiterns, einer fast hoffnungslosen Unterlegenheit, die selbst den an der Front kämpfenden Soldaten klar war, und des vollständigen Mangels jeder Art von Versorgung schließlich zusammenbrach. Hochrangige Offiziere der kämpfenden Truppen haben mir jedoch später erzählt, dass dies nicht der Fall gewesen sei. Doch einige andere Leute haben mir gegenüber eine vollkommen entgegengesetzte Meinung vertreten.

Die deutsche Verteidigung erreichte an allen Fronten ihre letzte Phase. Angesichts der totalen Störung aller Verbindungslinien und Versorgungsrouten, des Rückgangs der Rüstungsproduktion aller Art, des fast vollständigen Zusammenbruchs der Versorgung und der ständig wachsenden Schwierigkeiten eines koordinierten Kommandos nahmen die Verteidigungsaktionen der deutschen Soldaten den Charakter eines letzten Verzweiflungskampfes an. Einem nüchternen Urteil muss die Fortführung des Krieges an diesem Punkt, als es keine Verteidigungsmöglichkeit gegen die zunehmenden Angriffe der feindlichen Luftwaffe mehr gab, schließlich definitiv hoffnungslos erscheinen.

Selbst wenn die Verteidigung an den neuen Fronten hätte erfolgreich stabilisiert werden können, war es klar, dass der Zusammenbruch langfristig kommen musste, weil alle wichtigen Rüstungszentren [...] entweder zerstört oder zu nah an der Front lagen und wegen der Unmöglichkeit z.B. Kohle, Waffen, Munition oder Lebensmittel sicher oder nach vorbestimmten Fahrplänen zu transportieren, um die Versorgung des Gebietes im Zentrum Deutschlands zu sichern, wo die Bevölkerung wegen der Tausenden von Flüchtlingen aus den besetzten Gebieten weit über die Zahlen der Friedenszeit angewachsen war. Man hat mir erzählt, dass in offiziellen Kreisen die Überlegung eine große Rolle spielte, zumindest gegen die Westalliierten mutig bis zum letzten Moment auszuhalten, um eine günstigere Lösung im Zusammenhang wenigstens mit den Ostgebieten Deutschlands zu erreichen.

Es gab Kämpfe um die Reichshauptstadt, und der östliche Teil des Industriegebiets in Sachsen und die Ruhr gingen verloren; der Feind rückte überall vor und traf praktisch keinen wirkungsvollen Widerstand an. Der Führer starb in Berlin. Ein Versuch des neuen Staatsoberhauptes, alle verfügbaren Kräfte gegen den Feind im Osten einzusetzen, den Westen aber den Westalliierten zu überlassen, scheiterte. Die östlichen und westlichen Alliierten trafen sich an der Elbe, und ganz Deutschland abgesehen von einigen kleinen Gebieten im Nordwesten und Südosten waren in der Hand des Feindes. Am 8. Mai war die Kapitulation Deutschlands abgeschlossen.

Im Vergleich zu den katastrophalen Landschlachten wurde die endgültige Vernichtung dessen, was von der deutschen Überwasserflotte übrig war, in den Aufsätzen der Admirale nicht einmal mehr erwähnt. Zusätzlich zu den vielen kleineren Kriegsschiffen, die in den letzten zwei Kriegsmonaten im Mittelmeer und in den heimatlichen Gewässern Minen zum Opfer fielen, bombardiert oder selbst versenkt wurden, beendeten die verbleibenden größeren Verbände ihre Laufbahn unter eher kläglichen Umständen. Das aus der Zeit vor 1914 stammende Schlachtschiff SCHLESWIG-HOLSTEIN, das vor Gdingen bombardiert wurde und auf Grund lief, wurde später selbst versenkt, und ihr Schwesterschiff SCHLESIEN wurde vor Swinemünde von Minen versenkt. Der Panzerschiff ADMIRAL SCHEER, der einst unter dem stolzen Kommando Kranckes im Handelskrieg 1940–41 stand, wurde in Kiel bombardiert und kenterte, und ihr Schwesterschiff LÜTZOW wurde schließlich selbst versenkt, nachdem sie erst von Bombern in Swinemünde versenkt und wieder gehoben worden war. Die Rümpfe der nie fertiggestellten Flugzeugträger GRAF ZEPPELIN und SEYDLITZ wurde ebenfalls selbst versenkt, ersterer in Stettin, letzterer in Königsberg. Von den verbleibenden Kreuzern Deutschlands wurde die KÖLN in Wilhelmshaven bombardiert, die EMDEN lief im selben Hafen auf Grund, nachdem sie in einem Bombenangriff schwer beschädigt worden war, und die ADMIRAL HIPPER wurde ebenfalls selbst versenkt, nachdem sie Bombenschäden erlitten hatte. Die LEIPZIG war voraussichtlich ein Totalverlust, nachdem sie im Herbst zuvor in einer Kollision beschädigt worden war. Die PRINZ EUGEN und NÜRNBERG waren die einzigen großen Kriegsschiffe, die seetüchtig genug waren, um den Siegern formell übergeben zu werden, als die Kapitulation unterzeichnet wurde. Heye entschuldigt sich, diese Phase des Krieges zu kommentieren, mit der Begründung, dass »Spezialarbeit und ungehinderte Recherche nötig wären, um nicht oberflächliche Geschichtsschreibung zu verfassen«; doch die Größe der deutschen Tragödie belastete das Gewissen einiger hochrangiger Offiziere sehr. Schulz z.B. empfindet offensichtlich die Notwendigkeit, ein sehr persönliche Erklärung abzugeben.

In den letzten paar Monaten konnte jeder höhere Offizier, der irgendeine allgemeine Sicht der militärischen Lage hatte, nur mit wachsendem innerem Zorn sehen, wie der Widerstand, der nun militärisch sinnlos war, trotz der numerischen und materiellen Überlegenheit des Feindes und seiner totalen Luftherrschaft fortgesetzt wurde, durch die dem deutschen Volk jeden Tag neue Wunden zugefügt wurden – ein Widerstand wurde fortgesetzt, der keine Aussicht hatte, die Lage zu verändern, außer durch ein Wunder. Dennoch wurden auf höchster Ebene Befehle zur Zerstörung unersetzlicher deutscher Industrie-, Transport- und Hafenanlagen erteilt, die, wären die Befehle tatsächlich ausgeführt worden, die Vernichtung weiterer wertvoller Teile der deutschen Wirtschaft bedeutet hätten.

Innerhalb ihrer eigenen Zuständigkeit machte die deutsche Admiralität erfolgreiche Anstrengungen, eine Veränderung der Lage herbeizuführen; die Zerstörung der deutschen Hafen- und Werftanlagen, der verbleibenden deutschen Handelsschiffe und Kriegsschiffe die ursprünglich Handelsschiffe [gewesen waren] oder zu Zwecken der Handelsschifffahrt umgebaut werden konnten, sowie aller Minenräumboote wurde fallen gelassen. Dies war angesichts der Psychose, die in hohen und sehr hohen Ebenen herrschte nicht leicht zu erreichen gewesen, und [es] verlangte in erster Linie die persönliche Aufmerksamkeit unserer entsprechenden Offiziere.

In den letzten sechs Monaten, nachdem die Unausweichlichkeit der weiteren Entwicklungen vorherzusehen war und nachdem unser Glaube an neue vernichtende V-Waffen geschwunden war – obwohl solche Hoffnungen immer wieder von denen »da oben« genährt wurden – war unter den höheren Offizieren doch die Auffassung verbreitet, dass es nun, da der Krieg schließlich verloren war, praktisch wäre, den Krieg mit den Angelsachsen zu beenden und alle unsere Truppen vom Westen an die Ostfront zu werfen, um das Reich zu retten und das größtmögliche Gebiet Europas vor dem weiteren Vormarsch des Bolschewismus in die westliche Einflusssphäre zu bewahren, bis die angelsächsischen Truppen diese Gebiete bis hinter unserer Ostfront besetzt haben würden.

Doch wurde diese Sicht von denen, die das Sagen hatten, heftig abgelehnt, und mir ist bekannt, dass einzelne Offiziere, die sich in diesem Sinne äußerten, vor das Kriegsgericht gestellt werden sollten, eine Sache, die nicht nur für die Betroffenen sehr schlecht war, sondern auch die schwerwiegendsten Konsequenzen für ihre Familienmitglieder hatte, denn in den letzten paar Monaten wurde ständig die sogenannte Sippenhaft – die sich auf Eltern, Ehefrauen und Kinder der Betreffenden erstreckte – angedroht.

Es ist sehr schwer für den Nichtbeteiligten und vor allem für den Ausländer, die Gewissenskonflikte zu verstehen, die für jeden Offizier erwuchsen, wenn er sich zwischen den Forderungen des gesunden Menschenverstandes und der Pflicht durch den Treueeid entscheiden musste, dem Staatsoberhaupt zu gehorchen – ein Konflikt, der angesichts der Sorgen um das Schicksal von Familie, Nation und Heimat um so schärfer empfunden wurde – denn natürlich waren sich die Leute in einem gewissen Maße über die Konsequenzen einer bedingungslosen Kapitulation, wie sie von den Alliierten verlangt wurde, im Klaren.

**Dönitz erkannte schnell, dass es zur bedingungslosen Kapitulation, so unangenehm sie sein mochte, keine Alternative gab. Weiterer organisierter Widerstand war unmöglich, und seine verzweifelten Anstrengungen, mit den Briten und Amerikanern allein zu verhandeln, wurden brüsk zurückgewiesen. Sein Aufsatz bietet keine detaillierte Analyse, warum er sich genötigt sah, seine Vertreter, General Jodl und Generaladmiral von Friedeburg zur Unterzeichnung der Kapitulation zu schicken, die um Mitternacht vom 8.–9. Mai in Kraft trat. Sein Aufsatz bemerkt lediglich:**

Das Inkrafttreten der bedingungslosen Kapitulation in Norddeutschland um 08.00 Uhr am 5. Mai 1945 und die Gesamtkapitulation der deutschen Streitkräfte, die am 9. Mai folgte, machten dem Krieg ein Ende.

**Die Kapitulationsbedingungen enthielten Vorgaben für die Übergabe der sehr großen Zahl von U-Booten, die noch im Dienst standen. Die Quellen sind sich über die genaue Zahl nicht einig, doch eine der jüngeren Berechnungen führt 168 U-Boote auf, die kapitulierten, sechs, die von den Japanern im Fernen Osten übernommen wurden, sowie 222, die selbst versenkt oder demontiert wurden. Mit anderen Worten, mehr als die Hälfte der U-Bootkommandanten und Mannschaften verweigerten sich den Kapitulationsbedingungen und Dönitz' eigenen Befehlen. Statt dessen entschieden sie sich für die Durchführung des Unternehmens »Regenbogen«, eines früheren Notfallplanes für die Zerstörung der U-Bootflotte. Zweifellos war ihre Überlegung dabei, dass sie dabei in Übereinstimmung mit den tiefsten Wünschen ihres alten Vorgesetzten handelten, unabhängig davon, was dieser unter dem Druck des Feindes akzeptiert haben mochte. Im Blick auf mögliche kommende Kriegsverbrecherprozesse verfasste Dönitz eine aufrichtige und umfassende Würdigung der Art und Weise, wie die Männer der Kriegsmarine unter seinem Kommando gekämpft hatten.**

[Die] neue Effektivität des deutschen U-Bootkrieges wurde durch die deutsche Kapitulation beendet, die aufgrund der Besetzung des gesamten deutschen Gebiets durch den Feind notwendig geworden war.

Der Kampf der U-Boote war zu Ende. Opferbereit und tapfer, rein und ehrenwert war das Verhalten der Mannschaften im Kampf gewesen. Von einer ungefähren Truppenstärke von 38.000 Mann in der U-Bootwaffe fielen ungefähr 30.000. Andererseits waren ihre Erfolge einzigartig; weit mehr als 2.000 Schiffe – den Zahlangaben des Feindes zufolge – mit mindestens 14 Millionen Tonnen, zahlreiche Begleitschiffe,

Zerstörer und Kreuzer, zwei Flugzeugträger [tatsächlich drei sowie zwei Begleitflug-
zeugträger] sowie zwei Schlachtschiffe wurden versenkt und viele andere Kriegs- und
Handelsschiffe wurden beschädigt.

Die deutsche Kriegsmarine kämpfte ehrenvoll und tapfer, in See und an Land, auf
allen sieben Meeren und auf allen europäischen Kriegsschauplätzen. Der Kampfgeist
und hohe Idealismus, der sowohl Offiziere wie Mannschaften inspirierte, blieb bis
zum bitteren Ende ungebrochen. Kein Fleck beschmutzte die deutsche Flagge, als sie
nach dem verlorenen Krieg mit Ehren eingeholt wurde.

# 13

# *Einige Schlussfolgerungen und Urteile*

Die meisten Admirale äußern sich zu den Gründen, warum sich der Krieg für Deutschland so schlecht entwickelte. Boehm, mit 61 der älteste Admiral, beschuldigt einfach Hitler, sich zu sehr auf alte politische Gefährten gestützt zu haben, und begleicht eine alte Rechnung mit einem dieser Gefährten, mit dem er in Norwegen aneinander geraten war.

Der Fall Deutschlands beruht im Wesentlichen auf der Tatsache, dass Hitler auf Männer vertraute, die ihm bei der Machtergreifung geholfen hatten, die in Bezug auf ihren Mangel an Verständnis für die großen konstruktiven Aufgaben der Zukunft und aufgrund ihres Charakters inkompetent waren. Terboven ist einer dieser Leute, zum großen Unglück Deutschlands.

**Schniewind und Schuster weisen auf politische Fehleinschätzungen sowie auf die unpraktikable Gestaltung der obersten Spitze der deutschen Kriegsorganisation hin:**

Mir ist heute klar, dass der Hauptgrund für das Scheitern der Erwartungen der Seekriegsleitung der frühe Kriegseintritt Amerikas auf der Seite Englands war. [...] Die Reichweite und Kraft seiner [Fähigkeit], Unterstützung zu gewähren, war weder der Seekriegsleitung noch den Wirtschaftsfachleuten in Deutschland in der Zeit vor dem Krieg und sogar noch bis 1941–42 bekannt – und wurde deshalb unterschätzt.

Eine fatale Reihe falscher Einschätzungen »der politischen Ziele und des militärischen Potentials« unserer Gegner war meiner Meinung nach der Grund für das Desaster, das Deutschland ereilte. Diese Einschätzungen lagen auch darin falsch, dass sie den letzten wichtigen Umstand nicht berücksichtigten – dass die Einstellung der Westalliierten grundlegend gegen eine Wiedergeburt der deutschen Macht gerichtet war.

Es ist ein grundlegender Fehler, dass das Staatsoberhaupt auch der Oberbefehlshaber der Streitkräfte ist und damit auch eines Teils der Streitkräfte – der Wehrmacht.

Die Einschaltung eines Kriegsministers oder eines Oberbefehlshabers der Wehrmacht ist notwendig.

**Meyer kritisiert sowohl Hitlers persönliche Führerschaft und die Kompetenz des Oberkommandos bei der Kriegführung.**

Hitler, der alle Macht in Händen hielt, fällte regelmäßig nicht die Entscheidung (oder wollte sie nicht fällen), die für die Sache am besten gewesen wäre. Z. B. war er bis zu einem späten Zeitpunkt im Krieg nicht geneigt, Görings Ansichten in Bezug auf den Einsatz der Luftwaffe für andere Teilstreitkräfte zu widersprechen; deshalb litt unsere Sache ganz wesentlich zu einem guten Teil darunter.

Das Oberkommando der Wehrmacht (OKW) wurde von Hitler häufig nicht konsultiert und war aufgrund seiner Zusammensetzung nicht in der Lage, sich mit umfassenden Fragen zu befassen. Es verlor daher an Ansehen und an der Kraft, seine Befehle beim Oberkommando der einzelnen Teilstreitkräfte selbst in unwichtigen Dingen durchzusetzen.

Selbst gegen Ende des Krieges, konnte das OKW aufgrund seiner Zusammensetzung, obwohl es die höchste Autorität war, nicht selbständig den Krieg als Ganzes leiten, Entscheidungen fällen oder Hitler beraten.

In den Jahren vor dem Krieg wurde der Versuch unternommen, an der sogenannten Wehrmachtsakademie Personal in Bezug auf alle drei Teilstreitkräfte betreffende Angelegenheiten auszubilden, damit sie im OKW dienen konnten. Abgesehen davon, dass zu wenige Offiziere diese Ausbildung erhielten, wurde der Plan nie wirklich umgesetzt, weil die Wehrmacht dies als ihre eigene Domäne betrachtete und die Oberkommandos der Marine und der Luftwaffe andererseits Vorbehalte gegen eine Art Parallelkommando hatten oder gegen die Abordnung zu vieler ihrer Offiziere zu diesem Zweck.

Diese Kommandos versuchten immer, Handlungsfreiheit zu erlangen und ihre Befehle direkt von Hitler zu bekommen. Ein gutes Beispiel dafür ist die Tatsache, dass noch Anfang 1943 die Lage zur See bei den täglichen Beratungen Hitlers von einem Generalstabsoffizier erläutert wurde. Es muss festgehalten werden, dass der Mangel an einem wirklich kompetenten OKW, das Hitler hätte beraten können, sehr ernste Auswirkungen auf die allgemeine Kriegführung hatte.

1943 und 1944 legten sich die Ketten des Unglücks immer fester um Deutschland [...] [als] Ergebnis der überwältigenden Übermacht des Feindes und der vielen Fehler der deutschen Führung auf allen Gebieten. Wenn man diese Fehler vermieden hätte (z. B. durch eine größere Beteiligung des Generalstabs bei der Landkriegführung, durch ein wirklich umfassendes und hinreichendes Oberkommando aller Streitkräfte), dann hätte Deutschland meiner Meinung nach einen jahrelangen Verteidigungskrieg führen können; eine Ermüdungsstrategie hätte angewendet werden können; und nach einigen Jahren hätte der Krieg unter Bedingungen beendet werden können, die Deutschland vertreten konnte.

**Heye vertritt die Auffassung, dass Deutschland auf der Grundlage seiner militärischen Erfolge große politische Anstrengungen hätte unternehmen sollen, ein vereintes Europa unter seiner Führung zu organisieren.**

Ich glaube, dass Deutschland [bei dem Versuch] erfolgreicher gewesen wäre, [nach 1941 eine autarke Festung Europa zu etablieren], wenn es versucht hätte, die Idee der »Vereinigten Staaten von Europa« zu verwirklichen. Dies hätte bedeutet, keine einzelne Nation innerhalb eines solchen Europas zu benachteiligen, keine Grenzänderungen vorzunehmen und einen ähnlichen politischen Kurs zu verfolgen. Es kann nicht bezweifelt werden, dass es überall in Europa, einschließlich der besetzten Länder, Vorstellungen dieser Art gab, die in keiner Weise mit der Idee des Nationalsozialismus verbunden waren. Vielleicht gab es keine geeigneten Politiker, die eine solche vorausschauende Politik betreiben konnten und die notwendige Einsicht in den Charakter anderer Völker hatten.

Ich hielt es auch damals für einen Fehler, dass wir keine klaren Kriegsziele bekanntgaben, da dies notwendigerweise zu Unsicherheiten in Bezug auf die deutschen Absichten führen musste sowie zu Misstrauen gegenüber möglichen Änderungen dieser Absichten unter dem Diktat der Umstände. Wir antworteten auf die Atlantik-Charta nicht mit einem einzigen Ziel, die zu einer einigenden Vorstellung in jedem europäischen Volk hätte führen können. Als die Stärke der Feinde Deutschlands zunahm und seine eigenen Angriffserfolge ständig zurückgingen, musste die Bereitschaft, mit Deutschland für eine gemeinsame europäische Zukunft zusammenzuarbeiten, nachlassen.

**Die Admirale neigen dazu, der engen kontinentalen Betrachtungsweise so vieler Politiker und Soldaten einen großen Teil der Schuld am Scheitern Deutschlands zu geben.**

Heye: Meiner Meinung nach hätte sowohl die politische als auch die militärische Entwicklung dieses Krieges einen anderen Verlauf genommen, wenn die deutsche Regierung und das deutsche Volk als Ganzes die Probleme weniger von einer kontinentalen Perspektive als von einer globalen betrachtet hätten. Ich glaube jedoch, dass diese Entwicklung die logische Konsequenz der deutschen Geschichte war. Die Zeit war leider noch nicht gekommen, um das Gesichtsfeld dieses Volkes zu erweitern, das auf einem kleinen Gebiet zusammengedrängt in den letzten sechzig Jahren derart viele politische Entwicklungen mitgemacht hatte. Innere Schwierigkeiten waren immer so drängend und wichtig gewesen, dass unsere Außenpolitik und diejenigen, die sie verfolgen konnten und andere Völker verstanden, sich als unzulänglich erwiesen.

Alle diese Probleme hängen eng mit den Vorbereitungen für den Krieg zusammen, seiner Führung und den Aufgaben der Marine als Teil der Streitkräfte. Diese Fragen beeinflussten außerdem in hohem Maße die schrittweise Entwicklung unserer politischen Methoden nach 1933, obwohl das deutsche Volk diese Tatsache 1933 nicht erkennen konnte. Die Überschätzung der eigenen internen Schwierigkeiten spielt in einem gewissen Sinne in der Außenpolitik eine große Rolle. Eine faktenbezogene Erforschung der Geschichte wird in vielen Fällen zu anderen Auffassungen führen als sie gegenwärtig in vielen Teilen der Welt eindeutig existieren.

**Krancke:** Der Einfluss der Marine auf die oberste politische Führung und das Oberkommando war vergleichsweise gering. Das deutsche Denken verlief immer noch auf kontinentalen Bahnen.

**Dieses Thema spielt auch in Weicholds Analyse eine große Rolle. Seine Kritik an den höchsten Führern der Kriegsanstrengungen Deutschlands ist die bei weitem ausführlichste, doch muss man in Rechnung stellen, dass er aufgrund der Art und Weise, wie man seinen Rat, wie der Krieg im Mittelmeer zu gewinnen sei, ignoriert hatte, verbittert war, dass er auch verbittert darüber war, wie dieser Rat schließlich zu seiner Absetzung als Oberbefehlshaber der Kriegsmarine im Mittelmeer führte, verbittert schließlich über die Art und Weise, in der Dönitz später Heye zu seinem Nachfolger als Befehlshaber der Kleinkampfmitteln bestimmte.**

[Selbst im Frühling 1942] war die Bedeutung der See und der Operationen der Marine als Grundlage des ganzen Kriegsplanes (was sich denjenigen, die Augen zu sehen hatten, durch die Entwicklungen im Mittelmeer gezeigt hatte) nicht einmal jetzt allgemein anerkannt. Die stillen Auswirkungen der Seemacht blieben im Hintergrund und wurden von den spektakuläreren Erfolgen der anderen Teilstreitkräfte an Land oder in der Luft überschattet.

Dies war die Frucht der fundamentalen »kontinentalen« Einstellung des Oberkommandos des deutschen Volkes und der Streitkräfte. Es waren diese einseitige Sichtweise und die daraus resultierenden Schwächen, die zu all den Fehlern und Fehlschlägen der Kriegsoperationen führten. Es war nicht dieser oder jener Fehlschlag, nicht die Niederlage in dieser oder jener Schlacht, die für den Zusammenbruch der Achsenmächte verantwortlich waren, sondern die grundlegend falschen Vorstellungen derjenigen, die in diesem Weltkrieg das Kommando hatten, insofern sie die Bedeutung des Seekrieges unterschätzten und sich weigerten, irgendwelche objektive Ansichten, Kritik, Ratschläge oder Warnungen anzunehmen und anmaßend genug waren zu glauben, dass sie diese Dinge viel besser verstanden als die Fachleute, denen sie durch Unterdrückung und Ausschaltung alle Verantwortung nahmen.

Das sind die Gründe für die militärische Niederlage Deutschlands. Dieser militärische Aspekt machte allerdings nur einen Teil der allgemein falschen Grundeinstellung des nationalsozialistischen Deutschland aus, vor allem auf dem Gebiet der weltweiten Ethik. Weil sie vollkommen falsch war, musste sie zum Zusammenbruch führen.

Bei der Planung der Kriegsstrategie nahm das Oberkommando die Initiative nicht in die Hand und setzte alle Kräfte der Achse gegen Großbritannien ein. Im Gegenteil: Es konzentrierte sich vollkommen auf die Landkriegsführung und ließ den Zeitfaktor zugunsten Großbritanniens arbeiten.

Diese falsche Entscheidung war typisch für die führenden Männer in der deutschen Regierung und bei den Streitkräften. Sie waren alle Landratten und Soldaten, die ans Land gewöhnt waren. Wie in der Politik, die zum Kriege führte, schrieben sie die entscheidende Bedeutung den Bedingungen und Kräften auf dem Kontinent zu und unterschätzten die Größe und Macht der Welt, wie sie alles unterschätzten, was jenseits des Meeres lag. Vor allem erkannten sie die Anforderungen der See und die unsichtbare Stärke der Seemacht nicht. Diese Unterschätzung führte dazu, die Lösung der drängenden maritimen Probleme so lange zu verschieben, bis alle wünschenswerten Ziele auf dem Kontinent erreicht waren. Aus rein militärischer Sicht wurde dabei eine der wichtigsten militärischen Maximen verletzt: die sofortige Ausnutzung bestehender Möglichkeiten. Das deutsche Oberkommando glaubte, dass die günstige Gelegenheit, die sich durch Großbritanniens Isolation und Schwäche ergab, auf Eis gelegt werden konnte, bis Russland auf dem Kontinent vollständig besiegt war. Diese Bevorzugung kontinentaler Bestrebungen und der Aufschub von Seekriegsnotwendigkeiten stellten die grundlegenden Irrtümer des deutschen Oberkommandos dar. Sie kosteten Deutschland den Sieg.

Die Schuld an der Unterschätzung des grundlegenden Seekriegscharakters dieses Krieges liegt nicht nur bei den höchsten politischen Führern, sondern auch beim Oberkommando der Wehrmacht. Es stand völlig unter dem Einfluss der Wehrmacht. In allen Wehrmachtsstäben wurden die Befehlsposten von Wehrmachts- und Luftwaffenoffizieren eingenommen, die den Weltkrieg und die daraus erwachsenden Operationen auf der Grundlage ihrer eigenen kontinentalen Betrachtungsweise führten. Auf dem Posten eines Oberbefehlshabers oder Chefs eines Wehrmachtsstabes in der ganzen Kriegsorganisation des Oberkommandos der deutschen Wehrmacht gab es keinen Admiral. Auf diese Weise wurden die entscheidenden Befehlsposten in einem Krieg besetzt, der als Weltkrieg seinem Wesen nach ein Seekrieg war. Er hätte daher von einer ozeanisch-maritimen Sichtweise aus geführt werden sollen, unabhängig davon, wie klein die Kriegsmarine oder wie groß die Wehrmacht und die Luftwaffe als Faktoren waren.

Es ist nun klar, dass eine militärische Ausbildung in Bezug auf das Land und Tätigkeiten im Rahmen der kontinentalen Bedingtheiten und Grenzen ein Verständnis entwickeln, das für die Probleme des Landkriegs geeignet sein mag; doch für die Führung eines Weltkrieges ist eine solche Ausbildung ungenügend. Dies war die jahrhundertealte Lehre der Geschichte und wurde jüngst durch die Ergebnisse der letzten zwei Kriege bestätigt. Das Ergebnis jedes Krieges ist jedoch keine Frage mächtiger Hilfsmittel, des Kriegsmaterials und Kriegspotentials an sich, sondern hängt von der geistigen Fähigkeit des Oberkommandos ab.

Dies trifft nicht nur für die Kriegführung zu, sondern in größerem Ausmaß auch für die Politik des Krieges, ja sogar für den Einfluss der Friedenspolitik. Die geschichtliche Entwicklung Deutschlands in den letzten fünfzig Jahren, vor allem in der Periode des Wiederaufbaus nach 1918 ist ein überzeugender Beweis für die Richtigkeit dieser Tatsache. Die kontinentale Betrachtungsweise war der dominierende Faktor in der Strategie des Reiches.

**Weicholds ganzer Aufsatz dient der Darlegung der strategischen Bedeutung, die der Verlust des Mittelmeeres hatte.**

Der Verlust des Mittelmeers durch die Achsenmächte befreite Großbritannien von jeder Gefahr im Nahen Osten und ermöglichte so die alliierte Landung in Italien und die Vernichtung des italienischen Verbündeten. Die deutsche Lage wurde dadurch stark verschlechtert, sowohl vom Standpunkt der Geographie als auch des Einsatzes der Streitkräfte. Dadurch wurde es den Alliierten ermöglicht, den entscheidenden Angriff gegen die Festung Europa durchzuführen. Wie stark auch immer der russische Druck im Osten war, die zusätzliche Schwächung der deutschen Kräfte an der Westfront in Europa entschied über den Ausgang des Krieges.

Ohne eine sichere Position im Mittelmeer hätte das britische Kommando in seinem Rücken keine Bewegungsfreiheit [noch] die Streitkräfte zur Verfügung gehabt, um die Landung in Frankreich durchzuführen. Der Verlust des Mittelmeeres war daher der Wendepunkt des Krieges. Die Bedeutung dieser Stellung und die Wirkung, die sie auf den ganzen Krieg haben konnte, wurden vom deutschen Kommando nicht erkannt, obwohl es nicht an Eingaben und Warnungen in dieser Sache fehlte.

**Bei seiner Erörterung der Zukunft Deutschlands betont Weichold den erzieherischen Wert des Meeres.**

In der Zukunft muss die landgebundene Betrachtungsweise der Deutschen erweitert werden, um eine weitreichendere und allgemeinere Beziehung zu den Weltproblemen zu begreifen. Das Meer ist dafür der beste Lehrer. Im Gegensatz zum Land mit seinen engen territorialen, materiellen und geistigen Grenzen ist das Meer das große Element, das die Menschen verbindet. Es gehört allen, es ist die Straße aller. Es zeigt, dass die Völker eine Gemeinschaft bilden, dass sie voneinander abhängen, dass Kooperation, Respekt und Rücksicht notwendig sind, und auf diese Weise bestärkt es ein Gemeinschaftsgefühl. Ohne den Wunsch die nationalen Grundlagen der Völker misszuverstehen oder zu verändern ist das Meer doch mit seiner Erziehungsarbeit die höchste Klasse in der Schule der Menschheit. Es weitet das Denken, befreit es von den Einschränkungen der Voreingenommenheit und führt zu einer umfassenden Sicht auf das Leben der Menschen und Völker.

Eine solche Erziehung führt zur Entwicklung des Individualismus, der zu Weiterentwicklung der demokratischen Prinzipien führt. Es ist eine unbestreitbare Tatsache, dass sich individualistische und demokratische Errungenschaften unter allen Völkern aus einer Lebensweise entwickelten, die mit dem Meer und der Seefahrt verbunden ist.

Der Wert der See in der menschlichen Entwicklung ist eine der größten Erfahrungen des verlorenen Krieges.

**Weichold blickt mit Verachtung auf die borniert Einstellung des deutschen Oberkommandos und die fatalen Folgen der Unterdrückung jeder fachmännischen abweichenden Meinung.**

Es ist klar, dass Deutschland den Krieg nicht wegen der Überlegenheit des Feindes in Bezug auf Soldaten und Material verlor, sondern im militärischen Bereich vor allem durch Fehler des Oberkommandos. Die militärische Lage wurde meistens falsch eingeschätzt; die Möglichkeiten des Seekrieges wurden übersehen; die Militäroperationen zu Lande scheiterten; und das Volk wurde über den Verlust des Krieges hinaus ausgeblutet.

Die Ursache für diese Fehler lag in der einseitigen und uninspirierten Einstellung des Oberkommandos, gegen die andere Ideen, Vorschläge oder Warnungen nicht ankommen konnten. Man hörte ihnen entweder nicht zu oder lehnte sie ab. Dass diese Einseitigkeit des Oberkommandos ohne geistigen Austausch der Sichtweisen möglich war, beruhte auf der systematischen Abwertung intellektueller Werte, der Zerstörung der Freiheit des Denkens, der Ausgrenzung aller Kritik, zusammen mit der Standardisierung des Geistes in Übereinstimmung mit der herrschenden Vorstellung eines einseitigen Oberkommandos.

Daher verloren diejenigen, die auf Schlüsselpositionen der Streitkräfte gesetzt wurden, jede verantwortliche Teilhabe. Sie sanken auf das Niveau von Dienstboten herab, deren Ideen nur geringen Wert hatten. Glaube, Vertrauen und bedingungsloser Gehorsam mussten die Stelle von geistiger Fähigkeit, Urteilskraft und Verantwortung einnehmen. Daher wurden alle Ideen, die sich von denen des Oberkommandos unterschieden, im besten Falle als Abweichungen von der sogenannten absoluten Wahrheit angesehen oder als Anmaßungen von Seiten Einzelner oder schlimmstenfalls als Mangel an Loyalität, Untergrabung der Streitkräfte oder Verrat. Diejenigen, die andere Meinungen vertraten, wurden ihrer Posten enthoben und mussten Degradierung oder sogar Gefahr für Leib und Leben erdulden.

**Weichold zögert nicht, die philosophische Grundlage des Nationalsozialismus zu beschuldigen.**

Die Frage nach dem Wert des nationalsozialistischen Systems für die Kriegführung kann nach einer genauen Untersuchung nur dahingehend beantwortet werden, dass es sich nicht als Quelle der Stärke, sondern des Untergangs der deutschen Militärmacht erwies. Was er auch an positiven Resultaten bei der Bildung der persönlichen und materiellen Stärke hervorgebracht haben mag, wird mehr als wettgemacht durch die Abwertung und Zerstörung des Werts des Geistes und der Persönlichkeit, den Grundlagen wahrer Führung. Aus dem Mangel dieser Eigenschaften ergab sich die Niederlage im Krieg, denn ohne eine solche Führung muss die größte Ansammlung von Stärke eine tote Masse bleiben.

Dieses negative Resultat im militärischen Bereich trifft zusammen mit den Auswirkungen, die das System auf andere Lebensbereiche hatte. Indem er danach strebt, sich innerlich dem Nationalsozialismus anzupassen, kann der Deutsche nur zu seiner grundlegenden Ablehnung gelangen.

Die Zuneigung, die das deutsche Volk dem Nationalsozialismus und seinem Gründer zeigte, basierte auf einem völligen Mangel an Urteilskraft, falschen Versprechungen und Pseudowerten und erwuchs aus einer skrupellosen Propaganda und wurde von dieser verbreitet. Eine Änderung der inneren Einstellung ist daher keine Änderung von Überzeugungen im üblichen Sinne. Eine solche Änderung ist gewiss kein Verrat am Glauben, da der Glaube ein ethisch und moralisch einwandfreies Medium besitzen muss.

Es ist jedoch nicht die Auffassung des Schreibers dieser Zeilen, dass der Verlauf und der Ausgang des Krieges, d.h. militärische Ereignisse oder sogar Erfolg oder Scheitern, die besten Maßstäbe zur Beurteilung des nationalsozialistischen Systems darstellen. Im Gegenteil, die militärische Seite ist nur das Resultat der ethischen und menschlichen Grundeigenschaften des Systems und seiner Führer. Ein tiefergehendes und umfassenderes Urteil über den Nationalsozialismus wird sich daher auf solche Gebiete erstrecken, die die Hauptargumente für seine Bewertung bieten. Doch neben der Beurteilung seines inneren Wesens muss man ebenso alle anderen mit ihm verbundenen Gebiete betrachten, um den Wert der Prinzipien aus den von ihnen hervorgebrachten Phänomenen abzuleiten. Und der militärische Bereich, eine der wichtigsten Seiten des nationalsozialistischen Systems, wurde in der Tat zum Kern seiner Ideen und Organisationen gemacht, da es am einfachsten als »Mittel zum Zweck« verwendet werden konnte. Es ist daher nicht überflüssig sich mit den Resultaten dieser Anstrengungen zu beschäftigen. Doch eine Skizze des Verlaufs des Krieges besteht nicht nur aus einer Sammlung der nackten Tatsachen oder ihrer militärischen Bedeutung, sondern in der Erkenntnis der Kräfte, die ihn hervorbringen, der Kräfte, die das bestehende System kennzeichnen. Jedes System und seine Repräsentanten müssen sich an irgendeinem Punkt der Kritik stellen, wie lange auch immer sie diese unterdrückt haben mögen.

Vielen Teilen des deutschen Volkes waren die Augen zu einem beträchtlichen Teil bereits geöffnet worden, was diese Lage der Dinge betrifft, doch ist es nötig, sie alle aufzuklären. Nur aus der Überzeugung der ganzen Gemeinschaft kann die Grundlage für eine neue geistige Wiedergeburt gelegt werden. Der militärische Bereich spielt auch bei den Problemen, die jetzt gelöst werden müssen, eine Rolle. Zunächst werden viele Einwände dagegen erhoben werden, militärische Fragen der Vergangenheit in der jetzigen Zeit überhaupt zu erörtern. Doch wenn man dies nicht täte, würde man keinen Vorteil aus einem wichtigen Abschnitt der jüngsten Vergangenheit und man würde keine Lehren für die Zukunft gewonnen haben, und das auf einem Gebiet, das im Geist des deutschen Volkes immer eine wichtige Rolle gespielt hat, dessen Sichtweise immer militaristisch war. Wenn die Untersuchung des Inhalts und des Wertes des Nationalsozialismus auf das politische oder ethisch-humane Gebiet beschränkt würde, könnte der Glaube aufrechterhalten werden, dass der Nationalsozialismus zumindest im militärischen Bereich etwas Positives erreicht hatte und dass nur die materielle Überlegenheit des Feindes das deutsche Volk vernichtet hat. Eine solche Behauptung die gegen Ende des Krieges von Seiten der Nationalsozialisten weit verbreitet wurde, muss widerlegt werden, wenn nicht gefährliche Keime für die zukünftige Entwicklung des deutschen Volkes zurückbleiben sollen.

Kenntnis der wahren Tatsachen andererseits führt zu der Einsicht in die Tatsache, dass der Nationalsozialismus das Soldatentum, die Kriegführung und die Kriegsführer ebenso korrumpierte wie die anderen Gebiete, auf die sich sein Einfluss erstreckte. Nur durch eine solche Erziehung wird ein beträchtlicher Teil des deutschen Volkes, die im Hinblick auf eine wahrhaft soldatische Haltung geboren und erzogen werden, dazu in der Lage sein, zu dem Schluss zu kommen, dass das nationalsozialistische System von Grund auf unsoldatisch war und dass es nichts mit dem wahren Soldatentum gemein hatte, wie es in allen Völkern existiert. Der Nationalsozialismus bediente sich nur der äußeren Formen, um eine im Volk angelegte Quelle der Stärke zu missbrauchen.

Solche Erkenntnisse sind von größter Bedeutung, doch ist es sehr schwer, ihre Wahrheit zu vermitteln. Nach einer durch den Feind beigebrachten Niederlage ist der durchschnittliche Deutsche nicht sehr willens, freiwillig die Erkenntnis seiner eigenen Schwächen zu akzeptieren. Alle diejenigen Angehörigen des eigenen Volkes, die diese Erkenntnis in der Vergangenheit erlangt haben, müssen daher den Kampf um die Seele des Volkes aufnehmen. Sie müssen die Pflicht auf sich nehmen, dem deutschen Volk den Irrtum des Weges aufzuzeigen, dem es bewusst oder unbewusst folgte. Der Einzelne wird damit ein großes Opfer bringen müssen; harte Kämpfe, [und] Missverständnisse seines Motivs und jede Art von Angriffen werden die unvermeidlichen Begleiterscheinungen sein. Dieses Risiko muss von jedem in Kauf genommen werden, der einen totalen Umbruch des Lebens erfährt. Welche Erfahrungen notwendigerweise durch die Anerkennung der Tatsachen hervorgerufen wurden, sind in diesem Aufsatz dargelegt worden. Es ist die Pflicht eines Mannes, der sich für das allgemeine Schicksal mehr als für das eigene verantwortlich fühlt, sie einem breiten Kreis von Leuten zugänglich zu machen. Nur so kann für die Zukunft ein Segen aus dem Unglück der Gegenwart erwachsen.

**Meyers Aufsatz versucht im Hinblick auf das Gute, das aus dem Krieg hervorgehen könnte, ebenfalls eine optimistische Note anzuschlagen.**

Das Ende des Krieges bringt eine erneuerte gemeinsame Bindung der Völker der Welt an eine Friedensorganisation, die einen dauerhaften und wirksamen Frieden zu bieten scheint. In diesem Zusammenhang scheint mir ein anderes kürzliches Ereignis – der Abwurf der ersten Atombombe auf Japan – besonders wichtig. Eine Waffe von dieser zerstörerischen Wirkung macht zukünftige Kriege vollkommen sinnlos. Andererseits bietet diese neue Entdeckung unvorstellbare Möglichkeiten für die Verbesserung der Wohlfahrt der Menschheit durch friedliche Nutzung.

Vielleicht war dies der Grund für den Fall Deutschlands [...], damit sich die Nationen in einer neuen Friedensorganisation zusammenschließen sollten und so aus dem Krieg eine Entdeckung hervorgehen sollte, die den Frieden auf der Welt wirklich garantieren kann und eine neue Quelle zum Nutzen der ganzen Menschheit werden kann.

Für ihren Anteil an der Planung und Führung des Krieges wurden Großadmiral Erich Raeder und Großadmiral Karl Dönitz unter die 26 deutschen Führer aufgenommen, die vor dem von den Siegern eingerichteten Internationalen Militärgerichtshof wegen Kriegsverbrechen angeklagt wurden. Der Prozess wurde im November 1945 eröffnet, und als der Gerichtshof im Oktober 1946 sein Urteil verkündete, zeigte es, dass die Admirale als weniger schuldig betrachtet wurden als ihre Kollegen der Wehrmacht Feldmarschall Keitel und General Jodl, die beide hingerichtet wurden. Dönitz wurde zu zehn Jahren Gefängnis verurteilt. Raeder wurde zu lebenslangem Gefängnis verurteilt, wurde aber 1955 wegen seines Alters und Gesundheitszustandes entlassen. Während des Prozesses äußerten sich die beiden Admirale mutig zu ihrer Verteidigung und zur Verteidigung der Waffengattung, die sie geführt hatten. Dönitz hielt fest: »Menschen kommen im Krieg ums Leben, und darauf ist niemand stolz, [...] das ist eine Notwendigkeit, die harte Notwendigkeit des Krieges« (*Der Prozess gegen die Hauptkriegsverbrecher vor dem Internationalen Militärgerichtshof*, Nürnberg 1948, Bd. 13, S. 394). Und es fand sich keine Spur des Bedauerns, als er dem Tribunal gegenüber äußerte: »Mögen Sie über die Rechtmäßigkeit des deutschen U-Bootkrieges urteilen, wie es Ihnen Ihr Gewissen gebietet. Ich halte diese Kriegführung für berechtigt und habe nach meinem Gewissen gehandelt. Ich würde das genauso wieder tun.« (Band 22, S. 443–444). Raeder sprach im Namen der gesamten deutschen Kriegsmarine, die er von 1928 bis Ende 1942 geführt hatte:

Das zweite allgemeine, daher auch für mich wichtige Ergebnis des Prozesses ist die Tatsache, dass der deutschen Marine grundsätzlich ihre Sauberkeit und Kampfsittlichkeit auf Grund der Beweisaufnahme hat bestätigt werden müssen. Sie steht vor diesem Gericht und vor der Welt mit reinem Schild und unbefleckter Flagge da. [...] die Seekriegsleitung und ihr Chef [waren] vom ersten bis zum letzten Augenblick ehrlich bestrebt gewesen [...], die moderne Seekriegführung mit den völkerrechtlichen und menschlichen Forderungen in Einklang zu bringen, – auf der gleichen Basis wie unsere Gegner. [*Der Prozess gegen die Hauptkriegsverbrecher vor dem Internationalen Militärgerichtshof*, Nürnberg 1948, Bd. 22, S. 445].

Der Aufsatz Admiral Boehms, der zu einer Zeit geschrieben wurde, als die gewaltige Auseinandersetzung, die in Europa gerade zu Ende gegangen war, so viel Aufmerksamkeit und Diskussionen auf sich zog, ist eine wertvolle Mahnung daran, dass die Geschichte nicht wie die meisten Romane und viele Geschichtsbücher ein letztes Kapitel erreicht, in dem alle Probleme ihre saubere Lösung erhalten haben und alle losen Fäden sauber verknotet worden sind. Mit nahezu wagnerischer Bravour unternimmt Boehm den mutigen Versuch, eine viel langfristigere Perspektive einzunehmen, aus der eine gewisse Rechtfertigung für Deutschlands Rolle im Zweiten Weltkrieg wahrgenommen werden kann. Er argumentiert, dass Deutschland immer noch einen wichtigen Beitrag für das künftige Wohlergehen Europas leisten könnte.

Von Sorge über mein Land erfüllt kann ich nicht zum Abschluss dieser Übersicht kommen, ohne einige Überlegungen zur Zukunft anzustellen.

Es ist weder angemessen noch ist dies der Ort, die wahren und tieferen Gründe für den Gegensatz von England und Deutschland zu erörtern, der zum Kriege führte. Deutschland muss sich jetzt der harten Tatsache stellen, dass es den Krieg verloren hat, und es muss die schreckliche Gefahr der völligen Vernichtung erkennen, die ihr droht. Die Worte Clemenceaus nach dem Ersten Weltkrieg, »Der Krieg war nur die Vorbereitung ... jetzt beginnt die Vernichtung Deutschlands« trifft auch auf uns heute zu, nur in größerem Ausmaß.

Einer der Hauptgründe für die Niederlage – wahrscheinlich der größte unter den vielen Irrtümern, die begangen wurden – ist meiner Meinung nach die Tatsache, dass der Führer des deutschen Volkes, als »Binnenländer« die angelsächsische Mentalität ignorierte und die Seemacht unterschätzte. Er glaubte, dass er England durch sein großzügiges Angebot aus dem Jahre 1935 beruhigt hatte und dass Frankreich aufgrund seines Angebots eines 25-jährigen Waffenstillstands und der Aufgabe der deutschen Ansprüche auf das Elsaß und Lothringen folgen würde und dass er den unerträglichen Druck aus dem Osten mit militärischen Mitteln bereinigen könnte, nachdem er gesehen hatte, dass andere Mittel keinen Erfolg hatten.

Wie sehr sich Hitler in seinem Urteil über England täuschte, hat die Geschichte durch die Ereignisse und das tragische Geschick des deutschen Volkes gezeigt. Nur die Geschichte kann jedoch zeigen, ob britische Staatsmänner in dieser Zeit nicht ebenso große Fehler machten (indem sie sich in Deutschlands Kampf für seine eigenen Interessen an den Ostgrenzen einmischten) und in welchem Ausmaß England unter diesen Fehlern leiden wird. Im Moment sind wir alle – einschließlich Großbritanniens – mit einer gewaltigen und drohenden Gefahr konfrontiert, die ich die asiatische Gefahr nenne.

Seit den frühesten historischen Zeiten existierte diese asiatische Gefahr durch die Jahrhunderte hindurch. Die Asiaten sind mit ihrem ungehemmten Bevölkerungswachstum von Zeit zu Zeit mit primitiver Kraft nach Westen geströmt, und es waren im Wesentlichen die germanischen Völker, die sie zum Stehen brachten und abwehrten. Im Jahr 375 drangen die Hunnen in das Königtum der Ostgoten am Dnjeper ein und im Jahre 451 erzwangen sie unter Attila den Vormarsch bis nach Gallien, wo sie von den Westgoten unter Theoderich mit germanischen Hilfstruppen auf den Katalaunischen Feldern geschlagen wurden. Dann kamen noch einmal Reiter aus dem Ural – die späteren Ungarn –, die 933 von den deutschen Königen an der Saale geschlagen wurden und 955 auf dem Lechfeld [nochmals geschlagen wurden]. Dann waren da noch die Mongolen unter Dschingis Khan, der ganz Asien bis zur Türkei überrannte, sowie der Neffe Dschingis Khans, der bis Schlesien gelangte, wo er in einer Schlacht mit den schlesischen Rittern bei Liegnitz 1241 geschlagen wurde.

Dann breiteten sich die asiatischen Mohammedaner über Afrika und Spanien bis Frankreich aus, wo sie von Karl Martell, dem Großvater des deutschen Kaisers Karl der Große, 737 aufgehalten wurden. Dem folgten die Türken, die 1683 bei Wien von Karl von Lothringen geschlagen wurden. Und schließlich gab es die gemischten russischen Rassen, die in den beiden Weltkriegen – mit Kanonen und Panzern statt Pferden – gegen die Söhne Deutschlands stürmten. Ich habe 1941 von Hitler selbst gehört, dass die Russen nach gewissen Informationen, die er erhalten hatte, 1942 gegen uns marschieren würden und dass er ihnen deshalb zuvorkommen wolle. Die geschichtlichen Ereignisse zeigen, dass Hitlers Ansichten nicht unbegründet waren.

Wie immer es sich damit verhalten mag, es bleibt die Tatsache, dass Deutschland diesmal, von beiden Seiten angegriffen, unterlag und die Asiaten sich bis zur Elbe vorgekämpft haben. Diese Lage der Dinge betrifft nicht nur Deutschland, sondern auch England. Kürzlich schrieb der *Daily Telegraph*: »Es hängt von den Ereignissen in Potsdam ab, ob wir einen Dritten Weltkrieg haben werden.« Ich stimme mit diesem letzten Gedanken völlig überein: wir sind tatsächlich mit einem Dritten Weltkrieg konfrontiert, denn sollten die Russen vorrücken wollen, werden England und Amerika nicht in der Lage sein, sie aufzuhalten, mit dem Ergebnis, dass die russisch-asiatische Welle in den Atlantik überfließen wird sowie in Asien in den Indischen Ozean.

Russland hat sich trotz seiner Größe immer als landhungrig erwiesen, egal ob unter den Zaren oder als Sowjetunion. Und nun kommt zu diesem Landhunger noch die Idee des Bolschewismus hinzu. Oberflächliche Beobachter sagen, dass es nur einen kleinen Unterschied zwischen Bolschewismus und Nationalsozialismus gibt. Diese ignorieren völlig, dass der letztere nichts mit dem Klassenkampf zu tun haben will und die Einheit des deutschen Volkes in einem gemeinsamen Streben für die Zukunft Deutschlands lehrte, während der Bolschewismus den Klassenkampf wünscht und die Diktatur des Proletariats fordert. Diese war in Russland erreicht worden, doch es gibt die weitergehende Idee und den Plan des »Proletarier aller Länder, vereinigt euch!« Dies ist nichts anderes als ein Streben nach einer Weltrevolution, und selbst wenn dies für den Augenblick aus Gründen politischer Zweckmäßigkeit verschleiert werden mag, so ist dies doch das Wesen des Bolschewismus.

Wir haben also eine Kombination aus Landhunger, Machtstreben, bolschewistischen Zielen und asiatischem Hass gegen die höherwertigen europäischen Rassen und ihre Kultur, die sich immer noch in die gleiche Richtung ausdehnt und zwar mit der zerstörerischen Kraft einer Naturgewalt. Der Balkan, Polen und die östliche Hälfte Deutschlands sind jetzt in der Hand der Asiaten. Frankreich ist reif für den Bolschewismus, vor allem im Süden; Italien wurde nur durch Mussolini und Spanien durch Franco vor ihm bewahrt. Wer wird die Asiaten aufhalten, wenn sie Deutschland, das Herz Europas, in ihre Gewalt bekommen? So wie einst in den dunklen Zeiten der Völkerwanderung die deutschen Rassen sich mit primitiven Mitteln den Weg nach Italien, Gallien, Spanien und Afrika erzwangen, wie kann Russland da gestoppt werden? Mit seinen unerschöpflichen asiatischen Rassen, seiner modern ausgerüsteten Kriegsmaschine [und] den neuesten technischen Entwicklungen, die ihm zur Verfügung stehen – wer kann es da aufhalten? Ich muss nichts weiter dazu sagen, was es für England bedeutet, Russland vor seinen Toren und in seiner wertvollsten Kolonie – Indien – zu haben. Es handelt sich um einen Kampf um die Existenz. Dies betrifft Deutschland, wenn man erkennt, dass die Verwendung Deutschlands als Schlachtfeld die endgültige Ausrottung seines Volkes bedeuten wird. Darin liegt unsere Interessengemeinschaft mit England.

Die Worte im *Daily Telegraph*-Artikel wären für uns Deutsche sehr befriedigend, wenn der Anlass nicht so tragisch wäre. [Diese] zwei Monate nach dem Ende des Zweiten Weltkriegs veröffentlichte englische Aussage, dass man es mit einem Dritten Weltkrieg zu tun hat, ist der beste Beweis, wenn auch unbeabsichtigt, dass Deutschland nicht der Störer des Weltfriedens ist, sondern dass es sich um ein völlig anderes Problem handelt – Asien gegen Europa. Die wirkliche Tatsache ist, dass der Nationalsozialismus nichts anderes wollte, als für Deutschland und seine zusammengedrängte Bevölkerung eine Bereinigung der Ostgrenzen und mehr Lebensraum in dieser Richtung, nachdem der Versailler Vertrag uns alles genommen hatte. Und selbst hier hätte eine Ausdehnung seines Territoriums nach Osten niemals eine kriegerische Bedrohung für das britische Weltreich darstellen können, wie sie jetzt von Russland ausgeht. Mit diesem Gedanken im Kopf sind Hitlers Worte, »Ich kann mir nicht vorstellen, dass irgendein britischer Staatsmann unter diesen Umständen in einen Krieg führen wird«, durchaus verständlich.

Die Weltgeschichte vollzieht sich manchmal sehr schnell. Die Staatsmänner unserer Zeit müssen die Zeit nutzen, die sie haben – und zwar bevor es zu spät ist. Naturgewalten wie der asiatische Expansionsdruck werden nicht von Verträgen, sondern nur durch Gewalt aufgehalten. Jahrhunderte lang war Deutschland der Wall gegen diesen Druck; dieser Wall wurde jetzt geschleift. England allein kann die Gefahr nicht aufhalten, sondern nur mit Hilfe der Deutschen, wenn dies noch möglich ist (was ich fast bezweifle). Wenn das, was von Deutschland noch übrig ist, schließlich physisch und geistig zerschmettert wird, dann wird dieser Faktor aus dem Gleichgewicht der Mächte ausgeschaltet. Urteilskraft und Taten sind notwendig, denn es ist nicht nur Deutschland, sondern auch England, auf das die Worte zutreffen:

*Sein oder Nichtsein,*
*Das ist hier die Frage.*

Die Weltgeschichte lief tatsächlich »sehr schnell« ab. Amerikanische und britische Staatsmänner kamen bereits zu denselben alarmierenden Schlussfolgerungen wie Admiral Boehm. Am 5. März 1946 sprach Winston Churchill in einer Rede in Fulton, Missouri davon, dass ein »eiserner Vorhang« sich nun »von Stettin an der Ostsee bis nach Triest an der Adria« erstrecke und dass Russland die »unendliche Ausdehnung [seiner] Macht und Doktrin« plane. Bereits 1948 waren Amerikaner und Briten gezwungen, eine gewaltige Luftbrücke zur Versorgung Berlins einzurichten, um ein Gegengewicht zum russischen Druck aufzubauen, der sie aus der ehemaligen deutschen Hauptstadt hinausdrängen wollte. Im folgenden Jahr wurde der Nordatlantische Verteidigungspakt gegründet, und Amerika, Großbritannien und Frankreich vereinigten ihre Besatzungszonen, um die

Bundesrepublik Deutschland ins Leben zu rufen. Bevor Großadmiral Raeder 1956 aus dem Spandauer Gefängnis entlassen wurde, war die alliierte Besetzung Deutschlands beendet und das Land als geschätztes Mitglied in die Europäische Verteidigungsgemeinschaft und die NATO aufgenommen worden. Unter den Offizieren der deutschen Kriegsmarine, die später in der NATO zu Flaggoffizieren aufstiegen, waren Friedrich Ruge, Geleitzug-Experte aus dem Zweiten Weltkrieg; Bernhard Rogge, der ehemalige Kapitän des getarnten Handelsstörers ATLANTIS; sowie die ehemaligen U-Bootasse Otto Kretschmer und Erich Topp. Was die Admirale betrifft, deren Aufsätze die Grundlage dieses Buches sind, so starb Otto Schniewind am 26. März 1964 und Theodor Krancke am 18. Juni 1973. Hellmuth Heye starb am 10. November 1970, nachdem er von 1961 bis 1964 Mitglied des Deutschen Bundestages gewesen war. Karl Dönitz wurde 1956 aus dem Gefängnis entlassen und veröffentlichte 1958 seine Memoiren. Eine englische Übersetzung, *Memoirs: Ten Years and Twenty Days*, wurde 1959 veröffentlicht. Dönitz starb in Aumühle bei Hamburg am 24. Dezember 1980 im Alter von 89 Jahren. Der letzte Führer des Dritten Reiches wurde mit vollen militärischen Ehren im Beisein vieler ehemaliger U-Bootkommandanten, die unter seiner Führung gedient hatten, beigesetzt.

---

*\* Anmerkung des Übersetzers:*
An Dönitz' Beisetzung nahmen etwa 5.000–6.000 Menschen teil, darunter zahlreiche Angehörige der ehemaligen U-Boot-Waffe und auch der Bundeswehr – allerdings in Zivil. Angesichts der Verstrickungen Dönitz' in das nationalsozialistische Regime beteiligte sich die Bundeswehr offiziell nicht an dem Begräbnis. Ihre Soldaten durften daran zwar privat teilnehmen, jedoch keine Uniform tragen. Diese Weisung entsprach der Haltung aller Verteidigungsminister seit 1969.

# Index